エマヌエル・スヴェーデンボリ著

天界の秘義

【第一巻】

創世記
第一章から第七章の内意

原典訳

イー・ピックス

"De Verbo Domini"

"Quod omnia et singula, immo singularissima, usque ad minimam iotam, significent et involvant spiritualia et caelestia, adhuc orbis Christianus alte ignorat, quare etiam Vetus Testamentum parum curat. Ex unico hoc usque scire possunt quod Verbum, quia Domini et a Domino, nusquam dari possit nisi interius contineat talia quae sunt caeli, quae Ecclesiae, quae fidei, alioquin non vocari potest Verbum Domini, nec dici quod vita aliqua illi insit; nam unde vita, nisi ex illis quae sunt vitae, hoc est, nisi inde ut omnia et singula se referant ad Dominum, Qui est ipsissima vita? quare quicquid non interius spectat Ipsum, non vivit, immo, quae vox in Verbo non involvit Ipsum, seu ad Ipsum se refert suo modo, non est Divinum."（n.2)

「主の聖言について」

　「聖言は全体的にも、また個別的にも、それどころか最も個別的なものにも、最小の一点に至るまでも霊的なものと天的なものを意味し、また包含しているが、今なお基督教世界はその秘密を知らない。それ故に旧約聖書は殆んど注意しない。

　下記のことからだけでもなお、その聖言であることを知ることが出来る。なぜなら、もし聖言が、天界、教会、信仰の内的なものを包含するような性質のものでなければ聖言は主の聖言、また主からの聖言であると決して見なされることが出来ないからである。そうでなければ、主の聖言と呼ぶことは出来ないし、何か意義のある生命が聖言に内在するとも言えない。なぜなら、生命は生命のあるものからでなければどこからも、即ちもし、聖言が全体的にまた個別的に主に関係しなければ、主の聖言と呼ぶことは出来ないからであり、何か意義のある生命が聖言に内在するとも言えないからである。

　誰が正真正銘の生命であるのか？　それ故、誰でも主御自身と内的に関係しなければ決して生きない。聖言の中に主御自身を包含しない文章、或いは主御自身について、その方に外的に関係があるだけの文章は神的なものではない。」（2番）

エマヌエル・スヴェーデンボリ著

天界の秘義

【第一巻】　創世記
第一章から第七章の内意

目　次

"De Verbo Domini"……………………3

「主の聖言について」……………………3

目次……………………4

著者序文……………………6

訳者まえがき……………………7

第一章

創世記　第一章……………………11

創世記 第一章の聖言……………………13

内容……………………15

内意……………………17

第二章

創世記　第二章……………………57

創世記 第二章の聖言……………………58

内容……………………59

内意……………………61

創世記 第二章の聖言 続き……………………86

内容……………………87

内意……………………87

死からの人間の蘇生について、
また永遠の生命の中へ人間の入ることについて　103

第三章

創世記　第三章……………………109

続、復活させられた者が
永遠の生命の中へ入ることについて……109

創世記 第三章の聖言……………………110

内容……………………112

創世記 第三章の聖言 続き……………………134

内容……………………134

内意……………………135

創世記 第三章の聖言 続き……………………156

内容……………………157

内意……………………158

続々、永遠の生命の中へ人間の入ることについて　173

第四章

創世記　第四章————————179

霊魂、即ち霊の生命はどのようなものか　179

創世記 第四章の聖言————————181

内容————————183

内意————————185

霊達が身体の生命の中で霊魂、

或いは霊について何を考えたかの幾つかの例　243

第五章

創世記　第五章————————251

天界と天界の楽しさについて————————251

創世記 第五章の聖言————————255

内容————————257

内意————————258

続、天界と天界の楽しさについて————288

第六章

創世記　第六章————————295

続々、天界と天界の楽しさについて————295

創世記 第六章の聖言————————299

内容————————299

内意————————300

創世記 第六章の聖言 続き————————331

内容————————332

内意————————333

天界を構成する社会について————————382

第七章

創世記　第七章————————389

地獄について————————389

創世記 第七章の聖言————————392

内容————————394

内意————————395

続、地獄について、ここでは憎しみ、復讐、

および残酷の中で人生を過ぎ去った者達の諸々の地獄について　463

著者序文

　天界の秘義は聖書、即ち主の聖言の中に示されたものであり、聖言の内なる意味の解説の中に含まれる。その意味がどのようなものかについては、1767-1777番、1869-1879番、また更に、1-5番、64-66番、167番、605番、920番、937番、1143番、1224番、1404番、1405番、1408番、1409番、1502番の終わり、1540番、1659番、1756番、1783番、1807番、の組み合わされたものの中に示された観察から認められよう。

　霊達の世界において、また天使達の天界において見られた驚くべきことは各章の序文と付言されたものの中にある。下記の第一部の中には次のものが記されている。

1. 死からの人間の蘇生について、また永遠の生命の中へ人間の入ることについて、168-181番。
2. 続、復活させられた者が永遠の生命の中へ入ることについて、182-189番。
3. 続々、永遠の生命の中へ人間の入ることについて、314-319番。
4. その時、魂、即ち霊の生命はどのようなものか、320-323番。
5. 身体の生命の中で魂、即ち霊について何を考えたかの霊達によるいくつかの例、443-448番。
6. 天界と天界の楽しさについて、449-459番。
7. 続、天界と天界の楽しさについて、537-546番。
8. 続々、天界と天界の楽しさについて、547-553番。
9. 天界を構成する社会について、684-691番。
10. 地獄について、692-700番。
11. 憎しみ、復讐、および残酷の中で人生を過ぎ去った者達の地獄について、814-823番。

訳者まえがき

著者エマヌエル・スヴェーデンボリ（1688-1772）はスエーデンの生まれですが、彼が生きた時代は日本で言えば江戸時代の真っ只中で、第五代将軍徳川綱吉により生類憐れみの令が出された翌年に生まれ、彼が1歳の時、松尾芭蕉が奥の細道を著し、14歳の時、赤穂浪士の討ち入りがあり、28歳の時、徳川吉宗が八代将軍になりました。

彼の名前であるエマヌエルは「神は私たちとともにおられる」という意味ですが、これは彼の父が彼がいつも神とともにいることを思い出すためにつけたものです。

彼は20代の頃、英国等に5年間留学し帰国後、28歳で鉱山局の監査官になり59歳まで勤めました。そして55歳の時、主御自身から聖い務めに招かれ、その後「宇宙間の諸地球」、「最後の審判」、「新エルサレムとその天界の教義」、「白馬」、「天界と地獄」、「主・聖書・生命・信仰の四教義」、「続最後の審判」、「神の愛と知恵」、「神の摂理」、「啓示された黙示録」、「結婚愛」、「新教会教義概要」、「霊魂と身体の交流」、「真の基督教」等の著作をラテン語で執筆出版しました。

「天界の秘義（創世記・出埃及記の内的意味）」は1749年から1755年にかけ、著者が61歳から67歳の間に執筆されました。

原題は "ARCANA CAELESTIA"（天界の秘義）と題してイギリス ロンドンで出版されました。

本書は聖書の創世記と出埃及記の解説書であり、その解説の中に字義とは全く異なった聖言の内意が明らかにされています。聖書の聖言は内意を含んでおり、その内意が天界の秘義として本書で明らかにされています。この聖言の内意は原語や字義の分析をするような自然科学的な手法では明らかにすることは出来ないので、本書による以外知ることが出来ません。本書により聖書の内意を知り、それ故、主の真意を知り人生に活かしていただければ幸いです。

なお、本書の本文の中で重要な単語は原語を併記し理解が曖昧にならないようにしました。また難解と思われる個所は訳者の理解出来る範囲で（注：）を加えました。また文頭以外で大文字で始まる単語の多くは神に帰属する語であるので、「神の」或いは「神的な」等の語を加えました。また原文では重複する名詞、動詞の多くは省略されているので、必要に応じて補足し、また代名詞も出来るだけ名詞に置き換えました。

【創世記】
第一章

創世記　第一章

1. 旧約聖書の聖言は天界の秘義を包含すること、そして全体的に、また個別的に主、主御自身の天界、教会、信仰に関係することを、誰もこの世の聖言の文字からはこれらの信仰のものを認めない。なぜなら、文字、或いは文字の意味からは誰も主のユダヤ教会の外部に面している一般的なものを除いて別のものを認めないからである。

　それにもかかわらず、その時、天界の秘義はその内部の至る所にあり、それらは外部のものにおいては主が使徒達に示し、また説明した極僅かな言葉を除いてどこにも明白ではない。例えば、神への捧げものは主を意味すること、カナンとエルサレムの地は天界を意味すること、それ故に、カナンとエルサレムは天界と呼ばれ、同様に楽園と呼ばれている。

2. しかし、聖言は全体的にも、また個別的にも、それどころか最も個別的なものにも、最小の一点に至るまでも霊的なものと天的なものを意味し、また包含しているが、今なお基督教世界はその秘密を知らない。それ故に旧約聖書は殆んど注意しない。

　下記のことからだけでもなお、その聖言であることを知ることが出来る。なぜなら、もし聖言が、天界、教会、信仰の内的なものを包含するような性質のものでなければ聖言は主の聖言、また主からの聖言であると決して見なされることが出来ないからである。そうでなければ、主の聖言と呼ぶことは出来ないし、何か意義のある生命が聖言に内在するとも言えない。なぜなら、生命は生命のあるものからでなければどこからも、即ちもし、聖言が全体的にまた個別的に主に関係しなければ、主の聖言と呼ぶことは出来ないからであり、何か意義のある生命が聖言に内在するとも言われることがないからである。

　誰が正真正銘の生命であるのか？ それ故、誰でも主御自身と内的に関係しなければ決して生きない。聖言の中に主御自身を包含しない文章、或いは主御自身について、その方に外的に関係があるだけの文章は神的なものではない。

3. このような生命なしには聖言は文字に関する限り死んでいるのである。なぜならば、これは基督教世界で知られたことであるが、聖言はその生命を人間の如くに持つからである。外なるものと内なるものがあり、外なる人間は内なるものから分離されたなら、物体であり、従って全く死んでいる。しかし内なるものがありそれが生き、そして外なるものが生きることを可能にする。内なる人間は彼の魂である。聖言もその通りであり、単なる文字である限り魂の無い体のようなものである。

4. 文字の意味だけに心が固執する時は、このように聖言が内なるものを包含することは、決して認められることはない。例えば、下記の創世記の始めの文字の意味からは、この世の創造とエデンの園について、それは楽園と呼ばれるということ、更にアダムについては最初に創造された人間ということを除いて、それ以外のものは決して知られない。誰がこれ以外のものを考えつくであろうか？ しかし、これらの秘義を包含したものは、今まで決して啓示されなっかたのである。それらは次に続くものから充分に知られよう。例えば、創世記の最初の章の内なる意味の中では、人間の新しい創造、即ち人間の全般的な再生について、そして特に最古代教会について述べている。その上、そのように内なる意味を表象しない、意味しない、また含まない最小の文はない。

5. しかし、聖言がこのような内容を持つことは、この世のどのような事情の下ででも、もし主によるのでなければ誰も知ることが出来ない。それ故に、主の神的な慈悲により、今や数年の間、私は霊達と天使達との交わりに、常に、また絶えず参加していること、彼らの話すことを聞くこと、また逆に、彼らと一緒に話すことが許されたのである。それ故、他生の驚かされるべきことを聞くことと見ることを与えられたことを、あらかじめ明らかにすることが許されている。それらは決して人間の誰の知識になく、人間の誰の考えにもなく、また人間の誰の考えにも生じなかった。その時、霊達の全く異なった種類について、死後の魂の状態について、地獄について、即ち不誠実な者の悲しむべき状態について、天界について、即ち誠実な者の最も幸福な状態について、特に、全天界において認めら

れている信仰の教義についてよく教えられたのである。それらについて主の神的な慈悲により、後に続く箇所で多くのことが述べられよう。

創世記 第一章の聖言

1. 初めに神は天と地を創造した。
2. とは言え、地は人の気配がなく、また実もなく、そして暗黒が深遠の面の上にあった。また神の霊がそれ自身を水の面の上に揺り動かしていた。
3. しかもその時に、神は光があるようにと言われた。同時に創造された光があった。
4. そして、神は光を見た。それは善いものであった。また神は光に属するものと闇に属するものを離した。
5. そして、神は光を昼と呼び、また闇を夜と呼んだ。そして夕があり、また朝があって第一日があった。
6. そしてそれから、神は水の真ん中に広がりがあるように、また水と水の間に仕切りがあるようにと言われた。
7. そして、神はその広がりを造った。また広がりの下の水と広がりの上の水の間を離した。そしてそのように為された。
8. そして、神は広がりを天と呼んだ。そして夕があり、また朝があって第二日があった。
9. そしてそれから、神は天の下の水が一ヶ所に集められるように、また乾いた土地が現れるようにと言われた。そしてそのように為された。
10. そして、神は乾いた土地を地、また水の集まりを海と呼んだ。そして神はそれが善いものであったのを見た。
11. そしてそれから、神は地が柔らかい草、種子を生み出す草、その種類に従って実を結び、その中にその種子がある果樹を地の上に発芽することを為すように言われた。そしてそのように為された。
12. そして、地は柔らかい草、その種類に従って種子を生み出す草、またその種類に従って実を結び、その中にその種子がある木を生み出した。そして神はそれが善いものであったのを見た。

創世記　第一章　　　(3)　　*13*

13. そして、夕があって、また朝があって第三日があった。

14. そしてそれから、神は昼と夜の間を区別するために、天の広がりの上に光源体があるように言われた。またそれらはしるしのために、また一定の時刻のために、日のために、年のためにあらねばならないと言われた。

15. また、天の広がりの中の光源体が地の上に光を与えることのためにそれらがあるであろうと言われた。そしてそのように為された。

16. そしてそれから、神は大小二つの光源体を造った。大きな光源体は昼を支配することのために、また小さな光源体は夜を支配することのために、また星を造った。

17. そして、神はそれらを地の上に光を与えることのために天の広がりの中に置いた。

18. そしてそれから、昼において、また夜において支配することのために、また光の上に、また闇の上に区別することのためにそれらを置いた。そして神はそれが善いものであったのを見た。

19. そして、夕があって、また朝があって第四日があった。

20. そしてそれから、神は水に這う生きている生き物を生じるように、這って出てくることを、また地の上に、天の広がりの面の上にあちこち飛び回る鳥を生じるように言われた。

21. また、神は大きな鯨を創造した。また水に凡ての這う生きている生き物を、それらの種類に従って這って出てくることを為した。また翼のある鳥を、その種類に従って創造した。そして神はその創造が善いものであったのを見た。

22. そして、神はそれらを祝福して、実を結べ、またあなた達を増やせ、また海の中の水を満たせ、また地の上に鳥が増やされねばならないと言われた。

23. そして、夕があって、朝があって第五日があった。

24. そしてそれから、神は地が生きている生き物をその種類に従って生み出すように、獣、また自分自身を動かしている生き物、またその地の野獣をその種類に従って生み出すようにと言われた。そしてそのように為された。

25. そして、神は地の野獣をその種類に従って造った。また獣をその種類に従って、また地面に這っている凡てのものをその種類に従

って造った。そして神はそれが善いものであったのを見た。

26. そしてそれから、神は言われた。我々の似姿に従って、我々の像に人間を造ろう。また彼らに海の魚に対して、また天の鳥に対して、また獣に対して、また地の凡てのものに対して、また地の上に這う凡ての這っているものに対して支配させよう。

27. そして、神は人間を主御自身の像に創造し、神の像に彼を創造し、男と女に彼らを創造した。

28. そして、神は彼らのために祝福された。そして神は彼らにあなた達は繁殖せよ、また増えよ、また地に満ちよ、またそれらを征服せよ、また海の魚に対して、また天の鳥に対して、また地の上に這っている凡ての生きているものに対してあなた達は支配すると言われた。

29. そして、神は見よ、私はあなた達に食物になるであろう全地の面の上の種子を生み出す凡ての草を、また凡ての樹木の果実を、種子を生み出す樹木を与えると言われた。

30. また地の凡ての野獣に、また天の凡ての鳥に、また命のある生きている地の上の凡ての這っているものに緑の草を餌として与えると言われた。そしてそのように為された。

31. そして、神は創造した凡てのものを見た。見よ、それらは非常に善いものであった。そして夕があり、また朝があり第六日があった。

内容

6. 六日、即ち六つの期間は人間の再生の状態の継続的な多くの期間であり、全般的に次のような状態である。

7. 第一の状態は、先行する状態であり、幼年期の状態から再生に先んじるすぐ前の状態である。そしてそれは「人の気配のない、実のない、および暗黒」と呼ばれ、また主の慈悲である最初の動きは「神の霊が水の面の上にそれ自身を揺り動かしているもの。」である。

8. 第二の状態は、主の状態のものと人間の固有の状態のものとの間に区

別される時である。主の状態のものは聖言において「残りのもの」と呼ばれ、そしてこれは特に信仰の知識（概念）である。それらを人間は幼年期から学んだ。それらは隠され、この状態へ人間が行く前には明らかにされない。その状態は今日試練、不幸、悲しみなしには滅多に現れない。試練、不幸、悲しみが身体とこの世の状態のものとして生じるなら、（もちろんそれらは人間に固有のものであり、従ってそれらは人間の外なるものであるが）、人間の外なるものは活動を止め、またまるで死んだかのようになり、内なるものである残りのものから分離される。残りのものは主によりこの時まで、またこの役に立つまで隠されたものとしてある。

9. 第三の状態は悔い改めの状態であり、その中で人間は内なる人間により敬虔に、また信心深く語り、そして仁愛の働きに応じて善を生み出す。しかしそれでも、それらは生命のないものである。なぜなら、自分自身から行うと信じるからである。そしてそれらは「柔らかい草」、更に「種子のある草」、それから「果樹」と呼ばれる。

10. 第四の状態は人間が愛により影響を及ぼされ、また信仰により照らされる時である。確かに、彼は前に敬虔に話し、また善を生み出したのであるが、しかしそれらを試練と悩みから行ったのであって信仰と仁愛から行ったのではない。それ故に、信仰と仁愛が内なる人間の中でその時、灯され、そしてそれらは二つの光源体と呼ばれる。

11. 第五の状態は人間が信仰により語り、そしてそれ故、真理と善により信仰を確信することである。その時それらは生命のあるものを生み出し、そしてそれらは「海の魚、および天の鳥」と呼ばれる。

12. 第六の状態は人間が信仰により、そこからの愛から真理を語り、また善を行う時である。その時、人間が生み出すそれらのものは「生きている生き物」、また「獣」と呼ばれる。そしてその時、特に信仰により、また更に愛により行動することが一緒に始まるので、人間は霊的なものに為され、人間は神の「像」と呼ばれる。彼の霊的な生命は信仰の概念（知識）

に、また仁愛の働きに楽しみを与えられ、維持され、それらは「彼の食物」と呼ばれる。また彼の自然的な生命は身体と感覚のものに楽しみを与えられ、また維持される。このことから愛が支配するまで、また人間が天的なものに為されるまで戦がある。

13. 再生される者が凡てこの状態へ行くのではない。しかし或る者は、また今日の大部分の者は第一の状態のみへ行き、或る者は第二の状態へ行き、或る者は第三の状態、第四の状態、第五の状態へ行くが、滅多に第六の状態へ行かない、また殆ど誰も第七の状態へ行かない。

内意

14. この後に続く箇所において、「主」は特にこの世の救い主イエス キリストが意味される。また主はその他の名称なしに呼ばれ、主として全天界において承認され、また呼びかけられている。なぜなら、主御自身に諸天界と地上において凡ての権限があるからである。更に主が命じられ言われる、
　「あなた達は私を主よと呼ぶ、あなた達は正しく言う。なぜなら、私は存在するからである。」ヨハネ伝、13.13、そして、弟子達は主の復活の後に、その方御自身を主と呼んだ。

15. 主御自身が言われたように、主と父なる神は一人であるので、全天界において主を除いて他の父なる神は知らない。
　「私は、道、また真理、また生命である、.....ピリポは私達に父なる神を示せと言う、...イエスは彼に、これほど長い期間、私はあなた達と居る、ピリポよ、私を知らなかったのか？　私を見る者は父なる神を見る、それ故にどうしてあなたは私達に父なる神を示せと言うのか？　私は父なる神の中に、また父なる神は私の中に居ることを信じないのか？　私は父なる神の中に、また父なる神は私の中に居ることをあなた達は信じよ。」ヨハネ伝、14.6,8-11、

創世記　第一章　　　(8)　　*17*

16. 一節、「初めに神は天と地を創造した。」

「初め」は最古代の時代と呼ばれる。預言者達によってしばしば「古代の日」、そのようにまた「永遠の日」と呼ばれている。更に初めは人間が再生される場合の最初の期間を含んでいる。なぜなら、その時、新しく生まれるからであり、また生命を受けるからである。再生も同様に受けられる故に、新しい人間の創造と呼ばれる。イザヤ書においてのように若干の相違を持って、預言の書のほぼ至る所に記述されている「創造すること、形造ること、造ること」は再生することを意味する。

「私の名で呼ばれた凡てのものを私の栄光のために創造し、更にそれを形造り、造った。」43.7、それ故に、主は贖い主、胎内からの形成主、造物主、そのようにまた、創造主と呼ばれる。例えば同じ預言者の書において、

「私はエホバ、あなた達の聖なる者、イスラエルの創造主、あなた達の王、」43.15、ダビデの書において、

「創造された民はヤー（エホバの短縮形）をほめる。」詩篇、102.19、同じ詩篇において、

「あなたがあなたの霊を送り出すと創造され、また地の面を生き返らせる。」詩篇、104.30、「天」は内なる人間を意味し、また「地」は再生前の外なる人間を意味することは続きの箇所により認められよう。

17. 二節、「とは言え、地は人の気配がなく、また実もなく、そして暗黒が深淵の面の上にあった。また神の霊がそれ自身を水の面の上に揺り動かしていた。」

再生前の人間は「人の気配のない、また実のない地」、更に「人の気配のない、また実のない土壌」とも呼ばれる。その者に善と真理の何の種も蒔かれていないのである。「人の気配のない」はそこで何も善の種を蒔かれておらず、また「実のない」はそこで何も真理の種をまかれていないことを意味する。それ故、「暗黒」、即ち主への信仰の凡ての無感覚と無知があり、従って霊的な生命と天的な生命の凡ての無感覚と無知がある。その人間は主によりエレミヤ書を通して記述されている。

「私の民は愚かで私を知らない。彼らは愚かな息子で、私を理解しておらず、悪を行なうことに聡く、善を行なうことを知らない。私は地を見た、

ところがしかし、見よ、人の気配がなく、また実がなかった。また諸天においても、同様にその光がなかった。」4.22,23、

18.「深淵の面」は彼の欲望とそこからの間違った信念であり、それらから、またそれらの中に全く彼は居る。なぜなら、彼に深淵の如く何も光のものがなく、即ち何か暗さの不明瞭なものがあるからである。このような者もまた深淵と海の深みと聖言においてしばしば呼ばれている。それらは干上がらされる、或いは空（から）にされると再生される前の人間は聖言に記されている。例えばイザヤ書において、
　「古代の日と最古代の日の世代と同様に目覚めよ、...海の深みに敷いている道によって贖われた者が渡るために、あなたは海を、大きな深淵の水を干上がらせているのではないか？...エホバの贖われた者は帰る。」51.9-11、更に、天界から眺められた時、このような人間は黒い塊のように見え、その者に何も生命のものがない。同様のものが人間の全般的な浄化において伴う。これについて再生に先行することが多くの預言者の許に記述されている。なぜなら、人間は真理が何かを知ることが出来る前に、また善に働きかけられる前に、それを妨げ、またそれに抵抗するものが遠ざけられなければならないからである。このように新しい人間がみごもられることが出来る前に、古い人間は死ななければならないのである。

19.「神の霊」によって主の慈悲が意味される。これについては、めん鳥が卵の上で常の如く「揺り動かすこと」が言われる。ここの卵の上のものが主が人間の許に隠し、聖言においてしばしば「残りのもの」と呼ばれるものである。外なるものが浄化される前に真理と善の知識は決して光の中へ、即ち昼の中へは来ないのである。それらの知識はそこで「水の面」と呼ばれる。

20. 三節、「しかもその時に、神は光があるようにと言われた。同時に創造された光があった。」
　再生の最初の期間は、人間が何かの善と真理はより高いものであるこ

創世記　第一章　一節　　　（16）　　19

とを知り始める時である。全く外なる人間は、無論、善が何か、真理が何かを知らない。なぜならそれらの凡てのものは自己愛と世俗愛であり、それらが善であることを信じるからである。また彼らの愛に好意を示すものを真理であることを信じるからである。従って、それらの善は悪であることと、それらの真理は間違った信念であることを知っていない。これに対して、人間が新たにみごもられる時、初めて彼の善は善ではないことを知り始める。そして、更に光へ進むその時は、主が居られ、また主は元来の善と真理で在られることが知られる。このことを主は主御自身でヨハネ伝において言われている。

「あなた達はもし、私が居ることを信じるのでなければ、あなた達の罪の中で死ぬであろう。」8.24、続いて、主は元来の善、即ち生命であり、また元来の真理、即ち光であること、なお加えて、その通りにもし、主によらなければ誰にも善と真理はないことを、更にヨハネ伝において言われている。

「初めに、聖言があり、また聖言は神の許にあり、また聖言は神であった。…凡てのものは聖言によって造られたのであり、また造られたものは、聖言なしに何も造られなかったのである。聖言の中に生命があり、また生命は人間の光であった。光は闇の中に現れ、聖言はこの世に来ている凡ての人間を照らす真理の光であった。」1.1,3,4,9、

21. 四、五節、「そして、神は光を見た。それは善いものであった。また神は光に属するものと闇に属するものを離した。そして、神は光を昼と呼び、また闇を夜と呼んだ。」

「光」は善そのもので在られる主からあるので、善いものと言われる。「闇」は人間が新しい者にみごもられ、また生まれる前に光の如く見えた善いものである。なぜなら、悪が善の如く、また間違った信念が真理の如く見えたからである。しかし、それらは闇であり、そして人間の固有のものであり、それらを人間は持つ。主の凡てのものは、どんなものでも光のものであるので、「昼」に例えられる。また人間の固有の凡てのものは、どんなものでも暗黒のものであるので、「夜」に例えられる。このように聖言において多くのものが記されている。

22. 五節、「そして夕があり、また朝があって第一日があった。」

「夕」が何か、また「朝」が何かは、上記のことからすでに知られよう。

「夕」は影のものなので、即ち間違った信念のものなので、また何も信仰のものがないので、先行している凡ての状態である。「朝」は光のものなので、即ち真理のものなので、また信仰の知識のものなので、後続している凡ての状態である。

「夕」は一般的に人間の固有性の凡てのものを意味し、これに反し、「朝」は主の固有性の凡てのものを意味する。例えばダビデによって、

「エホバの霊が私に告げた。そしてその言葉が私の舌の上にある。イスラエルの神が言われ、イスラエルの岩が私に告げた。彼は太陽が昇る時の朝の光の如く、輝きにより、雨により柔らかい草が地から芽ばえる時の雲のない朝の如くある。」サムエル記Ⅱ、23.2‐4、と言われている。

「夕」は何も信仰がない時なので、また「朝」は信仰がある時なので、主のこの世への降臨は「朝」と呼ばれ、また主が来られる時の時刻は、その時、何も信仰がないので「夕」と呼ばれる。ダニエル書において、

「聖徒は私に言った。夕までずっと朝に為される時、二千と三百。」8.14,26、同様に、聖言において「朝」は主の凡ての降臨として解釈される。従って新しい創造の表現でもある。

23. 聖言において「日」は時間そのものとして解釈されることは、決して普通のことではない。例えばイザヤ書において、

「エホバの日は差し迫っている。... 見よ、エホバの日が来る。... 私の怒りの激昂の日に、私は天を激しく動かすであろう、しかもその時に地はその居所からぐらつく。... その時が来ることへ差し迫っている。そしてその日は延期されない。」8.6,9,13,22、また同じ預言者において、

「かの古代人は古代の日々において、... その日においてツロは一人の王の直ぐ後に七十年忘却に引き渡されることが為される。」23.7,15、なぜなら、「日」は時間として、更にその時の状態として解釈されるからである。例えばエレミヤ書において、

「災いなるかな、日が暮れかかった故に、なぜなら、夕がその影を広げるからである。」6.4、また同じ預言者において、

「もしあなた達が私の昼の契約と私の夜の契約を無効のものにしたいのなら、その結果、その時には昼がなく、そして夜があるだろう。」33.20,25、更に、

「昔の如く、私達の日々を元どおりにし給え。」哀歌、5.21、

24. 六節、「そしてそれから、神は水の真ん中に広がりがあるように、また水と水の間に仕切りがあるようにと言われた。」

[1] 神の霊、即ち主の慈悲が真理と善の概念を昼の中へ引き出した後、また主が居られることと主が元来の善、また元来の真理であること、またもし、主からでなければ何も善と真理はないことの最初の光を与えた後、やがて内なる人間と外なる人間の間を分ける。従って内なる人間の許の概念と、外なる人間の科学的な（事実に基づく）概念の間を分ける。

内なる人間は「広がり」と呼ばれ、内なる人間の許の概念は「広がりの上の水」と呼ばれ、また外なる人間の科学的な（事実に基づく）概念は「広がりの下の水」と呼ばれる。

[2] 再生される前の人間は、決して内なる人間が存在することを知らず、まして内なるものが何か知らず、内なるものと外なるものが区別されたものであることを信じていない。なぜなら、再生される前の人間は形体的なものとこの世のものに浸された者であるからであり、更に人間の内なるものも同じものに浸しているからである。また区別されたものの中で区別されたものを一つの曖昧で不明瞭なものに為すからである。それ故に、初めに「水の真ん中に広がり」があることが言われ、更に「水と水の間に仕切り」があることが言われるが、しかし「広がりの下の水と広がりの上の水の間に」仕切りがあることは言われていない。つまり、直ぐ後に次のように、

七、八節、「そして、神はその広がりを造った。また広がりの下の水と広がりの上の水の間を離した。そしてそのように為された。そして、神は広がりを天と呼んだ。」ことは言われていない。

[3] それ故に他方、もし人間が再生されるなら、内なる人間に、即ち内なる人間の許に主だけの善と真理が生じられることを知り始めることを認める。また外なる人間が再生される時、彼が行なう善を自分自身から行うことを、

また彼が語る真理を自分自身から語ることを絶えず信じるような者であるので、またそれによって自分の固有性によっての如く善を行なうことへ、また真理を語ることへ導かれるような者なので、それ故に、広がりの下のものに関しての仕切りが先行し、また次に広がりの上のものについての仕切りが来る。

　更に、人間は自分の固有性によっても、間違った信念によっても、欲望によっても導かれ、同時に、主により真理と善へ変えられることも天界の秘義である。このように再生の段階が全体的に、また個別的に外なる人間から内なる人間への如く、夕から朝へ進む。即ち地から天へ進む。それ故に、今や広がり、即ち内なる人間は「天」と呼ばれる。

25. 「地を伸ばすこと、また諸天を広げること」は預言者達において通常の話し方である。そこで人間の再生について述べられている。例えばイザヤ書において、

　「エホバはこのように言われた、あなたの贖い主、また胎内からのあなたの形成主、私エホバが只一人で諸天を広げ、また私自身により地を伸ばし、凡てのものを創造した。」44.24、主の降臨についてあからさまに述べられている箇所では、このように、

　「傷を負わされた葦を彼は粉砕しない、また煙っている灯心を消さない。真実のために審判を明らかにする。」即ち、間違った信念を彼は砕かず、欲望を消さず、真理と善へ変える。それ故に、続いて、

　「神エホバは諸天を創造し、またそれらを広げ、地とその産物を増やし、その上の民に活力を与え、そこに歩く者達に霊を与える。」42.3-5、と言われ、更に他の箇所にも数度言われている。

26. 八節、「そして夕があり、また朝があって第二日があった。」「夕」が何か、「朝」が何か、および「日」が何かは前の5節において述べられた。

27. 九節、「そしてそれから、神は天の下の水が一ヶ所に集められるように、また乾いた土地が現われるようにと言われた。そしてそのように為された。」
　人間が内なるものと外なるものの存在することを知った時、また真理と

創世記　第一章　六節　　　（23）　　23

善は内なる人間から、即ち内なる人間を通して外なるものへ主により流入することを知った時、例えそのように見えなくても、その時、真理と善の知識（概念）は彼の許に彼の記憶の中に貯えられ、また科学的な（事実に基づく）ものの間に忍ばせる。というのは、外なる人間の記憶は何であろうと自然的なものであるにせよ、霊的なものであるにせよ、天的なものであるにせよ、そこに留まり科学的な（事実に基づく）ものとして入り込ませるからである。そしてそこから主により引き出される。

　これらの知識（概念）は「一箇所に集められた水」であり、また「海」と呼ばれる。これに反し、元来の外なる人間は「乾いた土地」と呼ばれ、また直ぐ後に続く箇所に従って「地」と呼ばれている。

28. 十節、「そして、神は乾いた土地を地、また水の集まりを海と呼んだ。そして神はそれが善いものであったのを見た。」

　「水」は知識（概念）と科学的な（事実に基づく）ものを意味し、聖言において最も一般的なものである。それ故に、「海」はそれらの累積である。例えばイザヤ書において、

　「水が海を覆っているように、地はエホバの知識で満たされるであろう。」11.9、また、同じ預言者の許に、そこで知識と科学的な（事実に基づく）ものの欠乏について述べられている。

　「水が海からなくなり、川は干上がらせられ、また涸れる。そして流水は去る。」19.5,6、ハガイ書において、そこの新しい教会について、

　「私は諸天と地を、また海と乾いた地を激しく動かしている。また凡ての諸民族を激しく動かすであろう。また凡ての諸民族の願いがなり、そしてこの家を栄光で満たすであろう。」2.6,7、また、再生している人間についてゼカリヤ書において、

　「エホバに熟知されたその一つの日が起こるであろう。昼ではなく、夜でもなく、夕の時に光があるであろう。またその日にエルサレムから生命のある水が出て、それらの一部は東の海へ、またそれらの一部は後ろの海へ流れるであろう。」14.7,8、ダビデによって、そこに再生されるべき浄化された人間が主を崇拝することが記述されている。

　「エホバはそれらの縛られた者達を遠ざけない。天と地、海とそれらの

中の凡ての這っているものはエホバ御自身を称賛する。」詩篇、69.33,34、「地」は容器を意味することは、ゼカリヤ書において、

「エホバは諸天を広げ、また地を確立し、そして人間の霊をその真ん中に形造っている。」から明らかである。12.1、

29. 十一、十二節、「そしてそれから、神は地が柔らかい草、種子を生み出す草、その種類に従って実を結び、その中にその種子がある果樹を地の上に発芽することを生じるように言われた。そしてそのように為された。そして、地は柔らかい草、その種類に従って種子を生み出す草、またその種類に従って実を結び、その中にその種子がある木を生み出した。そして神はそれが善いものであったのを見た。」

[1] 地、即ち人間が主により天的な種子と善と真理の何かのものを受け入れることが出来るように準備された場合、その時、主は最初に柔らかい草と呼ばれる或る種の温和なものを芽ばえさせることを為す。その上、何か有用なもので、更にそれ自身を生み出すものを芽ばえさせる。そして「種子を付けている草」、そしてついに、何かの善であるその実を結ばせる草、また「実の中にその種子のある木」と呼ばれるものをどんなものでもその種類に従って芽ばえさせる。

再生される人間は、最初、その行なう善を自分自身からあること、またその話す真理も自分自身からあることを信じるような者であるが、その時、それにもかかわらず、それらの事柄は凡ての善と凡ての真理は主からあることを有する故に、それらが自分自身からあることを信じる者は、まだ信仰の真理の生命を持たない。しかしその後、それを受け入れることが出来る。というのは、信仰の生命を受け入れることへの準備の状態にあるので、まだ主からあることを信じることが出来ないからである。この状態は生命のないものによって表象され、またその後の信仰の生命の状態は生命のあるものによって表象される。

[2] 主は「種を蒔いている者」であり、「種」は主御自身の聖言であり、また「地」は人間であることは、主御自身がマタイ伝、8.19-24,37-39、マルコ伝、4.14-21、ルカ伝、8.11-16、で言われ給う。更に同様なことを記述している。

「神の王国は地に種を蒔く時の人間のように、彼が日夜、眠り、また起き上がる時、しかもその時、種子が芽を出し、そして立ち上がる。彼はそれがどのようにしてそうなるか知らない。というのは地はひとりでに実を産出するからである。先ず、葉を、続いて穂を、その後、完全な穀物を穂の中に抱く。」マルコ伝、4.26-28、「神の王国」によって一般的な意味において凡ての天界が意味され、不十分な一般的な意味において主の真理の教会が意味され、各々の個別的な意味によって、真実の信仰のある者、即ち信仰の生命によって再生された者が意味される。それ故に、彼は「天」ともまた呼ばれる。なぜなら、彼の中に天があるからであり、更に神の王国があるからである。彼の中に神の王国があるので主は御自身でルカ伝によって教えておられる。

イエスはパリサイ人達から、いつ神の王国が来るのか？ と問われ、答えて、「神の王国は見張っている時に来るのではない。そして見よ、これが、或いは見よ、あれが神の王国だとは言えない。というのは、神の王国はあなた達の内にあるからである。」17.20,21、と言われた。これが人間の再生の継続的な第三のものであり、また彼の悔い改めの状態である。同様に、影から光へ、或いは夕から朝へ進んでいる。それ故に、13節で、そして、夕があって、また朝があって第三日があったと言われている。

30. 十四〜十七節、「そしてそれから、神は昼と夜の間を区別するために、天の広がりの上に光源体があるように言われた。またそれらはしるしのために、また一定の時刻のために、日のために、年のためにあらねばならないと言われた。また、天の広がりの中の光源体が地の上に光を与えることのためにそれらがあるであろうと言われた。そしてそのように為された。そしてそれから、神は大小二つの光源体を造った。大きな光源体は昼を支配することのために、また小さな光源体は夜を支配することのために、また星を造った。そして、神はそれらを地の上に光を与えることのために天の広がりの中に置いた。」
[1]「大きな光源体」が何かは、もし最初に新しく創造される者の許に信仰の本質、更にその進展が知られるのでなければ充分に理解されることが出来ない。主御自身がヨハネ伝において述べられたように、主だけが

信仰の元来の本質と生命であり、確かに主を信じない者は生命を持つことが出来ない。

「子なる神を信じる者は永遠の生命を持ち、子なる神を真に信じない者は生命を見ることなく、神の怒りが彼の上に留まる。」3.36、

[2] 新しく創造される者の許の信仰の進展は次のようなものである。最初は誰にも生命はない。なぜなら、悪と間違った信念の中に生命はなく、善と真理の中にあるからである。その後、信仰を通して主から生命を受け入れる。先ず、科学的な（事実に基づく）ものの信仰である記憶の信仰を通して、更に知性の信仰である理解の信仰を通して、その後、愛の信仰、即ち救いを為す信仰である心の信仰を通して生命を受け取る。

科学的な（事実に基づく）ものの信仰と知性の信仰が生命のないものによって3節から13節まで表象されたのである。これに反し、愛によって生命を与えられた信仰が生命のあるものによって20節から25節まで表象されたのである。それ故に、今やここに初めて「光源体」と呼ばれる愛とそこからの信仰について述べられている。「昼を支配する大きな光源体」は愛であり、「夜を支配する小さな光源体」は愛からの信仰である。それらは一つのものを為すので、二つの光源体（複数形）はそれらについて単数でそれがあると言われるが、複数でそれらがあると言われていない。

（注：14節の〔luminaria：光源、天体〕は複数形であるが動詞の〔Sit：ある〕は単数形である。）

[3] 内なる人間の中に持つ愛と信仰は外なる形体的なものにおける熱と光の如くある。それ故に愛と信仰は、熱と光によって表象される。それ故に光源体は天の広がりの中、即ち内なる人間の中に置かれたと言われる。大きな光源体は彼の意志の中に、また小さい光源体は彼の理解の中に置かれたが、しかし対象の中の太陽の光の如く意志と理解の中にだけ現れる。愛から意志を、また真理、即ち信仰から理解を動かすのは主の慈悲だけである。

31. [1]「諸々の光源体」は愛と信仰を意味し、そしてまた太陽、月、星と呼ばれることも預言者達の書の許の至る所で知られている。例えばエゼキエル書において、

「私があなたを忘れるであろう時、諸天を、また諸天の星々を暗くし、太陽を雲で包むであろう。また月はその光を放つことを為さない。私は諸天における凡ての光の天体を暗くしてあなたの地の上に闇をもたらすであろう。」32.7,8、ここではファラオとエジプト人が述べられている。聖言においてその者達によって感覚的なものと科学的な（事実に基づく）ものが意味される。このことは感覚的なものと科学的な（事実に基づく）ものによって愛と信仰を忘れてしまうことである。イザヤ書において、

「エホバの日は、地を荒地へ置くことへ来る。なぜなら、諸天の星、また諸天のオリオン座はその光を放つことを為さないからである。太陽はその昇ることにおいて暗くされ、また月はその光を輝かせることがない。」13.9,10、ヨエル書において、

「エホバの日、暗闇と暗黒の日が来る。主御自身の目の前で地はぐらつき、天の太陽と月は暗くされ、また星はその輝きを減らし激しく動かされる。」2.1,2,10、

[2] イザヤ書において、そこで主の降臨と諸民族の照らしについて、従って新しい教会について、個別的なものにおいては闇の中に居る者、とは言え光を受け入れ、そして再生される者について述べられている。

「あなたの光が来たので、あなたは立ち上がって照らせ、見よ、暗闇が地を覆い、また暗黒が諸民族を覆う。しかし同時に、エホバがあなたの上に昇り、そして諸民族はあなたの光に向かって歩むであろう。また王はあなたの輝きの起源に向かって歩むであろう。エホバがあなたに永遠の光としてあるであろう。エホバがあなたに永遠の光としてあるので、もはやあなたの太陽は沈まず、またあなたの月は隠されない。」60.1-3,19,20、ダビデの書において、

「エホバは知力で諸天をつくり、... 水の上に地を伸ばし、... 大きな光源体を造り、... 太陽を昼において支配することのために、また月と星々を夜において支配することのために造られた。」詩篇、136.5-9、同じ預言者の書において、

「太陽と月はエホバを賛美せよ、光源の凡ての星々はエホバ御自身を賛美せよ、また諸天の上の水は諸天の天のエホバ御自身を賛美せよ。」詩篇、148.4、

[3] これらの凡ての箇所において「光源体」は愛と信仰を意味する。

なぜなら、光源体は主への愛と信仰を表象し、また意味したからである。ユダヤ教会において明かり（光源体）が夕から朝まで永続して灯されることの教えがあった。なぜなら、彼らの教会の教えは何でも主の表象のものであったからである。その明かり（光源体）について次のように、

「灯火を途切れることなく上げることを為すことのために、イスラエルの子孫達に明かり（光源体）のために油を受け取るように命じよ。証しの箱との間にある幕の外の集会の天幕の中でアロンとその息子達は夕から朝に至るまでエホバの前でそれを管理しなければならない。」出埃及記、27.20,21、これらの明かりは愛と信仰を意味し、それらは主が内なる人間の中で灯し、また輝くことを為すこと、そして内なる人間を通して外なる人間の中に、その場所で主の神的な慈悲により現わされる。

32. 愛と信仰は先ず「諸々の大きな光源体」と呼ばれ、続いて愛は「一つの大きな光源体」、および信仰は「一つの小さな光源体」と呼ばれている。そして愛について「昼の中で支配する」こと、また信仰について「夜の中で支配する」ことが言われている。これらは秘義であるので、また特にこの日々の終わりにおいて隠されたものであるので、特にこの日々の終わりにおいて隠されたものが主の神的な慈悲により、どうしてその事柄を明らかにすることが許されることが出来るのか、その理由は、主御自身が下記の言葉で福音書記者の許に予言された如く、現在は時代の完了であるからである。そして殆ど誰にも愛がなく、それ故に、信仰もないからである。

「太陽は暗くされ、月は光をもたらさず、星々は天から落ちる。諸天の美点は激しく動かされる。」マタイ伝、24.29、ここでは「太陽」によって暗くされた愛が意味され、「月」によって光をもたらさない信仰が意味され、「星々」によって諸天の美点と力である信仰の知識（概念）が落ちることが意味される。

最古代教会は元来の愛を除いて他の信仰を承認しなかった。天界の天使達もまた、もし愛の信仰でなければ信仰が何か知らず、凡ての天界には愛の信仰がある。なぜなら、天界において愛の生命を除いて他の生命

は与えられないからである。そこからの凡ての幸福はそれが何かを記述されることが出来ないほど、どんな場合でも人間の何かの考えで認められることはない。愛の中に居る者達は主を心から愛し、愛を知り、話し、また認める。凡ての愛は、従って凡ての生命は愛の生命のみがあり、そしてそのように凡ての幸福がある。人間自身からの愛、生命、および幸福のものを持つことは少しもなく全く主から来る。

　それ故に、主は居られ凡ての愛はその方からあり、更に、主が変容された時「大きな光源体」即ち、太陽によって表象された。なぜなら、「主御自身の顔が霊太陽の如く輝き、その上、衣服は光の如く為された。」マタイ伝、17.2、と記述されているからである。「顔」によって最内部のものが意味され、また「衣服」によって最内部から発するものが意味される。従って主御自身の神的なものが「太陽」即ち、愛によって意味され、また主御自身の神的人間性が光、即ち愛からの知恵によって意味される。

33. 生命はどんな場合でも何かの愛なしに何もないことは各々の者に最もよく熟知されたことである。またもし、愛から生じるものがなければ、何の楽しいものも決してないことも熟知されたことである。そればかりか、愛のままに、そのように生命と楽しさがある。あなたが愛、即ち同じことであるが、もしあなたが欲望（なぜなら、これらは愛のものであるからである。）を遠ざけたなら、思考は直ちに止まり、また死んだもののようになるであろう。このことが生きているものと比較して私に示された。

　自己愛と世俗愛は何らかの生命のものと同様なものと、何らかの楽しいものと同様なものをもたらすが、しかし、凡てのもの以上に主を愛することと自分自身以上に隣人を愛することである真実の愛に全く相反するものなので、自己愛と世俗愛は愛ではなく憎しみであることが知られることが出来よう。なぜなら、人間が誰か以上に自分自身とこの世を愛するほど、益々より多くの隣人と、そのように主を憎むからである。それ故に、真実の愛は主への愛であり、また真実の生命は主御自身からの愛の生命である。そして真実の楽しさは主御自身からの生命の楽しさである。真実の愛は、唯一の愛を持つ者でなければ、従って真実の生命は唯一の生命を持つ者でなければ与えられることが出来ない。そこから諸天界に

おける天使達の真実の楽しさと真実の幸福の性質がある。

34. 愛と信仰は一つのもの、および同じものを構成するので、決して分離されることが出来ない。それ故に、最初に光源体について述べられた時、一つのものとして承認されて、そして「諸天の広がりの中に光源体（複数形）がある（単数形）」と言われている。これについて驚くべきことを述べることを私は許されている。天的な天使達は主により前述のような愛の中に居るので、愛から信仰の凡ての概念（知識）の中に居り、また愛からそのような生命、また殆ど何かを記述されることが出来ないような知性の光の中に居る。

これに反し、逆に愛なしの信仰の教義の知識の中に居る霊達は、そのような冷たい生命と不明瞭な光の中に居る。無論、諸天界の最初の入口の門へ近付くことが出来ないために、後ろ向きに逃げ去らずにはいられない。誰かが信仰の教義の知識を主として信じたことを言ったが、しかし彼らは信仰の教義の知識が教えた如く生きなかった。この者達について主はマタイ伝において次のように、

「私に主よ、主よと言っている凡ての者達が諸天界の王国の中へ入るのではなく、私の欲していることを実行している者が入る。その日に多くの者が私に、主よ、主よ私達はあなたの名によって預言したではないか？と言う。」と言われている。そしてそれは、7.21,22、から終わりまで続く。

それ故に、愛の中に居る者は、信仰の中にもまた居ること、そしてそのように天的な生命の中に居ることが明白である。これに反し、信仰の中に居ることを言っても、また愛の生命の中に居ない者は天的な生命の中に居ない。愛なしの信仰の生命は冬におけるように熱なしの太陽の光の如くそれを持つ。その時、何も成長せず、しかもその上に、全体的にも個別的にも不活発で死滅する。しかし愛からの信仰は春の時の太陽の光の如くそれを持つ。その時、凡てのものは成長し開花する。なぜなら、太陽の熱がありそれが引き起こすからである。聖言の中で霊的なものと天的なものにおいて、同様に、この世と地の上にあるものによって表象されるのが常である。何も信仰がなく、また主からの愛なしの信仰もまた冬に例えられる。そこで代の完了についてマルコ伝において予言された。

創世記　第一章　十四節　　（32）　*31*

「あなた達の逃避が冬に為されないように祈れ、というのはその日は苦難の日であろうからである。」13.18,19、「逃避」は最後の時であり、更に各々の人間の死ぬ時でもある。「冬」は何も愛のない生命であり、「苦難」は他生における人間の悲惨な状態である。

35. 人間に意志と理解の二つの能力がある。意志により理解が支配される時、やがてそれらは一緒に一つの心を、そのように一つの生命を構成する。なぜなら、その時、人間が欲し、また行うことを、その通りに考え、また意図するからである。これに反し、理解の信仰を持つことを言うが、その信仰と異なって生きる者達における如く、意志により支配されない異なる理解の場合、やがて、一つの心は二つのものに引き裂かれる。一つのものはそれ自身を天界へ連れ去られることを欲し、もう一つのものは地獄へ向かって進む。そして意志が凡てのことを行なうので、もし主が人間の意志を哀れまれなければ人間は全く地獄へ落ちたであろう。

36. 愛から信仰を分離した者達は信仰が何か決して知らない。もし、信仰の考えの中に居るならば、誰も純粋な思考であることを除いて異なって知らない。或る者は主への思考であることを除いて異なって知らない。僅かな者達が信仰の教義であることを知る。しかし信仰は信仰の教義が理解され、また信仰の教義の承認の凡ての概念（知識）だけではなく、特に信仰の教義が教える凡てのものへの服従である。信仰が教え、信仰に服従しなければならない主要なことは主への愛と隣人への愛である。信仰の中に主への愛と隣人への愛があるのでないなら、人間は信仰の中に居るのではない。このことを主は決して疑われることが出来ないように明瞭に教えておられる。マルコ伝において次のように、

「凡ての教え（戒め）の主要なものは、イスラエルよ、聞け、私達の神の主は唯一の方で在られる。それ故に、あなたの神の主をあなたの全部の理性により、またあなたの全部の魂により、またあなたの全部の意志により、またあなたの凡ての力により愛さなければならない。これが第一の教え（戒め）であり、実に、第二の教え（戒め）もこれに同様である。あなたの隣人をあなた自身の如く愛さなければならない。これより重要

な他の教え（戒め）はない。」と言われている。12.29-31、マタイ伝においては、これを「主要な、また重要な神の掟」と呼び、また「それらにより神の掟の律法と預言者達が依存する」ことが示されている。22.37-40、律法と預言者達は信仰の凡ての教義と凡ての聖言である。

37.「光源体はしるしのために、また一定の時間のために、また日々のために、また年々のためにあらねばならない。」ことが言われている。これらの言葉は、例え文字の意味の中に何も秘義が現れていなくても、現実の言葉の中に描写されることが出来ることよりも多くの秘義を含む。

　ここの場合は全般的なものと個別的なものの中に与えられる霊的なものと天的なものの変化が日々のものと年々のものの変化に例えられていることのみを述べておこう。日々の変化は朝から昼へ、そこから夕へ、また夜を通して朝への変化であり、年々の変化も同様であり、春から夏へ、そこから秋へ、また冬を通して春への変化である。それ故、変化は熱と光の変化であり、地の結実の変化である。これらの変化に霊的なものと天的なものの変化が例えられている。生命は変化と多様性なしには同一のものであっただろう。従って、誰にも善と真理は認められず、見分けられず、まして理解されなかったであろう。これらは預言者達の許で定めと呼ばれる。例えばエレミヤ書において、

　「エホバは言われた。太陽を昼の光のために与えている。月の定め、また星々の定めが夜の光のために与えられている。... 私の前からこれらの定めは無くならない。」31.35,36、また同じ預言者のもとに、

　「エホバはこのように言われた。もし、昼と夜の私の契約がなかったなら、もし天と地の定めを置かなかったなら。」33.25、しかし、これらについては主の神的な慈悲により創世記、8.22、において述べよう。

38.十八節、「そしてそれから、昼において、また夜において支配することのために、また光の上に、また闇の上に区別することのためにそれらを置いた。そして神はそれが善いものであったのを見た。」

　主が話された如く「昼」によって善が、また「夜」によって悪が意味される。それ故に、善は昼の働きと呼ばれ、これに反し悪は夜の働きと呼ばれる。

創世記　第一章　十八節　　（34）　33

「光」によって真理が意味され、また「闇」によって間違った信念が意味される。

「人間達は光よりもむしろ闇を愛した。真理を行なう者は光の方へ来る。」ヨハネ伝、3.19-21、

十九節、「そして、夕があって、また朝があって第四日があった。」

39. 二十節、「そしてそれから、神は水に這う生きている生き物を生じるように、這って出てくることを、また地の上に、天の広がりの面の上にあちこち飛び回る鳥を生じるように言われた。」

大いなる諸光源体が灯され内なる人間の中に置かれた後、またそこから光を外なる人間が受けるその時、初めて生きることが始まる。それ以前は、殆ど生きたことが言われることが出来ない。なぜなら、彼は善を行なったことを自分自身により行なったことを信じたからであり、また真理を話したことを自分自身により語ったことを信じたからである。

そして、人間は自分自身からは生命のないものなので、また自分自身の中には悪と間違った信念以外は何もないので、それ故に、何であろうと人間が自分自身から引き出すものは生命のあるものではない。これほどまでに、本来、善である善は決して人間自身から行なうことは出来ない。人間は、もし主によるのでなければ、決して善を考えることは出来ず、善を欲しないこと、従って善を行なわないことは誰にでも信仰の教義から知られている。なぜなら主はマタイ伝において言われているからである。

「善い種子を蒔く者は神の人間の御子である。」13.37、更に、主が言われた如く、もし唯一の方である真の元来の源から来ることがなければ善を考えること、話すこと、欲すること、行なうことは出来ない。

「神御一人以外誰も善い者は居ない。」ルカ伝、18.19、しかしそれでもなお、主が生命の中へ人間を復活させる時、即ち、再生させる時、そのように自分から善を行い、真理を話すことを人間が考えることを許される。なぜなら、人間はその時、そのように考えることと異なって知覚することが出来ず、主だけから凡ての善と真理があることを信じることへ、またその後、理解することへ異なって導かれることが出来ないからである。

人間がこのように考える時、人間の真理と善は「柔らかい草」に、更に

「種子を生み出す草」に、その後「果樹」に例えられる。それらは生命のないものである。ところがこれに反し、愛と信仰から生かされる時、また人間が行なう凡ての善と彼が話す凡ての真理は主が生み出すことを信じる時、その時先ず、「水に這うもの、また地の上にあちこち飛び回る鳥」に例えられ、更に生きている凡てのものであり、また「生きている生き物」と呼ばれる「獣」に例えられる。

40.「水が生み出す這うもの」によって外なる人間のものである科学的な（事実に基づく）ものが意味され、「鳥」によって一般的に内なる人間の理性、更に知性が意味される。

「水の這うもの、即ち魚」は科学的な（事実に基づく）ものを意味することはイザヤ書において知られている。

「私は来た、しかるに人は居ない。私の叱責で海を干上がらせることを為し、川を砂漠に据える。水がないことにより、また乾燥のために魚が死ぬことにより、海と川の魚が不快な臭いを放つであろう。私は諸天を暗黒で覆う。」50.2,3、エゼキエル書においては、更に明白である。そこで主は新しい神殿、即ち一般的に新しい教会、また教会の人間、即ち再生された人間が記述されている。なぜなら、再生された各々の者は主の神殿であるからである。次のように、

「主エホバは私に言われた。それらの水は東に向かって辺境まで流れ、また海の方へ行き海の中に降ろされるであろう。そして水は癒されるであろう。また前へ這うであろう凡ての生きている生き物は、諸々の川の水が来る場所でおよそ何であれ生き、また魚が非常に多く居るようになるであろう。なぜなら、そこへそれらの水が来て、同時に癒し、また川の水が来る故に凡てのものが生きるからである。また漁師達はエンゲデからエン・エグライムまでの、その川の上に踏みとどまり網を広げることをしながら住むであろう。彼らの魚がその種類に従って広い海の魚の如く、非常に多く居るであろう。」47.8 - 10、

「漁師達はエンゲデからエン・エグライムまで網を広げることをしながら」は信仰の真理について自然的な人間を教える者達を意味する。

「鳥」は理性的なものと知性的なものを意味することは預言者達の許に

知られている。例えはイザヤ書において、

「東から鳥を呼び、遠くの地から私の意中の人を呼ぶ。」46.11、エレミヤ書において、

「私は見た、ところがしかし、ほら人間は居らず、諸天の凡ての鳥達は逃げ去った。」4.25、エゼキエル書において、

「私は高くそびえている杉の若枝を植えるであろう。かくて枝を際立たせ、また実を結び、また立派な杉になるであろう。そして凡ての鳥の凡ての翼がその下に住み、その枝の陰に住むであろう。」17.23、また、ホセア書において、そこで新しい教会、即ち再生された人間が述べられている。

「そして、その日、私は彼らに、野の野獣と、また諸天の鳥と、また地面に活動しているものと契約を結ぶ。」2.18、「野獣」は野獣を意味せず、「鳥」は鳥を意味しないことは誰にでも知られることが出来よう。なぜなら、主は彼らと新しい契約を結ぶと言われているからである。

41. 何でも人間の固有のものは、本来、何も生命を持たない。そしてもし、それを見ることがもたらされるなら、骨と皮の、また黒いものの如く粗野なものに見える。これに対して、何でも主からのものは生命を持ち、その中に霊的なものと天的なものがある。またもし、それを見ることがもたらされるなら、生きている人間のものとして見える。また天使的な霊のそれぞれの言葉、それぞれの考え、またそれぞれの思考の最小の部分が生きていることはひょっとして信じがたいことかも知れないが、それでも最も真実である。その最も個別的なものの中に元来の生命で在られる主から発している情愛がある。それ故に、それらは主から本質的に生命を持つ。なぜなら、主御自身への信仰を持つからである。そしてこのことは「生きている生き物」によって意味され、更にそれらは身体の種類を持ち、それが「それ自身で動いているもの」或いは「這っているもの」によって意味された。しかしこれらは今でも人間に秘義であるが、しかし生きている生き物とそれ自身で動いているものについて述べられるのでこのことのみは述べられなければならない。

42. 二十一節、「また、神は大きな鯨を創造した。また水に凡ての這う生

きている生き物を、それらの種類に従って這って出てくることを為した。また翼のある鳥を、その種類に従って創造した。そして神はその創造が善いものであったのを見た。」

「魚」は言われたように科学的な（事実に基づく）ものを意味する。これは主からの信仰によって生命のあるもの、またそれ故、生きているものである。「鯨」は科学的な（事実に基づく）ものの全般的なものを意味し、それらの下に、またそれらから個々のものがある。凡てのものにおいて何であろうと存在するようになり、また存続するためには、何かの全般的なものの下にあるのでないなら何も存在しない。預言者達において大型の海の動物、即ち鯨は数回述べられており、またそこで科学的な（事実に基づく）ものの全般的なものを意味している。エジプトの王ファラオによって人間の知恵、或いは人間の知性、即ち一般的な科学（知識）が表象され、大きな鯨と呼ばれる。エゼキエル書において、

「見よ、あなた達の川の真ん中で横たわる大きな鯨であり、エジプトの王ファラオであるあなたに私は敵対している。あなたは言った。川は私のためにあり、また私は私を私が造った。」29.3、また、他の箇所に、

「エジプトの王ファラオのために嘆き悲しむことを起こせ、そしてあなたは彼に言え、…かくてあなたは海の中の大型の動物（鯨）の如くあり、またあなたの川の中へ進みあなたの足で水を乱した。」32.2、これらによって科学的な（事実に基づく）ものが意味され、従って自分自身により信仰の神秘の中へ入ることを欲する者達が意味される。イザヤ書において、

「その日、エホバは御自分の丈夫な、また優れた、そして強力な剣で細長い蛇のレビヤタンを、また曲がりくねった蛇のレビヤタンの上に罰するであろう。そして海の中の大型の動物（鯨）を滅ぼす。」27.1、

「海の中の大型の動物（鯨）を滅ぼすこと」によって、決して全般的な科学的な（事実に基づく）ものを知らないことが意味される。エレミヤ書において、

「バビロンの王ネブカドネザルは私を食い尽くし、乱すであろう。私を空虚な容器に仕上げ、私のおいしいものにより自分の腹を満たし、鯨の如く私を飲み込み、私を吐き出した。」51.34、信仰の概念はここでおいしいものとしてあり、従ってヨナを飲み込んだ鯨の如くそれを飲み込む

であろう。そこの「鯨」は信仰の概念の全般的なものを科学的な（事実に基づく）ものとして所有し、また造る者達によって意味される。

43. 二十二節、「そして、神はそれらを祝福して、実を結べ、またあなた達を増やせ、また海の中の水を満たせ、また地の上に鳥が増やされねばならないと言われた。」

　本質的に主からの生命を持つ凡ての者達は、果てしなく自分自身に実を結ばせ、また増やす。人間が身体の中で生きる間はそれほどではないが、しかし、他生においては驚くほど実を結び、また増える。聖言において「実を結ばせること」は愛のものについて、また「増やすこと」は信仰のものについて述べられている。実は愛の種子を持つ物であり、それによって自分自身を多くのもので増やす。

　更に、聖言において主の祝福を与えることも実を結ぶことと増やすことを意味する。なぜなら、実を結ぶことと増やすことは主の祝福によりあるからである。

　二十三節、「そして、夕があって、朝があって第五日があった。」

44. 二十四、二十五節、「そしてそれから、神は地が生きている生き物をその種類に従って生み出すように、獣、また自分自身を動かしている生き物、またその地の野獣をその種類に従って生み出すようにと言われた。そしてそのように為された。そして、神は地の野獣をその種類に従って造った。また獣をその種類に従って、また地面に這っている凡てのものをその種類に従って造った。そして神はそれが善いものであったのを見た。」

　人間は「土地」の如く、もし彼に何が信じられなければならないか、また何が行なわれなければならないかを知ることにより信仰の知識（概念）の種を前以てまかれていなければ、何も善のものを生み出すことが出来ない。聖言を聞くことは理解がもたらし、聖言を行なうことは意志がもたらす。聖言を聞いても、また行なわないことはそれを信じることを言うことであるが、しかしそのように生きないことである。このような者達はそれらを分離し、また心を引き裂く。そして主により「愚か者」と呼ばれている。

「私の言葉を聞いてそれらを行なう凡ての者達は自分の家を岩の上に建てた賢明な人に例えよう。これに対して、私の言葉を聞くが、しかしそれらを行なわない凡ての者達は、自分の家を砂の上に建てた愚かな人に例えよう。」マタイ伝、7.24,26、理解のものは、例えば水の生じる這って出るものの這うものによって、また地の上の鳥によって、また天の広がりの面の上に飛び回る鳥によって示されたもので意味されたのである。意志のものは「地が生み出すその生きている生き物」によって、そして「獣と地面に這っているもの」によって、更に「その地の野獣」によって意味される。

45. 最古代の時代に生きた者達は、理解のものと意志のものをこのように表現したので、それ故に、預言者達において、従って旧約聖書の聖言の中でも変らずに同様なものが動物の種類によって表象されている。

獣には二様の種類があり、有害で悪い獣と穏やかで善い獣が居る。人間の中の悪が、例えば「雄熊、狼、犬」のような獣によって表現され、また人間の中の善と穏やかなものが、例えば「若い雄牛、羊、および子羊」によって、同じくこのような獣によって表現された。

この節の獣は再生されるべき者について述べられているので、善いものと穏やかなものである情愛を意味する。また欲望と快楽である「その地の野獣」と呼ばれる身体から多くのものを引き寄せる、更に低いものがある。

46. 「獣」は人間の許の情愛を意味し、悪い者達の許の悪い情愛と善い者達の許の善い情愛を意味することは聖言から繰り返し知られることが出来る。例えばエゼキエル書において、

「見よ、私はあなた達が耕され、また種を蒔かれるために、あなた達と一緒に居り、またあなた達のために配慮するであろう。そして私はあなた達の上に人間と獣を増やすであろう。そしてそれらは増やされ、また実を結ばせられるであろう。そしてあなた達の古代人達と同じようにあなた達が住むことを私はさせたい。」36.9-11、ここでは再生について述べられている。ヨエル書において、

創世記 第一章 二十二節　　（43）　 39

「私の野の獣達よ、恐れるな、なぜなら、荒野の居住地が草に覆われた所に為されたからである。」2.22、ダビデの書において、

「私は愚かな者であった、... 神の見るところでは私は獣であった。」詩篇、73.22、エレミヤ書において、

「見よ、日々が来ている。私はイスラエルの家へ、またユダの家へ人間の種子で、また獣の種子で種を蒔くであろう。...そして造ることのために、また植えることのために彼らの上で私は用心するであろう。」31.27,28、ここでは再生について述べられている。

「野獣」も同様なものを意味する。例えばホセア書において、

「その日、私は彼らのために野の野獣と諸天の鳥と、また地の這うものと契約を結ぼう。」2.18、ヨブ記において、

「あなたは地の野獣のために恐れないであろう。なぜなら、あなたの契約は野の石を持って結ばれたからであり、また野の野獣はあなたに平和をもたらすからである。」5.22,23、エゼキエル書において、

「私はあなた達と平和の契約を結び、また彼らが荒野の中で大胆に住むために、地における悪い野獣が活動しないようにさせる。」34.25、イザヤ書において、

「野の野獣は私を尊ぶであろう。なぜなら、私は荒野に水をもたしたからである。」43.20、エゼキエル書において、

「諸天の凡ての鳥がその枝に巣を作り、また野の凡ての野獣はその枝の下に子を産んだ。なお加えて、その枝の陰に偉大な凡ての民族が住んだ。」31.6、このようにアッシリヤについて述べている。アッシリヤによって霊的な人間が意味され、またエデンの園に例えられている。ダビデの書において、

「エホバ御自身の凡ての天使達はエホバを賛美せよ、鯨、果樹、野獣、また凡ての獣、這っている物、また翼の鳥は地からエホバを賛美せよ。」詩篇、148.2-4,7,9,10、ここでは、鯨、果樹、野獣、獣、這っている物、鳥のように全く同じものが述べられている。もしそれらによって人間の許の生命のものが意味されるのでなければ、決してエホバを賛美することについて言われることはない。

預言者達の許で獣と地の野獣の間に、なお加えて獣と野の野獣の間に正

しく区別されている。エゼキエル書においても、ヨハネの黙示録においても、動物が述べられており、天界の中の主に近くの者達のように善は特にずっと獣の名で呼ばれている。

「凡ての天使達と長老達と四つの動物は王座の周りに立った。また彼らの顔を王座の前に伏せ、そして神の子羊を崇拝した。」黙示録、7.11、19.4、更に、

「被造物はそれらに福音を宣べ伝えられなければならない。」ことも求められる。なぜなら、被造物は新しく造られたものに生まれなければならないからである。

「あなた達は凡ての世界へ行って、凡ての被造物に福音を宣べ伝えよ。」マルコ伝、16.15、

47. 聖言は再生の秘義を含む故に、前の節においてもまた「地は生きている生き物、獣、および地の野獣を生み出した。」ことが言われ、後に続く節においては順序が異なって「神は地の野獣、更に獣を造った。」ことが言われていることを知られることが出来よう。というのは、最初、更にその後も、人間は天的なものに為される前には、あたかも自分自身からのようにそれを生み出すからである。そしてそのように、再生は内なるものに先行して外なる人間から始まる。それ故に、ここでは異なった順序になっているのであり、外なるものが先行するのである。

48. これらから今や人間は第五の状態である理解の信仰から話すことが明白である。そしてそこからそれを真理と善の中に確信する。その時、「海の魚と諸天の鳥」と呼ばれる生命のあるものを生み出すのである。そして、第六の状態である理解の信仰から、またそれ故、意志の愛から真理を語り、また善を為す場合、その時、「生きている生き物と獣」と呼ばれる生命のあるものを生み出す。そして、その時、総合的な視野から、また信仰から、更に愛から行なうことを始めるので、人間は「像」と呼ばれる。それについて今から述べよう。

49. 二十六節、「そしてそれから、神は言われた。我々の似たものに従って、

創世記　第一章　二十六節　　（46）　　*41*

我々の像に人間を造ろう。また彼らに海の魚に対して、また天の鳥に対して、また獣に対して、また地の凡てのものに対して、また地の上に這う凡ての這っているものに対して支配させよう。」

最古代教会において、主はその教会の者達と顔を合わせて語られ、神的な人間の如く現れた。このことについて多くのことが語られることが出来るが、しかしまだその時ではない。それ故に、彼らは主御自身と主御自身のものであったものを除いて、決して「人間」と呼ばなかった。唯一、主から持ったことに気付いたもの、例えば凡ての愛の善と信仰の真理のようなものでなければ自分自身も、人間と呼ばなかった。彼らはこれらのものを人間のものと言った。なぜなら、主のものであるからである。それ故、預言者達の許に神的人間と神的人間の御子によって最高の意味において主が意味され、また内なる意味において知恵と知性が意味され、それ故、凡ての再生された者達が意味される。例えばエレミヤ書において、

「私は地を見た、ところがしかし、見よ、地は人の気配がなく、しかも実もなかった、また諸天に向かって見た、ところがしかし、見よ、それらの光はなかった。… 私は見た、ところがしかし、見よ、地に人間は居なかった。また諸天の凡ての鳥は逃げ去った。」4.23,25、イザヤ書において、そこで内なる意味において「人間」によって再生された者が意味され、最高の意味で唯一の如き主の主御自身が意味される。

「イスラエルの神聖な方、またその形成主、エホバはこのように言われた。… 私は地を造り、またその上に私が人間を創造した。私の手が諸天を広げ、また私がそれらの凡ての群に命じた。」45.11,12、それ故に、主は預言者達に神的な人間として見られたのである。例えばエゼキエル書に、

「広がりの上に、サファイヤの外観の如き王座に似たものが、また王座に似たものの上に神的人間の外観の如き似たものがその上に更に高くあった。」1.26、またダニエルに見られた方は神的な人間の御子、即ち神的な人間と言われ、それは同じ方である。

「私は見た、それと同時にほら、天の雲の間に、丁度、神的な人間の御子のように来られていた。そして日々の老いた方（神）に至るまでもやって来られた。そして日々の老いた方の前に御子自身が近付いた。そして御子自身に支配権と栄光と王権を与えられ、また凡ての民、諸民族、

および言語が御子自身に仕えるであろう。御子自身の支配権は永遠の支配権であって変らず、また御子自身の王国は無くならない。」7.13,14、更に、主は自分自身を神的人間の御子、即ち神的人間と呼ばれ、またダニエル書において主御自身の栄光の中への降臨について予言されているように、

「彼らは神的人間の御子が天の雲の中に力と栄光を持って来ているのを見るであろう。」マタイ伝、24.30、「諸天の雲」は聖言の文字の意味のものと呼ばれ、「力と栄光」は聖言の内なる意味のものと呼ばれる。それは特に聖言の全体的なものと個別的なものの中の主と主御自身の王国に関係する。その意味の中に、そこから力と栄光がある。

50. 最古代教会は「主の像」によって何かが言われることが出来るよりも多くのことを理解した。

人間は天使達と霊達を通して主により支配されていることを全く知らない。また誰でも一人の人間の許に最も少なくても二人の霊達と二人の天使達が居る。霊達によって霊達の世界と人間の連絡が行われ、また天使達によって天界との連絡が行われる。そしてそのように天界を通して主との連絡が行われる。人間の生命は全くその連絡により依存し、もし霊達と天使達が去ったなら、即座に死に、決して生きることが出来ない。

人間は再生された者でない限り、再生された者と比べて全く異なって支配される。再生された者でない場合は、悪の霊達が彼の許に居り、例え天使達が居合わせても彼の上に悪霊が支配する。天使達は彼自身を最低の悪へ投げ落とさないように、また彼をある種の善へ、またせめて、彼の固有の欲望によって善へ、また感覚の間違いによって真理へ仕向ける以外、殆ど何も行なうことが出来ない。その時、彼は彼の許の霊達を通して霊達の世界と連絡を持つが、しかしもちろん、天界とは連絡を持たない。なぜなら、悪い霊が支配するからであり、また天使達はその支配をそらすだけだからである。これに反し、彼が再生された時、やがて天使達が支配し、また凡ての善と真理を彼に吹き込む。なお加えて、間違った信念からの悪に対する恐怖感と懸念を吹き込む。

天使達は、確かに人間を導くが、しかし世話するだけである。なぜなら、主だけが天使達と霊達を通して人間を支配されるからである。またこれ

創世記　第一章　二十六節　　（49）　*43*

は天使達の任務になるので、ここでは先ず「我々の像に人間を造ろう。」と複数で言われているが、しかしそれでもなお、主だけが支配し、また管理されるので、次の節においては単数で「神は神御自身の像に彼を創造した。」と言われている。更にこのことを、主はイザヤ書において明瞭に言われている。

「あなたの贖い主、胎内からのあなたの形成主、エホバはこのように言われる。私エホバが凡てのものを創造し、ただ一人で諸天を張り、私自身で地を広げている。」44.24、更に、天使達自身は彼らの許に力（権限）は何もないことを、しかし主御一人だけから力（権限）を遂行することを認めている。

51. 像に関しては、像は似姿ではないが、しかし似姿に従ってある。それ故に、「私達の似姿に従って私達の像に人間を造る。」と言われている。霊的な人間は像であり、これに反し天的な人間は似たもの、即ち似姿である。この章においては霊的な人間について述べられ、次の章では天的な人間について述べられている。霊的な人間は像であり、主により「光の子」と呼ばれている。例えばヨハネ伝において、

「闇の中を歩く者はどこへ行くか知らない。光をあなた達が持つ間に光の子であるために光によって信じよ。」12.35,36、更に、友と言われている。

「もし、私が命じるどんなものでもあなた達が行なうなら、あなた達は私の友である。」15.14,15、しかし、似姿である天的な人間は、「神の子」と呼ばれている。例えば、ヨハネ伝で、

「彼らが受け入れた同数の権限を彼らが神の子であるために彼らに与えた。その者達は血統からではなく、そして肉体の意志からでもなく、そして人の意志からでもなく、神から生まれたのである。」1.12,13、

52. 霊的な人間である限り、その支配は外なる人間から内なる人間へ及び、これが「海の魚に対して、また諸天の鳥に対して、また獣に対して、また地の凡てのものに対して、また地の上で這う凡ての這っているものに対して支配するであろう。」とこのように言われている。これに反し、天的な人間に為される時、また愛から善を行なうその時、主が天的な人間

44　　　天界の秘義　第一巻

をダビデの書で述べられた如く、またそのように、主御自身の似姿である天的な人間を総合的な視野から述べられた如く支配は内なる人間から外なる人間へ及ぶ。

「あなたは彼にあなた達（注：天的な人間を意味するので原語は大文字で始まっている。）の手の働きの中で支配することをさせた。あなたは凡てのものを、凡ての羊の群と凡ての牛の群、そしてまた、野の獣、諸天の鳥、また海の魚、海の道を渡っているものを彼の支配の下に置かれた。」詩篇、8.6-8、それ故に、この節では先ず獣が述べられ、その後、鳥、更に海の魚が述べられている。なぜなら、天的な人間は意志のものである愛により生じるからであり、なお加えて、霊的な人間においては異なって生じるからである。

霊的な人間においては信仰のものである理解のものである魚と鳥が先行して述べられ、そして続いて獣が述べられている（注：霊的な人間は外なる人間において真理を知り理解し、そして真理に従うことによって内なる人間に支配が及び隣人愛へ導くのだが、天的な人間は内なる人間が主と隣人への愛であるので、その愛によって外なる人間を支配し真理を認めさせる。聖書の御言葉は綴りだけではなく、その語順にも深い意味が隠されている。）。

53. 二十七節、「そして、神は人間を主御自身の像に創造し、神の像に彼を創造した。」

この節に二度、像が言われている。なぜなら、理解のものである信仰は、主御自身の像と呼ばれ、これに反し、意志のものである愛は神の像と呼ばれるからである。愛は霊的な人間においては続いて来るものであるが、しかし天的な人間においては先行するものである。

54.「神は彼らを男と女に創造した。」

男と女によって内なる意味において何が意味されるかは、最古代教会に最もよく熟知されたものであったが、しかしとはいえ、彼らの子孫達の許でいつか聖言の内的な意味、更にこの秘義も滅びた。結婚は彼らの最高の幸福と歓喜であって、何でも常に結婚に例えられることが出来た。

彼らは結婚の幸福を認めたためにそれ故に何でも結婚に例えた。

　彼らは内なる人間達であったので、内なるものだけに楽しみを与えられ、外なるものは目で見ただけであった。しかし外なるものが表象したものについて考えた。そのように外なるものは彼らに何も価値がなかったこと、それらにより内なるものに関して何かを考慮することが出来るだけであった。また内なるものにより天的なものに関して、またそのように主に関して考慮することが出来るだけであった。主は彼らに凡てのものであった。それ故に、天的な結婚に関してはその方により彼らの結婚の幸福へ進むことを認めた。

　それ故に、霊的な人間において理解を男と呼び、また意志を女と呼び、それらが一つのものとして働いた時、彼らは結婚と言った。その最古代教会から決まり文句が広がり習慣的なものに為された。その教会は善への情愛により「娘」、更に「乙女」と呼ばれた。例えば「シオンの乙女、エルサレムの乙女」、また例えば「妻」と呼ばれた。しかし、これらについては次の第2章23節と第3章15節と比較して見よ。

55. 二十八節、「そして、神は彼らのために祝福された。そして神は彼らにあなた達は繁殖せよ、また増えよ、また地に満ちよ、またそれらを征服せよ、また海の魚に対して、また天の鳥に対して、また地の上に這っている凡ての生きているものに対してあなた達は支配すると言われた。」

　最古代人達は理解と意志の結合、即ち信仰と愛の結合を結婚と呼んだので、何でもその結婚から生み出される善のものを繁殖と呼び、また何でもその結婚から生み出される真理のものを増やすことと呼んだ。それ故、預言者達の許に同様に呼ばれた。例えばエゼキエル書において、

　「私はあなた達の間で人間と獣を増やし、なおまたそれらを増やし、また繁殖させるであろう。そしてあなた達があなた達の古代人達と同様に住むことをさせ、またあなた達の初めと比較して善くしてやりたい。そしてあなた達は私がエホバであることを知り、またあなた達の上で人間を、私の民イスラエルを歩むことをさせたい。」36.11,12、

　「人間」によって、ここでは霊的な人間が意味され、更にその者はイスラエルと呼ばれる。「古代人達」によって最古代教会が意味され「初め」

によって洪水後の古代教会が意味される。

「増えること」は先行する真理のことであり、また「繁殖」は後に続く善のことである。なぜなら、ここでは再生されるべき者について述べられており、再生された者について述べられているのではないからである。

理解が意志に結合された時、即ち信仰が愛に結合された時、人間は主により「結婚された地」と呼ばれる。イザヤ書において、

「あなたの地は、もはや無人の地とは言われず、あなたにその中で私の喜ぶ地と呼ばれ、またあなたの地は結婚された地と呼ばれるであろう。なぜなら、エホバがあなたの内で喜ばれるからであり、またあなたの地は結婚されるからである。」62.4、結婚された地からの真理の実は「息子」と呼ばれ、またそこからの善の実は「娘」と呼ばれる。そしてこれは聖言において何としばしば言われていることだろう。多くの真理と善がある時、「地が満たされる」。というのは、主が言われる如く、主が祝福されていることにより、また定められていることにより、即ち主が働いておられることにより善と真理を計り知れないものへ増やすからである。

「諸天の王国は辛子の種子に同様である。それを受け取った人間が自分の畑に蒔いた。それは凡ての種子の中でより小さいものであるが、しかし成長した時、凡ての野菜の中でより大きなものになり、そして樹木になる。それ故に、天の鳥が来るようになり、またその枝に鳥が宿る。」マタイ伝、13.31,32、

「辛子の種子」は人間が霊的なものになる前の人間の善である。それは凡ての種子の中で最小の種子である。なぜなら、善を自分自身で行なうことを考えるからであり、自分自身から善を行なうことは悪以外に何もないからである。なぜなら、再生の状態においては何かの善があるが、しかし凡ての善の中で最も程度の低いものであるからである。

要するに、信仰が愛に結合されるに応じてより程度の高い善が生まれ、また野菜が作られ、最終的に結合された時、「樹木」が作られる。またその時、「諸天の鳥」が生まれ、それらもまた、ここでは真理、即ち知性である。「その枝の中に」は鳥が宿ることの意味する科学的な（事実に基づく）ものである。いつでも、霊的な人間は霊的なものに為されるほどその時、戦いの中に居る。それ故に、「あなた達は地を征服せよ、またあなた達は

創世記　第一章　二十八節　　（54）　　47

支配する。」と言われている。

56. 二十九節、「そして、神は見よ、私はあなた達に食物になるであろう全地の面の上の種子を生み出す凡ての草を、また凡ての樹木の果実を、種子を生み出す樹木を与えると言われた。」

　天的な人間はもっぱら天的な食物と呼ばれる天的なものに楽しみを与えられる。なぜなら、それらは彼らの生命に適合するからである。霊的な人間は霊的な食物と呼ばれる霊的なものに楽しみを与えられる。なぜなら、それらは彼らの生命に適合するからである。同様に、自然的な人間は食物と呼ばれる自然的なものに、また特に科学的な（事実に基づく）ものに楽しみを与えられる。なぜなら、それらは彼の生命に適合したものであるからである。

　ここでは霊的な人間について述べられているので、彼らの霊的な食物が表象されたものによって記述されている。「種子を生み出す草」によって、また一般に「種子を生み出す樹木」と呼ばれる「樹木の果実」によって霊的な食物が意味されている。彼の自然的な食物は次の節において記述されている。

57. 「種子を生み出す草」は用を考慮する凡ての真理であり、「樹木の果実」は信仰の善である。「果実」は主が人間に与えられる天的な食物であるが、しかし「種子」からの「果実」は霊的な人間に与えられる霊的な食物である。それ故に、「種子を生み出す樹木はあなた達に食物になるであろう。」と言われている。

　天的な食物は「木による果実」と言われていることは天的な人間について述べられている次の章から明白である。ここでは主がエゼキエル書によって語られたことだけを記しておこう。

　「川の近くのその両側の岸の上に食物の木が育ち、その葉は落ちない。またその果実は食い尽くされず、その月々の間に再び成長する。なぜなら、その水は聖所から流れて来ているからである。そしてその果実は食物に、またその葉は薬になるであろう。」47.12、「聖所からの水」は主の生命と慈悲を意味し、主は聖所である。「果実」は知恵であり、それは彼らに食

物となる。「葉」は知性であり、それは彼らに用のためにある。これに反し、霊的な食物は「草」と言われることはダビデの書を通して言われている。

「私の羊飼いよ、あなたは草の放牧地に私を横たえることをさせて私は何も不足しないでしょう。」詩篇、23.1,2、

58. 三十節、「また地の凡ての野獣に、また天の凡ての鳥に、また命のある生きている地の上の凡ての這っているものに緑の草を餌として与えると言われた。そしてそのように為された。」

同様に自然的な食物がここに記述されている。その自然的な食物はここに「地の野獣」によって、また「諸天の鳥」によって意味されたものであり、それらに餌として「野菜と緑の草」が与えられたのである。自然的な食物も霊的な食物も、その両方について、ダビデの書において次のように記述されている。

「エホバは動物に草を生じ、また人間の務めのために地からパンを引き出すことの目的で草を生じる。」詩篇、104.14、ここの動物は地の野獣として、また同時に天の鳥としてそれらをここの詩篇の11,12節で述べている。

59. 自然的な人間に食物として野菜と緑の草だけがここにあることは、もちろん、その事情を有する。人間は、もし再生され、また霊的なものに為されるならば、絶えず戦いの中にある。それ故に、主の教会は「戦っている」と言われる。なぜなら、凡ての人間は純然たる欲望と、そこからの間違った信念により構成されたものであるので、再生され、また霊的な者に為される前は、欲望が優勢であるからである。再生される時、彼の欲望と間違った信念は短時間で除かれることは出来ない。なぜなら、それは人間全体を滅ぼすことになるからである。というのは、それ以外の生命を彼自身に得ないからである。それ故に、彼の許に長らく悪の霊達が残され、彼の欲望を燃え立たせ、またそのように無数の方法でだらけさせるようになる。しかしもちろん、主により善へ変えることが出来、またそのように回復されることが出来る。

戦いの期間、悪の霊達は凡ての善と真理へ、即ち主への愛と信仰のものに何であろうとの最大の憎しみを持つ。それらの善と真理は、それら

創世記　第一章　二十九節　　（56）　　49

の中に永遠の生命を持つので、ことのほか憎しみを持ち、人間に野菜と
緑の草に例えられるものを除いて他のものを何も残さない。しかし実の
ところ、主が人間に種子を生み出す草と樹木の果実の食物を与えられ
る。それらは平安と平和であり、それらの楽しいものと幸福なものである。
そして主はこれを時折、与えられる。

　もし、主が人間を凡ての瞬間に、更に最小の瞬間に守られないなら、即刻、
人間は滅びる。なぜなら、前述のような致命的な、決して述べられるこ
とが出来ない憎しみが、霊達の世界において主への愛と信仰のものに対
して優勢であるからである。このようにその状況を有することを、私は
断言することが出来る。なぜなら、今私は、例え身体の中に居たとしても、
依然として他生において数年の間、霊達と一緒に居るからであり、また
悪い霊達とも一緒に居るからであり、というよりは最も悪い霊達と一緒
に居るからである。そして時折、数千の悪い霊に取り囲まれた。彼らは
その毒を撒き散らすことと、その出来る凡ゆる方法で私を悩ますことを
許されたが、しかしそれでもなお、私の最小の毛髪も害することが出来
なかった。このように私は主により守られていた。

　多くの年々の経験により、霊達の世界についてどのようなものである
か、更に再生される者達が永遠の生命の幸福を獲得するために、それを
受けないことが出来ない戦いについてもまた最もよく教えられたのである。
しかし、一般的な記述によっては誰も疑いのない確証を持つように教え
られることが出来ないので、それ故に、それらについては主の神的な慈
悲により、後に続く個々のものにおいて述べられなければならない。

60. 三十一節、「そして、神は創造した凡てのものを見た。見よ、それら
は非常に善いものであった。そして夕があり、また朝があり第六日があった。」
　ここに「非常に善いもの」と言われ、前には単に「善いもの」と言われ
ている。なぜなら、今は信仰のものであるものと愛のものであるものと
が一緒に一つのものを為し、そのように霊的なものと天的なものの間に
結合が為されたからである。

61. 信仰の概念の凡てのものは霊的なものと言われ、また主への愛と隣人

50　　　天界の秘義　第一巻

への愛の凡てのものは天的なものと言われる。信仰の概念の凡てのもの
は人間の理解に関わり、主への愛と隣人への愛の凡てのものは人間の意
志に関わりがある。

62. 全般的なものと個別的なものにおける人間の再生の期間と状態は六つ
に区別され、また人間の創造の日々と呼ばれる。なぜなら、誰も人間で
ない者から段階を通して人間に為されるからである。最初はある程度人
間に為されるが、しかし殆ど人間ではなく、その後、更に第六の日に至
るまで人間に為され、その結果「像」に為される。

63. その間、主は人間のために悪と間違った信念に対し絶えず戦い、また
戦いを通して人間を真理と善の中で励ます。戦いの期間は主の働きの期
間であり、それ故に、預言者達において再生された人間は「神の指の働
き」と呼ばれている。人間に本来の愛が根をおろすより前に主は休まない。
その後、戦いは終わる。
　働きが成功した時、絶えず信仰が愛に結合されたものであることが、そ
の時「非常に善いもの」と呼ばれる。なぜなら、主はその時、彼を主御
自身の似姿として取扱うからである。第六日の終わりに、悪の霊達は去り、
そして善の霊達が近付く。なお加えて、天界へ導き入れられる、即ち
天的な楽園へ導き入れられる。このことについては次の章に述べられる
（注：人間の心は絶えず悪の霊達から憎しみ、淫乱、貪欲や自尊心、高慢
心等を吹き込まれており、絶えず悔い改めていなければ心はそれらの不
潔なもので充満する。人間は外観上悔い改めを自分自身で行って悪と戦
っているように思うが、真実は主が人間の中で戦っておられる。なぜなら、
人間の中で悪と戦う理解の真理は主であるからである。そして人間の中
で理解の真理が悪に勝利する時、理解の真理と意志の愛が結合し意志に
主が入られ悪との戦いが終わり悪の霊達は去り人間は神の像となる。そ
してこれが第六日の終わりであり、この手段を通してでなければ主は人
間の意志に入ることは出来ない。なぜなら、それまでは人間の意志は悪
の霊達に支配され悪の楽しさに浸っており、その楽しいものが主が入っ
て来ないように堅く戸を閉じているからである。）

創世記　第一章　三十一節　　（59）　　*51*

64. これが、ここの場合の聖言の内なる意味であり、全くこれがその聖言の生命そのものである。その内なる意味は聖言の文字通りの意味からは、決して見えない。しかし、聖言の内なる意味の秘義は、それらの説明されなければならないもののために多くの書物があっても足りないほど多くある。ここに述べられたものは極僅かなものだけであり、ここでは再生について述べられていること、またそれらは外なる人間から内なる人間へ進むことを理解することが出来るようなものだけである。

　このように天使達は聖言を理解する。天使達は文字通りの意味が何か全く何も知らないのであり、決して一つの言葉が何か、何を最も密接に意味するかも知らない。ましてなお更、聖言の歴史の書と預言の書の中に頻繁に出て来る地の名前、都市の名前、川の名前、人物の名前は知らないのである。天使達は言葉によって、また名前によって物事の意味の考えを持つだけである。例えば、楽園におけるアダムによって最古代教会を理解し、しかも、教会ではなく最古代教会の主への信仰を理解する。またノアによって最古代教会の子孫達の許に残っている教会とアブラムの時代まで持続された教会を理解する。またアブラハムによって、決して生き長らえた彼を理解しないが、しかし救う信仰を理解し彼がそれを表象したことを理解する、その他。このように、天使達は言葉と名前から完全に引き離された霊的な事柄と天的な事柄を理解する。

65. 私が聖言を読んでいた時、或る者達が天界の最初の入口へ上げられ、そしてそこで私と一緒に話した。彼らは聖言の言葉、即ち文字通りの意味はそこで全く何も意味していないが、しかしそれらは内的なものに最も密接した意味においてのみ意味していると言った。そのようにそれらは美しく、またそのような順序で続き、またそれらを彼らが「栄光」と呼んだように彼らを感動させていると言った。

66. 聖言において一般的に四つの異なっている文体がある。第一のものは最古代教会の文体である。彼らの表現することの様式は、地上のものとこの世のものを言う時、霊的なものと天的なものについて考えたことを表象したようなものであった。それによって表象するものによってだけ

52　　天界の秘義　第一巻

表現したのではなく、更にもっと生きているように見えるために、何かの表象のひと続きのものをまるで歴史のものであるかのように合致させた。このことは彼らにとりわけ楽しいことであった。この文体はハンナが預言して言っている時、意味された文体である。

「あなた達は隠されたことを、不可解なことを語る。あなた達の口から古代の言葉が出て来る。」サムエル記Ⅰ、2.3、これらの表象するものはダビデの書において、「古代からの謎」と記述されている。モーセは創造について、エデンの庭園について、アブラムの時期に至るまでのこれらのものを最古代人の末裔から得たのである。

第二のものは歴史の文体である。それはモーセの書におけるアブラムの時期からと、更に進んでまたヨシュア記、士師記、サムエル記、および列王記のそれらの歴史的なものにおいて文字通りの意味に完全にまとめたようにあるが、しかしそれでもなお、全体的に、および個別的に内なる意味の中で霊的なものと天的なものを完全に保持する。それらについて主の神的な慈悲により後に続く適切な順序で述べよう。

第三のものは預言の文体である。これは最古代教会の文体から生まれたものであり、彼らはそれを敬慕した。しかし、それは連続された文体ではなく、また最古代のような歴史の文体の如くあるのでもなく、分散されたものであり、もし内なる意味においてでなければどんな場合でも殆ど理解出来ない。そこでの最も深い秘義は整えられた順序で続き関連付けられたものとなっており、また外なる人間と内なる人間を、更に教会の状態を、天界そのものを、なお加えて、最も深遠なものにおける主を注視する。

第四のものはダビデの詩篇の文体である。それは預言の文体と普通に語っている文体の間の中間の文体である。そこで王の人物としてのダビデの下に内なる意味において主について述べられている。

創世記　第一章　　　　(64)　　*53*

【創世記】
第二章

創世記　第二章

67. 主の神的な慈悲により聖言の内なる意味を知ることが私に与えられたのである。またその中に含まれる最も深い秘義は、もし他生における事柄を経験し、その秘義を何らかの方法で知るのでなければ言及することが出来ないので、前には決して誰かの概念の中へ生じなかったのである。なぜなら、聖言の内なる意味の中に有る極めて多くのものはそれらの秘義を注視し、記録し、および含むからである。私は今や数年の間、霊達と天使達の仲間であることが与えられ、私が見、また聞いて関与したことを明らかにすることが許されている。

68. 身体の中で生きる限り、決して誰も霊達と天使達と話すことが出来ないことを多くの者達が言うだろうこと、また多くの者達は霊達と天使達と話すことを幻想であると言うだろうこと、他の者達は私が述べるであろうことを、そそのかされた信仰のように言うだろうこと、また他の者達が異なって言うだろうことは、私を黙らせないが、しかし、この者達は何も私を妨げない。なぜなら、私は見て、聞いて、感じたからである。

69. 最古代の時代に為された如くその通りに、人間は身体の中で生きる時も、霊達と天使達と一緒に話すことが出来るように主により創造されたのである。なぜなら、人間は身体の衣服を着た霊なので、霊達と天使達と一つのものであるからである。しかし、時が流れた後に人間は形体的なものと世俗的なものに自分自身を沈めたので、そして殆どそれ以外のものを何も気に掛けないようになったので、それ故にその道を閉ざされたのである。しかし、それらに沈められた身体的なものが遠ざかるや否やその道が開けられ、そして霊達の間に居り、また彼らと一緒に生活を共にする。

70. 数年の間、私が聞いて、また見たことを明らかにすることが許されているので、ここに先ず、人間が蘇えらされる時、即ち身体の生命から永遠の生命に入る時、どのようにしてそれを人間の中で経験するかが述べられなければならない。それで、死後、人間が生きることを私が知った

ということは、私に身体の生命の中で熟知された多くの者と一緒に話すことと交際することが与えられたからである。しかも、決して一日とか一週間ではなく、何ヶ月も、また殆んど一年もの間、この世での如くその者達と一緒に話し、また交際した。その者達は彼らが身体の中で生きた時、自分自身を死後生きていないと見なすような不信の中に居たことを、そして他にもまたその不信の中に居た者が非常に多く居ることに大いに驚かされた。それでもその時、殆んど身体の死後、他生に居る前に一日も間がない。なぜなら、生命の継続があるからである。

71. しかしもし、私の見聞したことを聖言の綴られたものの中に差し挟まれるなら、裂かれたもの、また連続されていないものになるので、主の神的な慈悲によりそれらを一種の順序に関連付けること、その上、各々の章の前置きとして言うことと結びに付言すること、更にそれらを至る所に挿入させることを許されている。

72.それ故、この章の終わりに人間がどのようにして死んだ者から目を覚まさせられ、また永遠の生命へ入るかについて述べることを許されている。

創世記 第二章の聖言

1. そして、諸天と地は、またそれらの凡ての群れは完成された。
2. そして、神は第七日に神御自身が造った作品を完成し、また第七日に神御自身の凡ての働きから休まれた。
3. そして、神は第七日にその日を祝福し、また聖別した。なぜなら、その日に神が造ることで創造した神御自身の凡ての働きから休まれたからである。
4. これらが諸天と地を創造した時の出生である。その日に神エホバは地と諸天を造った。
5. そして地において、今なお何も野の潅木がなく、また依然として何も野の草も芽を出さなかった。なぜなら、神エホバが地の上に雨を降らせずまた大地を耕すための人間は誰も居なかったからで

ある。

6. そして、神エホバは地から霧が昇ることを為させ、同時に大地の凡ての面を潤わせた。

7. また、神エホバは大地からの塵で人間を形造った。そしてその鼻へ生命の息を吹き込み、それと同時に人間は生きている生き物に為された。

8. また、神エホバは東においてエデンに庭園を据え、そしてそこにその形造った人間を置いた。

9. また、神エホバは大地から外見で好ましい凡ての樹木と食物のために善い樹木が芽ばえることを為した。そして庭園の真ん中に生命の樹木を、また善と悪の科学（知識）の樹木を芽ばえさせた。

10. そして、庭園を潤すことのためにエデンから川が流れており、またそこから分けられ、同時に四つの先端に向かって流れていた。

11. 第一の川の名前はピソンであり、それはハビラの全地を取り巻いている。そこに金がある。

12. また、その地の金は善いものであり、同じ所にブドラフとショハムの宝石がある。

13. そして、第二の川の名前はギホンであり、それはクシュの全地を取り巻いている。

14. そして、第三の川の名前はヒデケルであり、それはアシュルにむかって東へ進む。また第四の川はファラテである。

15. また、神エホバは人間を取り、そしてそこに住むことのために、またそれを管理することのために彼をエデンの庭園の中に置いた。

16. そして、神エホバはその庭園に関して人間に命じて言われた。あなたは庭園の凡ての樹木により産出しているものを食べよ。

17. しかし、善と悪の科学（知識）の樹木から食べてはならない、なぜなら、それからあなたが食べたその結果、その日に、あなたは倒れて死ななければならないからである。

内容

73. 今や人間が生命のないものから霊的なものに為される時、霊的なものから夫的なものに為されることについて述べられている。1節、

創世記　第二章　　　　（70）　59

74. 天的な人間が「第七日でありその者の中で主は休まれる。」ことについて述べられている。2,3節、

75. 人間の科学的な（事実に基づく）ものと理性的なものが「霧により潤わされた大地からの潅木と草」によって記述されている。5,6節、

76. 人間の生命が「生命の命のある息を吹き込まれた」ことによって記述されている。7節、

77. 続いて、真理の理解である人間の知性が「東におけるエデンの庭園の中の見ることで好ましい樹木」によって、そして「食物のための善い樹木」は善の認知であることが記述されている。「生命の樹木」によって愛が「科学（知識）の樹木」によって信仰が意味されている。8,9節、

78. 知恵が「庭園の中の川」によって、そこからの「四つの川」によって記述されている。第一の川は善と真理であり、第二の川は善と真理、即ち愛と信仰の凡ての概念（知識）であり、それらは人間の内なるものである。第三の川は理性であり、第四の川は科学（知識）であり、それらは人間の外なるものである。これらの凡てのものは知恵からあり、知恵は主への愛と信仰からある。10-14節、

79. 天的な人間はこのような庭園であるが、しかし、主の庭園であるので、人間にその凡てのものを利用することが許されるが、しかし、それらを所有することは許されないことが記述されている。15節、

80. そして人間に主による凡ての知覚により善と真理が何かを知ることが許されているが、しかし、自分自身による知覚とこの世の知識により、即ち感覚的な知覚と科学的な（事実に基づく）ものによって信仰の秘義の中へ尋ねることは許されず、それによって人間の天的なものが滅びることが記述されている。16,17節、

内意

81. この章においては天的な人間について述べられる。前の章は死んだ者から霊的な人間に為された者について述べられた。しかし今日、天的な人間が何か、霊的な人間が何か、死んだ人間が何かが、殆んど知られていないので、それらの相違が知られるために各々の者がどのような者であるかを簡潔に述べることが許されている。

第一の相違は、死んだ人間は身体とこの世のものを除いて他の真理と善を承認しない者であり、身体とこの世のものを敬慕する者である。

霊的な人間は霊的な、また天的な真理と善を承認するが、しかし信仰から承認し、更に信仰から行なうが、しかし愛からそのように承認し、また行なうのではない。天的な人間は霊的な、また天的な真理と善を信じ、また認め、愛からの信仰を除いて他の信仰を承認せず、更に愛から行なう。

第二の相違は、死んだ人間の目的は身体とこの世の生活のみを考慮し、永遠の生命が何か、また主が何か知らない。そして例え知っても信じない。

霊的な人間の目的は永遠の生命（生活）を考慮し、またそのように主を考慮する。天的な人間の目的は主を考慮し、またそのように主御自身の王国と永遠の生命（生活）を考慮する。

第三の相違は、死んだ人間は、もし戦いの中に居るなら殆んど常に敗れ、そして何も戦いの中に居ない時は彼の許の悪と間違った信念が支配しており、彼は悪と間違った信念の奴隷である。彼を拘束するものは外なるものである。例えば法律への恐怖、生命、財産、利得、評判の奪われることへの恐怖、それらによって彼は拘束される。

霊的な人間は戦いにおいて常に勝利する。彼を拘束するものは内なるものであり、また良心の枷と呼ばれるものに動かされる。

天的な人間は戦いの中に居ない。そしてもし、悪と間違った信念が攻撃するなら、それらを無視する。それ故更に、「勝利者」と呼ばれる。彼を拘束するものは何もなく、それらは現れない。彼は拘束するものを持ち、それらに動かされるが、しかし自由である。彼の拘束するものは現れないが善と真理の認識である。

創世記　第二章　　　(74)　　61

82. 一節、「そして、諸天と地は、またそれらの凡ての群れは完成された。」

これらによって、今や人間は「第六日」であること、それ程まで霊的なものに為されたことが意味される。「天」は彼の内なる人間であり、「地」は彼の外なる人間である。

「それらの群れ」は彼らの愛、信仰、および概念（知識）であり、それらは前に「大きな光源体と星々」によって意味されたものである。内なる人間が「天」、また外なる人間が「地」と言われることは、前の章において引用された聖言の箇所から知られることが出来よう。これにイザヤ書における次の聖言を付言することが許されている。

「私は混ぜもののない金よりも男を稀なものに戻そう、またオフィルの金よりも人間を稀なものに戻そう。それ故に、私は恐怖で諸天を激しく打ち、またその拠点から地は揺り動かされる。」13.12,13、また、他の箇所に、

「あなたは諸天を張り、また地を広げるあなたの造物主エホバを忘れた。…しかし、天を張ることのために、また地を広げることのために、私は私の言葉をあなたの口の中に置きたい、また手の陰の中にあなたを隠したい。」51.13,16、これらから天も地も人間について述べられていることが明らかであり、実に最古代教会について述べられていることが明らかである。しかし、聖言の内的なものは何でも教会について述べられることをそれ自身に含み、教会の各々の者について述べられていることもそれ自身に含んでいる。教会の各々の者が、もし教会でなければ、教会の一員であることが出来なかったであろう。丁度、主の神殿でない者が神殿によって意味されることが出来ない存在であるように、教会であること、また天界であることも意味されることが出来ない存在である。それ故に、最古代教会もまた単数で「人間」と呼ばれている。

83. 「諸天と地、またそれらの凡ての群れ」が完成されたと述べられており、その時、人間は「第六日」に為された。というのは、その時、信仰と愛は一つのものになるからである。またその時、信仰ではなく愛が第一のものであることが起こる。即ち霊的なものではなく、天的なものが第一のものであることが起こる。このことは人間が天的な人間であることである。

84. 二、三節、「そして、神は第七日に神御自身が行なった働きを完成し、また第七日に神御自身の凡ての働きから休まれた。そして、神は第七日にその日を祝福し、また聖別した。なぜなら、その日に神が創造することで創造した神御自身の凡ての働きから休まれたからである。」

天的な人間は「第七日」であり、また六日を通して主が働かれたので、「主御自身の働き」と言われている。またその時、戦いが終わるので、主は「主御自身の凡ての働きから休むこと」が言われている。それ故に、第七日は聖別されたのであり、また休息から「安息日」と言われたのである。そしてこのように人間は創造され、形造られ、また造られたのである。これらのことは上記の言葉から明瞭に確かめられよう。

85. 〔1〕天的な人間は「第七日」であり、また第七日はそれ故に聖別されたものであり、また休息から安息日と言われたことは、まだ明かされていない秘義である。更にこの理由で、誰も天的な人間が何かを知らず、また僅かな者しか霊的な人間が何かを知らなかった。このことを彼らは無知により霊的な人間を、天的な人間と一緒に、同じものでなければ提示することが出来なかった。それでもその時、81番に認められる多くの相違がそれらの間にある。

第七日について、また天的な人間は「第七日」であること、即ち安息日であることについては、主は主御自身安息日であることから知られている。それ故更に、主は言われる。

「主は神的人間の子なる神であり、また安息日である。」マルコ伝、2.28、これは主は神的人間そのものであり、また安息日そのものであることを含む。諸天界の中の、また地上の主の王国は主御自身により安息日、即ち永遠の平安と休息と呼ばれている。ここの最古代教会については、その後に続く教会よりも主の安息日であった。

〔2〕後に続く主の最も親密な凡ての教会もまた安息日であり、従って、凡ての再生された者が、もし天的な者に為されるなら安息日である、なぜなら、彼は主の似姿であるからである。しかし、六日の戦い、即ち労働が先行する。これらはユダヤ教会において労働の日と安息日である第七日によって表象された。なぜなら、その教会において制定されたものは主の表象のものと、

創世記　第二章　第一節　　（82）　63

主御自身の王国の表象のものでなければ何も制定されなかったからである。更に同様な表象されたものが「契約の箱が出発した時と休息した時」によってある。「砂漠におけるその箱の出発」によって戦いと試練が表象され、「休息」によって平安の状態が表象された。それ故に、出発する時、モーセは言った。

　「エホバよ、立ち上がり給え、そしてあなたの敵が追い散らされるように、またあなたの顔の前からあなたの嫌う者達が逃げるように。」そして、休息した時に言った。

　「エホバよ、イスラエルの民の幾千、幾万人に戻られよ。」民数記、10.35,36、そこに契約の箱について「エホバの山から彼らに休息を探し出すことのために出発した。」ことが言われている。同章、33節、

［3］イザヤ書において天的な人間の休息が安息日によって記述されている。

　「もし、あなたが私の神聖な日にあなたの願望を行わないことで、あなたの足を安息日のために引き戻すなら、また安息日にあなたがエホバの神聖なもので楽しみ、誉むべきものを楽しみ、それらを招くなら、またあなた達の道をあなたが行なわないことで、あなたの願望を実行せず、また空言を話さないことで、安息日を尊ぶなら、その時、あなたはエホバに快い者であろう。そして、私はあなたを地の高いものの上に上げられることを為し、またヤコブの遺産であなたを養うであろう。」58.13,14、天的な人間は自分自身の願望に従って行なわないが、しかし主の意向に従って行い、それが彼の願いであるような者である。このように彼は内なる平安と幸福を享受し、それらがここに「地の高いものの上に上げられること」によって述べられ、また同時に外なる平安と楽しみが「ヤコブの遺産で養われること」によって表現されている。

86. 霊的な人間は「第六日」に為された者であり、その時、天的な人間に為されることが始まる。このことは「安息日の夕」であるが、このことについて、先ずここにユダヤ教会において安息日の夕から安息日を神聖にすることによって表象された。天的な人間は「朝」であることについては直ぐ後に続く箇所で述べよう。

64　　　天界の秘義　第一巻

87. 天的な人間は安息日、即ち休息であることは、人間が天的な者に為される時、更に戦いが終わるからである。その時、悪い霊達は去り、そして善い霊達が近付き、更に天的な天使達が近付く。この者達がそこに居る時、悪い霊達はそこに居ることが出来ないで遠くに逃げ去る。また、人間自身が戦ったのではなく、主だけが人間のために戦われたので「主は休まれた」と言われている。

88. 霊的な人間が天的な人間に為される時、「神の働き（作品）」と呼ばれる。なぜなら、主だけが彼のために戦い、そして彼を創造し、形造り、および造られたからである。それ故に、ここに「神は第七日に神御自身の働き（作品）を完成された。」と言われ、そして二度「神御自身の凡ての働きから休まれた。」と言われている。預言者達の許で人間はしばしば「エホバの手と指の働き（作品）」と呼ばれる。例えば、イザヤ書において、そこで再生された者について述べられている。
　「神聖なイスラエルのエホバ、またその形成主のエホバはこのように言われた。私の息子達について、あなた達は私から命令を求めよ、また私の手の働き（作品）について、あなた達は私に命じよ。私は地をつくり、私はその上で人間を創造した。私の手が諸天を張り、またそれらの凡ての群れに命じた。...なぜなら、エホバはこのように言われたからである。諸天を創造しているその神が地を形造り、またそれを造っている。神は地を確立して、それを空虚なものに創造したのではなく、人間が住むことのためにそれを形造った。私はエホバ、...そして私以外に他に神は誰も居ない。」45.11,12,18,21、それ故、新しい創造、即ち再生は主だけの働き（作品）であることが明らかである。創造すること、形造ること、および造ることの言葉は確かに区別して扱われている。例えば下記のイザヤ書において、
　「諸天を創造し、地を形造り、および地を造っている。」更に他の箇所に、
　「私の名前で呼ばれた凡ての者を、確かに私の栄光のためにその凡ての者を創造し、その凡ての者を形造り、更にその凡ての者を造った。」43.7、この創世記の第1章とこの章においても同様である。例えばこの章においては、

創世記　第二章　二節　　（85）　　65

「神が造ることで創造した神御自身の凡ての働きから休まれた。」と言われている。またこのことは常に内的な意味において創造、形造ること、造ることを区別された考えによって扱っている。更にそこで主は創造主、形成主、造り主と区別されて呼ばれている。

89. 四節、「これらが諸天と地を創造した時のそれらの出生である。その日に神エホバは地と諸天を造った。」

「諸天と地の出生」は天的な人間の形成である。今や人間の形成について述べられることは、この後に続く個々のものからも、またはっきりと明白である。例えば、「依然として何も草は芽を出していない。」こと、「大地を耕すための人間は誰も居なかった。」こと、更に「神エホバは人間を形造った。」こと、続いて「凡ての獣と諸天の鳥を形造った。」こと、しかし、これらのものについては前の章において述べられたのである。それ故に、ここでは他の人間について述べられている。このことは、今や始めて「神エホバ」と言われていることから更に明らかである。前の章においては、そこでは霊的な人間について述べられており「神」だけが言われている。更に、前の章においては単に「地」が言われたが、今や「大地と野」と言われていることから、またこの節においても最初は天が地の前に置かれ、また続いて地が天の前に置かれている。その理由は、「地」は外なる人間を意味し、また「天」は内なる人間を意味しているからである。霊的な人間の中で改心は地から、即ち外なる人間から始まる。これに反し、この天的な人間の改心については内なる人間から、即ち天から始まる。

90. 五、六節、「そして地において、今なお何も野の潅木がなく、また依然として何も野の草も芽を出さなかった。なぜなら、神エホバが地の上に雨を降らせず、また大地を耕すための人間は誰も居なかったからである。そして、神エホバは地から霧が昇ることを為させ、同時に大地の凡ての面を潤わせた。」

「野の潅木」と「野の草」によって一般的に彼の外なる人間が生み出す凡てのものが意味される。「地」は外なる人間であり、もし霊的な人間であるなら、外なる人間は「地」である。そのように、もし天的な人間に

為されるなら、外なる人間は「大地」と「野」である。「雨」は直ぐ後に「霧」と言われ、戦いの終わっている平安の平静である。

91. しかしもし、霊的な人間から天的な人間に為される時の、人間の状態が知られなければ、これらが何を含むか認められることは決して出来ない。なぜなら、これらは隠されたものであるからである。霊的な人間である時、外なる人間はまだ従順を実行することで内なる人間に従うことを欲しない。それ故に戦いがある。これに対して、天的な人間に為される場合、その時、外なる人間は内なる人間に従順と従うことを始める。それ故に、戦いは終わり、また平静がある。87番を見よ。これらの平静は雨と霧によって意味される。なぜなら、それは霧に似ているからである。それによって彼の外なる人間が内なる人間により潤わされ、またぬらされる。これらの平静が平安の平静である。「野の潅木」と「野の草」がそれらを生み出し、それらは特に、霊的な天的な起源からの理性的なものと科学的な（事実に基づく）ものである。

92. 外なる人間の平安の平静がどのようなものであるかは、戦いが終わっている者、即ち欲望と間違った信念からの騒動が、終わっている者の平安の状態を知った者以外、誰も知ることが出来ない。彼の状態は凡ての楽しみの考えを上回ること、それほどに楽しいものである。その平安の状態は戦いが終わることだけのものではなく、内的な平安から来る生命である。また外なる人間に述べられることが出来ないほど影響を及ぼすものであり、やがて信仰の真理と愛の善が生まれる。それらは平安の楽しみからその生命を得る。

93. 天的な人間の状態は平安の平静から与えられたものであり、雨により活気付けられたものであり、また悪と間違った信念の奴隷状態から自由にされた状態であり、その通りに主はエゼキエル書によって述べられている。

「私は彼らに平安の契約を結ぼう、また地で悪い野獣が活動しないようにしよう。そして、砂漠の中で彼らは大胆に住み、また森の中で眠るだろう。

創世記　第二章　四節　　（88）　　67

そして、私は彼らと私の丘の周囲に祝福を与え、またその都合の良い時に雨を降らせることを為そう。それらは祝福の雨となるであろう。そして、野の樹木はその実をもたらし、また地はその実りをもたらし、また彼らは信頼してその大地の上に居るであろう。そして、彼らは私がエホバであることを知り、私は彼らのくびきの手綱を砕くであろう。そして私は彼らを救い出し、また彼らを自分自身に奴隷であることをさせる者達の手から解放するであろう。…あなた達は私の群れであり、私の放牧地の群れであり、あなた達は人間であり、私はあなた達の神である。」34.25-27,31、そして、これは三番目の日に行われ、その日は聖言において同じことがホセア書によって七番目の日と同様に意味されている。

「エホバは二つの日により私達に生命を与えるであろう、第三の日に私達を蘇えらせるであろう。そしてエホバ御自身の目の前で私達は生き、また私達は知ろう。そしてエホバを知ることのために私達は従おう。エホバ御自身の発せられたものは快適な夜明けの如く、また私達に雨のように、地を潤している夕方の雨の如く来る。」6.2,3、このことはつまり、エゼキエル書によって、そこの古代教会について野の植物に例えられている。

「私は野の植物の如くあなたを供えた。そしてあなたは増え、同時にあなたは成長した。そして美しいものが美しいものになった。」16.7、更に、「植えられた植物の潅木、また神エホバの手の作品」イザヤ書、60.21、

94. 七節、「また、神エホバは大地からの塵で人間を形造り、そしてその鼻へ生命の息を吹き込んだ。それと同時に人間は生きている生き物に為された。」

「大地からの塵で人間を形造ること」は彼の外なる人間を形成することである。この外なる人間は前には人間ではなかった。なぜなら、5節で大地を耕すための人間は誰も居ないことが言われているからである。

「その鼻へ生命の息を吹き込んだこと」は彼に信仰と愛の生命を与えることであり、「人間が生きている生き物に為された」ことは外なる人間もまた生きているものに為されたことである。

95. ここでは外なる人間の生命について述べられている。前の二つの節で

は彼の信仰、即ち理解の生命について述べられており、この節では彼の愛、即ち意志の生命について述べられている。前の節の外なる人間は内なる人間に従うことと仕えることを欲しなかったが、しかし内なる人間に対して絶えず戦った。それ故にその時、彼の外なる人間は人間ではなかったが、しかし今や天的な人間に為された時、外なる人間は内なる人間に従順を果たすことと仕えることを始め、また信仰の生命と愛の生命によって実際に人間にもまた為される。信仰の生命がそれを準備し愛の生命が人間であることを為す。

96. 神エホバが「鼻を通して息を吹き込んだこと」が言われるのは、次のような内容を持つ。古代には、また聖言においては「鼻」によって香りからの何でも快いものが意味された。それは認識を意味する。それ故に、エホバについて全焼の生け贄からの「安らかな香りを嗅がれた」ことがしばしば聖言に読まれる。そしてそれらは主御自身と主御自身の王国からの香りを表象した。また愛と信仰の香りは主御自身に最も快いものなので、「生命の息を吹き込んだ」ことが言われるのである。それ故に、エホバに油を注がれた者、即ち主は「鼻の息（香り）」と呼ばれる。哀歌、4.20、またヨハネ伝において主は主御自身が弟子達に生命の息を吹きかけることによってこれを意味した。

「息を吹き込んで、同時に言われた『聖霊を受けよ』」20.22、

97. 生命が生命の息によって、また息によって記述されていることの理由も同じく、それは最古代教会の人間達は呼吸によって愛と信仰の状態を知覚したからである。この呼吸についてはまだ何も述べられることが出来ない。なぜなら、今日の人類に全く知られていないからである。最古代人達はこれを充分に知っており、また他生における者達も知っている。しかし地上のこの世界においてはその後、誰も知らない。それ故、霊、即ち生命を風に例えた。主もまたヨハネ伝において人間の再生について話された時、風に例えられた。

「霊（即ち風）は欲する場所に吹く、そしてあなたはその音を聞くが、それにもかかわらずそれがどこから来て、どこへ去るか知らない。霊（風）

創世記　第二章　七節　　　（93）　　69

から生まれた凡てのものはこのようである。」3.8、ダビデの書においても同様に、

「エホバの御言葉によって諸天が造られ、またエホバ御自身の口の霊（即ち息）によってそれらの凡ての群れが造られた。」33.6、また同じ詩篇、

「あなたが彼らの霊（息）を取り上げると、彼らは息が絶え、そしてその塵へ戻る。あなたがあなたの霊（息）を発すると彼らは生まれ、また大地のおもてが回復する。」104.29,30、

「息」は信仰と愛の生命として採り上げられていることはヨブ記において明白である。

「その息が人間の中に、またシャダイ（神の名）の息が彼らに悟ることを起こす。」32.8、同じヨブ記に、

「神の息が私を造り、そしてシャダイの息が私に生命を与えた。」33.4、

98. 八節、「また、神エホバは東においてエデンに庭園を据え、そしてそこにその形造った人間を置いた。」

「庭園」によって知性が意味され、「エデン」によって愛が意味され、「東」によって主が意味される。このように「東におけるエデンの中の庭園」によって凡ての天的な知性が意味される。それらは主からの愛によって流入する。

99. このような生命、即ち霊的な人間の許にある生命の秩序は彼の知性、理性、および科学的な（事実に基づく）ものの中へ主が信仰によって確かに流入することであるが、しかし、彼の外なる人間は内なる人間と戦うので、知性は主から流入したのではない如く見え、科学的な（事実に基づく）ものと理性によって、自分自身からある如く見える。しかし天的な人間の生命の秩序は彼の知性、理性、および科学的な（事実に基づく）ものの中へ主が愛と愛の信仰によって流入することであり、また彼の内なる人間との戦いがないので、このようにあることを認める。このような秩序は需的な人間の許に、その時まで逆にされたものであったが、天的な人間の許に回復されたのである。この秩序、即ちこの人間が「東におけるエデンの中の庭園」と呼ばれる。

「神エホバにより据えられた東におけるエデンの中の庭園」は最高の意味において主御自身の主が意味され、最内部の意味において、更に普遍的な意味で主の王国と天界が意味される。その中に人間は天的な者に為された時、置かれる。その時の彼の状態は天界の中の天使達と一緒に居るようであり、また彼らの中の一人のように居るようである。というのは、人間は地上において生きる時も、同時に天界においても生きるように創造された者であるからである。この時、彼の凡ての思考と思考の原型、それどころか言葉と行動も開かれたものであり、それらの中に天的なものと霊的なものが開かれている。またそれでもなお、主から開かれていることが明らかである。というのは、各々の者には主の生命が内在しており、それが人間に認識を持つように与えるからである。

100.「庭園」が知性を意味し、また「エデン」が愛を意味することはイザヤ書においてもまた明らかである。
「エホバはシオンを慰められ、その凡ての荒廃の状態を慰められる。そしてその砂漠をエデンの如く為し、またその荒野をエホバの庭園の如く為す。そこで楽しさと喜びが見つけられ、信仰告白と歌声が聞かれる。」51.3、ここでの「砂漠、楽しさ、および信仰告白」は預言者における表現であり、信仰の天的なもの、即ち信仰の愛のものを表現している。これに対して「荒野、喜び、歌声」は信仰の霊的なものであり、それらは実のところ理解である。
「砂漠、楽しさ、および信仰告白」はエデンに関係があり、「荒野、喜び、歌声」は庭園に関係がある。なぜなら、この預言者においては同じことについて二つの表現が極めてしきりに用いられているからである。それらの一つは天的なものを意味し、もう一つは霊的なものを意味する。更にエデンの中の庭園が何かは後の10節に認められよう。

101. 主は「東」であることもまた聖言から明らかである。例えばエゼキエル書において、
「彼は私を東の方向へ向いている門へ連れて行った。見よ、それと同時に東の方向からイスラエルの神の栄光が来た。そしてエホバ御自身の声

創世記　第二章　八節　　　(97)　　71

が多くの水の響きの如く聞こえ、また地はエホバ御自身の栄光により輝いた。」43.1,2,4、主は「東」であるので、それ故、神殿が建てられる前の表象的なユダヤ教会において祈る時、顔を東へ向けることは神聖なことであった。

102. 九節、「また、神エホバは大地から外見で好ましい凡ての樹木と食物のために善い樹木が芽ばえることを為した。そして庭園の真ん中に生命の樹木を、また善と悪の科学（知識）の樹木を芽ばえさせた。」
　「樹木」は認識（注：perceptio は理解とも訳せるが、これは主からの天的な知恵で、ものごとの真偽善悪を瞬時に認めることである。）を意味し、「外見で好ましい凡ての樹木」は真理の認識を意味し、「食物のための善い樹木」は善の認識を意味する。「生命の樹木」は愛と、そこからの信仰を意味し、「善と悪の科学（知識）の樹木」は感覚的なもの、即ち科学（知識）からの信仰を意味する。

103. 「樹木」がここで認識を意味する理由は、天的な人間について述べられているからである。霊的な人間について述べられる時は異なっている。なぜなら、述べられている主題のままに、そのように語られているからである。

104. しかし、認識が何かは、今日知られていない。これは全く主からの内なる真の感覚であり、真理かどうか、また善かどうかを認めることである。これは最古代教会で最も熟知されたものであった。更に天使達にも知り、また熟知していることのように解りきったことである。それ故、天使達は真理と善が何か、また主からの真理と善が何か、また自分自身からの真理と善が何かを熟知している。また例えば、天使に近付く者がどのような者か、その近付く者の接近だけにより知り、またその者の一つの考えだけから知る。霊的な人間に何も認識はないが、しかし良心がある。そして生命のない人間には良心すらなく、また極めて多くの者が良心が何か知らず、まして認識が何かを知らない。

105.「生命の樹木」は愛とそこからの信仰であり、「庭園の真ん中において」は内なる人間の中の意志である。主が人間と天使の許に支配する第一のものは意志である。それは聖言において心と呼ばれるが、しかし誰も自分自身から善を行なうことが出来ないので、意志、即ち心は、例え人間に属性付けられても人間の意志、即ち心ではない。人間の意志、即ち心は欲望であり、欲望を意志と呼ぶ。意志は庭園の真ん中にあるので、そこで生命の樹木と意志は人間に何もなく、欲望がある。それ故に「生命の樹木」は主の慈悲からあり、主から凡ての愛と信仰があり、それ故に凡ての生命がある。

106.しかし、庭園の樹木、即ち認識が何か、生命の樹木、即ち愛とそこからの信仰が何か、科学（知識）の樹木、即ち感覚的なものと科学（知識）からの信仰が何かは、続きにおいて多くのことが述べられよう。

107.十節、「そして、庭園を潤すことのためにエデンから川が流れており、またそこから分けられ、同時に四つの先端に向かって流れていた。」
　「エデンからの川」は愛からの知恵を意味し、それは「エデン」である。「庭園を潤すこと」は知性を与えることであり、そこから「四つの先端に向かって分けられること」は、続く箇所の如く四つの川によって知性が意味されている。

108.最古代人は人間を庭園に例えた時、更に知恵と知恵のものを川に例えた。彼らは例えただけでなく、そのように呼んだ。なぜなら、そのようなものが彼らの会話であったからであり、これはその後の予言者達においても同様であった。予言者達はしばしばこのように例え、しばしばこのように呼んだ。イザヤ書において、
　「あなたの光は闇の中に現れ、またあなたの暗闇は昼の光の如くなるであろう。…またあなたは潤わされた庭園の如く、また水の流れる庭園の如くあって、その庭園の水は欺かない。」58.10,11、ここでは信仰と愛を受け入れた者が述べられている。更に、
　「彼らは谷が据えられた如く、川の近くの庭園の如くなり、そのように

創世記　第二章　九節　　（101）　　73

エホバが植えられた白檀の如く、水の近くの杉の木の如くなる。」民数記、24.6、エレミヤ書において、

「エホバに信頼する者は祝福された者である。... 彼は水の近くに植えられた樹木のように、またその根を川辺に伸ばす。」17.7,8、ここでは再生について述べられている。

エゼキエル書において、再生は川の近くの庭園と樹木に例えられていないが、しかし述べられている。

「水はそれが増やすことを為し、水の深みがそれを高めた。川はその苗の周りに流れ、また水のそれらの流れが野の凡ての樹木に伸びた。... 多量の水のそばにその根があったので、その威厳において、またそれらの枝の長さにおいて美しいものに為された。杉の木は神の庭園の中でそれを隠さなかった。樅の木はその枝と釣り合わなかった。またプラタナスの木はその枝の如くなかった。神の庭園の中の凡ての樹木はその美しさにおいてそれに釣り合っていなかった。私はその枝の多くのものにおいてそれを美しいものに為した。神の庭園の中のエデンの凡ての樹木はそれを嫉妬した。」31.4,7-9、これらから最古代人達は人間を例えた時、即ち人間の中にあるものを例えた時、その同じものが庭園に例えられ、更に水と川を付加し、それらに潤わされたものを付加した。また「水と川」によって成長を為したものを意味した。

109. 既に、述べられた如く知恵と知性は、例え人間の中に現れても、それらは主だけのものである。エゼキエル書においても、同様な表象のものによって明らかに述べられている。

「見よ、水が東に向かって家の門の下に流れている。なぜなら、家のおもては東だからである。... またそれらの水は東の方へ辺境へ流れ、また平地の上に下り、そして海へ行く。海の中へ導き出されたもの、また水は癒され、そして這う凡ての生きている生き物が造られる。川の水が来たために凡てのものと一緒にそれは生きる。... そして、川のすぐ近くの岸の上に、その両岸に食物の凡ての樹木が生える。... その枝はしおれず、また実は食べ尽くされず、その月々で再び成長する。なぜなら、その水は聖所からそれらが流れ出るからであり、またその水があるであろうから

である。またそれ故、その実は食物になり、その葉は薬になるであろう。」
47.1,8,9,12、ここで主は「東」によって意味され、また「聖所からの水と川」
によって意味されている。同様にヨハネの書において、

「彼は私に神の王座と神の子羊から流れている水晶の如く澄んだ生命の
水の清い川を見せた。その街路の中間で、またその川の中間で、その両側
に生命の樹木が十二の実を結んでおり、殆んど各々の月その実を生じている。
また樹木の葉は諸民族の薬のために生じている。」黙示録、22.1,2、

110. 十一、十二節、「第一の川の名前はピソンであり、それはハビラの全
地を取り巻いている。そこに金がある。また、その地の金は善いものであり、
同じ所にブドラフとショハムの宝石がある。」

「第一の川」、即ち「ピソン」は愛からの信仰の知性を意味し、「ハビラの地」
は心を意味し、「金」は善を意味し、「ブドラフとショハム」は真理を意
味する。金が二回言われている理由は、愛の善と愛からの信仰の善を意
味するからである。またブドラフとショハムは一つは愛の真理を意味し、
もう一つは愛からの信仰の真理を意味する。天的な人間はこのような者
である。

111. しかし、預言者の例えをどのようにして内的な意味の中に保つかは、
これは非常に困難なことと言われることが出来る。なぜなら今日、愛か
らの信仰が何か、また知恵が何か、また知性が何かというようなことが
知られていないからである。それ故に、外なる人間は知識を除いてそれ
以上のものを殆んど知らないので、知識を知性、また知恵と信仰と呼ぶ。
外なる人間は決して愛が何か知らず、また多くの者は意志と理解が何か
知らない。そしてそれらが一つの心を構成することも知らない。しかし
その時、それらは別々に区別されたもの、それどころか最も区別された
ものである。また主からの全天界も愛と信仰の無数の相違に従って配列
された最も区別されたものである。

112. しかしもし、愛からでなければ、従って主からでなければ、それ以外
に決して何の知恵も与えられないことは知られている。もし、信仰から

創世記 第二章 十一節 （108） 75

でなければ、従って同じく主からでなければ、常に何の知性もないことも知られている。またもし、愛からでなければ、従って主からでなければ、常に何の善も与えられないことも知られており、またもし、信仰からでなければ、従って主からでなければ、常に何の真理も与えられないことも知られている。それらが愛と信仰からのものでなければ、従って主からのものでなければ、同様に呼んでも、偽物である。

113. 知恵、即ち愛の善が「金」によって意味され、また表象されたことは、聖言の中でこれ以上に普通のことは何もない。契約の箱における、神殿における、金のテーブルにおける、燭台における、器における、アロンの衣装における、凡ての金は知恵の善、即ち愛の善を意味し、また表象した。エゼキエル書におけるように預言者達の許でも同様にある。

「あなたの知恵で、またあなたの知性であなたはあなたに富を手に入れ、あなたの宝庫の中に金と銀を招く。」28.4、ここでは知恵と知性により金銀、即ち善と真理が明らかに言われている。なぜなら、契約の箱における、また神殿における銀と同じように「銀」はそこで真理を意味するからである。イザヤ書において、

「多くの駱駝があなたを覆う。ミデヤン人とエパ人のひと瘤駱駝は凡てシバ（ベエルシバの省略形、ペリシテ人の地と隣接した荒野にある地）から来て、金と乳香を運ぶであろう。またエホバの栄誉を知らせるであろう。」60.6、更に、イエスが生まれた時に東から来た賢人達の贈り物の如く意味する。

「そして彼らは平伏し、また崇拝し、そして彼らの宝庫を開き金、乳香、没薬の贈り物を主御自身に捧げた。」マタイ伝、2.11、ここでもまた「金」は善を意味し、「乳香」と「没薬」は喜ばしいものを意味する。なぜなら愛と信仰からある故に、それらは「エホバの栄誉」と言われるからである。更にダビデの書において、

「彼は生きるであろう。そしてシバの金をもって彼に与え、また常に彼のために祈るであろう、凡ての日、彼に祝福を宣言するであろう。」詩篇、72.15、

114. 更に、信仰の真理は聖言において宝石によって意味され、また表象された。例えば、アロンの審判の胸当て（アロンの装束の一つ）における、またエポデ（アロンの装束の一つ）の肩の上の宝石によって表象された。胸当てにおける金、青、緋のより糸、および綿の布は愛の善を表象し宝石は愛からの信仰の善を表象した。同様に、金の基底の周囲に置かれたショハム（宝石の名前）によるエポデの肩当ての上の二つの回想の宝石が表象した。出埃及記、28.9-22、このことはエゼキエル書において知恵と知性の天的な富を所有している人間について述べられている箇所に明瞭に言われている。

「あなたは神のエデンの庭園にあって豊富な知恵と完成された美しさがあった。ルビー、トパーズ、ダイヤ、緑柱石、ショハム、また碧玉、サファイア、緑玉髄、エメラルド、また金、あなた達のタンバリンとあなた達の笛の細工はあなたが創造されたためにあり、その日にあなたに用意されたものである。... あなたが創造されたその日から、あなたの道においてあなたは完全にされた。」28.12,13,15、これらのものは信仰の天的なものと霊的なものを意味するが、しかし石を意味しないことは各々の者に知られることが出来よう。というよりは各々の石は信仰のある種の本質的なものを表象したのである。

115. 最古代人達は地を名付けた時、それらが意味したことを理解した。それは今日、「カナンの地」と「シオンの丘」が天界を意味することの考えの中に居る者達の如くある。それらが呼ばれる時、彼らは決してカナンの地、或いはシオンの丘について考えないで、それらが意味することについてだけ考える。従って、ここの「ハビラの地」によっても、また創世記、25.18、にイシュマエル（アブラハムとハガルの子）の子孫について「彼らはハビラからシュル（パレスチナの南部）に至るまで住んだこと、それはエジプトに面してすぐ近くにあり、更にアシュルへ続いていること。」が扱われ呼ばれているハビラの地についても、それが意味することだけを考える。

天的な考えの中に居る者達は、これらの言葉により知性と知性から引き出されるものよりもそれ以外のものを理解しない。同様に、ピソン川が

ハビラの全地を囲む「囲むこと」によってもまた流入することを理解する。同様に、出埃及記、28.11、にアロンのエポデの肩当ての上で金の基底で囲まれてあったショハムの宝石は愛の善が信仰の真理へ流入したことを理解する。このように、たびたび他の箇所にも記述されている。

116. 十三節、「そして、第二の川の名前はギホンであり、それはクシュの全地を取り巻いている。」

　「第二の川」はギホンと呼ばれるは、善と真理、即ち愛の善と信仰の真理の凡ての概念（知識）を意味する。「クシュの地」は心、即ち性質を意味し、意志と理解が心を構成したことを意味する。第一の川は意志に関係があり、ここの第二の川は理解に関係があり、その善と真理の概念（知識）である。

117. [1] クシュの地、即ちエチオピア（エジプト南方の地）は、金、宝石、および香料もまた豊富であった。それらは言われたように善と真理を意味し、またそれらは、それ故に喜ばしいものであり、愛と信仰の概念（知識）の性質である。このことは前の113番に引用されたイザヤ書、60.6、マタイ伝、2.1,11、ダビデの詩篇、72.15、における箇所から知られることが出来よう。

　同様なことが聖言においてクシュ、即ちエチオピアによって、そのようにまたシバによって意味される。これは預言者達において、ゼパニア書において明らかである。そこでは更に、クシュの川と呼ばれている。

　「朝には、光によって神御自身が審判を為される。... なぜならその時、私は明快な言語で民に向けられるであろうからである。その凡ての者がエホバの名を呼ぶために、また唯一の力の主御自身に仕えるために、... クシュ（エチオピア）の川を渡って私の礼拝者達は... 私に捧げものを持って来るだろう。」3.5,9,10、またダニエル書において、そこで北の王と南の王が述べられている。

　「彼は金と銀の貯えられたものに対して、またエジプトの凡ての望ましいものに対して支配するであろう。またリビア人とエチオピア人は彼の歩みの支配の下に居るであろう。」11.43、

［2］上で「エジプト」は科学的な（事実に基づく）ものとして、エチオピア人は概念（知識）として記述されている。エゼキエル書において、

「シバとラアマの商人はあなたの商人と、おもに凡ての香料の品を、同時に凡ての宝石と金で商う。」27.22、この者達によって同様に、信仰の概念（知識）が意味される。ダビデの書において、そこで主について、従って天的な人間について述べられている。

「その日、月の光が見えなくなるまでも、主御自身の義が光り輝き、また豊かな平和が栄えるであろう。タルシシと島々の王達は捧げものを、シバとセバの王達は贈り物を持って来るであろう。」詩篇、72.10、これらはここの先行する箇所と続く箇所から信仰の天的なものを意味することが認められる。同様のことがソロモン王の許へ来て、謎を訊ね、そして彼に香料、金、および宝石を持って来たシバの女王によって意味された。

なぜなら、聖言の歴史的なものにおいて、なお加えて、同様に、預言者達の書においては何であろうとも秘義を意味し、表象し、および含むからである。

118. 十四節、「そして、第三の川の名前はヒデケル（チグリス川）であり、それはアシュルにむかって東へ進む。また第四の川はファラテである。」

「ヒデケル川」は理性、即ち理性の洞察力であり、「アシュル」は理性的な心であり、「東へ川がアシュルへ進む」ことは、理性の洞察力は主から内なる人間を通して、外なる人間の理性的な心の中へ進むことを意味する。

「ファラテ、即ち、ユーフラテス川」は最外部、即ち境界（末端）の科学（知識）である。

119.「アシュル」は理性的な心、即ち理性的な人間を意味することは預言者達の許に明瞭に知られている。例えばエゼキエル書において、

「見よ、レバノンのアシュルの杉、美しい枝と陰を為す森、また高くそびえ、その若枝は密集し、水がそれを成長させ、水の深さがそれを増し、川は草木の周りの周囲に引いている。」31.3,4、「レバノンの杉」は理性的なものと呼ばれ、「密集した若枝」は科学的な（事実に基づく）ものの記憶を意味し、それらはそれら自身をそのように見なす。このことはイザヤ書

創世記　第二章　十三節　　（115）　　79

において更に明瞭である。

「その日に、エジプトからアシュルへの道があるであろう。またアシュルはエジプトへ行き、またエジプトはアシュルへ行きエジプト人達はアシュルに仕えるであろう。そに日に、エジプトとアシュルに第三のイスラエルがあり、その地の真ん中に祝福があるであろう。その第三のイスラエルに万軍のエホバは祝福され『私の民エジプト、また私達の手の作品アシュル、また私の相続のイスラエルは祝福されたものである。』と言われる。」19.23-25、「エジプト」によって、ここで、また他の至る所で科学（知識）が意味され、「アシュル」によって理性が意味され、「イスラエル」によって知性が意味される。

120.エジプトによっての如く、ユーフラテスによってもまた科学、即ち科学的な（事実に基づく）ものが意味され、そのようにまた、それらの科学的な（事実に基づく）ものからの感覚的なものが意味される。このことは預言者達の許の聖言から明らかである。例えば、ミカ書において、

「敵対する女が『あなたの神エホバは何処に居るのか？』と言った。…彼があなたの垣（盾）をある方法で建てる日、その日、神の法令は遠くまで広まるであろう。そしてその日、彼はアシュルからあなたへまでも、またエジプトの大きな町々に、またユーフラテス川に来るであろう。」7.10-12、このように預言者達は、主の降臨について語ったのである。主が人間を天的な者に等しい者にする為に再生するであろうことを語ったのである。エレミヤ書において、

「何があなたにナイル川の水を飲むためにエジプトの道へ行かせるのか？また何があなたにユーフラテス川の水を飲むためにアシュルの道へ行かせるのか？」2.18、ここで、「エジプト」と「ユーフラテス」は同様に科学的な（事実に基づく）ものとして記述されており、「アシュル」はそこからの間違った推論として記述されている。ダビデの書において、

「あなたはエジプトから葡萄の木を旅立たせ、諸民族を追い出し、その跡にそれを植えた。…その若枝を海に至るまでも伸ばし、またユーフラテス川へその小枝を伸ばした。」詩篇、80.8,11、ここでも「ユーフラテス川」は、感覚的なものと科学的な（事実に基づく）ものとして記述されている。

なぜならば、記憶の中の科学的な（事実に基づく）ものが、霊的な人間と天的な人間の知性と知恵の境界（終結）である如く、ユーフラテス川はアシュルに至るまでのイスラエルの支配権の間の境界（終結）であったからである。同様のことがアブラハムに言われたことによって意味される。

「私はあなたの子孫にエジプトの川から、大いなるユーフラテス川に至るまでの地を与える。」創世記、15.18、これらの二つの境界（終結）は同様なことを意味する。

121. 天的な秩序がどのようなものであるか、即ち生命の秩序がどのようにして生じるのかが、これらの川から知られることが出来よう。正確には東で在られる主から主御自身の知恵から、その知恵を通して知性が生じ、その知性を通して理性が生じ、こうして理性によって記憶の科学的な（事実に基づく）ものが生かされる。これが生命の秩序であり、このような人間が天的な人間である。それ故に、イスラエルの長老達が天的な人間を表象した時、知恵、知性、および知識があると言われた。申命記、1.13,15、同様に、契約の箱を造ったベザレエル（ユダ族カレブの子孫）について、

「知恵において、知性において、および知識において、また凡ての仕事において神の霊により満たされたこと。」が言われている。出埃及記、31.3、35.31、36.1,2、

122. 十五節、「また、神エホバは人間を取り、そしてそこに住むことのために、またそれを管理することのために彼をエデンの庭園の中に置いた。」

「エデンの庭園」によって天的な人間の許の凡てのものが意味され、「そこに住むこと、またそれを管理すること」によって彼にその凡てのもので楽しむことが許されているが、しかし、それらを自分自身のものとして所有することは許されないことが意味されている。なぜなら、それらは主のものであるからである。

123. 天的な人間はそれらが全体的にも個別的にも主のものであることを

理解するので承認する。これに対して、霊的な人間も無論、承認するが、しかし口で承認するだけである。なぜなら、聖言から知ったに過ぎないからである。世俗的な人間と形体的な人間は承認しないし、許容もしないが、しかし、何でも彼の許にあるものが自分のものであることを言う。もし、それを失うなら完全に死ぬことを信じる。

124. 知恵、知性、理性、および知識は人間のものではなく、主のものであることは、主が教えられたものから明瞭に知られよう。例えば、マタイ伝において、

「主は主御自身を葡萄の木を植え、また垣をその周りに置き、農夫達に貸した一家の主人に例えられた。」21.33、ヨハネ伝においては、

「真理の霊があなた達を凡ての真理へ導く、というのは、その霊自身から語るのではなく、何であろうと聞いたことを語るからである。その霊は私を栄化するであろう。なぜなら、私のものから受け取りあなた達に知らせるからである。」16.13,14、更に、同じヨハネ伝において、

「人間は何であろうと天から彼に与えられたもの以外、得ることは出来ない。」3.27、天界の秘義から僅かなものでも知ることが与えられた者に、彼がそのようにそれを認めることを知っている。

125. 十六節、「そして、神エホバはその庭園に関して人間に命じて言われた。あなたは庭園の凡ての樹木により産出しているものを食べよ。」

「凡ての樹木から食べること」は認識により善と真理が何かを知っていることと知ることである。なぜなら、言われたように「樹木」は認識であるからである。

最古代教会の人々は信仰の真理の知識を啓示によって持った。なぜなら、彼らは主と一緒に、また天使達と一緒に話したからである。そのようにまた、幻と夢によって教えられ、それらは彼らに最も楽しいもの、また楽園のものであった。彼らが主から絶えず前述のような認識を持ったのは、彼らが記憶から考えた時、直ちに真理かどうか、また善かどうかを認識したためであった。もし、間違った信念がもたらされるならそれを追い払っただけでなく、更に恐れたほどであった。天使達の状態もまたこの

ような状態である。しかし、最古代教会の認識に代わって、その後、前に啓示されたものからの真理と善の知識が後に続き、続いて、聖言の中に啓示されたものからの真理と善の知識が引き続き起こった。

126. 十七節、「しかし、善と悪の科学（知識）の樹木から食べてはならない、なぜなら、それからあなたが食べたその結果、その日に、あなたは倒れて死ななければならないからである。」
　前の節とこの節の聖言は、主からの凡ての認識によって真理と善が何かを知ることは許されているが、これに反し、自分自身とこの世のものから、即ち感覚的なものと科学的な（事実に基づく）ものによって信仰の秘義に関して探求することは許されていないことが意味され、これによって彼の天的なものが死ぬことを意味する。

127. 後に続く節において述べられるように、人々が感覚的なものと科学的な（事実に基づく）ものによって信仰の秘義に関して探求することを欲したことが最古代教会だけの、正確には彼らの子孫だけの堕落した原因ではなく、更に凡ての教会の堕落した原因でもある。なぜなら、そこから間違った信念だけでなく、生命の悪もまたあるからである（注：感覚と科学で霊的なものを探求すると神の存在、死後の生命の存在、天国と地獄の存在等、凡ての霊的なものが解らなくなり、霊的なものを全否定することになる。人間が感覚と科学によって霊的なものを否定した時、自然的なもの、即ち身体とこの世のものが第一になり、限りなく自己中心になり、また限りなく名誉と富を欲するようになり、地獄的な心になる。これが凡ての人間の堕落である。そして宗教が感覚的な欲望とこの世的な欲望を満たす手段となることが凡ての教会の堕落である。）

128. 世俗的で形体的な人間は自分自身の心で「もし、私が信仰について、また信仰のものであることについて感覚的なものによって見ることで、即ち科学的な（事実に基づく）ものによって認めることで教えられなければ私は信じない。」と言う。そして彼は自然的なものは霊的なものに相反するものであることを知らないことからそれを確信する。それ故

創世記　第二章　十六節　　（123）　　*83*

に、感覚的なものにより天的なものと神的なものについて教えられることを欲する。しかし、このことは駱駝が針の穴を通して入ることと同様に不可能である。更に、彼がこれらのものから賢明であることを欲するのであればあるほど、益々自分自身を一層盲目にし、何も信じないほどまでにされ、決して霊的なものと永遠の生命があることを信じない。彼が獲得した原理からこれが流れ出る。このことが「善と悪の科学（知識）の樹木から食べること」である。このことから彼が、更にそれを食べるのであればあるほど、益々いっそう、彼は生命のないものに為される。

　これに対して、この世からではなく、主から賢明であることを欲する者は、自分自身の心で主に、即ち主が聖言の中で話されたことにゆだねられなければならないことを言う。なぜなら、それらは真理であるからであり、またこの原理から考えるからである。彼は理性、科学的な（事実に基づく）もの、感覚的なもの、および自然的なものによって聖言を確信する。そして確信していないものを分離する（注：神の存在を信じる者は自然の中に有る物から、例えば動物や植物の成長、繁殖、自然の営みの中に神の存在を確信出来る。）。

129. 各々の者は獲得された原理、更に最も間違った原理も人間を支配することが出来ること、また彼の凡ての知識と推論はその原理に好意を示すことも熟知されている。なぜなら、無数の賛同しているものが流れ込み、そのように間違った原理の中で確信されるからである。それ故に、見て認識する前に何も信じないということの原理がある者に、決して信じることが出来ない。なぜなら、霊的なものと天的なものは目に見えず、空想で獲得しないからである。

　しかし、真実の秩序は主により、即ち聖言により人間が賢明であることである。その時、凡てのことがうまく行き、そしてまた、理性的なものと科学的な（事実に基づく）ものの中で明るくされる。というのは、科学（知識）を研究することは生命（生活、人生）に有益であり、また楽しいものであるので、決して禁じられていないからである。また信仰の中に居る者に、この世の学者達の如く考えることと話すことは決して禁じられていない。

しかし、主の聖言により信じ、また出来る限りよく知られている学者世界の用語で、自然的な真理を通して霊的な、また天的な真理を確信することのこの原理から為さなければならない。それ故に、主から原理があらねばならず、自分自身からあってはならない。主からある原理は生命であるが、しかし、人間自身からある原理は死である（注：霊的なものと自然的なものには相応があるので自然的なものから霊的なものを相応によって知ることが出来るが、科学的に分析することでは知ることが出来ない。例えば誰でも他の人が話していることからその考えていることを知ることが出来るが、話している声の強さや波長を科学的に分析しても解らない。）。

130.この世により賢明であることを欲する者にとって「彼の庭園」は感覚的なものと科学的な（事実に基づく）ものであり、「彼のエデン」は自己愛とこの世であり、「彼の東」は西、即ち自分自身である。「彼のユーフラテス川」は彼の科学的な（事実に基づく）ものの凡てのものであり、それは地獄へと断罪するものである。そこでの「アシュル」の「第二の川」は理性を失った推論であり、そこからの間違った信念である。そこでの「クシュ」の「第三の川」はその原理であり、そこからの悪と間違った信念のものである。それらは彼の信仰の概念である。「第四の川」は、そこからの知恵であり、聖言の中で魔法と呼ばれている。

　それ故に、「エジプト」は科学（知識）を意味し、その後、魔法に為され、そのような者を意味する。実際にその理由により、このことについて聖言において至る所で記述されている。なぜなら、その者は自分自身から賢明であることを欲するからである。これらのことについて、次のようにエゼキエル書において記述されている。

　「主エホビ（聖言においてしばしば、Dominus Jehovah：主エホバ、ではなく、Dominus Jehovih：主エホビ、と記されている。特に試練が取扱われている箇所に見られる。）はこのように言われた。見よ、あなた達の川の真ん中で横たわる大きな鯨であり、エジプトの王ファラオであるあなたに私は敵対している。あなたは言った。私の川は私のためにあり、また私は私を私が造った。…そしてエジプトの地は孤立の中へ、また砂漠の中にあ

創世記　第二章　十七節　　（128）　　85

るであろう。そして彼らは私がエホバであることを知る。それ故に、あなたは言った。私の川は私のためにあり、また私は私が私を造った。」29.3,9、このような者達は地獄の中のエデンの樹木ともまた呼ばれている。同じ預言者の書において、更にそこでファラオ、即ちエジプトについて下記の言葉が述べられている。

「抗の中へ降りている者達と一緒に、私は彼を地獄の中へ落とさなければならない。... こうしてエデンの樹木の中の栄光の中で、また偉大さの中で、あなたは誰に似た者に為されるのであるか？ あなたがエデンの樹木と一緒に更に低い地に落る時、無割礼の者達の真ん中に、剣で打ち倒された者達と一緒にあなたは居るであろう。この者はファラオとその凡ての一味である。」31.16,18、ここで「エデンの樹木」は科学的な（事実に基づく）ものと聖言からの知識として記述されている。それらは間違った推論によってそのように冒涜する。

創世記 第二章の聖言 続き

18. また、神エホバは、彼がただ一人で居ることは善くない、彼に彼と一緒に居るような助けを築こうと言われた。
19. そして、神エホバは、大地から野の凡ての獣と諸天の凡ての鳥を形造られた。また彼がそれをどんな名で呼ぶかを見るために人間のそばへ連れて来られた。そして何であろうと生きている生き物は、人間がそれを呼んだ名がその名前になった。
20. 人間は凡ての獣と諸天の鳥と凡ての野の野獣の名を名付けた。しかるに人間に彼と一緒に居るような助けを見つけなかった。
21. また、神エホバは人間を深く眠らされた、そして彼は寝入った。また神エホバは彼の肋骨から一つの骨を取り、同時にその部分に肉を閉じ込めた。
22. そして、神エホバは、人間から取った肋骨を女に作り直し、彼女を人間のそばに連れて来た。
23. そして、人間はこの出来事により言った。私の骨からの骨、また私の肉からの肉、この故に、彼女は妻と呼ばれなければならない。

なぜなら、彼女は男から取られたからである。

24. それ故に、男はその父とその母を離れ、そして彼はその妻に結び
つき、また彼らは一つの肉にならなければならない。

25. そして、人間とその妻の二人は裸であった、とは言え恥じなかった。

内容

131. 自分のものを得ようと求めた最古代教会の子孫について述べられている。

132. なぜなら、人間は主により導かれることに満足しなくなったからであ
り、更に自分自身とこの世から、即ち人間固有のものから導かれること
を欲するようになったからである。ここでは彼に許された人間固有のも
のについて述べられている。18節、

133. そして、主により先ず、彼に善への情愛と真理の概念を知ることが
与えられるが、しかしそれでも彼は人間固有のものを得ようと求める。
19,20節、

134. それ故に、彼は人間固有の状態の中へ差し向けられ、また彼に人間固
有のものが与えられた。このことが肋骨によって女であるように作り直
されたことである。21-23節、

135. 更に、天的な生命と霊的な生命が、人間固有のものと一つのもののよ
うに見えるために接合させられた。24節、

136. また、主の無垢が人間固有のものに染み込まされたことは、それでも
なお、人間が不愉快なものでないためであった。25節、

内意

137. 創世記の最初の三つの章は「人間」と呼ばれる最古代教会について、

創世記　第二章　十七節　　（130）　　87

その教会の最初の時代から、その教会が滅びる最後の時に至るまでが全般的に述べられている。この章の前においては天的な人間であった時の、その最も輝かしい状態について述べられている。今ここでは、人間固有のものを得ようと求めた、その子孫について述べられている。

138. 十八節、「また、神エホバは、彼がただ一人で居ることは善くない、彼に彼と一緒に居るような助けを造ろうと言われた。」
「ただ一人で居ることは善くない」によって主によって導かれることに満足されなかったことが意味され、「彼と一緒に居るような助け」によって人間固有のものが意味され、このことは後に続く箇所において「肋骨を女に作り直された」と言われている。

139. 古代から自分だけで住むことは、天的な人間達の如く主により導かれた者と言われた。なぜなら、彼らを悩ませた悪、即ち悪の霊達がもはや居ないからである。このことはユダヤ教会においてもまた、諸民族が追い払われ自分達だけで住んだことによって表象された。それ故に、聖言において主の教会について、ただ一人住むことが数度、預言されている。例えばエレミヤ書において、
「あなた達は立ち上がり、平和に大胆に住んでいる民族のために上れ、...そこに戸はなく、また閂もなく彼らは自分達だけで住む。」49.31、モーセの預言に、
「イスラエルは大胆に自分達だけで住んだ。」申命記、33.28、一層、更に明瞭なものがバラムの預言の中にある。
「自分達だけで住む民を見よ、その民は諸民族の中に含められない。」民数記、23.9、ここでは「諸民族」は悪として記述されている。
　最古代教会のこの第2章の子孫は自分達だけで住むことを欲しなかった、即ち天的な人間であること、或いは天的な人間として主により導かれることを欲しなかった。しかしユダヤ教会のように諸民族の間に居ることを欲した。そして最古代教会の子孫がそれを欲したので「彼がただ一人で居ることは善くない」と言われている。というのは、それを欲する者は、既に悪の中に居るからであり、また彼にそれが許されるからである。

140.「彼と一緒に居るような助け」によって人間固有のものが意味されることは、自己の本質から、また次の箇所から知られることが出来よう。しかし、ここで今述べられている教会の人間は善い性質の者であったので、彼に自分固有のものを持つことが許されたのである。しかし、このようなものは彼のものの如く見えたということであるので、それ故に、「彼と一緒に居るような助け」と言われる。

141. 人間固有のものについては、無数のものがあると言われることが出来る。即ち、形体的で世俗的な人間の許の人間固有のものを彼がどのようにして持つか、霊的な人間の許の人間固有のものを彼がどようのうにして持つか、および天的な人間の許の人間固有のものを彼がどようのうにして持つかについては、無数のものがあると言われることが出来る。

　形体的で世俗的な人間の許の人間固有のものは彼の凡てのものである。彼は彼固有のものよりも、それ以外のものを知らない。もし、彼が彼固有のものを失ったなら、言われたように、彼は自分自身が死ぬことを信じている。

　霊的な人間の許の人間固有のものもまた同様に見える。なぜなら、彼は主が凡てのものの生命で在られ、また知恵と知性を与えられること、それ故、考えることと行なうことを与えられることを、例え知っていても、それでもなお、これを言うが、しかしそのように信じないからである。

　これらの者達に反し、天的な人間は主が凡てのものの生命で在られ、考えることと行なうことを与えられることを承認する。なぜなら、このようにあることを認め、どんな場合も人間固有のものを欲しないからである。そして例え人間固有のものを欲しなくても、それでもなお、彼に主から彼固有のものを与えられる。その彼固有のものは善と真理の凡ての認識と一緒にあり、また凡ての幸福と一緒にある。天使達はこのような固有のものの中に居り、またその時、最高の平安と静寂の中に居る。なぜなら、天使達の固有のものの中に主の固有のものがあるからであり、主が天使達の固有のものを支配されるからである。即ち、彼らを彼らの固有のものによって支配されるからである。この固有のものが正真正銘の天的なものである。これに対して、形体的な人間の固有のものは地獄のものである。

創世記　第二章　十八節　　（137）　　89

142. 十九、二十節、「また、神エホバは、大地から野の凡ての獣と諸天の凡ての鳥を形造られた。そして彼がそれをどんな名で呼ぶかを見るために人間のそばへ連れて来られた。そして何であろうと生きている生き物は人間がそれを呼んだ名がその名前になった。人間は凡ての獣と諸天の鳥と凡ての野の野獣に名前を付けた。しかるに人間に彼と一緒に居るような助けを見つけなかった。」

「獣」によって天的な情愛が意味され、「諸天の鳥」によって霊的な思考が意味される。即ち、「獣」によって意志の情愛が意味され、「諸天の鳥」によって理解の思考が意味される。「彼が名で呼ぶことを見るために人間のそばへ連れて来られた。」はそれらの性質を彼に知ることをもたらすことである。「彼が各々の名を呼んだ」はそれらにあった性質を彼が知ったということである。そして例え、主から与えられた善への情愛と真理の概念（知識）が、それらがあった性質を知っても、それでもなお、人間固有のものを得ようと求めたのであった。このことが「彼と一緒に居るような助けを見つけなかった。」によって述べられている。

143. 古代では「獣と動物」によって情愛と人間の許の類似のものが意味されたことは、現在では奇妙に思われるであろう。しかし、彼らは天的な考えの中に居たので、また霊達の世界においてもまた、それが動物によって表象されるので、その上、このような動物に類似のものがあるので、それ故に、このように話した時、それ以外のものを理解しなかった。聖言の中の至る所で動物が全般的に、また特定的に述べられていて、それ以外のものは意味されない。

預言の全聖言は、同様なもので満ちている。それ故に、各々の動物が特定的に何を意味するか知らない者は、決して聖言が内意の中に何を含むか理解することが出来ない。しかし、前に述べられたように、有害なので悪いもの、また無害なので善いものの二様の種類の動物が居る。「羊、子羊、鳩」の如く善いものによって善い情愛が意味される。なぜなら、上記のものは天的な人間について、即ち天的な霊的人間について同様に取扱われているからである。「獣」は一般的に情愛を意味することは、聖言の中の幾つかの箇所により、前の45,46番に説明されたものが認められ

よう。そのため、これ以上説明することは必要ではない。

144.「名で呼ぶこと」は、それがどのようなものであるかを知ることであ
ることは、古代人達が「名前」によって物事の本質以外のものを何も理
解しなかったことから知られなければならない。「見ることと名で呼ぶこと」
は、それがどのようなものであるかを知ることである。その理由は、彼
らは彼らの息子達と娘達に、彼らが意味されたものに従って名前を与え
たからである。なぜなら、各々の名前に何か特定の意味があったからで
あり、それから、またそれによってどの源から、またどのようなもので
あるかを知るからである。更に、後に続く箇所からの如くヤコブの十二
人の息子達について主の神的な慈悲により述べられることを、それが認
められるであろう。それ故に、名前にどの源からあったか、またどのよ
うなものであったかが入った時、「名で呼ぶこと」によってそれ以外のも
のを何も理解しなかった。彼らの許ではこのような話し方がよく知られ
ていたのであった。このことを理解しない者は名前が源と性質を意味す
ることに当惑するであろう。

145.聖言においてもまた、「名前」によって物事の本質が意味され、また
「見ることと名を呼ぶこと」によって彼らがどのような者であるかを知る
ことが意味される。例えばイザヤ書において、
　「私のしもべヤコブの故に、また私の選民イスラエルの故に、また私が
あなたを名付け、私があなたをあなたの名で呼んだ故に、またあなたは
私を知らない故に、私はあなたに暗い所にある宝物と隠れた富を与えよ
う。それ故に、あなたは私があなたの名を呼んでいるエホバ、イスラエ
ルの神であることを知るようになる。」45.3,4、ここでは「名を呼ぶこと
と名付けること」によってどのような者であるかを知ることが意味される。
同書において、
　「エホバの口が宣言する新しい名があなたに呼ばれるであろう。」イザヤ
書、62.2、これはここの前後の節から明白であるように、彼が異なった
者に為されたためで、同じ書において、
　「イスラエルよ、恐れるな、なぜなら、私があなたをあなたの名で呼ん

創世記　第二章　十九節　　（142）　91

で私があなたを救い出したからである。あなたは私に救われた。」43.1、ここではエホバがイスラエルがどのような者か知ったためで、同書において、

「あなた達の目を崇高なものへ上げよ、また誰がそれらのものを創造したか見よ、誰が群集の中の彼らの群れを導き出しているか見よ、彼は凡ての者を名で呼ぶであろう。」40.26、これは彼が凡ての者を知ったためで、黙示録において、

「あなたはサルディスにおいて自分の衣服を授けられた僅かな名（人）を持っている。...勝利した者は白い服を着せられ、また生命の書から私はその名を消さない。しかもなお、父なる神の目の前で、また父なる神の天使達の目の前で私はその名を称賛するであろう。」3.4,5、他の箇所に、

「その者達の名は神の子羊の生命の書に名を記されていない。」13.8、二度の「名」の箇所によって決して名が意味されないが、しかしどのような者であるかが意味される。どんな場合でも天界において誰かの名前は知られておらず、どのような者であるかが意味される。

146. これらからそれらの名によって意味される内容（事柄）の関係が認められることが出来よう。18節に「彼がただ一人で居ることは善くない、彼に彼と一緒に居るような助けを造ろう。」と言われ、また直ぐ後の19節に獣と鳥について述べられているが、しかし前の第1章にも獣と鳥の創造が述べられており、また直ちに続く20節に同じものが「人間に彼と一緒に居るような助けは見つけなかった。」と言われている。即ち人間に、例え善への情愛と真理の概念（知識）がどのようなものであるか認めることが与えられても、それでも人間は人間固有のものを得ようと求めたことが述べられている。というのは、人間固有のものを欲するような者は、主の善と真理のものが彼にどれほど提示され、また示されるにせよ、それらを侮るからである。

147. 二十一節、「また、神エホバは人間を深く眠らされた、そして彼は寝入った。また神エホバは彼の肋骨から一つの骨を取り、同時にその部分に肉を閉じ込めた。」

胸の骨である「肋骨」によって人間の固有性が意味され、その中に生

命のものは先ずない。その上、その固有性は彼に最愛のものである。「肋骨の部分の肉」によってその人間の中の生命の固有性が意味される。「深い眠り」によって人間固有のものを彼自身に持つことが認められるように、その中へ至らされた彼の状態が意味される。その状態は眠りに等しいものである。なぜなら、その状態においては自分自身により生き、考え、話し、行なうことを除いて異なって知らないからである。これに対して、それが間違った信念であることを知り始める時、やがて眠りから目が覚めた者の如く為され目覚める。

148.胸の骨である肋骨が人間の固有性と言われ、その上、それは人間に最愛のものと言われたその理由は、「胸」は最古代の人々の許に仁愛を意味したからである。なぜなら、そこに心臓と肺臓があるからであり、また「骨」はより低い価値のものを意味するからである。なぜなら、それらに最小の生命のものしか宿らないからである。これに反し、「肉」は何か意義ある生命のものを持つ。このように意味されたことは最古代の人々に熟知された最大の秘義である。この秘義については主の神的な慈悲により後に続く箇所で述べよう。

149.聖言においてもまた、「骨」によって人間の固有性が意味され、その上、主により生命を与えられた固有性も意味される。イザヤ書において、
　「エホバは、...干ばつの中であなたの霊魂を満足させ、なお加えて、自由にされたあなたの骨を与えられる。そしてあなたは潤わされた庭園の如くあるであろう。」58.11、同じ書において、
　「更に、あなた達は見るであろう。そしてあなた達の心は喜び、またあなた達の骨は植物の如く芽を出すであろう。」66.14、ダビデの書において、
　「私の凡ての骨は言うであろう。エホバよ、誰があなたの如く居るであろうか？」詩篇、35.10、エゼキエル書において、そこに骨について肉を得て、また霊を導入されたことが、更に明らかに記述されている。
　「エホバの手が...私を谷の真ん中に置いた。またそこは骨で満ちていた。...そして彼は私に言われた。これらの骨の上に預言せよ、またそれらに言え、おお、ひからびた骨よ、エホバの御言葉を聞け、主エホビはこれ

創世記　第二章　二十一節　　（145）　93

らの骨にこのように言われた。見よ、私があなた達の中へ息をもたらすと、同時に、あなた達は生きるであろう。私はあなた達の上に腱を与えよう、またあなた達の上に肉が育つことを為そう。またあなた達の上に皮膚を覆い。また私があなた達の中に霊を与えるとあなた達は生きるであろう。そしてあなた達は私がエホバであることを知るであろう。」37.1,4‐6、

人間の固有性は天界から眺められる時、全く生命のない骨のように、また何か最も醜いもののように見える。従って本質的に生命のないもののように見える。しかし、主から生かされた固有性は肉のように見える。なぜなら、人間の固有性は何も生命のないもの以外に何もないからである。例え、人間に何か意義あるものの如く見えても、それどころか凡ての如く見えても、何も生命のないものである。何であろうと人間の許で生きるものは主の生命からあり、もしそれが離れたなら人間は石の如く生命のないものに属したであろう。なぜなら、人間は単なる生命の器具だからである。しかし器具のあるままに、そのように生命の情愛がある。

主だけが神的な固有性を持ち、主の固有性により人間を贖い、また主の固有性により人間を救う。主の神的な固有性は神の生命であり、主の神的な固有性から、本来生命のない人間の固有性が生かされている。主の神的な固有性はルカ伝における主の言葉によってもまた意味された。

「霊はあなた達が見る如き私の持つ肉と骨を持たない。」24.39,40、更に、過ぎ越しの羊の骨が折られないことによっても意味された。出埃及記、12.46、

150. 人間が人間固有のものの中に居る時、即ち自分自身から生きることを信じる時の人間の状態は、深い眠りに例えられるのである。実に古代人により深い眠りが言われ、聖言においても人間が眠りの霊で満たされること、なお加えて、人間が眠気を催すことが言われている。

人間の固有性は本来生命のないもの、即ち自分自身からは何かの生命を決して持たないことが霊達の世界において示された。例え、悪い霊達が人間固有のものを除いて何も愛さなくても、また自分自身は自分自身により生きることに頑固に固執しても、生きた経験によって自分自身により生きるのではないことを納得させられ、また認めさせられた。

人間がどうして自分自身により生きることと人間の固有性を持つかを知ることが、私に他の者より先に与えられたのであり、今や私は数年の間それを知ることを与えられている。即ち私は私自身からは全く考えていないことを知ることが与えられている。そして各々の思考の観念が流入していること、また時折、どのようにしてそれが流入したか、また何処から流入したかを知ることが与えられている。それ故に、人間は自分自身が自分自身により生きることを信じる者は間違った信念の中に居り、また自分自身が自分自身により生きることを信じることによって、人間は凡ての悪と間違った信念を自分自身に専有する。例え、人間は自分自身の物を持つように信じたとしても、人間が自分自身に専有したものは決してない。

151.二十二節、「そして、神エホバは、人間から取った肋骨を女に作り直し、彼女を人間のそばに連れて来た。」

「作り直すこと」によって倒れたものを建てることが意味され、「肋骨」によって生命を与えられていない人間固有のものが意味され、「女」によって主により生命を与えられた人間固有のものが意味され、「人間のそばに連れて来ること」によって彼に人間固有のものが与えられたことが意味される。

この教会の子孫は先祖達のように天的な人間であることを欲しなかったので、しかし自分自身により導くこと、またそのように人間固有のものを得ようと求めたので、この教会の子孫にもまたそれが許されたのである。しかしそれでもなお、主から生命を与えられたものなので、それ故に、女、またその後、妻と呼ばれている。

152.誰でも、もし少しばかり注意するなら、男の肋骨から女が造られたのではないこと、そしてこれは、これまで誰かが知った程度よりも、更に隠されたものを含むことを知ることが出来よう。また女が欺かれたことから女によって人間固有のものが意味されることを知ることが出来よう。なぜなら、人間固有のものを除いて、決して人間を欺かないからである。即ち同じことであるが、自己愛とこの世への愛を除いて、決して人間を

創世記　第二章　二十二節　　（149）　　95

欺かないからである。

153.肋骨が女に作り直された（注：aedificata：建てられたの意、創造する、産むの意ではなく組み立てる、建設するの意）ことが言われるが、しかし前に再生について述べられた箇所のように女が創造された、即ち、形造られた、或いは造られたとは言われていない。作り直されたと言われる、その理由は作り直す（建てる）ことは倒れたものを建てることであるからである。聖言において同様に述べられている箇所で「作り直す（建てる）こと」は悪について、また「上げること（立てること）」は間違った信念について、両方についてもとどおりにする（回復する）ことが属性付けられる。例えばイザヤ書において、

「彼らは永遠の荒野を作り直し、古い廃墟を立て直し、また荒野の都市をもとどおりにし、世々の廃墟をもとどおりにするであろう。」61.4、ここと他の箇所の「荒野」は「悪」として、「廃墟」は間違った信念として記述されている。「作り直すこと」の表現は悪に、「立て直す」の表現は間違った信念に適応される。このように他の箇所の預言者達においてもまた注意深く守られている。エレミヤ書において、

「イスラエルの乙女よ、あなたが作り直された者になるために、今後、私はあなたを作り直すであろう。」31.4、

154.どんな場合でも悪と間違った信念が、人間固有のものと人間固有のものからでないものは、決してない。なぜなら、人間の固有のものは元来の悪であり、それ故、人間は悪と間違った信念以外のものではないからである。このことを私は霊達の世界において人間固有のものが見られなければならない時に示されたことから知ることが出来た。それは決して描かれることが出来ない醜いもののような醜いものが、人間固有のものの性質に従った多様性と一緒に現れる。それ故、人間がその固有のものを見なければならないものとして見せられる者は自分自身で恐れ、そしてそれを悪魔として斥けることを欲する。

これに対して反対に、主により生命を与えられた人間固有のものは、主の天的なものに適用されることが出来る者に、その生命に従った多様性

と一緒に美しく、また愛らしく現れる。その上、仁愛を付与された者達、即ち仁愛により生命を与えられた者達は、最も愛らしい姿の少年と少女として、また無垢な者達は裸の幼児として現れる。彼らは胸の付近に花環で、頭の周りに宝石で様々に飾られ最内部からの幸福の認識と一緒にダイヤモンドの光輝の中で生きて楽しんでいる。

155.「肋骨が女に作り直されたのである」という聖言は、これまで誰かが文字通りの意味により知ることが出来るよりも内部で多くの貯えられたものを持つ。なぜなら、主の聖言は最内部で主御自身の主を、なお加えて、主御自身の王国を見ることのようなものであるからであり、そこから聖言の凡ての生命があるからである。これと同様に、最内部において見られるものは天的な結婚である。

　天的な結婚は主の花嫁、そのようにまた妻と言われ、天的な結婚が人間固有のものの中にあるような人間固有ものであり、また主により生命を与えられた人間固有のものである。このように、主により生命を与えられた人間固有のものは、凡ての愛の善と信仰の真理の認識を持ち、そのように凡ての知恵と知性の結合を言語に絶する幸福と一緒に持つ。しかし、主の花嫁、また妻と言われる主により生命を与えられた人間固有のものがどのようなものかは簡潔に言われることが出来ない。ただ、天使達は主から生きることを認めるが、しかるにそれをよく考えない時は自分自身から生きることを除いて異なって知らない。しかし、彼らが愛の善と信仰の真理から少しでもそれる時、変化を認めるような全般的な情愛がある。それ故に、主により生きることの全般的な認識の中に居る時、言語に絶するその平安と幸福の中に居る。エレミヤ書において言われている人間固有のものもまた、そのことが意味されている。

　「エホバは地に新しいものを創造し、女が男を囲むであろう。」31.22、これもまた天的な結婚が意味されている。そして「女」によって主により生命を与えられた人間固有のものが意味され、その女について「囲むこと」が述べられている。なぜなら、人間固有のものは肋骨により作られた肉が心臓を囲む如く囲むためにあるようなものだからである。

創世記　第二章　二十二節　　（153）　97

156. 二十三節、「そして、この出来事（変化）から人間は言った。私の骨からの骨、また私の肉からの肉、この故に彼女は妻と呼ばれなければならない。なぜなら、彼女は男から取られたからである。」

「骨からの骨、また肉からの肉」は人間の外なるものの固有性を意味し、「骨」はそれほど生命を与えられていない固有性を意味する。「肉」は生命を与えられた人間固有のものを、しかし「男」は内なる人間を意味する。なぜなら、後に続く節において述べられるように、その者は外なる人間に結合された者だからである。ここの人間固有のものは「妻」と呼ばれ、それは前に「女」と呼ばれた。「この出来事（変化）から」は、今や人間がこのように為されたことを意味する。なぜなら、彼の状態が変えられたからである。

157.「骨からの骨、また肉からの肉」は、その中に内なるものがある人間の外なるものの固有性を意味するので、古代では骨からの骨、また肉からの肉の凡ての者は自分のものと言われることが言われていた。そして一つの家族、或いは一つの氏族であった。即ちある種の血縁関係の中に居た。例えば、ヤコブはラバン（イサクの妻リベカの兄弟）により、

「確かに、あなたは私の骨、また私の肉である。」と言われた。創世記、29.14、母の兄弟達、また母の父の氏族の家族は、アビメレク（ギデオンの子）により、

「私はあなた達の骨、またあなた達の肉であることを思い出して欲しい。」と言われた。士師記、9.2、更に、イスラエルの部族も自分達自身についてダビデの書に、

「見よ、私達はあなたの骨、また私達はあなたの肉である。」と言った。サムエル記Ⅱ、5.1、

158.「男」が内なる人間を意味すること、即ち同じことであるが、知性と知恵を意味することは、イザヤ書において明白である。

「私は見る、ところがしかし男は居ない、そして彼らの間に、また助言者はいない。」41.28、このことは賢人と識者が居ないためである。エレミヤ書において、

98　　　天界の秘義　第一巻

「あなた達はエルサレムの街路を回って駆けまわれ、...そしてあなた達が男を見つけるかどうか見よ、彼が正しい審判を行なっているかどうか、真実を求めているかどうか見よ。」5.1、
「正しい審判を行なっている者」は賢人として、「真実を求めている者」は識者として記述されている。

159. しかし、これらをどのようにして持つかは、もし天的な人間の状態がどのようなものであるかが知られなければ容易に理解されない。天的な人間の状態は外なる人間から分離された内なる人間のようなものであり、その上、内なるもののあること、また外なるもののあること、そしてどのようにして主により内なるものを通して外なるものが支配されるか認識するような状態である。これに対して、この子孫の状態は人間の外なるものの人間固有のものを欲したので、もはや外なる人間から分離された内なる人間があることを認識しないような者に変えられた。しかし、内なる人間が外なる人間と一つの者のようにあった。なぜなら、人間固有のものが欲せられる時、このような認識に為されるからである。

160. 二十四節、「それ故に、男はその父とその母を離れ、そして彼はその妻に結びつき、また彼らは一つの肉にならなければならない。」
「父と母を離れること」は内なる人間を離れることである。なぜなら、内なる人間は外なる人間をみごもり、また生み出すからである。「妻に結びつくこと」は外なる人間の中に内なる人間があることであり、「一つの肉にならなければならないこと」はそれらがそこで一緒に居ることである。なぜなら、前には内なる人間、また外なる人間は内なる人間から霊であったが、しかし今や、それらは肉に為されたからである。
このように天的な、また霊的な生命は人間固有のものと一つのものの如く人間固有のものに結びつけられたのであった（注：これは人間の意志と理解が父と母である内なるもの、即ち霊的なものから離れ、妻である外なるもの、即ち自然的なものに結びつきそれらが自然的なものになったことを言っている。）。

161. 最古代教会のこの子孫は悪い者ではなく、それでも善い者であった。そしてこの子孫は外なる人間の中で、即ち人間固有のものの中で生きることを欲したので、主によりこの子孫にこのこともまた容認された。しかし、慈悲によってこの子孫に天的なもの、霊的なものが入り込ませられた。

　どのようにして内なるものと外なるものが一つのものとして働くか、即ちどのようにして一つのもののように現れるかは、もし内なるものの外なるものへの流入が知られなければ知られることが出来ない。単にこの考えが理解されるために、例として行動がある。その行動の中に、もし仁愛、即ち愛と信仰が内在するのでなければ、またそれらの行動の中に主が内在されるのでなければ、仁愛の働き、即ち信仰の実と言われることが出来る行動ではない。

162. 真理と正義の凡ての律法は天的な起源、即ち天的な人間の生命の秩序から引き出される。なぜなら、全天界は天的な神的な人間で在られる主だけにより天的な人間であるからであり、また主だけが天界の全体的なものと個別的なものの中と天的な人間の中の凡てのものであるからである。それ故、それらは天的なものと呼ばれる。なぜなら、天的な起源から、即ち天的な人間の生命の秩序からあるからである。真理と正義の凡ての律法は、特に結婚の律法は、それから由来した。天的な結婚により、またその天的な結婚に従って地上における凡ての結婚がある。この地上の結婚は一人の主と一つの天界、即ち主が頭の一つの教会の結婚である。それ故、結婚の律法は一人の夫と一人の妻でなければならない。このようにある時、天的な結婚を表象し、また天的な人間の典型である。

　この律法は最古代教会の夫達だけに示されたのではなく、更に彼らの内なる人間に刻み込まれたものである。それ故にその当時、夫は一人の妻以外に持たなかった。そして彼は一つの家を建てた。これに対して、彼らの子孫達が内なる人間であることを終えた時、そして外なる人間に為された時、多くの妻達を娶った。

　最古代教会の人々は彼らの結婚に天的な結婚を表象したので、夫婦の愛は彼らに天界と天的な幸福のようにあった。しかし教会が傾いた時、も

はや夫婦の愛の中に幸福を認めず、外なる人間の楽しみである多くの妻達からの快楽の中に彼らの幸福を認めた。このことは主により心の無情とよばれ、その為に彼らにモーセにより主が主御自身で教えられた如く多くの妻達を娶ることが許された。

「あなた達の心の無情の故に、モーセはあなた達に多くの妻達を娶ることのこの教えの許可を書いた。しかし、神は創造の始めから彼らを男と女に作られた。この故に、人間はその父と母を後に残し、そしてその妻に結びつかなければならない。そして二人は一人の肉体にならなければならない。それ故に、もはや彼らは二人ではなく一人の肉体である。これによって、神が結び合わせた人間は離されてはならない。」マルコ伝、10.5-9、

163. 二十五節、「そして人間とその妻の二人は裸であった、とは言え恥じなかった。」

「彼らが裸であって、また恥じなかった」ことは無垢を意味する。このことはもちろん、彼らの固有性が不愉快なものにならないように主が無垢を吹き込んだのであった。

164. 人間の固有性は言われたように悪以外のものではない。それが見える形で示され見られなければならない時、最も醜いものである。これに対して、主により人間の固有性に仁愛と無垢を吹き込まれる時、154番に述べられたものに従って善いものと美しいものが現れる。仁愛と無垢がある人間の固有性、即ち仁愛と無垢がある人間の悪と間違った信念は、それらの悪と間違った信念を許すだけでなく、それらを除くようにする。各々の者は幼児達の許に見ることが出来るように、もし彼ら自身を相互に愛し、また両親を愛するなら、また同時に幼児のような無垢が現れるなら、その時、彼ら自身の悪と間違った信念は現れないだけでなく、更に快いものに見える。それ故に、主が言われたように、もし若干の無垢を持っていなければ誰も天界へ入れられることが出来ないことが知られることが出来よう。

「あなた達は幼児が私のそばへ来ることを許せ、また彼らを妨げてはならない。神の王国はこのような幼児のものである。まことに、私はあな

創世記 第二章 二十五節 (161) 101

た達に言う。誰でも幼児のように神の王国を受け入れない者は誰もそこ
へ入れない。」それ故に、彼らを腕の中へ受け入れて、手を彼らの上に置
いて、そして彼らを祝福された。マルコ伝、10.14 - 16、

165.「裸、それを彼らが恥じなかった」は無垢を意味することは後に続く
箇所で高潔と無垢がなくなった時、やがて裸を恥じ、それが恥辱のよう
に見えた故に、自分達自身を隠したことから明瞭に明らかである。
　裸、それを彼らが恥じなかったことが無垢を意味することは霊達の世界
において表象されることからもまた知られる。というのは、霊達は彼ら
自身を弁解することと潔白を示すことを欲する時、自分達を裸にして無
垢を証明するからである。特に天界の中で裸の幼児として、また無垢に
従って花環で囲まれた光景としてある無垢から明らかである。これに対
して、それほど無垢のない者達は預言者達に時折、見られた天使達の如く、
いわばダイヤモンドで飾られた絹のような適切な、また輝いている衣服
を着せられて現れる。

166.これらのことがこの章の中の聖言が含むものであるが、それらの僅か
なものが説明されたのである。そして、それらは天的な人間について述
べられているので、そして天的な人間は今日、殆んど誰にも知られてい
ないので、これらの僅かな説明も何か不明瞭なものでなければ知れわた
ることが出来ない。

167.しかしもし、誰でも聖言の各々の節の中の連続される秘義の多大なも
のを知ったなら驚くであろう。聖言の各々の節の中の連続される秘義の
たくさんのものは決して言い尽くされることが出来ないこと、このこと
は聖言の文字通りの意味から決して明らかにならないことが、簡潔に述
べられるなら、このことは聖言の文字通りの意味の言葉に応じて美しい
秩序で霊達の世界の中で生きているものに表象される。なぜなら、霊達
の世界は表象の世界であり、またそこでは何であろうと生きているもの
に表象されるからである。霊達の世界で表象されたものの中のより細か
いものに関しては、第二の天界における天使的な霊達により認められて

おり、それらは第三の天界における天使的な霊達により言い表せない天使的な観念で豊かに、また完全に、その上、主の意向に従って無限に凡ての多様性で認められている。

このようなものが主の聖言である。

死からの人間の蘇生について、また永遠の生命の中へ人間の入ることについて

168. それと言うのは、人間がどのようにして身体の生命から永遠の生命へ入るのかが、ひと続きのもので述べることが許されているからである。言われたように、人間がどのようにして目を覚まされるかが、聞かされたものではなく、生命の体験によって私に示されて知られたからである。

169. 私は形体的な感覚に関して無感覚の状態に導かれたのである。従って殆んど死んでいる状態の中へ導かれた。それにもかかわらず、私が死んだ者達と復活させられる者達に生じることを認めて、またそれらを記憶に保持するために、呼吸の成立している生命と一緒に、その後、静かな呼吸と一緒に、また内的な生命は思考と一緒に害されない状態に導かれた。

170. 心臓の領域を占有していた天的な天使達が近付き、それ故、私は心臓に関し彼らに結合されたことを認めた。結果として最後に、私のものが私に思考とそこからの認識の他に、殆んど取り残されないようになり、そしてこれが数時間の間あった。

171. 私は霊達の世界の中の天使達との連絡から離された。その者達は私が身体の生命から分離したと思った。

172. 心臓の領域を占有していた天使達以外に、更に二人の天使達が頭のそばに座った。そして、このように各々の者達に為されることが認められた。

173. 頭のそばに座った天使達は完全に黙って顔で彼ら自身の意図を伝えて

創世記　第二章　二十五節　　（164）　103

いるだけであった。こうしてその結果として、私に他の者の顔であたかも覆われたようになり、その上、二人の天使達が居たので、二つの顔が私を覆ったことを私は認めた。天使達は彼らの顔が受け入れられるのを認める時、その時、人間が死んだことを確認する。

174. 人間が天使達の顔を認めた後、天使達は口の領域の周りに或る種の変化を引き起こし、そしてそのように天使達の意図を伝えた。なぜなら、口の領域によって話すことが天的な天使達に普通にあるからである。天使達の思考の言葉を死者が理解することを与えられた。

175. 保存された屍の如きよい香の匂いが感じられた。なぜなら、天的な天使達が居合わせる時、屍はよい香のように感じられるからである。悪い霊がそれを知覚する時、近付くことが出来ない。

176. そうこうするうちに、私は心臓の領域に関して天的な天使達にかなり強く支配され結合された。このことが感じられ、そして鼓動もまた感じられたのである。

177. 私に、人間が死の瞬間に持ち、天使達により保たれる敬虔なものと神聖なものの意図が徐々に入り込ませられた。更に、死ぬ者達は、非常に多くの者が永遠の生命について考え、滅多に救いと幸福について考えないということも徐々に入り込ませられた。それ故に、天使達は彼らを永遠の生命についての思考の中に保つ。

178. 死者達は天的な天使達が去る前、また霊的な天使達に残される前、この思考の中にかなり長い間天的な天使達により保たれる。その後、霊的な天使達に結び付けられる。その間、彼らはあたかも身体の中に生きるように以外異なって知らない。しかし不明瞭にしか知らない。

179. 彼らがどこに居ようとも、例え、彼らが閉じ込められていても、例え、無数の迷路のような結び付きがあっても、身体の内部のものが冷たくな

ると直ぐに生命の実体が人間から分離される。なぜなら、私に以前、全く生命のものが後に残ることが出来ないような生命のあるものと堅固なものを引きつける力の如く感じられた主の慈悲の効力があるからである。

180. 頭のそばに座っていた天的な天使達は、私が蘇えらされたようにあろう時もなお、若干の時間を経て私の許に居り無言でなければ話さなかった。彼らの思考の会話から彼らが凡ての間違った原理と間違った信念を無意味に見なしたことが認められた。彼らは無論、それらをあざ笑いの的としてあざ笑うのではなく、何も気に掛けないようにあった。彼らの思考の会話は声が鳴り響くことなしにある。更に、その方法でその者達の許の霊魂達と初めて話すことを始める。

181. このように天的な天使達により蘇えらされた人間は、依然として不明瞭な生命の中に居る。霊的な天使達に託されるべき時が迫っている時、その時、天的な天使達はその滞在の後で去り、その時、霊的な天使達が近付く。そして私に霊的な天使達がどのようにして死から蘇えった者が光の利用を蒙るために働くかが示された。このことについてはすぐ後に続く続きの章において前置きとして言うことから認められよう。

創世記　第二章　　　(173)　105

【創世記】
第三章

創世記　第三章

続、復活させられた者が
永遠の生命の中へ入ることについて

182. 天的な天使達が蘇えらされた者の許に居る時、彼を後に残して去らない。なぜなら、彼を愛しているからである。しかし彼の霊魂が天的な仲間の中へそれ以上居ることが出来ないような者である時、やがて彼らは彼らから立ち去ることを熱望する。これが行われる時、霊的な天使達が近付き彼に光の利用をもたらす。なぜなら、その前に彼は何も見ないで、単に考えただけであるからである。

183. 私に霊的な天使達がどのようにして働くか示された。霊的な天使達は、蘇えらされた者に光の利用が許されるために、あたかも左眼の皮膜を鼻の隔壁の方へもぎ取ることが蘇えらされた者に見られた。人間はこのように為されることを除いて異なって知覚しないが、しかしこれは外観である。

184. 私に薄膜をもぎ取ったことが見られた時、何らかの光を放つものが見えたが、しかしあたかも、人間が最初の目覚めの時に、まぶたを通して見るような不明瞭なものであった。そして穏やかな状態の中に居り、依然として天的な天使達により守られた。更に、小さな光点と一緒に或る種の空色の暗いものが見えたが、しかし多様性と一緒に提示されたことが知覚された。

185. その後、顔から何かのものが静かに巻き取られたことが見え、彼に認識が導入された。その時、天使達は、彼から出て来る考えが、もし彼が穏やかにされるのでなければ、即ち愛の考えでなければ出て来ないように最大の働きで警戒する。そして彼に自分が霊であることを知ることがもたらされる。

創世記　第三章　　　（182）　*109*

186. その時、彼は初めて幸福な、また喜ばしい生命へ秩序付けられる。なぜなら、自分自身に永遠の生命の中へ来たことが認められるからである。このことは黄色がかった美しい澄んだ光によって表象され、それによって彼の最初の段階に特有の生命が意味される。正確には、霊的な生命と一緒の天的な生命が意味される。

187. その後、彼は善い霊達の仲間関係（社会）の中へ迎え入れられたことが、馬に乗っている青年によって、その馬を地獄の方へ向けているが、しかし馬の歩みを動かすことが出来ないことによって表象された。彼が青年の如く表象されるのは、彼が初めて永遠の生命の中へ行くと天使達の間に居るように自分自身に認められ、あたかも青春時代の最盛期に居るように認められるからである。

188. 彼の次に来る生命は馬から降りて、そして足で歩いて行ったことで表象された。なぜなら、馬をその場所から動かすことが出来ないからであり、また彼に真理と善の概念（知識）が教えられたからである。

189. その後、狭い道が徐々に斜め上に続くのが見られた。このことによって真理と善の概念（知識）によって、またその承認によって少しずつ天界へ導かれたことが意味された。なぜなら、その承認と真理と善の概念（知識）なしに誰もそこへ導かれることが出来ないからである。

創世記 第三章の聖言

1. ところで、神エホバが造られた凡ての野の野獣よりも蛇は狡猾なものであった。そして蛇は女に言った。確かに、神は庭園の凡ての樹木について食べるなと言われたのか？
2. ところがしかし、女は蛇に言った。私達は庭園の樹木の実から食べます。
3. しかるに、庭園の中央における樹木の果実については、神はその

果実からあなた達は食べるな、それに触れるな、そのためにあなた達が死ぬといけないからと言われた。

4. そして、蛇は女に言った。あなた達は死ぬことで死なない。

5. なぜなら、神はそれからあなた達が食べるその日、確かに、あなた達の目が開かれ、またあなた達が善と悪を知っている神の如くなることを知っているからだ。

6. そして女はその樹木が食べることのために善いものであること、またそれが目に好ましい樹木であること、またそれが知性を与えることのために望ましいものであることを見た。そしてその果実から取って、同時に食べた。更にまた、自分と一緒に居るその男（夫）、に与えた、かくて彼も食べた。

7. それと同時に、彼らの目が開かれ、そして彼らが裸であることを知った。そして彼らはいちじくの葉をつなぎ合わせて自分達に帯びを作った。

8. そして、彼らは日中のそよ風と一緒に庭園の中を自分達に歩いて来ている神エホバの声を聞いた。しかもその時に、人間は庭園の中央の樹木において、神エホバの顔から自分自身を隠し、またその妻も自分自身を隠した。

9. そして、神エホバは人間に向かって呼んで、また彼に言われた。あなたはどこに居るのか？

10. 同時に彼は言った。私は庭園の中であなたの声を聞きました。そして私は裸なので恐れて、同時に私は私を隠しました。

11. かくて、神は言われた。誰があなたにあなたが裸であることを知らせたのか？　私があなたに食べないようにと命じた樹木からあなたは食べたのではないか？

12. 同時に、人間は言った。あなたが与えくれた私と一緒に居る女が樹木から私に与えくれました。それで私は食べました。

13. かくして、神エホバは女に言われた。なぜ、あなたはこのことを為したのか？　同時に、女は言った。蛇が私を欺いたのです。それで私は食べました。

内容

190. 人間固有のものを、愛したほどまでに得ようと求めた最古代教会の第三の状態が述べられている。

191. なぜならその時、彼らは自己愛、即ち人間固有のものにより感覚で把握しないものを何も信じることがなくなり始めたからである。「蛇」によって感覚的なものが表象され、「女」によって自己愛、即ち人間固有のものが表象され、「男（夫)」によって理性的なものが表象されている。

192. それ故、蛇、即ち感覚的なものが女に主への信仰のものを詮索することを説得した。従って、彼らがそれを持っていたかどうか詮索することを説得した。このことが「科学（知識）の樹木から食べること」によって意味され、また「男（夫）がそれを食べた」によって人間の理性的なものが合意したことが意味されている。1-6節、

193. しかし、彼らはその残された認識により彼らが悪の中に居たことに気付いた。このことが「彼らの目が開かれたこと」によって意味され、また「エホバの声を彼らが聞いた」ことによって意味されている。7,8節、
　またいちじくの葉により自分達に帯を作ったことにより意味され、7節、
　更に、羞恥心、即ち庭園の樹木の中央において隠すことにより意味されている。8,9節、
　そのようにまた承認と告白により意味されている。10-13節、
　このことから彼らの許に自然的な徳が留まったことが明らかである。

内意

194. 一節、「ところで、神エホバが造られた凡ての野の野獣と比較して蛇は狡猾なものであった。そして蛇は女に言った。確かに、神は庭園の凡ての樹木についてあなた達は食べるなと言われたのか？」
　ここの「蛇」によって人間に信頼されている人間の感覚的なものが意味

され、ここの「野の野獣」によって前のように人間の外なる情愛が意味され、「女」によって人間固有のものが意味される。「蛇は言った。確かに、神は凡ての樹木についてあなた達は食べるなと言われたのか？」このことは彼らが初めて疑ったことを意味する。ここでは彼らが啓示されたことを彼らが考えたとおりに見て、また感じたのでなければ信じなくなり始めた最古代教会の第三の子孫が述べられている。彼らの最初の状態がこの節と直ぐ後に続く節において記述されている。それは疑いの状態であった（注：感覚的に考える限り神は存在しない、天界と地獄もない、人間は死んだら無になるとしか結論出来ないため、感覚的に考えることは神の存在の否定と自然的な物質の存在を確信することである。このように考えることが蛇にそそのかされることによって例えられている。）。

195.最古代人達は人間の中にあった凡てのものを獣と鳥になぞらえたのではなく、そのように呼ぶことを欲したのである。彼らの会話はこのようなものであった。更に、このように話すことが洪水の後に古代教会の中で広まり、また同様に話すことが預言者達の許に保たれた。彼らは人間の感覚的なものを「蛇」と呼んだ。なぜなら、蛇が地に最も近いものである如く、感覚的なものもまた身体に最も近いものであるからである。それ故、信仰の秘義について感覚的なものによる誤った推論を「蛇の毒」と呼び、また論ずる者達自身を「蛇」と呼んだ。この者達は感覚的なもの、即ち見えるものから、例えば地上のもの、身体のもの、世俗的なものと自然的なものを大いに論ずるので、「蛇は野の凡ての野獣よりも狡猾なものであった。」ことが言われている。ダビデの書において同様に、

「彼らはその舌を蛇の如く鋭くする。彼らの唇の下にコブラの毒がある。」詩篇、140.3、ここでは誤った推論によって人間を惑わす者達について述べられている。同書において、

「彼らは母胎から離れ偽りを話している。彼らにその耳をふさぎ音を立てないコブラの如き有毒な蛇の毒に等しい毒がある。その結果として賢人の仲間を結びつけている囁くことの声を聞かない。」詩篇、58.3-6、決して賢明なこと、即ち賢人の声を聞かないことのような、ここの誤った推論が「蛇の毒」と呼ばれている。それ故、古代人達の許に「蛇が耳を

ふさぐ」ということのきまり文句があった。アモス書において、

「誰かが家に入りそして自分の手を壁に付けた時、同時に蛇が彼を噛む如く、エホバの日は彼に闇ではないのか？　また光がないのではないか？　また暗黒ではないのか？　また輝きがないのではないか？」5.19-20、「手を壁に付ける」は力強い人間固有のものと感覚的なものの信頼として記述されており、そのために盲目があることが記述されている。エレミヤ書において、

「エジプトの言葉は蛇のように行くであろう、なぜなら、彼らは力強く、また権威と一緒に、木を切る者達のようにそこに行ってその森を切り倒すからである。エホバは言われた。なぜなら、それは捜し出されないであろうから、なぜなら、彼らは蝗より多くおびただしく居るから、また決してそれらは数え切れないからである。エジプトの娘は恥ずかしい思いをさせられ北の民の手に与えられるであろう。」46.22-24、「エジプト」は神的なものについて感覚的なものと科学的な（事実に基づく）ものによる推論として記述されており、また誤った推論は「蛇の舌（言葉）」と呼ばれている。そしてそのことから北の民によって盲目にされることが意味されている。ヨブ記において、

「彼はコブラの毒を吸い込み、蛇の舌（言葉）が彼を殺す。彼は蜜とバターの流れの川を見ないであろう。」20.16,17、「蜜とバターの川」は霊的なものと天的なものであり、それらを推論する者達は見ない。誤った推論は「コブラの毒と蛇の舌（言葉）」と呼ばれている。

更に、蛇について下の十四節を見て欲しい。

196. ［1］古代では、啓示されたことよりも感覚的なものにより多く信頼する者達は蛇と言われた。今日では更に悪い者達が居る。というのは、見て感じる以外何も信じない者達だけでなく、更に最古代に知られていない科学的な（事実に基づく）ものによって、それらを確信する者達が居るからである。そして、そのようにそれらの多くのものによって、更に盲目にする。彼らがどのようにして感覚的なもの、科学的な（事実に基づく）もの、および哲学のものから天的なものについて推論して自分自身を盲目にするかが知られるために、その後、彼らは全く何も見ず、また聞かず、

114　　　天界の秘義　第一巻

それ故に目と耳をふさいだ蛇であるだけでなく、更に空を飛ぶ蛇でもあり、甚だしく有害な者達であることが知られるために、聖言においてもまたその者達について記述されている。例として、彼らが霊について何を信じるかがある。感覚的な者、即ち感覚だけを信じる者は、霊の存在を否定する。なぜなら、それを見ないからであり、「霊があることを私が知って、見て、触って感じないので」、何も霊が存在しないことを言っている。

[2] 科学的な（事実に基づく）ものにより、即ち科学（知識）により推論する者は「霊とはおそらくもし、蒸気か、熱か、彼の知識の何か以外でなければ何か？ それはどこかへ消えて忘れられてしまうものではないか？ 動物も身体、感覚、理性の類似物を持つのではないか？ そして動物の霊は死ぬであろうことをが言われ、また人間の霊は生きるであろうことが言われている。」このように彼らは霊の存在することを否定する。

　哲学者は他の者達に対しより鋭敏な者達であることを欲し、霊について自分達自身に知らない用語によって話す。なぜならそれらの言葉について論争し、物質的な生命体、即ち空間の広がりから得る何かの一つの言葉を、霊があることにはあてはめられないと主張しているからである。このように自分自身の考えから霊を取り除き、こうして彼らに霊の考えが消え去り、そして何も霊の考えがなくされる。

[3] これに反し、より健全な者達はそれでもなお霊は思考であることを言うが、しかし彼らが思考について論ずる時、思考を実体的なもの（注：霊的なもののこと、スヴェーデンボリは自然的なものは一時的なものとし、霊的なものは永続する永遠のものとしている。）から分離するので最後には身体と一緒に消滅し消え去るであろうと推論する。このように、感覚的なもの、科学的な（事実に基づく）もの、および哲学的なものにより論ずる凡ての者は霊が存在することを否定する。そして霊が存在することを否定する時、霊について、また霊的なものについて何か言われるといつも何も信じない。

　とは言え、もし心の素朴な者が霊について尋ねられるなら、彼らはそれが存在されることを知っていると言う。なぜなら、主は、人間の死後、その霊を生きるものと言われたからであると言う。彼らは自分自身の理性的なものを滅ぼさないで主の聖言によって霊が生きることを言う。

創世記　第三章　一節　　　（195）　　115

197. 天的な人間であった最古代人達の許で「蛇」は慎重さが意味された。従って自分自身を悪いものにより害されないように注意することによって感覚的なものと同様に意味された。このことは主の弟子達への言葉から明白である。

「見よ、私はあなた達を狼の間に向かう羊の如く差し向ける。それ故に、蛇の如く用心深く、また鳩の如く素朴であれ。」マタイ伝、10.16、

更に、砂漠において揚げられた「青銅の蛇」によってもまた明白である。青銅の蛇によって主の感覚的なものが意味され、主だけが天的な神的人間で在られ、また主だけが凡ての者に注意され、また用心される。それ故に、青銅の蛇を見ることは主御自身を見ることであり、それを見た者は守られたのである。

198. 二、三節、「ところがしかし、女は蛇に言った。私達は庭園の樹木の果実から食べます。しかるに、庭園の中央にある樹木の果実については、神はその果実についてあなた達は食べるな、それに触れるな、そのためにあなた達が死ぬといけないからと言われた。」

「庭園の樹木の果実」は最古代教会から彼らに示された善と真理であり、「庭園の中央にある樹木の果実から食べなかった」は信仰の善と真理を自分自身から学ばなかったことを意味する。「それに触れなかったこと」は自分自身から、即ち感覚的なものと科学的な（事実に基づく）ものにより信仰の善と真理について考えなかったことである。「そのために死ぬ」ことはそのように信仰、即ち凡ての知恵と知性が滅びることである。

199. 「彼らが食べなかった樹木の果実」は最古代教会から彼らに示された善と真理、即ち信仰の概念（知識）を意味することは、彼らが食べたと言われる「庭園の樹木の果実」により知られることが出来よう。例えば、前に第2章16節で天的な人間、即ち最古代教会について述べられた庭園の樹木により知られることが出来よう。庭園の樹木はそこで言われたように善と真理の認識を意味する。その善と真理はそこからあるので、それが「果実」と呼ばれているので、更に聖言においても果実はたびたびそのように意味されている。

200. ここで科学（知識）の樹木は庭園の中央にあると述べられているが、しかし前の第2章9節では生命の樹木が庭園の中央にあると述べられている。そのように科学（知識）の樹木ではない。その理由は「庭園の中央」は最内部を意味するからであり、また天的な人間、即ち最古代教会の最内部が生命の樹木であったからである。それは愛とそこからの信仰である。しかし、ここの人間の最内部は天的な霊的な人間と呼ばれることが出来る。即ちこの子孫の庭園の中央、即ち最内部は信仰であった。

　その最古代の時代により生きた者達がどのような者達であったかは、今では殆んど知られないのでこれ以上述べられることは出来ない。彼らにあった性質は今日常に誰かの許に認められるものと比べて全く別なものであった。その性質はその原型だけでも理解されるために言うと、彼らは善により真理を、即ち愛により信仰の真理を知っていたような者達であった。しかしその世代の者達が死んだ時、彼らからあった性質と全く異なった別な者達が後に続いた。その性質は、正確には善から真理を知ったのではなく、即ち愛から信仰の真理であった真理を知ったのではなく、真理から善を、即ち信仰の概念（知識）から愛の善である善を知ったのである。そして大部分の者達においてそれよりも別のものを殆んど知らなかったのである。このような変化が世界が滅びないように洪水の後に為されたのである。

201. それ故、このような洪水の前の最古代人達の性質がどのようなものであったかは、今日明らかでなく、また知られない。この節の言葉が含む本来の意味においてそれが何かは、理解へ説明されることは容易ではない。しかし、この節の言葉が含む本来の意味は、天界において最もよく熟知されたことである。なぜなら、天的な者と言われる天使達と天使的な霊達はそのような性質であるからであり、洪水の前に再生された最古代人達のような性質であったからである。これに対して、霊的な天使達と天使的な霊達は、洪水の後に再生されたような性質の者達であり、洪水前の者達と洪水後の者達は無限の相違を持っている。

202. 天的な人間であった最古代教会は天的な生命から霊的な生命へ、また

創世記　第三章　二節　　（197）　　*117*

そのように更に下方へ滑り落ちないように「科学（知識）の樹木から食べなかった」だけでなく、即ち感覚的なものと科学的な（事実に基づく）ものから信仰の真理が何かを探求することから遠ざかるだけでなく、彼らに「その樹木に触れること」、即ち何かの信仰の真理を感覚的なものと科学的な（事実に基づく）ものから考えることも決して許されなかった。

　天的な天使達の生命もまたこのようなものである。彼らのより内的な者達は信仰と呼ばれるもの、即ち霊的なものから得られる何かのものが何であろうと決して容認しない。また例え、他の者達から信仰のことが言われても、信仰の代わりに愛を、それらの概念だけの相違を持って認める。このように信仰の真理が何であろうと彼らはそれを愛と仁愛から引き出す。更に、信仰について何か理性的なことを聞くことは少しは我慢するが、しかるに科学的な（事実に基づく）ものを聞くことは決して許容しない。なぜなら、彼らは善と真理が何かを愛によって主から認識を持ち、認識によりそれがそうであるか、或いはそれがそうでないかを直ちに知るからである。

　それ故に、信仰について何か言われる時、それはそうである、或るはそれはそうでないことを除いて他のことは答えない。なぜなら、主から認めるからである。このことはマタイ伝における主の言葉が意味することである。

　「あなた達の会話は、しかり、しかり、否、否でなければならない。これら以上のことは悪からある。」5.37、このような事情の下に、科学（知識）の樹木の果実に触れることは彼らに決して許されなかったのである。なぜなら、もし触れたなら彼らは悪の中に居たからである。即ちそれ故、死んだからである。

　更に、天的な天使達は様々なことについて他の者達の如く相互に話すが、しかし愛により形造られ、また引き出された天的な会話で話す。それらは霊的な天使達の会話よりも更に言語に絶するものである。

203. これに反して、霊的な天使達は信仰について話し、更に信仰の真理を知的なもの、理性的なもの、および科学的な（事実に基づく）ものによって確信するが、しかしそれらにより信仰について決して推論しない。

それを推論する者達は悪の中に居るのである。もちろん、彼らもまた主から信仰の凡てのものの認識を持つが、しかし天的な天使達の認識のようなものではない。霊的な天使達の認識は主から生命を与えられたある種の良心であり、またそれは天的な認識の如く見えるが、しかし天的な認識ではなく、単に霊的な認識である。

204. 四、五節、「そして、蛇は女に言った。あなた達は死ぬことで死なない。なぜなら、神はそれからあなた達が食べるその日、確かに、あなた達の目が開かれ、またあなた達が善と悪を知っている神の如くなることを知っているからだ。」

「もし、樹木の果実から食べるなら、目が開かれること」は、もし感覚的なものと科学的な（事実に基づく）ものから、即ち自分自身から信仰の真理を探求するなら、彼らが明らかに認めたそれらの事柄をそのように見なさないことを意味する。「彼らが善と悪を知っている神の如くなっただろう」ことは、もしそのように自分自身から信仰の真理を探求するなら、彼らは神の如くなって、また自分自身で自らを導くことが出来ることを意味する。

205. この章の各々の節は教会の中の個々の状態、即ち状態の変化を含む。初めの節は、例え彼らが疑いに傾いてもそれでもやはり許されないことであることを認めたが、ここのこれらの節では、彼らにそれが許されるのではないかと彼らが迷い始めた。なぜなら、彼らが昔の人達から聞いたことが真理であったかどうかと、そのように吟味したからである。そしてそのように彼らの目が開かれたのである。要するに、彼らの許に自己愛が優勢であることが始まったので、また自分自身で導くことが出来たので、そしてそのように主に等しい者であることが出来ると考え始めた。自己愛は主により導かれることを欲しないで、自分自身により導かれることを欲することを、それ自身に携えている。自分自身により導かれる時、信じられなければならないものについて感覚的なものと科学的な（事実に基づく）ものに尋ねる。

創世記　第三章　四節　　　（202）　119

206. ［1］自分自身を愛し、また同時にこの世の学問がある者よりも、更に一体誰が自分を開かれた目を持つ者、また神の如く善と悪を知る者であると信じるのか？　しかし、彼らより盲目の者が他に誰か居るだろうか？あなたが彼らに尋ねるだけで、彼らは霊が存在することを知らず、まして信じていないことをあなたは認めるであろう。彼らは霊的な、また天的な生命が何か全く知らず、永遠の生命を承認しない。なぜなら、自分自身を獣の如く死ぬであろうと信じるからである。彼らは主を全く承認しないで自分自身と自然だけを崇拝する。また慎重に話すことを欲する者は、何であるか彼らが知らない何らかの最も高い存在が凡てのものを支配することを言う。

［2］これらのものが自分自身の許に感覚的なものと科学的な（事実に基づく）ものによって確信する者達の原理である。

　もし彼らが大胆な者であったなら、凡ての人達の目の前でもまたこの原理によって確信を行なう。このような者達はどんなに自分自身を神々として、即ち最も賢明な者達として認められることを欲しても、もし彼らが人間固有のものでないものを何か知っているかどうか問われたなら、それは存在しないことを答えるであろう。

　もし彼らが人間固有のものを奪われたなら、彼らは何も存在しないことを答えるであろう。もし主により生きることは何かと問われたなら、彼らはそれは幻想であることを言う。もし彼らが良心が何か知っているかどうか質問されたなら、それは何らかの想像上のもの以外何も存在しないことを言い、それは大衆に対して彼らを拘束の中に保つために役に立つことと言うだろう。

　もし、彼らが認識が何か知っていたかどうか質問されたなら、彼らはそれをあざける以外何も為さず、また何か狂信のものと呼ぶであろう。

　彼らの知恵はこのようなものであり、彼らはこのような開かれた目を持ち、またこのような神々である。このような原理により自分の知恵が昼間よりも明るいものであることを彼らは信じ始め、また引き続き信じ、そしてそのように信仰の秘義について推論する。それ故、彼らに暗闇の深淵以外何があるだろうか？　この者達は他の者達に対して蛇であり、この世を惑わす者達である。しかし、最古代教会のこの子孫達は、まだこのよ

うな者達ではなかったが、しかしこのように為された者について、この章の14 - 19節により述べられる。

207. 六節、「そして女はその樹木が食べることのために善いものであること、またそれが目に好ましい樹木であること、またそれが知性を与えることのために望ましいものであることを見た。そしてその果実から取って、同時に食べた。更にまた、自分自身と一緒に居るその男（夫）に与えた、かくて彼も食べた。」
　「食べることのために良いもの」は欲望を意味し、「目に好ましい」は幻想を意味し、「知性を与えることのために望ましい」は喜びを意味し、これらは人間固有のもの、即ち女のものであり、「男（夫）が食べたこと」によって理性が「合意した」ことを意味する（265番）。

208. これが自分自身を人間固有の愛により惑わされ、ひどい目に遭わされた最古代教会の第四の子孫であった。そしてその子孫は啓示されたものが感覚的なものと科学的な（事実に基づく）ものにより形づくられたと認めたのでなければ信じることを欲しなかった。

209. ここに扱われている文は、その樹木は食べることのために良いもの、目に好ましいもの、知性を与えることのために望ましいものであると言うようなものであり、このような文は最古代のその時に生きた者達の性質にあったものであった。彼らは特に意志を見る。なぜなら、彼らの悪は意志から噴出したからである。洪水後の者達について述べられている聖言においては、それほど意志に目を止めないような文が扱われているが、しかし理解に目を止める文が扱われている。なぜなら、最古代の人達は善から真理を持ったが、しかしこの者達、即ち洪水後の者達は真理から善を持ったからである。

210. 人間固有のものが何かが知られるためには、人間の固有性は自己愛とこの世への愛から噴出している凡ての悪と間違った信念であり、また主、即ち聖言にではなく、自分自身を信じることであることが知られな

創世記　第三章　六節　　（206）　　*121*

ければならない。そして、感覚的に、また科学的に把握しないことを無であることを信じることであることが知られなければならない。それ故、人間は悪と間違った信念以外の者に為されず、またこうして凡てのものをあべこべに認める。それらは悪を善のように認め、善を悪のように認め、間違った原理を真理のように認め、真理を間違った原理のように認め、存在するものを存在しないものと信じ、存在しないものが凡て存在することを信じ、憎しみを愛と呼び、暗闇を光と呼び、死を生命と呼び、また逆に呼ぶ。聖言においてこのような者達は霊的に足の不自由な者達、また目の見えない者達と呼ばれている。これが人間の固有性であり、それは本来地獄的なものであり、また地獄へと断罪されたものである。

211. 七節、「それと同時に、彼らの目が開かれ、そして彼らが裸であることを知った。」
　「彼らの目が開かれたこと」は彼らが内的な声から知り、また認めたことを意味し、「裸」は即ち、もはや前のように無垢の中に居なかったが、しかし悪の中に居たことを意味する。

212. 「開かれた目に為されること」によって内的なものからの声が意味されることは聖言における同様なものから明白である。例えば、自分自身について語るバラムから彼が幻を見たので自分自身を目を開かれた人と呼んだことから明白である。民数記、24.3,4、
　またヨナタンに、彼が蜂の巣から蜂蜜を味わった時、同時に悪であることの内的なものからの指示が彼にあって、彼の知らなかったことを認めたためにそのように明るくされた者として「その目の見た」ことが言われている。サムエル記Ⅰ、14.27,29、
　更に聖言において「目」は何度も理解として是認されており、従って更に、そこからの内的な声としてもまた是認されている。例えばダビデの書のおいて、
　「私が偶然に死を眠らないように、私の目を照らし給え」詩篇、13.3、ここで目は理解として意味されている。エゼキエル書において、
　「その者達に見ることのために目があるが、ところがしかし見ない。」

12.2、ここで目は理解することを欲しない者達として意味されている。イザヤ書において、「彼がその目で見ないように、彼の目をふさげ、」6.10、ここで目は彼らが理解しないように目を見えなくされることとして意味されている。モーセによって民に言われた。

「エホバはあなた達に知ることのために心を、見ることのために目を、また聞くことのために耳を与えなかった。」申命記、29.4、ここで「心」は意志として、「目」は理解として意味されている。

イザヤ書において、主について「盲目の目を開けられるであろうこと」13.7、また同書において、

「暗黒から、また暗闇から盲目の目が見るであろう。」29.18、ここで「目」は理解として意味されている。

213.「裸のことを知ること」が、前のように無垢の中に居ることなく、悪の中に居ることを彼らが知り、また認めたことが意味されることは、前の章の最後の節から明白である。そこで「そして、人間とその妻の二人は裸であった、とは言え恥じなかった。」と言われている。そこで「裸のことを恥じないこと」は無垢であることを意味することはそこの節で認められよう。

この節のようにいちじくの葉を縫い合わせて裸を隠したように、裸を恥じる時、反対のことが意味される。というのは、誰も無垢の中に居ない場合、その時、裸は恥辱と不面目である。なぜなら、裸を悪く考えることを自覚するからである。それ故、「裸」は聖言において恥辱と悪として是認されている。また歪んだ教会について裸が語られている。例えばエゼキエル書において、

「彼は裸の者であり、また裸にされた者であり、また自分自身の血の中で虐げられた者であった。」16.7,22、同書において、

「彼らは裸の彼女を、また裸にされた彼女をそのままにしておく、かくてその裸があらわにされる。」23.29、ヨハネの書において、

「私はあなたが白い衣服を購入するように忠告する。あなたがその衣服を着ることであなたの裸の恥ずかしさがあらわにされない。」黙示録、3.18、そして最後の日について、

「祝福されている者は、彼が裸のままであちこち歩き、そしてその恥ずかしさを見られないように用心して、しかもその衣服を取っておく者である。」黙示録、16.15、申命記において、

「もし、夫が妻にどんな裸でも見つけたなら、彼女に離縁状を書くようにせよ。」24.1、それ故に、アロンとその息子達もまた、

「彼らが祭壇に近寄り、そして仕える時、不正（咎）をもたらし、かくて死なないように裸の肉を隠すために、リンネルの腰巻を身に着けるように」命じられた。出埃及記、28.42,43、

214. 彼らは人間固有のものに取り残された者達なので「裸の者達」と言われる。というのは、彼らは人間固有のもの、即ち自分自身に放置されるからであり、それ以上何も知性と知恵、即ち信仰のものを持たないからである。従って真理と善に裸の者達であるからであり、それ故に悪の中に放置された者達であるからである。

215. 人間固有のものは悪と間違った信念以外のものでないことは、霊達がいつも自分自身から語ったことは何であろうと悪と間違った信念であったことからもまた私に知ることが出来た。

　霊達が自分自身から知ったことを単に私にもたらされた時、私は直ちにそれが間違った信念であることを知った。例え、彼らが真理を語る時、何も疑いのないほどの強い確信があっても、私は直ちにそれが間違った信念であることを知った。同様に、信仰の真理である霊的な、および天的な生命の真理について推論することを始めた者は誰でもその真理を疑った、というよりも否定したことを認めることが私にもたらされた。なぜなら、信仰の真理について推論することは疑うことと否定することであるからである。また自分自身から、即ち人間固有のものから推論することなので、それらの推論は全くの間違った信念であり、彼らは間違った信念の中へ落ちる。

　従って暗黒の深淵の中へ、即ち間違った信念の中へ落ちる。その深淵の中に居る時、やがて一つの僅かな間違った信念が無数の真理にまさる。その者は塵が目のひとみに付け加えられた者の如く、全世界と全世界の

中の凡てのものを見ないように為す。彼らについて主はイザヤ書において次のように言われる。

「災いなるかな、自分達の目において賢い者達、また自分達の顔の前で知性のある者達。」5.21、また、同書において、

「あなたの知恵とあなたの科学（知識）があなたを背かせた。そしてあなたはあなたの心の中で私は居る、またもはや誰も私よりも優っていないと言った。かくてあなたの上に悪が来るが、その源をあなたは知らない。またあなたの上に災いが落ちるが、それをあなたは静めることが出来ないであろう。またあなたの上に不意に破滅が来るが、それをあなたは知らない。」47.10,11、エレミヤ書において、

「凡ての人間は科学（知識）により愚鈍な者に為され、凡ての金細工師は偶像により恥じる。なぜなら、その鋳型で作られたものは偽物であり、それらの中に息（霊）がないからである。」51.17、

「偶像」は人間固有のものの間違った信念として、「鋳型で造られたもの」は人間固有のものの悪として記されている。

216.そして彼らはいちじくの葉をつなぎ合わせて自分達に帯びを作った。「葉をつなぎ合わせること」は弁解することであり、「いちじく」は自然的な善であり、「自分達に帯を作ること」は羞恥心に働きかけられることである。最古代人達はこのように語ったのであり、その教会の子孫をこのように記述したのである。正確には、前にあった無垢の代わりに自然的な善が彼らにあったことが記述されており、このことによって彼らの悪が隠されたのであった。また自然的な善の中に居たので、羞恥心が与えられた。

217.聖言において「葡萄」は霊的な善を意味し、また「いちじく」は自然的な善を意味することは、今日全く知られていない。なぜなら、聖言の内なる意味が滅んだからである。しかし、これらの言葉が用いられる時はどこでも、このようなことを意味する。即ち含む。主もまた、例え話しにおいて葡萄の木について、更にいちじくの木について語られた。このことはマタイ伝において、

「イエスは道で一本のいちじくの木を見て、その木に近付いたが、しか

しその木に、ただ葉っぱ以外何も見つけなかった。それ故、その木に『今後、永遠にお前に実が生らないように。』と言われた。それ故に、いちじくの木はたちまち枯らされたのである。」21.19、これらによって何も善（実）がないこと、地に現れた自然的な善ですらなかったことが意味された。エレミヤ書において「葡萄の木といちじくの木」によって同様なことが意味される。

「彼らは忌まわしいことを行なって恥ずかしくされた者達であるが、全く恥ずべきものに羞恥心から働きかけられず、また恥じることを知らなっかた。…それ故に、私は彼らを数えて集めよう、とエホバは言われた。葡萄の木に葡萄の房はなく、いちじくの木にいちじくの実はなく、そしてその葉は落ちた。」8.12,13、このことによって霊的な善も、自然的な善も、凡ての善が滅びたことが意味される。なぜなら、このような者達は決して羞恥心から働きかけられることが出来なかったためであり、今日でも悪の中に居る者達の如く悪について彼ら自身を自慢するために殆んど恥じないからである。ホセア書において、

「私は砂漠における葡萄の房の如くイスラエルを見つけた。私は始めの内のいちじくの木における最初の実の如くあなた達の父祖達を見た。」9.10、また、ヨエル書において、

「私の野の獣達が恐れないように、なぜなら、樹木がその実をもたらし、いちじくの木と葡萄の木がその力をもたらすからである。」2.22、「葡萄」は霊的な善として、「いちじく」は自然的な善として記述されている。

218. 八節、「そして、彼らは日中のそよ風と一緒に庭園の中を自分達に歩いて来ている神エホバの声を聞いた。しかもその時に、人間は庭園の中央の樹木において神エホバの顔から自分自身を隠し、またその妻も自分自身を隠した。」

「庭園の中を自分達に歩いて来ている神エホバの声を」によって、彼らが恐れた内なる声が意味される。内なる声は彼らが持っていた認識の残されたものである。「日中のそよ風（即ち息）」によってその際、依然として教会が認識について残されたものを持っていた期間が意味される。「神エホバの顔から自分自身を隠したこと」によって悪を自覚している者の常の如く内

なる声を恐れることである。「庭園の中央の樹木において神エホバの顔から自分自身を隠した。」によって、自然的な善が意味される。最内部のことが「中央」と呼ばれる。「樹木」は前に言われたように認識であるが、しかし少しの認識なので一本の木が残された如く単数で「樹木、（単数形）」と言われている。

219.「庭園の中を自分達に歩いて来ている神エホバの声を」によって彼らが知られることを恐れた内なる声が意味されることは、聖言における「声」の意義から知られることが出来よう。そこで「エホバの声」は主御自身の聖言として、信仰の教義として、良心、即ち内なる警告として、更にそこからの凡ての咎めとして理解される。それ故に、雷もまた「エホバの声」と呼ばれる。例えばヨハネの書において、

「ライオンが吠えるように天使が大きな声で叫んだ時、そして天使が叫んだその時、七つの雷鳴がそれらの声で語った。」黙示録、10.3,4、この時、外なる声と内なる声があったこととして記述されている。同書において、

「第七の天使の声の日々の中で神の秘義は完成されなければならない。」黙示録、10.7、同様に、ダビデの書において、

「あなた達は神に歌え、... 主に竪琴を弾き、古代の諸天の諸天の上で馬に乗っておられる方に、見よ、主御自身の声で力強い声を与えるであろう。」詩篇、68.32,33、「古代の諸天の天の」は最古代教会の知恵として、「声」は啓示として、更に内部の内なる声として記述されている。同書において、

「エホバの声は水の上で、エホバの声は力の中で、エホバの声は栄光の中で、エホバの声は杉を粉砕している。... エホバの声は激情の炎をくつがえしている。エホバの声は砂漠を震わせることを為す。... エホバの声は雄鹿を生み出すことを為し、また森を剥ぐ。」詩篇、29.3-5,7-9、またイザヤ書において、

「エホバはエホバ御自身の卓越した声を聞かれることを為す、... なぜなら、エホバの声によりアシュルは狼狽させられるであろうからである。」30.30,31、

220.「自分達に歩いて来ている声を」によって、僅かに残された認識があ

創世記　第三章　八節　　（217）　127

ったことが意味され、あたかも自分達自身だけにあって、また誰にも聞かれなかったようなものであったことは次の節から、そこでエホバが人間のために呼んだであろうことからもまた明白である。イザヤ書において、
「荒野で叫んでいる者の声がする、... その声が叫べと言われた。」40.3,6、
「荒野」は信仰が何もない教会として、「叫んでいる者の声」は主の降臨の知らせとして、一般的には主御自身の降臨の凡てのものの知らせとして記述されている。例えば、再生された者の許の内なる声として記述されている。

221.「日中のそよ風、即ち息」によってその際、依然として教会が認識について残されたものを持っていた期間が意味されることは、「昼と夜」の意味から知られることが出来よう。

　最古代人達は教会の状態を昼と夜の時に例えた。昼の時は、依然として教会が光の中にあった時を意味している。それ故に、ここの「昼の息、即ちそよ風」は認識の残されたものを若干持っていた時が意味される。このことから彼らが堕落したことを知ったのである。主もまた信仰のある状態を「昼」と呼び、また信仰の何もない状態を「夜」と呼ばれた。例えば、ヨハネ伝において、
「私は昼の間に私を遣わした方の働きを遂行しなければならない。夜が来る時、誰も働くことが出来ないであろう。」9.4、それ故に、第1章における人間の再生の状態が「日、昼」と言われた。

222.「エホバの顔から自分達自身を隠したこと」は悪を自覚している者の常の如く内なる声を恐れることであることは、十節の「庭園の中であなたの声を私は聞きました。ところがしかし裸だったので恐れました。」と言われている彼らの答えから明白である。
　「エホバの顔」、即ち主の顔は、祝福文から明らかに知られているように、慈悲、平安、および凡ての善である。
　「エホバが御自身の顔をあなたに輝かすことを為されますように、またあなたを憐れられますように、エホバが御自身の顔をあなたへ上げられますように、またあなたに平安を与えられますように。」民数記、6.25,26、

また、ダビデの書において、

「神が私達を憐れられますように、また私達に祝福されますように、私達に神御自身の顔を輝くことを為されますように。」詩篇、67.1、また他の箇所に、

「多くの者が言っている。誰かが善を行なうのを私達が見ることがあろうか？ エホバよ、あなたの顔の光を私達の上に上げ給え。」詩篇、4.6、それ故に、主の慈悲は顔の天使と呼ばれる。イザヤ書において、

「エホバの慈悲を話すことを私は為そう。...エホバ御自身の慈悲に従って彼らに報いられ、またエホバ御自身の慈悲の豊富なものに従って彼らに報いられ、また彼らの救い主になられた。彼らの凡ての苦痛の中で苦痛はなく、また主御自身の顔の天使は彼らを救った。主御自身の愛によって、また主御自身の慈悲深さによって主御自身が彼らを贖った。」63.7-9、

223. 主の顔が慈悲、平安、および凡ての善である時、決して誰かを慈悲から以外見ないことが明白である。決して誰かから顔をそらさない。しかし、悪と一緒に居る人間が自分自身の顔をそらすことは、例えば、主によりイザヤ書によって言われた。

「あなた達に咎があり、それらがあなた達の間とあなた達の神の間を切り離し、またあなた達の罪があなた達に神の顔を隠すことを為す。」59.2、従ってここの節もまた、「彼らは裸だったので、エホバの顔から自分達自身を隠した。」ことが言われている。

224. 慈悲、平安、凡ての善、即ち「エホバの顔」は認識を持つ者達の許の内なる声を引き起こし、更に良心を持つ者達の許においてもまた、内なる声を引き起こすが、しかし相違を持って引き起こす。そしてそれらは常に情け深く働くが、しかし、人間がその中に居る状態に従って受け入れられる。この人間の状態、即ち最古代教会のこの子孫の状態は自然的な善であった。また自然的な善の中に居る者達は裸の恐怖と羞恥心から自分達自身を隠すような者達である。しかし、何も自然的な善の中に居ない者達は決して自分達自身を隠さない。なぜなら、裸を恥じないからである。この者達については前の217番のエレミヤ書、8.12,13、におい

て認められよう。

225. 「庭園の中央の樹木」は自然的な善を意味し、そのことから「樹木」と呼ばれる若干の認識を意味することは、天的な人間が居たその中の庭園からもまた知られることが出来よう。なぜなら、善と真理の凡てのものは庭園と呼ばれているからであり、それを手入れする人間に従って区別を持ってあるからである。

　善は、もしその最内部が天的なものでなければ善ではない。主からのその最内部の善から、即ち主からのその最内部の善によって認識がある。この最内部のものが「中央」と呼ばれ、聖言の他の箇所においてもまたそのように呼ばれている。

226. 九、十節、「そして、神エホバは人間に向かって呼んで、また彼に言われた。あなたはどこに居るのか？ 同時に彼は言った。私は庭園の中であなたの声を聞きました。そして私は裸なので恐れて、同時に私は私を隠しました。」

　「呼んだこと」が何か、「庭園の中の声」が何か、またなぜ「裸であったことを恐れ、そして自分達自身を隠した。」のかは前に説明されたのである。主は凡てのことを前以て知っていても、最初に人間が何処に居るか、また何をしているかを問われることは聖言において普通のことである。しかし質問の理由は人間が認めて告白するためである。

227. しかし、認識、内なる声、および良心はその原因から知られるべきである。なぜなら、その原因は今日、全く知られていないからであり、またその原因について述べることが許されているからである。

　人間が霊達と天使達を通して主により支配されていることは最も真実なことである。悪の霊達が支配することを始める時、その時、天使達は悪と間違った信念をそらすことの苦心の中に居る。それ故に、戦いが生じる。この戦いは認識、内なる声、および良心によって感じられる。これらから、更に試練からも人間の許に霊達と天使達が居ることを、もし霊達と天使達について言われることが全く何も信じられないほど、形体的なものの

中に居るのでなければ明瞭に知ることが出来よう。

　それ故に、このような形体的な者達は、例え何回も戦いを感じたとしても、それでもなお、幻想、また何らかの不健康な精神が引き起こすことであることを言うであろう。戦いとそこからの生き生きとした感覚を千回の千倍、また今や数年の間、殆んど継続して私に感じられることが与えられたのである。更に、誰が居たのか、どのような者達か、どこに居たのか、いつ来たのか、いつ立ち去ったか、また彼らと一緒に話したのである。

228. 信仰の真理と愛の善に反した何かのものが、人間に入るかどうかについての、天使達の類まれな認識がどれほどであるかは述べられることが出来ない。更に天使達は入るものがどのようなもので、またいつ入るかを人間自身よりも千倍も知覚する。人間はそれについて殆んど何も知らない。人間の許の思考の最小のものは、天使達の認識にその思考の最大のものと同じである。このことは確かに信じがたいことであるが、しかし最も真実のことである。

229. 十一 〜 十三節、「かくして、神は言われた。誰があなたにあなたが裸であることを知らせたのか？　私があなたに食べないようにと命じた樹木からあなたは食べたのではないか？」

　「同時に、人間は言った。あなたが与えくれた私と一緒に居る女が樹木から私に与えくれました。そしてそれで私は食べました。」

　「かくして、神エホバは女に言われた。なぜ、あなたはこのことを為したのか？　同時に、女は言った。蛇が私を欺いたのです。そしてそれで私は食べました。」これらのことが何を意味するかは前に説明されたものから明らかである。即ち、人間の理性（合理性）が、それ自身、酷い目にあったことは、彼が見て感じたもの以外、何も信じなかったために、彼にいとしい人間固有のもの、即ち自己愛から欺かれたことである。

　誰でも、神エホバは蛇に話しかけなかったこと、また蛇は居なかったこと、蛇によって意味される感覚的なものにも話しかけなかったこと、しかし、それら以外の意味を含むことを認めることが出来よう。即ち、彼らは自分達自身を感覚によって欺かれた者達であることに気付いたことを認め

創世記　第三章　九節　　　（225）　　131

ることが出来よう。そして、彼らは自分達自身を愛したので、主と主御自身への信仰について聞いたことが真実であったかどうか知ることを欲し、またそれ故、信じることが最も重要なものであることを欲したことを認めることが出来よう。

230. この子孫の支配的な悪は自己愛であって、今日の如く世俗愛と一緒にあったのではなかった。なぜなら、彼らは家族と氏族の間に生きていて富を得ようと求めなかったからである。

231. 洪水前の最古代教会の悪だけでなく、洪水後の古代教会の悪もまた、更にユダヤ教会の悪も、そのようにまた、その後の新しい教会、即ち主の降臨後の諸民族の教会の悪も、更に今日の教会の悪もまた、主、即ち聖言を信じないで、自分自身と自分自身の感覚を信じることである。それ故、何も信仰がなく、また何も信仰がない時、何も隣人愛がなく、凡てのものが間違った信念と悪である。

232. 今日では、古代人達に知られない科学的な（事実に基づく）ものによって不信の感覚を確信することが出来る故に、昔よりも更に甚だしく悪くなっている。それ故、今日の教会には、決して記述されることが出来ないほどの暗黒がある。もし、人間がそこからの暗黒を知ったなら驚いたであろう。

233. [1] 科学的な（事実に基づく）ものによって信仰の秘義を探求することは、前述のように不可能であり、また駱駝が針の穴を通って入ることのように不可能であり、また肋骨が胸と心臓の最も純粋な繊維を統制するようにそれほどに不可能である。感覚的なものと科学的な（事実に基づく）ものは霊的なものと天的なものと比較すれば、このように粗野なものであり、また更に甚だしく粗野なものである。無数にある自然の秘密を探求することを欲する者は、殆んど一つの秘密も明かさないで、かえってそれを探求する時、間違った原理の中へ落ちるのは熟知されている。もし、霊的な、また天的な生命の隠されたものの何かを探求することを欲する

なら、どれほど間違った原理の中へ落ちることになるか、そこでは、自然の中で目に見えない一つのものに対して数万の隠されたものがあるのである。

[2] その説明のために例として下記のことだけを述べよう。

　人間は悪を行なうことと主から自分自身をそらすこと以外自分自身により出来ない。だが聞きたまえ、人間がその悪を行なうのではなく、彼の許に居る悪の霊達が行なうのであるが、しかし悪の霊達がその悪を行なうのではなく、悪の霊達が自分自身に専有した悪そのものがその悪を行なうのである。

　ところがしかし、それでもなお、人間が悪を行い、また自分自身を主からそらし、そして罪の中に居る。それにもかかわらず、人間は、もし主によらなければ生きない。反対に、人間は自分自身により善を行なうことと自分自身を主に向けることは決して出来ないが、しかし天使達により出来るが、しかし天使達が善を行なうことと主に向けることが出来るのではなく、主だけが出来るのである。ところがしかし、それでもなお、人間は自分自身からの如く善を行い、また自分自身を主へ向けることが出来る。

　これらの事柄がこのように有することを、決して感覚で、科学で、および哲学では把握出来ず、もし、これらの事柄が感覚、科学、および哲学に尋ねられるなら完全に否定されるのである。しかしこの時、それらは本質的に真実である。その他の凡ての事柄において同様にある。

[3] これらから、信じられなければならないものを感覚的なものと科学的な（事実に基づく）ものへ尋ねる者達は疑いの中だけではなく、更に否定の中へ落ちる。これは暗黒の中へ自分自身を突き落とすことであり、また暗黒の中へ自分自身を突き落とす時、更に凡ての欲望の中へ自分自身を突き落とす。なぜならその時、間違った信念を信じるからであり、更に間違った信念を行なうからである。そして、それらを信じる時、霊的なものと天的なものはもたらされることがなく、それらを信じる時、形体的なものと世俗的なものだけがもたらされる。従って、自分自身とこの世のものであるものを何でも愛する。それ故、間違った信念により欲望と悪を愛する。

創世記　第三章　十一節　　（229）　*133*

創世記 第三章の聖言 続き

14. そして、神エホバは蛇に言われた。あなたがこのことを行なったので、あなたは凡ての獣よりも、また野の凡ての野獣よりも呪われた。あなたは腹ばって歩かなければならない、またあなたの生涯の凡ての日々にあなたは塵を食べる。

15. そして、あなたの間と女の間に、またあなたの子孫と彼女の子孫の間に敵愾心を置こう。彼（女の子孫）はあなたの頭を踏みつぶすであろう、またあなたは彼のかかとを傷つけるであろう。

16. そして、神は女に言われた。私はあなたの苦痛とあなたの妊娠の苦痛を増やすことで大きくしよう。あなたは苦痛の中で息子達を産み、またあなたはあなたの男（夫）に服従し、男（夫）はあなたを支配するであろう。

17. そして、神は人間に言われた。あなたはあなたの妻の言葉を聞いて、また私があなたに食べるなと命じた樹木から食べたので、あなたの故に大地は呪われた。あなたはあなたの生涯の凡ての日々に、大きな苦悩の中でそれらを食べる。

18. そして、茨と薊があなたに生じ、またあなたは野の草を食べる。

19. あなたが地へ帰るまで、あなたはあなたの顔の汗の中でパンを食べる。なぜなら、あなたは地から取られたからであり、あなたは塵なので、また塵に帰らなければならない。

内容

234. ここでは、洪水に至るまで続くその教会の状態が記述されている。またその教会はそれ自身をその当時、完全に破壊したので、主がこの世へ来られることと人類を救うべきことが預言されている。

235. 彼らは感覚で把握したこと以外、もはや何も信じることを欲しなかったので、「蛇」である感覚的なものはそれ自身を呪い、そして地獄的なものに為された。14節、

236.それ故に、凡ての人間が地獄に落ちないように主がこの世に来られることを約束した。15節、

237.更にまた、「女」によって教会が記述されている。その教会はそれ自身を愛した。即ち、もはや何も真理のものを把握することが出来なかったために人間固有のものを愛した。それでも彼らに理性的なものが与えられ、それが支配した。16節、

238.更に理性的なものがどのようなものであったか、理性的なものが女に合意したことが記述されている。そしてそのようにまた、それ自身に呪って、また地獄的なものに為されたこと、その結果として、もはや理性が存続しなかったが、しかし推理だけが残ったことが記述されている。17節、

239.呪いと荒廃が記述されており、そのようにまた彼らの野蛮な性格が記述されている。18節、

240.更に信仰と愛の凡てのものへの憎悪が記述されており、またそのように人間から人間でないものになされたことが記述されている。19節、

内意

241.最古代人達は天的な者達であり、彼らはこの世において、また地上においていつも見ていたものが何であろうと、確かに見ていたが、しかし、それらが意味した、或いは表象した天的なものと神的なものについて考えるような者達であった。彼らの視覚は手段だけのものであって、そのために彼らの会話もそのようなものであった。

　各々の者は自分の経験からこれがどのようなものであるか知ることが出来よう。というのは、話している者の言葉の意味について注意深く注意を引きつける者は、確かに言葉を聞くが、しかし、その言葉を聞かず、その言葉の意味だけを理解する。またより深く考える者は言葉の意味について注意しないが、しかし言葉のより普遍的な意味について考える。

創世記　第三章　　(234)　135

しかし、今述べられているこの子孫達が世俗的なものと地上のものを見た時、彼らの父祖達の如くではなかった。なぜなら、彼らは世俗的なものと地上のものを愛したからであり、彼らは心でそれらに執着し、またそれらについて考え、またそれらにより天的なものと神的なものを考えたからである。こうして彼らに彼らの父祖達のように感覚的なものが手段としてではなく、最も重要なものであることが始まった。そしてその時、世俗的なものと地上のものが最も重要なものに為され、やがてそれらから天的なものについて推論し、そして自分達自身を盲目にした。

　各々の者もまた、自分の経験によりこれがどのようなものであるかを知ることが出来よう。というのは、話している者の言葉の意味に注意しない者は言葉の意味について殆んど理解しないからであり、まして普遍的な話しの意味については理解しない。そして時折、誰かが話す凡てのことについて一つの言葉により、それどころか一つの文法的な要素から判断する。

242. 十四節、「そして、神エホバは蛇に言われた。あなたがこのことを行なったので、あなたは凡ての獣よりも、また野の凡ての野獣よりも呪われた。あなたは腹ばって歩かなければならない、またあなたの生涯の凡ての日々にあなたは塵を食べる。」

「神エホバは蛇に言われた」ことは、彼らは自分自身の感覚的なものが堕落の原因であることに気付いたことを意味する。「蛇が凡ての獣と野の野獣よりも呪われた」ことは感覚的なものがそれ自身を天的なものから離反させ、また形体的なものへそれ自身を向け、そして従ってそれ自身を呪ったことを意味する。「獣と野の野獣」はここでも、前のように情愛を意味する。「蛇が腹ばって歩いた」ことは感覚的なものは天的なものに向かって上の方を見ることが出来ず、形体的なものと地上のものに向かって下向きに見ることを意味する。「生涯の凡ての日々に塵を食べた」ことは感覚的なものは形体的なものと地上のもの以外の他のものにより生きることが出来ないように為され、そのように地獄的なものに為されたことを意味する。

243.最古代の天的な人間において身体の感覚的なものは、その内なる人間に従い、また仕えたようなものであった。そして更にそれらを気に掛けなかった。彼らが彼ら自身を愛することを始めた後、感覚的なものを内なる人間の前に置いた。それ故に、これらのものは分離され、また形体的なものに為され、そしてそのように有罪の判決をされた。

244.「神エホバは蛇に言われた」ことは、彼らは自分自身の感覚的なものが堕落の原因であることに気付いたことを意味することは前に示されたのである。それ故に、これらについてかかずらうべきではない。

245.「神は蛇に言われた。あなたは凡ての獣よりも、また野の凡ての野獣よりも呪われた。」ことは感覚的なものがそれ自身を天的なものから離反させ、またそれ自身を形体的なものに向け、そして従ってそれ自身に有罪の判決をくだしたことを意味する。即ちそれ自身を呪ったことを意味することは聖言の内なる意味から充分に知られることが出来よう。神エホバ、即ち主は決して呪わない、決して誰かを怒らない、決して誰かを試練へ引き入れない、誰も罰しない、まして誰も呪わない。しかし、悪魔の集団がこのようなことを為す。慈悲、平安、および善意の源泉である主からこのようなものは決して来ることが出来ない。
　しかし、このことは、また聖言においてしばしば、神エホバは顔をそらすだけでなく、怒る、罰する、試みる、更に殺す、それどころか呪うと言われている。その理由は、主は全世界の全体的なものと個別的なものを支配し、また管理すること、更に悪、刑罰、試練そのものをも支配し、また管理することを人間が信じたからであり、また人間がこの最も全般的な考えを受け入れた後、更に神がどのようにして刑罰の悪と試練の悪を善へ変えるかを学んだからである。聖言の中で教えることの、また学ぶことの秩序は最も全般的なものからある。それ故に、聖言の最も全般的な文字通りの意味は前述のような言葉で満ち溢れるのである。

246.「獣と野の野獣」は情愛を意味することは獣と野の野獣について前の45,46番に述べられたことから知られることが出来よう。それらにダビデ

創世記　第三章　十四節　　（241）　*137*

の書における、

「神よ、あなたは慈悲の雨を降らすことを為し、あなたの働いている相続地をあなたは元気付ける。あなたの野獣はその中で住むであろう。」詩篇、68.9,10、を付け加えることが許されている。ここでもまた、「野獣」は善い情愛として記述されている。なぜなら、神の相続地で住むであろうと記述されているからである。

ここに述べられている「獣と野の野獣」は、例えば、第2章19,20節においてもまた述べられているが、しかし、第1章24,25節においては、「獣と地の野獣」と述べられている理由は、ここの章は教会について、即ち再生された人間について述べられているからであり、これに反し、最初の章においては未教会について、即ち再生されるべき人間について述べられているからである。なぜなら、「野」の言葉は教会、即ち再生された人間に結び付けられるからである。

247.「蛇が腹ばって歩いた」ことは、前のように感覚的なものが、もはや天的なものに向かって上の方を見ることが出来ないこと、しかし形体的なものと地上のものに向かって下方を見ることしか出来なくなったことを意味することは、古代から「腹」によって地に最も近いことが意味されたことから知られよう。「胸」によって地のより上にあるものが、「頭」によって最も高いものが意味された。従ってここの感覚的なものは、それ自身において人間の最も下のものである。なぜなら、それ自身を地上のものに向けることが腹ばって歩いたことであるからである。

このことはユダヤ教会においてもまた、地にまで腹を押し下げることによって、また頭の上に塵を撒き散らすことによって意味された。そのようにダビデの書において記述されている。

「それ故に、あなたはあなたの顔を隠され、私達の困窮と私達の圧迫を忘れられた。なぜなら、私達の魂は塵に打ちひしがれ、また私達の腹は地にくっついているからです。あなたの慈悲の故に立ち上がり給え、私達に救済を（啓示された黙示録281番では「主よ、立ち上がり給え、私達に救済のために」とある。）、また私達を贖い給え。」詩篇、44.24-26、ここでもまた、エホバの顔から人間が自分自身をそらす時、人間は腹で塵

と地にくっつけることが知られる。

　ヨナ書においてもまた、その中へ投げ込まれた大きな魚の腹によって地の下部のものが意味されることは彼の許の預言から知られよう。

　「私は地獄の腹から呼んだ、あなたは私の声を聞かれた。」ヨナ書、2.3、ここで「地獄」は地の下部として記述されている。

248. それ故に、人間が天的なものに目を向けた時、彼は立って進んだこと、また上の方に目を向けたこと、或いは前を見たことが言われた。これらのことは同じことを意味している。これに対して、形体的なものと地上のものに目を向けた時、彼は地へ曲げられていたこと、また下向きに目を向けたこと、或いは後を見たことが言われた。例えば、レビ記において、

　「あなた達の神エホバである私は、あなた達をエジプトの地から連れ出した。彼らの奴隷にならないように、そして私はあなた達のくびきの枷を砕き、またあなた達をまっすぐに立って進ませた。」26.13、ミカ書において、

　「それ故、あなた達はあなた達の首を引き出せないであろう。またあなた達はまっすぐに立って進めないであろう。」2.3、エレミヤ書において、

　「エルサレムは罪を犯した。それ故に、彼らはエルサレムを見くびった。なぜなら、その裸を見たからであり、更にそれ自身が嘆き、また後ろへ向けられたからである。… それは高い所から私の骨へ火を放った、…また私を後ろへ戻らせ、私に荒らされたものを与えた。」哀歌、1.8,13、イザヤ書において、

　「あなたの贖い主エホバは、賢人達を後ろへ向きを変え、また彼らの科学（知識）を愚鈍にする。」44.24,25、と記述されている。

249. 「生涯の凡ての日々に塵を食べること」は感覚的なものが形体的なものと地上のものから以外のものから生きることが出来ないようなものに為されること、即ち地獄的なものに為されることが意味されることは、塵の意味からもまた知られる。例えば、ミカ書における聖言において、

　「あなた（神）の民を養い給え、…永遠の日と同様に、…彼らは諸民族を見るであろう、また彼らは自分自身の凡ての力強いものにより恥じるであろう。…彼らは蛇の如く塵を舐め、また地の蛇の如く彼ら自身の城砦

創世記　第三章　十四節　　**(246)**　　*139*

から動かされるであろう。」7.14,16,17、「永遠の日」は最古代教会として、「諸民族」は人間固有のものに信頼する者達として記述されている。彼らについて「蛇の如く塵を舐めること」がダビデの書においても言われている。

「異邦人達は神の前で自分達自身をかがめるであろう、また神の敵達は塵をなめるであろう。」72.9、「異邦人達と敵達」は地上のものと世俗的なものだけに目を向ける者達として記述されている。イザヤ書において、

「蛇は、塵が食物である。」65.25、なぜなら、「塵」は霊的なものと天的なものではなく、形体的なものと地上のものに目を向けた者達を意味するからである。例えば、主により命じられた弟子達は、

「もし、町、或いは家がふさわしいものでなかったなら、彼らの両足の塵をはらい落とした。」マタイ伝、10.14、

「塵」は有罪の判決をされたものと地獄的なものを意味することは19節において多くのものが認められよう。

250. 十五節、「そして、あなたの間と女の間に、またあなたの子孫と彼の子孫の間に敵愾心を置こう。彼はあなたの頭を踏みつぶすであろう、またあなたは彼のかかとを傷つけるであろう。」

この聖言はこの世への主の降臨について最初の預言であることは、今日誰も知っている。更に、言葉そのものからも明瞭に知られる。それ故、ユダヤ人達もまた、預言者達によりメシア（キリスト、油注がれた者、）が来たるべきことを知っている。しかし、まだ誰も蛇、女、蛇の子孫、女の子孫、女の子孫が踏み潰すであろう蛇の頭、蛇が害するであろうかかとによって特に何が意味されるか知らない。それ故に、これらのものが説明されなければならない。

ここの「蛇」によって一般的に凡ての悪が意味され、特に自己愛が意味される。「女」によって教会が意味され、「蛇の子孫」によって凡ての不信仰が意味され、「女の子孫」によって主への信仰が意味され、「女の子孫」によって主御自身が意味され、「蛇の頭」によって一般的に悪の支配権（領域）が意味され特に自己愛の支配権（領域）が意味され、「踏みつけること」によって腹ばって歩き、また塵を食べるように低くすることが意味され、「かかと」によって蛇が傷つけるであろう如き形体的な自然的なものの最

低部のものが意味される（注：主はユダヤ人達の自己愛によって十字架に掛けられ自然的な身体の生命は傷つけられ殺されたが、主の霊的な生命、また天的な生命は全く傷つけることが出来なかった。）。

251.「蛇」によって一般的に凡ての悪が意味され、特に自己愛の悪が意味されることは、凡ての悪は感覚的なものから、更に科学的な（事実に基づいた）ものからあるからである。それらは「蛇」によって意味された最も顕著なものであり、これが悪の起源である。それ故に、このような事情の下に蛇そのものは何であれ悪を意味し、特に自己愛、即ち隣人と主に対する憎しみを意味する。隣人と主に対する憎しみは自己愛と同じものである。

　この悪、即ち憎しみは多種多様のものがあるので、またその種類も多数あるので、また外見は更に多くあるので、聖言において蛇の種類によって区別されている。例えば、蛇、バジリスク（伝説上の爬虫類）、エジプトコブラ、まむし、火蛇、即ち燃えている蛇、空を飛ぶ蛇、そのようにまた突然の蛇によって区別されている。従って憎しみである毒の相違に従って区別されている。例えば、イザヤ書において、

　「全ペリシテよ、あなたを激しく打っている棒が折られたことを喜ぶな。なぜなら、蛇の根源からバジリスクが出るであろうからであり、その蛇の子孫は飛ぶように走りまわっている火蛇（毒蛇）であるからである。」14.29、「蛇の根源」は感覚的なものと科学的な（事実に基づいた）ものであり、「バジリスクはそこからの間違った信念による悪である。「飛ぶように走っている火蛇（毒蛇）」は自己愛の欲望であり、また同じ預言者の許に同じことについて次のように異なって記述されている。

　「彼らはバジリスクの卵を孵化し、また蜘蛛の巣を張る。それらの卵から食べている者は死に、またそれが生み出される時、まむしが卵からかえされる。」59.5、ここの蛇は黙示録において赤い大きな竜、また古い蛇と呼ばれている。更に凡ての地上世界を惑わす悪魔とサタンと呼ばれている。12.3,9、20.2、ここと他の箇所の悪魔によって、決して他の者達の首領として誰かの悪魔が意味されないが、しかし悪の霊達の凡ての集団、そして悪そのものが意味される。

創世記　第三章　十五節　　（249）　　*141*

252.「女」によって教会が意味されることは、上の155番に述べられた天的な結婚から知られることが出来よう。

　天的結婚とは、天界のように、従って教会のように人間固有のものによって主に結合され、その上、人間固有のものの中に天的な結婚があることである。なぜなら、人間固有のものなしに主との結合はもたらされないからである。その人間固有のものの中へ主が慈悲により無垢、平安、善を徐々に入り込ませる時、やがて天的結婚が絶えず人間固有のものとして現れる。しかしあなたが前の164番に認めるように、天的なものとして、また最も恵まれたものとして現れる。しかし、主からの天的な、また天使的な人間固有のものがどのようなものか、また自分自身からの地獄的な、また悪魔的な人間固有のものがどのようなものかは、まだ述べられることが出来ない。それは天界と地獄の間でどのような相違があるかというようなものである。

253.聖言において天的な、また天使的な人間固有のものによる教会は女と呼ばれ、そのようにまた、妻、更に花嫁、乙女、娘と呼ばれている。黙示録においては女と言われている。

　「女は太陽を与えられ、また月をその足の下に与えられ、またその頭に十二の星々の王冠を与えられた。...そして竜は男の子を産んだ女を攻撃した。」12.1,4,5,13、ここの「女」によって、前のように教会が意味され、「太陽」によって愛が意味され、「月」によって信仰が意味され、「星々」によって信仰の真理が意味される。これらのものに悪の霊達は憎しみを持ち、また凡ての機会に攻撃する。イザヤ書において、女は、そのようにまた妻と言われている、

　「あなたの夫はあなたの造り主なので、その方御自身の名は万軍のエホバ、またあなたの贖い主、イスラエルの聖者、全地の神と呼ばれる。なぜなら、見捨てられた女、また霊で元気のない女のようなあなたをエホバは呼んだからであり、また若い時の妻のようなあなたを呼んだからである。」54.5,6、ここで夫、造り主は幾つかの複数の名で呼ばれている、なぜなら、人間固有のものと一緒になっているからである。「見捨てられた女」と「若い時の妻」は特に古代教会と最古代教会として意味されている。マラキ

書においても同様に、

「エホバは、あなたとあなたの若い時の妻の間で証言された。」2.14、黙示録においては妻と婚約者として記述されている。

「私は聖なる都、新しいエルサレムがその夫のためにみごとに飾られた婚約者の如く天から神から降りているのを見た。... 来なさい、私はあなたに神の子羊の婚約者、神の子羊の妻を見せよう。」21.2,9、預言者達のもとでは普通、乙女と娘である。

254.「蛇の子孫」によって凡ゆる不信仰が意味されることは、「蛇」の意味が凡ての悪であることから明らかである。子孫は生み出し、また生み出されるものであり、或いは産み、また産まれるものである。そしてここでは教会について述べられているので、それは不信仰である。イザヤ書において、これは「悪い者達の子孫、姦夫の子孫、偽りの子孫」と呼ばれている。そのイザヤ書で邪悪なユダヤ教会について、

「災いなるかな、罪ある民族、咎で重苦しい民、悪い者達の子孫、破壊者達の娘達、彼らはエホバを見捨て、イスラエルの聖なる方を挑発した。彼らは彼ら自身を後ろへ引き離した。」1.4、更に、

「魔女達の息子達、姦夫の子孫よ、あなた達はここへ近寄れ、... あなた達は罪の息子達、偽りの子孫ではないか。」57.3,4、また、

「あなたは忌まわしい棒の如くあなたの墓から突き出た。... なぜなら、あなたはあなたの地を台なしにし、あなたの民を滅ぼしたからである。悪い者達の子孫は永遠に呼ばれないであろう。」14.19,20、ここでは蛇、即ちルシフェルと呼ばれる竜について述べられている。

255.「女の子孫」によって主への信仰が意味されることは「女」の意味が教会であることから、その子孫は信仰を除いて他のものでないことが明らかである。それは主への信仰であり、また教会と言われる。マラキ書において「神の子孫」は信仰と呼ばれている。

「エホバはあなたとあなたの若い時の妻の間をよく知っておられた。... 神はあなたと妻を一体に造られたのではないか？ また一体のあなたと妻に霊が残されているのではないか？ また一体のあなたと妻はどんな

創世記　第三章　十五節　　（252）　143

神の子孫を求めているのか？ しかし、あなたの若い時の妻に対して不実に行なわないようにあなたの霊の中で用心せよ。」2.14,15、ここでは「若い時の妻」は古代教会と最古代教会であり、その子孫、即ちその信仰について述べられている。イザヤ書において、

「私は乾いている者の上に水を注ごう、また乾いた土地の上に水の流れを注ごう。私はあなたの子孫の上に私の霊を注ごう、またあなたからの子孫の上に私の祝福を注ごう。」44.3、ここでもまた教会について記述されている。黙示録において、

「竜は女に対して怒って、神の律法を保ち、またイエスキリストの戒めを持つ彼女の子孫の残りの者達と戦いを行なったこと。」12.17、またダビデの書において、

「私は私の選民に契約を結び、私のしもベダビデに誓った。私は永遠に至るまであなたの子孫を確立しよう。... また、私はその子孫を永続するものの中へ据え、またその王座を諸天の日の如く永続するものの中へ据えよう。...その子孫は永遠に存在するであろう。またその王座は私の前で太陽の如く永遠にあるであろう。」詩篇、89.3,4,29,36、ここで「ダビデ」によって主が意味され、「王座」によって王国そのものが意味され、「太陽」によって愛が意味され、「子孫」によって信仰が意味されている。

256. 信仰だけではなく主御自身もまた「女の子孫」と言われている。なぜなら、主だけが信仰を与えるからであり、同様にまたそのように主は信仰そのものであるからである。なぜなら、主御自身の中で一つのものとしてあった主御自身の本質の神的な人間の中へ、神的な主御自身の力により天的な神的な固有性を人間の固有性に結合するために、主が生まれたことは主御自身に喜ばれたからであり、その上、自己愛と世俗愛によって地獄的な、また悪魔的な固有性の中へ完全に堕落したような教会の中に生まれることを主御自身が喜ばれたからである。もし、それが結合したのでなければ、この世は完全に滅んでいた。主はこのように「女の子孫」であるので、それ（中性主格単数）と言われないで、彼（男性主格単数）と言われている。

257.「蛇の頭」によって一般的に悪の支配権が意味され、特に自己愛の支配権が意味されることは、その性質から知られることが出来よう。それは支配権を得ようとするだけでなく、更に全地の上に支配権を得ようとするようなものであり、またそれはこの程度では収まらず、全天界の上に支配権を得ようとするようなものであり、無論、この程度でも収まらず、主の上にも支配権を得ようとするようなものであり、そして実に、その時でも収まらない。

これが各々の者の自己愛の火花の中に隠れている。もしそれが支持され、また拘束が弛められるだけで、直ちにそこへ絶えず突進し、また強大となることをあなたは理解するだろう。それ故、「蛇」、即ち自己愛の悪がどうして支配することを欲するか、またその上に支配することが出来ないので、どうしてそれを憎むか明らかである。これが「蛇の頭」であり、それはそれ自身を高くする。ところがしかし主はそれを踏みつけ、その上、地に至るまで踏みつける。それは直ぐ前の節において言われた如く腹ばって歩き、塵を食べることである。

イザヤ書においてルシフェルと呼ばれる蛇、即ち竜は次のように記述されている。

「ルシフェルよ、あなたはあなたの心の中で言った。私は天へ昇ろう。私の王座を神の星々の上に上げ、そして北斗七星のかたわらにおいて法廷がある大きな岩の間に座り、高い雲の上に昇り、至高者と等しい者になろう。しかしながらそれにもかかわらず、あなたは地獄へ、抗のかたわらへ投げ落とされた者となろう。」14.13-15、蛇、即ち竜は黙示録においてもまた記述されている。

「赤い大きな竜は七つの頭と十の角（つの）を持っており、またその頭の上に多くの王冠を持っている。…しかしそれは地へ投げ落とされた。」12.3,9、ここではそれが如何に多大に頭を高くするかが記述されている。ダビデの書において、

「エホバは私の主に言われた。私があなたの敵達をあなたの足台にするまで私の右に座れ。エホバはシオン（エルサレムの丘）からあなたの拠り所の王笏を持って行く。…彼は諸民族を裁き、屍で満たし、多くの地を制して頭を粉砕する。彼は道で川から飲む故に、頭を上げるであろう。」

創世記　第三章　十五節　　（255）　145

詩篇、110.1,2,6,7、

258.「踏みつけること」、即ち粉砕することは腹ばって歩き、また塵を食べるほどまでに、押し下げることが意味されることは今や明らかであり、また先行している節からもまた明かである。同様にイザヤ書においてもまた記述されている。

「エホバは高い身分の住民達を投げ落とし、上げられた大きな町を低くし、それを地に至るまで低くするであろう。それを塵に至るまで投げ倒し、それを足で踏み潰すであろう。」26.5,6、更に、

「彼は高慢な王冠を手で地に投げ落とし、足で踏み潰すであろう。」28.2,3、

259.〔1〕「かかと」によって自然的なもの、即ち形体的なものの最低部分が意味されることは、もし最古代人達が人間の中にあるものをどのように考えたかが知られなければ知られることが出来ない。

彼らはその天的なものと霊的なものを頭と顔に関係付け、天的なものと霊的なものから仁愛と慈悲として生じるものを胸に関係付けた。ところが自然的なものは足に関係付け、更に低い自然的なものは足の裏に関係付けた。自然的なものと形体的なものの最低部をかかとに関係付け、また関係付けただけでなく、更にそのように呼んだ。

理性の最低部、即ち科学的な（事実に基づいた）ものが、ダンについてヤコブが預言したことによってもまた意味されたのである。

「ダンは道の上の蛇、小道の上のエジプトコブラになろう。それが馬のかかとを噛むと、同時にその馬は後ろへ倒れる。」創世記、49.17、またこのことがダビデの書において、

「私達のかかとの咎が私を取り巻いた。」詩篇、49.5、同様に、ヤコブが生まれた時に言及されている。

「彼の手がエサウのかかとをつかんだ、それ故また、ヤコブと呼ばれた。」創世記、25.26、ヤコブの名はかかとからある。なぜなら、「ヤコブ」によって意味されたユダヤ教会は主のかかと（自然的な最低のもの、即ち身体）を傷つけたからである。

[2] 蛇は自然的なものの最低部だけ傷つけることが出来るが、しかしもし、まむしの種類でなければ人間の中の内的な自然的なもの、ましてなお更、霊的なものは傷つけることが出来ない。また決して天的なものは傷つけることが出来ない。主はそれらを保護し、また人間の知らない内に貯える。主が貯えられるそれらのものは聖言において「残りのもの」と呼ばれる。

しかし、どのようにして蛇が感覚的なものと自己愛によってノアの洪水以前の人達の許の最低部を損なったか、またどのようにして蛇が感覚的なもの、伝承、およびばかげたことによって、そして自己愛とこの世への愛によってユダヤ人達の許の最底部を損なったか、また今日、どのようにして蛇が感覚的なもの、科学的な（事実に基づいた）もの、および哲学によって、また同時に、自己愛とこの世への愛によって損なうか、また損なったかは、主の神的な慈悲により次の箇所において述べられるであろう。

260. 主がこの世へ来られ彼らを救うことが、その時代の教会に啓示されたものから知られることが出来よう。

261. 十六節、「そして、神エホバは女に言った。私はあなたの苦痛とあなたの妊娠の苦痛を増やすことで大きくしよう。あなたは苦痛の中で息子達を産み、またあなたはあなたの男（夫）に服従し、男（夫）はあなたを支配するであろう。」

今や、「女」によって人間固有のものから愛した教会が意味されている。「苦痛を増やすことで大きくすること」は戦いと戦いからの苦悩が意味され、「妊娠」によって凡ての思考が意味され、「苦痛の中で息子達を生む」によって真理をそのように生み出すことが意味され、ここの「男（夫）」によって前のようにそれに服従し、またそれが支配するであろう理性が意味される。

262. 「女」によって教会が意味されることは前に述べられた。ここでは前に「女」によって意味された人間固有のものにより歪められた教会が意味されている。なぜなら、歪められたものに為された最古代教会の子孫

創世記　第三章　十六節　　（258）　　147

について述べられているからである。

263. それ故に、感覚的なものがそれ自身を背かせた時、即ちそれ自身を呪った時、悪の霊達が激しく戦い始め、また人間の許の天使達が難儀することが帰結される。それ故に、このように戦いが「妊娠に関して、また息子達の出産に関して、苦痛を増やすことによって大きくすること」、即ち思考と真理の生産に関して、苦痛を増やすことによって大きくすることが記述されている。

264. [1] 聖言における「息子達の受胎と出産」は、霊的な意味においては、即ち「受胎」は思考と心の像を除いて異なって解釈されない。また「息子達」が真理として解釈されることはホセア書の下記の聖言から知られることが出来よう。

「エフライム（ヤコブの子ヨセフの次男、エフライム族）、彼らの栄光は出産から、また母胎から、そして妊娠（受胎）から鳥の如く飛び去るであろう。例え、彼らが彼らの息子達を育てようとしても、私は反対に彼らの息子達を奪うであろう。その結果として人間を居なくしよう。それだけでなくまた、私が彼らから去ることは彼らに災いなるかな。」9.11,12、ここで「エフライム」は真理を理解している者達、即ち真理の理解を意味し、また「息子達」はその真理を意味する。他の箇所でも同様にエフライム、即ち愚かな者に為された真理を理解している者について記述されている。

「生みの苦しみを味わっている者の苦痛が彼に来た。彼は賢明でない息子である。なぜなら、彼は出産の時が来ても、子宮の裂け目の中で逆立っていない子のようであるからである。」13.13、イザヤ書において、

「恥じよ、シドン、なぜなら、海の民シドンが海の要塞で言うことに、私は生みの苦しみを味わわなかった、私は生まなかった、私は若者達を育てなかった、また私は娘達を成長させなかったと言ったからである。丁度、エジプトの名声によってのように、ツロの名声に従って彼らは生み出す。」23.4,5、ここで「シドン」は信仰の概念（知識）の中に居た者達として記述されており、それらの信仰の概念（知識）は科学的な事実に基づいた知識によって破壊され、なお加えてそれ故、実りのないものに為された

ことが記述されている。同じ預言者において、

[2]「彼は生みの苦しみを味わう前に生み、また彼に苦痛が来る前に男の子の出産がある。誰がこのようなことを聞いたか？ 誰がこれらのようなことを見たか？ なぜなら、大地は一日で男の子を生み出すからである。…そして私は壊すだろうか、また私は生み出すことを為さないだろうかとエホバは言われた。私（エホバ）が生み出すことを為しているのではないか？ また私が生み出すことを止めるのではないかとあなたの神は言われた。」66.7-9、ここでは再生について述べられており、また「息子達」によって同様に信仰の真理が意味されている。

　信仰の善と真理は天的な結婚の受胎と出産であり「息子達」と呼ばれている。更にマタイ伝において主により、

　「善い種を蒔く方は神の人の子であり、野はこの世であり、種は実に王国の息子達である。」13.37,38、と言われている。なお加えて、救いを為す信仰の善と真理は「アブラハムの息子達」ヨハネ伝、8.39、と言われている。なぜなら、「種」は255番に述べられたように信仰であるからである。それ故に、種の「息子達」は信仰の善と真理である。それ故に主御自身が種なので、主御自身を神の人の子と呼ばれた。これは教会の信仰をこのように呼ばれたのである。

265.「男（夫)」によって理性（合理性）が意味されることは、この章の第6節で「女」が自分自身と一緒に居るその男（夫）に与え、かくて彼も食べ、そのために彼が合意したことが意味されたことから、また男（夫）について158番に示されたことから知られよう。そこでその知性によって賢人と識者が意味されているが、それに反し、ここでは知恵と知性が科学（知識）の樹木から食べることによって理性（合理性）が滅びたことが意味されている。なぜなら、他に残っているものがなかったからである。というのは、理性（合理性）は知性を模倣しているもの、即ちほぼ知性と同様なものであるからである。

266. 凡ての律法と戒め（教え）は天的なものと霊的なものから、その真の起源からのように生じるので、ここの結婚の律法もまた同様に生じるこ

創世記　第三章　十六節　　（263）　　149

とが帰結される。例えば、妻は自分固有の欲望から行動するので、従って夫のように理性から行動しないので、夫の思慮の下に居ることが帰結される。

267. 十七節、「そして、神エホバは人間に言われた。あなたはあなたの妻の言葉を聞いて、また私があなたに食べるなと命じた樹木から食べたので、あなたの故に大地は呪われた。あなたはあなたの生涯の凡ての日々に、大きな苦悩の中でそれらを食べる。」

「その妻の言葉を聞いた人間」によって妻の言葉に同意した男（夫）、即ち理性（合理性）が意味され、また理性（合理性）が合意したので、理性自体もまた背いた、即ち理性自体を呪ったことが意味され、その結果として外なる人間全体を呪ったことが意味される。このことがあなたのために大地が呪われたことによって意味される。大きな苦悩の中でそれから食べたことは彼の生命の状態は将来悲惨なものであることを意味している。その上、「その生涯の凡ての日々に」あることは、その教会の終結に至るまで悲惨な状態が続くことが意味されている。

268. 「大地」は外なる人間を意味することは地と大地と野について言われたことから知られることが出来よう。再生された人間は、もはや地と呼ばれず、大地と呼ばれる、なぜなら、彼に天的な種子が植え付けられたからである。

更に再生された人間は聖言において大地に例えられ、しばしば大地と呼ばれている。外なる人間、即ち彼の情愛と記憶は、それに善と真理の種子を植え付けられるが、しかし内なる人間には植え付けられない。なぜなら、内なる人間の中に人間の固有性は何もなく、外なる人間の中にそれがあるからである。内なる人間の中には善と真理があり、もはやそれらの現存することが見えない時、やがて人間は外なるものになる、即ち形体的な人間になる。それでもそれらは主により内なる人間の中に隠されたものとしてあり、このことを人間は知らない。なぜなら、それらは外なる人間が死んだようにならなければ現れないからである。例えば、試練、不幸、病気、死期において現れるのが通例である。

150　　天界の秘義　第一巻

更に理性（合理性）も外なる人間に関わりがある（118番）。理性それ自体の中に内なる人間と外なる人間の間で或る種の媒介物がある。なぜなら、内なる人間は理性（合理性）によって形体的な外なる人間に働きかけるからである。これに対して理性（合理性）が形体的な欲望に同意する時、内なる人間から外なる人間を分離し、そのようにもはや、内なる人間が居ることが知られなくなる。それ故、内なる人間の知性と知恵が何も知られなくなる。

269. 神エホバ、即ち主は大地を呪わなかった、即ち外なる人間を呪わなかったが、しかし外なる人間が自分自身を背かせた、即ち内なる人間から分離したこと、またそのように自分自身を呪ったことは前に245番で示されたことから知られよう。

270. 「大地から大きな苦悩の中で食べること」は悲惨な生命の状態を意味することは、先行する箇所と続く箇所から認められよう。加えて、「食べること」は内なる意味においては生きることである。更にこのような生命の当然の結果として、悪の霊達が戦うことを始める時、更に悪の霊達が支配することを始める時、彼の許の天使達が難儀することが明らかである。悪の霊達が彼の外なる人間を支配する時、天使達は内なる人間を支配するが、外なる人間については僅かに擁護し、天使達として外なる人間を保護するために悪の霊達の支配から殆んど何も引き出すことが出来ない。それ故、悲惨と苦悩が外なる人間にある。
　生命のない人間は、滅多にこのような悲惨と苦悩を感じない。その理由は、例え自分を他の者と比較して人間であることを信じても、もはや人間ではないからである。なぜなら、彼らは霊的なものと天的なものが何か、また永遠の生命が何かを獣よりもそれ以上に知らないからであり、獣と同様に地上のものへ下向きに、即ち世俗的なものへ外側を見るからである。彼らが人間固有のものに好意を示し、理性（合理性）の凡てのものがそれに共感している限り、同時に、自分の嗜好と感覚に没頭する。また彼らは生命のない者達なので、何かの戦い、即ち試練に耐えない。
　もしそれらが、彼らが存続出来ることよりも厳しく起こるなら、同時に

創世記　第三章　十七節　　（266）　*151*

只それだけで自分自身を、更にいっそう呪って、自分自身を断罪の中へ更に深い地獄の中へ投げ落とすであろう。それ故に、来世に行くまでは彼らに自分の嗜好と感覚に没頭することが許される。来世ではもはや何かの試練と不幸により死ぬことが出来ないので、その時、最も酷い試練と不幸を受ける。このことがここの「呪われた大地と大きな苦悩の中で大地から食べた。」ことによって同様に意味されている。

271.「あなたの生涯の凡ての日々」が教会の日々の終結を意味することは、あなたの生涯の凡ての日々からは知られないが、しかしここでは単独の人間についてではなく、教会とその状態について述べられていることから知られよう。教会の日々の終結は洪水の時であった。

272.十八節、「そして、茨と薊があなたに生じ、またあなたは野の草を食べる。」
　「茨と薊」によって呪いと荒廃が意味され、「彼が野の草を食べたこと」によって野獣のように生きたことが意味される。
　内なる人間が外なる人間から分離される時、内なる人間は外なる人間に最も全般的でなければ働きかけないので、外なる人間は野獣のように生きる。なぜなら、人間が人間であることは主から内なる人間を通して外なる人間があるからである。これに対して、人間が野獣であることは内なるものから分離された外なるものにより外なる人間があるからである。それは本質的に野獣以外の他のものではなく、彼に野獣と同様な性質、欲望、切望、幻想、感覚が内在し、身体の器官もまた同様なものである。しかしそれにもかかわらず、外なる人間は論じることが出来、なお加えて、欺かれてそれが自分自身のものとして認められる。外なる人間はこれを主の生命から流れ込むことによって可能な霊的な能力により持つが、しかしそれが歪められ、また悪の生命に為された者の許でそれは死である。それ故、それは生命のないものと呼ばれる。

273.「茨と薊」が呪いと荒廃を意味することは、それに対立した「収穫と果樹」が祝福と富むことを意味することから知られよう。茨、薊、藪、茂み、いら草がこのようなことを意味することは聖言から知られよう。例えば

152　　天界の秘義　第一巻

ホセア書において、

「見よ、彼らは荒廃のために立ち去った。エジプトは彼らを集めるであろう。モフ（Moph、或いは、Noph：ノフ、古代エジプトの町）は彼らを埋葬する。好ましいものが彼らの銀にあるが、いら草がそれらを相続し、茨の茂みが彼らの天幕の中に生えるであろう。」9.6、ここの「エジプトとモフ」は神的なものについて自分自身から、また自分自身の科学的な（事実に基づく）ものにより理解することを欲する者達として記述されている。同じ預言者の書において、

「イスラエルの罪、アベン（バアル〈太陽神〉礼拝の中心地、ベテアベン〈虚無の家〉とも言う）の高い所が破壊され、それらの祭壇の上に茨と薊が生える。」10.8、ここの「アベンの高い所」は自己愛として、「祭壇の上の茨と薊」は冒涜として記述されている。イザヤ書において、

「憧憬の野のために、よく実を結ぶ葡萄の木のために嘆き悲しんでいる者達の乳房の上に、私の民の大地の上に刺のある茨が生える。」32.12,13、エゼキエル書において、

「もはやイスラエルの家のチクチクと刺す茨の茂みはないであろう、また彼らの凡ての周囲から痛い刺もなくなるであろう。」28.24、

274. 「野の草を食べること」、即ち野生の食物を食べることは、野獣として生きることであることは、ダニエル書における、そこのネブカドネザルについての記述から知られよう。

「彼らはあなたを人間から追い出し、またあなたの住かを野の獣と一緒に為し、あなたを牛の如く草を食べさせ、そしてあなたの上に七つの期間が過ぎ去るであろう。」4.25、またイザヤ書において、

「あなたは私が遥か彼方において、古代の日々においてそれを造り、また形造ったことを聞いたのではないか？ 今、私はそれを持って来た。そして城壁のある堅固な大きな町は堆積へ破壊しつくすことになるであろう。またそこの住民達は僅かな軍勢により混乱させられ、また恥を与えらた。彼らは野の草、また草の青物、屋根の草に為され、また立っている作物の前で日に焼けた野原に為された。」37.26,27、ここでは「野の草」である「草の青物」、「屋根の草」、および「日に焼けた野原」が何を意味する

創世記　第三章　十八節　　（270）　153

かが説明されている。なぜなら、ここでは「遥か彼方から」と「古代の日々」によって意味されるノアの洪水以前の時代について述べられているからである。

275. 十九節、「あなたが地へ帰るまで、あなたはあなたの顔の汗の中でパンを食べる。なぜなら、あなたは地から取られたからであり、あなたは塵なので、また塵に帰えらなければならないからである。」
「顔の汗の中でパンを食べること」は天的なものを顧みないことであり、「塵と塵に帰ること」は地獄への断罪と地獄的な者になることである。

276. ［1］「顔の汗の中でパンを食べること」は天的なものを顧みないことであることは、パンの意味から知られることが出来よう。パンによって天使の食物である凡ての霊的なものと天的なものが意味される。もしそれらが奪われるなら、人間がパン、或いは食物が奪われる如く天使達は生きない。天界における天的なものと霊的なものは、地上におけるパンにもまた相応し、更にそれらがパンによって表象されている。確かに多くの聖言から、主は主御自身から凡ての天的なものと霊的なものなので、神のパンであることがヨハネ伝において主御自身が言われることから知られる。
　「この者は天から降りた神のパンである。... このパンを食べる者は永遠に生きる。」6.58、
　それ故更に、パンと葡萄酒は聖餐における表象であり、この天的なものはマナ（イスラエル人が荒野で神から与えられた食物）によってもまた表象されたのである。天的なものと霊的なものは天使の食物であることは主の言葉によってもまた知られよう。
　「人間はパンのみにより生きるのではなく、神の口から出て来る凡ての言葉により生きる。」マタイ伝、4.4、即ち、主の生命による凡ての天的なものと霊的なものにより生きる。
［2］ここでは洪水の直ぐ前にあった最古代教会の最後の子孫について述べられている。その子孫は来るべき、また彼らを救うべき主が誰か、信仰の真理が何かを聞くことを欲しなかったために、これほどに破壊され、

また感覚的なものと形体的なものに沈められたのである。彼らは主と信仰の真理のことが言われた時、背を向けたのである。この反感が「顔の汗の中でパンを食べること」によって記述されている。

この者達はユダヤ人達の如くあった。なぜなら、彼らは天的なものを承認しなかったために、世俗的なメシアを除いて他のメシアを欲しなかったような者達であったからである。ユダヤ人達はマナを顧みることが出来なかった。なぜなら、マナは主の表象であったからであり、またそれをつまらないパンと呼んだからである。それ故に、彼らに蛇が送られたのである。民数記、11.5,6、

更に、その者達に天的なものは苦痛の中で、困窮の中で、涙と一緒に享受され、彼らに苦痛のパン、困窮のパン、涙のパンと呼ばれ、その者達に反感の中で享受される。それがここで「顔の汗のパン」と呼ばれている。

277. 以上のことがその聖言の内なる意味である。文字通りの意味に立つ者は人間が大地から労働によって、即ち顔の汗によってパンを自分自身に取得したことを除いて、それ以外のことを理解しない。しかし、ここでは「人間」によって一人の人間が意味されず、最古代教会が意味され、「大地」によって大地が意味されず、「パン」によってパンが意味されず、「庭園」によって庭園が意味されていないが、しかし、それらは天的なものと霊的なものを意味しているのである。これは充分なほど示されたのである。

278. 「大地から取られた大地へ帰ること」によって教会が再生前にあったような種類の外なる人間に帰ることが意味されることは、前に言われたように「大地」が外なる人間を意味することから知られよう。

そのことはつまり、「塵」が地獄行きの宣告と地獄的なものを意味することは、同じく蛇について言われたことから知られよう。なぜなら、蛇は「塵を食べること」が言われ呪われた者であるからである。更に塵の意味についてそこで示されたことに加えて、ダビデの書において言われたことを付加することが許されている。

「塵に沈む凡ての者達、またエホバが生命を与えなかった者の霊魂はエホバの前で自分自身をかがめるであろう。」詩篇、22.29、また、他の箇所に、

創世記　第三章　十九節　　(274)　*155*

「あなたがあなたの顔を隠すと、彼らは狼狽させられ、あなたが彼らの霊を取り上げると、彼らは息が絶えてその塵に戻る。」詩篇、104.29、主の顔から自分自身をそらす時、「息が絶える」、即ち死ぬこと、またそのように「塵に戻る」、即ち地獄へと断罪され、また地獄的な者に為されることが起こる。

279. このような事情の下に、これらの節の凡てのものは、ひと続きの中で感覚的なものが天的なものからそれ自身を引き離したことを含んでいる。14節、

　主がそれを結合するためにこの世に来なければならないこと。15節、

　このことは、外なる人間が天的なものからそれ自身を引き離したからであり、そこから戦いがあるからである。16節、

　それ故、悲惨があること。17節、

　それ故、地獄行きの宣告があること。18節、

　それ故、要するに地獄があること。18節、

　これらはその教会における第四の子孫から洪水に至るまで引き続いて起こった。

創世記 第三章の聖言 続き

20. そして、人間はその妻の名前をエバと呼んだ。なぜなら、彼女は凡ての生きているものの母であったからである。

21. また、神エホバは人間とその妻に皮の衣を作って彼らに着せた。

22. そして、神エホバは言われた。見よ、人間は善と悪を知っていることで私達の一人の如くなった。かくて今や、恐らくその手を伸ばし生命の樹木からもまた取って食べるかも知れない、そして永遠に生きるかも知れない。

23. そして、神エホバは彼をそこから取られた大地を耕すことのためにエデンの庭園から送り出した。

24. 要するに、神は人間をエデンの庭園から追い出した。そしてケルビムとそれ自身回転している剣の炎を生命の樹木の道を守ること

のために東からエデンの庭園に置いた。

内容

280. ここでは最古代教会について、またその教会から逸脱した者達について、従って同様に洪水に至るまでのその時、消滅したその教会の子孫について手短に述べられている。

281. 天的なものであった最古代教会そのものは、主への信仰の生命によりエバ、また「凡ての生きているものの母」と言われた。20節、

282. 最初のその子孫について、その子孫には霊的な天的な善があり、その善の中に居た。また自然的な善の中に居た第二と第三の子孫については、そのことが「皮の衣を神エホバが人間とその妻に作った。」によって意味される。21節、

283. 自然的な善が滅ぼされ始めた第四の子孫については、もし彼らが何か新しいものに創造されたなら、或いは信仰の天的なものにおいて教えられたなら、彼らは滅びねばならないことが「恐らくその手を伸ばし生命の樹木からもまた取って、そして永遠に生きるかも知れない。」によって記述されている。22節、

284. 凡ての善と真理が奪われ、また再生前に居た状態に戻された第五の子孫については、「彼をそこから取られた大地を耕すことのためにエデンの庭園から送り出されたこと」によって記述されている。23節、

285. 第六と第七の子孫については、彼らが善と真理の知識から切り離され、また彼ら自身の不潔な愛と信念に放置され、またこうして信仰の神聖なものが冒涜されないように備えられたことが、「人間がエデンの庭園から追い出されたこと、また生命の樹木への道を守ることのためにケルビムを剣の炎と一緒に置くこと」によって意味されている。24節、

創世記　第三章　十九節　　（278）　*157*

内意

286. 先行している節において、ここまでは再生された最古代人達について述べられたのである。

先ず、野獣の如く生きていた者達について、また遂に霊的な人間に為された者達について、更に、最古代教会を構成した天的な人間達について、その後、最古代教会から逸脱した者達について、またその子孫について、順番に第一の子孫について、第二の子孫について、第三の子孫について、また最後に洪水に至るまで続いた子孫について記述されている。この章の終わりに続くここのこれらの節において、最古代教会の人間から洪水に至るまでの要約が記述されている。従って、先行する凡ての記事の結論が記述されている。

287. 二十節、「そして、人間はその妻の名前をエバと呼んだ。なぜなら、彼女は凡ての生きているものの母であったからである。」

ここの「人間」によって最古代教会の人物、即ち天的な人間が意味され、「妻と凡ての生きているものの母」によって教会が意味されている。「母」は最初の教会であることから母と言われる。

288. 「人間」によって最古代教会の人物、即ち天的な人間が意味されることは前に示されたのである。更に主だけが神的な人間で在られ、また人間は主御自身の似姿なので、凡ての天的な人間は主御自身から天的な人間であることも前に示されたのである。それ故、教会の人間は誰であれ、またどのような性質の者であれ「人間」と呼ばれた。そして最後に、人間を獣から区別するために誰でも人間として見える身体により人間と呼ばれた。

289. 「妻」によって教会が意味され、全般的な意味においては諸天界と地上における主の王国が意味されることもまた前に示されたのである。このことは「母」によってもまた意味され、それ故、諸天界と地上における主の王国が意味されることも帰結される。

158　　　天界の秘義　第一巻

「母」が教会と言われることは聖言において普通のことである。例えばイザヤ書において、

「あなた達の母の離縁状は何処にあるのか？」50.1、エレミヤ書において、

「あなた達の母は恥をかかされ、あなた達を生んだ人は大いに羞恥心で満たされた。」50.12、エゼキエル書において、

「あなたの母の娘はその夫とその息子達を嫌っている。あなた達の母はヘテ人、またあなた達の父はエモリ人である。」16.45、ここで「夫」は主と凡ての天的なものとして、「息子達」は信仰の真理として、「ヘテ人」は間違った信念として、「エモリ人」は悪として記述されている。同書において、

「あなたの母はあなたの似姿の中で、水の近くに植えられ、多くの水により、葉がよく繁って、よく実を結ぶ葡萄の木の如くある。」19.10、ここの「母」は古代教会として記述されており、特に最古代教会が「母」と言われる。なぜなら、最初の教会だからであり、そのように、また天的な最も尊い教会だからであり、またそれ故に、凡ての教会よりも主により愛されたからである。

290. 元来の神の生命で在られる主への信仰により「凡ての生きているものの母」と言われたことは、前に示されたことからもまた知られることが出来よう。もし唯一の神の生命から凡ての生命があるのでなければ、決して生じられることはない。またもし、神の生命で在られる主への信仰によってでなければ、決して生命が存在されることはない。もし、主御自身によらなければその生命の中に信仰はなく、従ってその生命の中に主御自身が居られなければ信仰はない。それ故、主は聖言において「主だけが生きている」と言われ、また「エホバは生きている」と呼ばれる。エレミヤ書、5.2、12.16、16.14,15、23.7、エゼキエル書、5.11、「永遠に生きている」ダニエル書、4.34、黙示録、4.10、5.14、10.6、ダビデの書において、

「生命の豊かな泉」詩篇、36.9、エレミヤ書において、

「生きているものの水の源泉」47.13、天界は主御自身から生きることが「生きている者の地」と記述されている。イザヤ書、38.11、53.8、エ

創世記　第三章　二十節　　（286）　*159*

ゼキエル書、26.20、32.23-27,32、詩篇、27.13、52.5、142.5、また主
への信仰の中に居る者は「生きている者」と言われた。例えば、ダビデ
の書において、

「その方が私達の霊魂を生きている者達の間に置かれる。」詩篇、66.9、
と記述されている。

また信仰の中に居る者は「生命の書の中に居る。」詩篇、69.28、また「生
命の書の中に居る。」黙示録、13.8、17.8、20.15、と記述されている。

それ故更に、主への信仰を得る者達は「生命を与えられること」が言わ
れる。ホセア書、6.2、詩篇、85.6、

それ故反対に、信仰の中に居ない者達は「生命のない者達」であると呼
ばれたことが帰結される。例えばイザヤ書においてもまた、

「生命のない者達は生きない。レファイム人はあなたが彼らを罰して殺
したので甦らない。」26.14、この者達は自己愛により膨れ上がった者達
として記述されている。「甦ること」は生命へ入ることを意味し、更に彼
らは「打ち倒された者達」とも呼ばれる。エゼキエル書、32.23-26,28-
31、また地獄は「死」と呼ばれている。イザヤ書、25.8、28.15、同じ
く、彼らは主により「生命のない者達」と呼ばれている。マタイ伝、4.16、
ヨハネ伝、5.24、8.21,24,51,52、

291. この節においては、天的な結婚を表象しているその青春期の花の中に
あった最初の時の教会と一緒に記述されている。それ故更に、結婚によっ
て記述されており、また「生命（vita）」からエバ（Havah、Eva、Evah）
と言われた。

292. 二十一節、「また、神エホバは人間とその妻に皮の衣を作って彼らに
着せた。」

このことは主が彼らを霊的な、また自然的な善に準備したことを意味する。
彼らを準備することは「作ることと着せること」によって、また霊的な
自然的な善が「皮の衣」によって述べられている。

293. これらのことが意味されることは、決して文字通りの意味からは現れ

160　　　天界の秘義　第一巻

ることは出来ないが、しかしそれでもなお、これらは更なる秘義を含む
ことは明らかである。なぜなら、誰でも神エホバは彼らに皮の衣を作ら
なかったことを知ることが出来るからである。

294.「皮の衣」が霊的な自然的な善を意味することは、もし内的な意味の
啓示されたものによらなければ誰にも知られることが出来ない。その後
更に、同様な言葉が現れるその箇所の聖言によらなければ誰にも知られ
ることが出来ない。ここで一般的に言われている「皮」は、同時に子山羊、
羊、雄羊の皮が意味される。それらの獣は聖言において善い情愛、仁愛
を意味する。またそれらは仁愛の表象であり、同様なことが生け贄にお
ける「羊」によって意味される。仁愛の善、即ち霊的な自然的な善を持
っている者達は誰であれ「羊」と呼ばれる。それ故、主は羊の羊飼いと
言われ、そして誰でも熟知しているように、仁愛を持っている者達は「羊」
と呼ばれる。

295.彼らが「皮の衣を着せられた」と言われる理由は、最古代人達は無
垢の故に「裸の者達」と言われ、またその後、無垢が無くなり悪の中に
居ることを自分自身に気付いた時も、また「裸」と呼ばれるからである。
最古代人達の話すことの方法に従って、凡ての記述されたものが歴史的
に首尾一貫しているために、裸の者達でないように、即ち悪の中に居な
いように、ここで彼らが「着せられた」と言われている。彼らが霊的な
自然的な善の中に居ただろうことは、この章の1節から13節までに述べられ、
また示されたことから、また、今しがた神エホバが皮の衣を作り、そし
て彼らに着せたことからも知られよう。というのは、ここでは最古代教
会の第一の子孫について、そればかりか、特に第二と第三の子孫につい
て述べられているからであり、この者達はこのような霊的な自然的な善
に居ることが与えられたからである。

296.「子山羊、羊、雄山羊、穴熊、雄羊の皮」よって霊的な自然的な善が
意味されることは、ヤコブ、および契約の箱について述べられている聖
言の内意から知られることが出来よう。ヤコブについて、

「エサウの衣服を着せられ、また手と首の毛のない所に雌山羊の子の皮からのおおいを着けられたこと、それらをイサクが匂った時、私の息子の匂いは野の匂いの如くあると言った。」創世記、27.15,16,22,27、それらの皮が霊的な自然的な善を意味することは主の神的な慈悲によりその箇所で認められよう。契約の箱については、

「天幕のおおいは雄羊の皮と穴熊の皮であった。」出埃及記、26.14、36.19、また、アロンとその息子達は出発する時、穴熊の皮のおおいで契約の箱をおおい、テーブルとその用具を覆った。同様に燭台とその用具、同様に金の祭壇、同様に聖職と祭壇の用具を穴熊の皮で覆った。民数記、4.5-14、それらは霊的な自然的な善を意味することは、主の神的な慈悲によりその箇所でその通り認められよう。なぜなら、何であろうと契約の箱、幕屋、天幕の中にあったもの、それどころか、何であろうと神聖な衣服と一緒に着せられたアロンの上にあったものは、天的な霊的なものを意味し、そのように何かが区別して表象しないものは最小のものもないからである。

297. 天的な善は覆いを着せられない、なぜなら、最内部のものであり、また無垢なものであるからである。これに対して、天的な霊的な善は覆いを最初に着せられ、更に自然的な善も覆いを着せられる。なぜなら、それらは外部のものであり、衣服に例えられるからである。そのようにまた、エゼキエル書において、そこで古代教会について述べられている如く、衣服とも呼ばれる。

「私はあなたに刺繍されたものを着せ、穴熊の皮の履物をはかせ、亜麻布を着せ、また絹物で包んだ。」16.10、イザヤ書において、

「また、あなたの華麗な衣装としてのエルサレムよ、神聖な都よ、」52.1、黙示録において、

「自分の衣服を汚さなかった者達は、かくて輝きの中で私と一緒に歩く。なぜなら、彼らは価値のある者達だからである。」3.4,5、また、そこで「白い衣服を着せられた」24人の長老達について記述されている。4.4、

このように天的な、霊的な、および自然的なものの外なる善は「衣服」である。それ故に、仁愛の善を与えられた者達は天界において輝く衣装

を着せられて現れる。しかし、ここでは依然として身体の中に居るので「皮の衣」を着せられたのである。

298. 二十二節、「そして、神エホバは言われた。見よ、人間は善と悪を知っていることで私達の一人の如くなった。かくて今や、恐らくその手を伸ばして生命の樹木からもまた取って食べるかも知れない。そして永遠に生きるかも知れない。」

　神エホバが最初に単数で言われ、またその後、複数で言われている理由は、「神エホバ」によって主と同時に、天使的な天界が意味されるからである。人間が「善と悪を知った」ことは天的なものに為されたこと、従って、賢明な者と知性のある者に為されたことを意味する。「彼が手を伸ばして生命の樹木から取らない。」ことは、彼は信仰の秘義の中で教えられるべきではないことであり、只それだけで、彼は決して永遠に救われることが出来なくなるからである。このことが「永遠に生きること」である。

299. ここの節には二つの秘義がある。第一の秘義は「神エホバ」は主と、同時に天界を意味することであり、第二の秘義は、もし彼らが信仰の秘義の中で教えられたなら、永遠に滅びたことである。

300. 第一の秘義については、神エホバによって主が意味されると、同時に天界が意味されることは、常に聖言において隠された理由により、主は或る時は「エホバ」とだけが言われ、また或る時は「神エホバ」と言われ、また或る時は「エホバ」と続いて「神」と言われ、また或る時は「主エホビ」と言われ、また或る時は「イスラエルの神」と言われ、また或る時は「神」とだけが言われていることが注意して見られなければならない。

　創世記の第1章における如く、そこでは単に神とだけ言われ、更に複数で「私達の像に人間を造ろう」と語っており、次の章で天的な人間が述べられる前に「神エホバ」と呼ばれていない。主はエホバと言われる。なぜなら、主だけが存在するから、即ち主だけが生きているからである。従って神の本質から「神」と呼ばれる。なぜなら、神は凡てのこ

創世記　第三章　二十二節　　（296）　　163

とが出来るからである。従って神の力によりそのように呼ばれる。この
ことは聖言において明らかであるように、イザヤ書49.4,5、55.7、詩篇
18.2,28,30,31、38.15、それ故に、人間と話した各々の天使、即ち霊を
何かの能力があることを信じて神と呼んだ。例えば、ダビデの書におい
て明白である。

「神は神の集まりの中で立っておられ、神々の真ん中で裁かれるであろう。」
詩篇、82.1、また、他の箇所に、

「天において誰がエホバと比較されよう。神々の息子達の中で誰がエホ
バに似せられよう。」詩篇、89.6、また、他の箇所に、

「神々の神にあなた達は称賛されよ。主達の主にあなた達は称賛されよ。」
詩篇、136.2,3、人間達もまた、力により「神々」と呼ばれた。例えば、詩篇、
82.6、ヨハネ伝、10.34,35、更に、モーセも「ファラオに神であった。」
出埃及記、7.1、それ故更に、神は複数の神（エロヒーム）で言われる。
しかし、天使達は自分自身から力は少しも持たないので、また元来の存
在ではないので、しかし主だけから力を持つので、また主御一人を除い
て存在しないので、それ故に、聖言において「神エホバ」によって主だ
けが意味される。これに対して創世記の第1章においてのように、そこで
天使達の何かの努めが為される時、神は複数で言われる。ここでもまた、
人間としての天的な人間が言われているので、主に例えられることが出来ず、
天使達に例えられているので、それ故に、「人間は善と悪を知ることで私
達の一人の如くなった。」と言われている。これが人間の知恵と知性である。

301. 二つ目の秘義は、もし彼らが信仰の秘義から教えられたなら、永遠
に滅びたことが、「今や、恐らくその手を伸ばして生命の樹木からもまた
取って食べるかも知れない、そして永遠に生きるかも知れない。」の言葉
によって意味される。人間達が生命の秩序を逆にされた者に為された時、
このような状態になる。そして、自分自身と人間固有のものから生きる
ことと賢明であることを除いて欲しない。彼らは信仰のことを何であろ
うと聞く時、論じる。なぜなら、信仰がそのようにあるか、或いはその
ようにないか論じるからである。また彼らは自分自身から、自分自身の
感覚的なものから、および科学的な（事実に基づく）ものから論じるの

で否定することを除いて異なって出来ない、また否定する時、更にそれらをそしり、またけがす。

そして最後にもし、彼らが穢れたものを神聖なものに混ぜ合わせるなら、彼らは癒されない。人間がこのような者に為される時、やがて他生において何も救いの希望がないほどに有罪の判決をされた者になる。というのは、それは冒涜によって混ぜられたものであり、混ぜられたものが結びつくからである。それは何か神聖な考えが生じると直ぐに、連続的に不浄な考えもまた現存し、有罪の判決をされた者達の社会を除いて他の社会に居ることが出来ないようになる。誰かに何であろうと思考の原型に結合されたものは他生において最も正確に認められ、更に霊達の世界における霊達からも認められ、それ以上に天使的な霊達から認められる。従って彼がどのような者であるか、ただ一つの考えだけから正確に知ることが出来る。このように神聖なものに結びつけられた不浄なものが追い払われることは、地獄的な苦しみによって以外為されない。かくしてもし、人間はこのことを知るほど、地獄そのものからとして、自分自身に冒涜に関して警戒したであろう。

302.ユダヤ人達はこのような者達であったので、これが信仰の秘義が彼らに決して啓示されなかった理由であった。彼らに死後生きることですら公然と言われなかった。また主が彼らを救うためにこの世に来るだろうことも公然と言われなかったように、これほどまでに啓示されなかった。それどころか、これほどの無知と無感覚を保持し、また今なお保持している。彼らは内なる人間が居ること、即ち内なるものが存在することを知らない。なぜなら、もし彼らがそれを承認することまで知っていたなら、また知ったなら、彼らはそれを冒涜したように、またそのように他生において何も救いの希望が決してなくなるからである。これらが主によりヨハネ伝において意味されたことである。

「彼らが目で見ないために、また彼らが心で理解しないために、また彼ら自身を改心させないために、また私が彼らを癒さないために、彼は彼らの目を盲目にし、また彼らの心をふさいだ。」12.40、また主は「彼らは見たが見ていないように、また聞いたが聞いていないように、また理

解しないように。」彼らに何も説明せずに例え話しによって話した。マタイ伝、13.13、

　彼らの教会の表象の下に、彼らに凡ての信仰の秘義が隠され、また覆われた理由もまたこのためであった。また同じ理由で預言の文体もこのようなものである。しかし、知ることと承認することは異なったものである。知っているが同時に承認していない者は、知っていない者と同じである。これに対して、承認しその後、それをそしり、またけがす者は主により上記に意味された者である。

303. 人間は自分自身に確信している凡てのものによって、即ち彼が承認し、また信じる凡てのものによって自分自身に生命を取得する。彼が自分自身に確信していないもの、即ち承認しないものと信じないものは彼の心に何も働きかけない。それ故に、神聖なものを承認するように納得された者、またそれでもそれを否定する者以外誰も冒涜することは出来ない。承認しない者達は神聖なものを知ることが出来ず、知らない者達のようであり、彼らは何もない事柄を知っている者達の如くある。

　主の降臨の頃のユダヤ人達はこのような者達であった。またこのような者達が居る時は、聖言において、「荒廃」、即ちもはや誰にも信仰がないことが言われている。彼らに聖言の内的なものが開かれることは、その時それは傷つけない。なぜならその時、見ているが見ない者達の如く、また聞いているが聞かない者達のように鈍い心を持つ者達であるからである。この者達についてイザヤ書によって主は、

　「行って、この国民に言え、あなた達は聞くことで聞け、しかし理解しないように、また見ることで見よ、しかるに認めないように。この国民の心を太らせよ、またその耳を重くせよ、なお加えて、その目をふさげ、はからずもその目で見て、またその耳で聞いて、その心が理解しないように、そしてその国民が私に癒されるために改心されないように。」6.9,10、そして、彼らがこのような者達である時、正確には荒廃された者達がもはや信じないような者達である時、以外は前以て信仰の秘義は明らかにされないことは、言われたように彼らが冒涜することが出来ないと言う理由からである。その通りに主はイザヤ書において直ぐ後に続く箇所で明瞭に述

べられている。

「私は、主よいつまでですか？　と言った。同時に彼は、大きな町々が見捨てられ、誰も住民が居ないようになるまで、また家が見捨てられ、誰も人間が居ないようになるまで、また大地が見捨てられ荒地になるまで、またエホバが人間を取り除くまでと言われた。」6.11,12、「人間」は賢明である者と言われる。或いは識別し、また思惟する者であると言われる。

言われたように、主の降臨の頃のユダヤ人達はこのような者達であった。また同じ理由で、更に今なお欲望によって、特に貪欲によってこのような荒廃の中に引き止められている。彼らは主について、また彼らの許の教会の表象のものについて、それらは個々のものの中に主を意味することを千回聞くにしても、それでもなお、何も承認しないし、また信じない。このような事情の下に、これが洪水以前の者達がエデンの庭園から追い出され、また何も真理を承認することが出来ないほど荒廃された理由である。

304. これらから、「恐らく彼がその手を伸ばして生命の樹木からもまた取って食べないように、そして永遠に生きないように。」の言葉によって意味されることが知られる。「生命の樹木からもまた取って食べること」は、彼が愛と信仰のものを何であろうと承認することまで知ることである。なぜなら、複数の「生命」は愛と信仰であるからであり、ここの「食べること」は、前に言われたように知ることを意味するからである。「永遠に生きること」は身体において永遠に生きることではなく、身体の死後、永遠の断罪の中で生きることである。死んだ人間は、それ故に身体の死後、死んだ者と呼ばれるが、しかし、それは死の生命を生きることである。なぜなら、「死」は断罪と地獄であるからである。エゼキエル書においても生きることによって同様に意味されている。

「あなた達は私の国民の魂を狩り、またあなた達の魂を生かし、そして私の国民と一緒に私を冒涜する。…死んでいない魂を死ぬことへ、また生きていない魂を生きることへ変えなければならないのか？」13.18,19、

305. 二十三節、「そして、神エホバは彼をそこから取られた大地を耕すことのためにエデンの庭園から送り出した。」

創世記　第三章　二十三節　　（302）　*167*

「エデンの庭園から追い出されること」は凡ての知性と知恵を奪われることであり、「そこから取られた大地を耕すこと」は再生以前にあった如く形体的なものに為されることである。

「エデンの庭園から追い出されること」は凡ての知性と知恵を奪われることであることは、前に言われた「庭園」と「エデン」の意味から知られよう。というのは、「庭園」は知性、即ち真理の理解を意味するからであり、また「エデン」は愛を意味するので、知恵、即ち善の意志を意味するからである。

「そこから取られた大地を耕すこと」は再生以前にあった如く形体的なものに為されることは、前の19節において同じ言葉で示されたのである。

306. 二十四節、「要するに、神は人間をエデンの庭園から追い出した。そしてケルビムとそれ自身回転している剣の炎を生命の樹木の道を守ることのために東からエデンの庭園に置いた。」

「人間を追い出すこと」は、凡ての善の意志と真理の理解を完全に奪うことであり、これほどまでに、それらから人間が分離されるために、彼は人間でなくなる。「ケルビムを東から置くこと」は、人間が何かの信仰の秘義の中へ入らないように備えることである。なぜなら、「エデンの庭園における東」は天的なものであり、それから知性があるからである。「ケルビム」によって、人間が信仰の秘義の中へ入らないようなものの主の摂理が意味され、「それ自身回転している剣の炎」によって、人間の欲望の狂気とそこからの信念と一緒の自己愛が意味される。実に、それらは人間が入ることを欲するようなものであるが、しかし、それらのものはそれらによって人間が形体的なものと地上のものに運び去られるようなものである。またこのことは「生命の樹木への道を守ることのためであり」それは人間が神聖なものを冒涜することが出来ないようにすることである。

307. ここでは、第六と第七の子孫が述べられている。その子孫は洪水で滅び、エデンの庭園、即ち真理の凡ての知性から完全に追い出された者達である。また、まるで人間でないかのように為され、その上、欲望の狂気とそこからの信念に放置された者達である。

308.「東」が何を意味するか、また「エデンの庭園」が何を意味するかは、前に示されたのである。それ故に、それらにこれ以上かかわらない。しかし、ケルビムは人間が人間固有のもの、感覚的なもの、および科学的な狂気から信仰の秘義の中へ入らないように、またそれらを冒涜しないように、またそうして人間が死なないような主の摂理を意味することは、聖言においてケルビムが言及されている凡ゆる箇所から知られることが出来よう。

　なぜなら、ユダヤ人達はもし、主の降臨について、表象のもの、即ち教会の表象について、それは主を意味すること、死後の生命について、内的な人間について、また聖言の内なる意味について何かのことを明瞭に知ったなら、冒涜して永遠に滅びたような者達だったからである。それ故に、これがケルビムによって、契約の箱の上で取りなす人によって、幕屋の幕について、織り布について、同様に神殿におけるものによって表象された。そしてこのことは主はユダヤ人達を守られたことが意味された。出埃及記、25.18-21、26.1,31、列王記Ⅰ、6.23-29,32,35、なぜなら、契約の箱はその中に戒律があり、同じものを意味するからである。なお加えて、ここの生命の樹木、即ち主と諸天界、特に主も同じものを意味するからである。それ故、主もまた「イスラエルの神はケルビムに座っておられる。」と何度も言われ、またアロンとモーセとにケルビムの間で話した。出埃及記、25.22、民数記、7.8,9、このことはエゼキエル書において、明瞭に記述されている。そこで下記のことが記述されている。

　「イスラエルの神の栄光はケルビムの上で、その上にあって家の門へ上げられた。... 彼は彼に言われた。都の真ん中の間を、エルサレムの真ん中の間を通り過ぎよ、そしてその真ん中で為された凡ての忌まわしいことのために嘆いて、溜め息をついている男達の額の上にしるしを付けよ。また彼は彼らに言われた。... 都の真ん中の間を彼の後で通り過ぎよ、そして激しく打て、あなた達の目で容赦してはならない、またあなた達は慈悲深さを示してはならない。老人、若者、および乙女、また幼児と女達を滅ぼすために殺せ。... 家を汚せ、また打ち倒された者達で広間を満たせ。」9.3-7、また更に、

　「彼は亜麻の服を着せられた男に言われた。ケルビムの下の輪の間に入れ、そしてあなたの手のひらをケルビムの間からの炭火の火で満たせ、また

創世記　第三章　二十四節　（305）　*169*

それを都の上にばらまけ。... ケルビムはその手をケルビムの間から火へ伸ばし、ケルビムの間で亜麻の服を着せられた者の手のひらに差し出して与えた。そして彼はそれをつかんで出て行った。」10.1-7、これらから彼らが信仰の秘義の中へ入らないような主の摂理がケルビムによって意味されることが知られよう。またそれ故に、彼ら自身の欲望の狂気に放置されたことが知られよう。これらがここで「都の上にばらまかれる火によって、また誰も容赦されない」ことによって意味される。

309.「それ自身回転している剣の炎」は、人間の欲望の狂気と信念と一緒の自己愛が意味される。実に、それらは人間が入ることを欲するようなものであるが、しかし、それらのものはそこからそれらによって人間が形体的なものと地上のものに運び去られるようなものであることは、聖言により何ページも満たすほど多くのもので確認されることが出来る。ここではエゼキエル書におけるものだけ記しておこう。

「あなたは預言せよ、また言うように、エホバはこのように言われた。言え、剣、鋭くされた剣、また更に、虐殺を称えることのために磨かれた剣、その結果として鋭い剣はそれに輝きがある。... その刺し通された者達の剣が、第三の者に再び訪れよ、激しく刺し通す剣が彼らに向かって部屋の中へ入って来る。彼らの凡ての門の中に私は剣の恐れを置いた。その結果として心が弱められ、また罪の原因が大きくなるであろう。ああ！それが輝きであるように為された。」21.9,10,14,15、「剣」はここで何も善と真理のものがないために人間の荒れ果てた状態として認められよう。しかし全くの間違った信念と有害なものとして認められよう。これらは罪の原因を大きくすることであり、またこれらはナホム書において、

「馬に乗っている騎兵と剣の炎、また槍のきらめき、および刺し通された大勢の者達、」3.3、この者達について信仰の秘義の中へ入ることを欲する者達であることが記述されている。

310.この節の個々の言葉は、決して述べられることが出来ないほどの最も深い秘義を含む。それらは洪水後に生きた者達の性質から完全に異なっている性質であり、洪水で死んだここの人々の性質にあてはまるもので

ある。それで、もし手短に述べれば、彼らの最初の先祖達は最古代教会を構成した天的な者達であって、従って彼らに天的な種が植え付けられていた。それ故、彼らの子孫達も彼ら自身の許に天的な起源からの種を持っていた。愛が凡ての心を支配し、また心が一つのものに為されたようなものが天的な起源からの種である。というのは、人間の心は意志と理解の二つの部分から構成されるからである。意志は愛、即ち善であり、理解は信仰、即ち真理である。愛、即ち善から信仰のものが何か、即ち真理のものが何かを認めて、そのように一つの心であった。その時の子孫達の許ではそこから種子が生じるような者達であった。もし、彼らが真理と善からそれるなら、最も危険なことである。というのは、そのようにその凡ての心を他生において、殆んど回復させられることが出来ないように破壊するからである。

　洪水後の者達の如く、また今日生きる者達の如く、天的な種がないが、しかし霊的な種が内在する者達に異なっている。この者達に誰も愛はなく、従って、誰も善の意志がないが、しかし、それでもなお、信仰、即ち真理の理解が与えられることが出来る。信仰により、即ち真理の理解により何らかの仁愛へ導かれることが出来るが、しかし、洪水前の者達とは異なる他の道によって導かれる。更にそこからの真理と善の知識により良心を主により徐々に入り込ませられたものによって導かれる。それ故に、彼らの状態は洪水以前の者達の状態と比べて全く異なっていた。その状態については主の神的な慈悲により後に続く箇所で述べよう。

　これらのことは秘義であり、現在の人間に全く知られていない。なぜなら、現在は天的な人間が何か知らないからであり、霊的な人間ですら何か知らないからである。まして、そこからの人間の心と生命がどのようなものか、また死後の生命の状態がどのようなものか知らないからである。

311. 洪水で死んだ者達の他生の状態は霊達の世界において、どこにも居ることが出来ないような状態である。即ち、他の霊達と一緒に居ることが出来ないような状態であり、他の地獄から分離された地獄の中に居るような状態である。その上、まるである種の山の下に居るかのように居る。彼らの恐るべき幻想と信念により山に挟まる如く見える。彼らの幻想と

創世記　第三章　二十四節　　（308）　*171*

信念は他の霊達に、生きているのか、或いは死んだのか知らないほどの麻痺を引き起こすようなものである。なぜなら、彼らは他の霊達に凡ての真理の理解を何も理解しないように取り去るからである。彼らがこの世に生きた時もまたこのような信念の中に居た。そして、彼らは他生において他の者達に生命のない幻影を着せないことには他の霊達と決して一緒に居ることが出来なかったので、彼らの凡ての者達は絶滅されたのである。なお加えて、主は主御自身の神的な慈悲により洪水後の者達に他の状態を着けられた。

312. この洪水前の者達の状態が、この節で「追い出された者達」として、即ち天的な善から分離された者達として完全に記述されているのである。「ケルビムを東からエデンの庭園に置いた。」ことは、洪水前の者達はこのような者達なので、「東からエデンの庭園に」の言葉は彼らにだけ適用出来るのである。これに反し、その後に生きた者達については言われることが出来ないが、しかし「エデンの庭園から東へ」とは言われることが出来よう。更に、「それ自身回転している剣の炎」と言われることも出来ない。もし現在の者達について言われたなら「炎の剣」、また「諸々の生命の樹木」ではなく、「生命の樹木」であっただろう。更に、このひと続きのものの中にそれ以外の秘義もあるが、それらは決して説明されることが出来ず、主が示された天使達だけに理解されたものである。なぜなら、各々の聖言は無限の秘義を持つからであり、人類にその一つの秘義ですら知られていないからである。

313. 最初の人間について今しがた言われたことから、現在、生きる凡ての者達に至るまでの遺伝の悪は、最初の人間からではなく、また、誰も最初の人間から噴出したことを除いてそれ以外の遺伝の悪はないことが誤って信じられていることが知られることが出来よう。というのは、ここで述べられ、また人間と呼ばれるものは最古代教会であるからである。それが「アダム」と呼ばれる時、大地からの人間、即ち主による再生によって人間でないものから人間が造られたことを意味する。

　これが名前の起源であり、またこれが名前の意味である。しかし、各々

の者が実際に罪を犯すことで、その通りにその遺伝の悪を所有する。それ故、彼は自分自身にその悪の性質を引き入れる。またそこから、悪が子供達に植え付けられ、このように各々の両親から、その祖父、曽祖父、高祖父（曽祖父の父）、また先祖達から連続して遺伝のものに為される。こうして、その子孫の後裔において増やされ、また強大になり、そして各々の者の許に継続し、かつ各々の者の許に実行されたその罪によって大きくされる。それ故、主により再生される者達において以外それは害しないように消散されない。

このことを各々の者は、もし両親の悪の傾向が子供達の中に明白に継続することを注意したなら知ることが出来よう。そのように、一つの家族、というよりは一つの民族は他の家族、他の民族から見分けられることが出来ることに注意したなら知ることが出来よう。

続々、永遠の生命の中へ 人間の入ることについて

314. 前に霊的な天使達について言われたように、甦らされた者、即ち甦らされた霊魂が自分自身をよく考察することが出来るために光りの利用が与えられた後、霊的な天使達はどのような事情の下でも、その状態において甦らされた者が望む凡ての努めを果たす。なお加えて、他生の中に在る事柄について、彼が理解出来る範囲で教える。もし彼が信仰の中に居り、また彼が望むなら、また更に彼らは彼に天界の驚くべきものと華麗なものを見せる。

315. これに対して、もし甦らされた者、即ち甦らされた霊魂が教えられることを欲しないような者なら、やがて彼は天使達の交わりを望まなくなり、そのことを天使達は正確に気付く。なぜなら、他生においては思考の凡ての原型の伝達が生じるからである。彼は天使達から遠くへ離れることを望んでも、その時、天使達は彼を置き去りにしないが、しかし彼が自分自身を天使達から引き離す。天使達は各々の者を愛し、また各々の者に努めを果たすこと、各々の者を教えること、および各々の者を天界へ

創世記　第三章　二十四節　（311）　*173*

連れ去ることを除いて特に何も望まない。この中に天使達の最高の喜びが生じる。

316.霊魂が自分自身を天使達からこのように引き離す時、善の霊達に引き継がれ、彼らの中で交わる時、更に彼に凡ての努めが果たされる。これに対して、もし彼の生命がこの世において善い者達の交わりの中に居ることが出来なかったようなものであったなら、その時、彼らからもまた離れることを望む。そして、このことがこの世における彼の生命に完全に一致するような者達と自分自身を結びつけるまで、大変長い間、また何度も行われ、その者達の許に、まるで自分自身の生命を見つけるかのように出会うのである。またその時、驚くべきことであるが、彼らと一緒に彼が身体において行なったような生活と同様な生活を行なう。しかしその時、その生命へ滑り落ち、やがてそれ故、新しい生命の始まりが起こり、或る者は多くの時間の後で、或る者は少しの時間の後で、そこから地獄に向かって運び去られる。しかし、主への信仰の中に居た者達は、その生命の新しい始まりにより天界への歩みの中へ導かれる。

317.しかし、ある者は天界へゆっくりと進み、ある者は速く進む。更にそれどころか、私は誰かが死後、直ちに天界へ上げられたのを見た。このことについて、私は二つの例だけを述べることが許されている。

318.霊的な世界で、或る者が私の近くに来て私と一緒に語った。彼は幾つかのしるしから最近、身体の生命から去ったことが知られることが出来た。最初、彼は自分がどこに居たか知らず、この世に居ることを考えていた。そしてその時、彼に彼が他生に居ること、またその時、家、財産、および同様なものを持たないこと、しかし異なった王国に居ることを知ることが与えられた。そこでこの世において持った凡てのものを奪われたことを知り、やがて不安の心情を持ち、彼はどこへ行ったら良いのか、またどこに住んだら良いのか知らなかった。しかし、彼に主だけが彼と凡ての者達にそれらを備えられることが言われた。
　その時、彼は自分自身にそのままにしておかれ、その結果、この世にお

ける如く考え、またその時、何を行なうべきか考えた、（というのは、他生においては、凡ての者達の思考は明瞭に認められることが出来るからである。）。なぜなら、生きることが出来たそれらの凡てのものがなかったからである。しかしその不安の中にあった時、心臓の領域に居た天的な霊達の間に移された。彼らは何であろうと彼が絶えず望んだ凡ての努めを彼に行なった。このことが行なわれ、再び彼は自分自身にそのままにしておかれた。

　その時、彼はどのようにしてこれ程大きい親切に報いることが出来ようかと仁愛から考えることを始めた。このことから彼が身体の生命の中に居た時、信仰の仁愛の中に居たことが知られた。それ故に、彼は直ちに天界へ上げられたのである。

319. 私は天使達により直ちに天界へ運ばれた他の者を見た。そして彼は主により受け入れられ、また彼に天界の栄光が示された。

　更に、長い時間の流れの後に天界へ上げられた多くの他の者の観察を私は行なった。

【創世記】
第四章

創世記　第四章

▌ 霊魂、即ち霊の生命はどのようなものか

320. 一般的な、死後の霊魂、即ち死後間もない霊達の生命を見ることが人間が他生へ行った時の多くの観察で知られた。その時、人間は他生に居ることを知らず、依然としてこの世に居ること、それどころか自分自身の身体の中に居ることを思っている。彼に彼が霊であることが言われた時、彼は霊である自分が感覚、欲望、および思考に関して完全に人間の如くあることからも、この世において生活した時、霊があることを信じなかったことからも、また或る者は霊が存在することが出来ないことを信じたことからも、このような理由から彼はそれほどまで驚き、また唖然とする。

321. 人間がもう一つ知らないことは、霊は身体の中で生きていた時よりも、多くのより勝れた感覚的な能力を持ち、また多くのより勝れた考えることの、また話すことの能力を持つ。肉体の人間と霊の人間は、殆んど比較されることが出来ないほどである。それにも関わらず霊達は、主から反省を与えられる前にこのことを気付かない。

322. 霊達は身体の生命の中よりも、類まれな多くの感覚的なものなしに居ると言う、間違った信念の見解に関して自分自身に警戒して欲しい。私は無数の観察により反対であることを知っている。そしてもし、自分自身に持つ霊についての、それらの仮定の理由により信じることを欲しないなら、他生へ行く時、そこで自らの経験でそれらを信じる。霊達は視覚を持つだけではない、なぜなら、彼らは光の中で生活しており、また善の霊達、天使的な霊達、および天使達はこの世の真昼の光とも比較されることが出来ないほどの光の中で生活しているからである。彼らがその中で生活し、また見る光については主の神的な慈悲により後に続く箇所において述べよう。

　霊達は身体の中の聴覚とは比較されることが出来ないほど類まれな聴覚

を持っている。私は今や、霊達と数年間を通して殆んど連続的に一緒に話しているのである。しかし、霊達の話したことについてもまた主の神的な慈悲により後に続く箇所において述べよう。また霊達は嗅覚も持っており、それについてもまた主の神的な慈悲により後に続く箇所において述べよう。また霊達は最も類まれな触覚を持っており、それ故、地獄の中の痛みと激しい苦痛を持つ。なぜなら、凡ての感覚は触覚に関係するからであり、凡ての感覚は単に触覚の変化と多様性であるからである。また霊達は欲望と情愛を持つが、それらは身体の生命の中で持ったものと比較されることは出来ない。それらについて多くのことが主の神的な慈悲により後に続く箇所において述べられる。

霊達は身体の生命の中で考えるよりもより多くの洞察力で、またより明瞭に考える。霊達は身体の生命の中で考える時の千のものにおいてよりも一つの思考の原型の中により多くのものを含む。霊達は相互に鋭く、細かく、明敏に、および明確に話す。もし、人間がこのことについて単に何かを知覚したなら、その結果として唖然としただろう。全般的なものの中で、人間達の如くあることを全く何も失っていないが、しかし、骨と肉と、そこからの不完全性を除いて完全である。

彼らは身体の中で生きた時も霊が感じたことを承認し、また認める。例えそれが身体の中で見えたにしても、それでも身体のものが感じたのではなかったことを承認し、また認める。それ故に、身体が投げ捨てられたなら多くの感覚はより類まれに、また完全なもので存続する。生命は感覚にある。なぜなら、感覚なしに何も生命はないからであり、また感覚のままに生命があるからである。このことは誰にも熟知されたことである。

323. この章の終わりに続いて、身体の生命の中でこれと異なって考えた者達について幾つかの例を述べよう。

創世記 第四章の聖言

1. そして、人間はその妻エバを知った。そして彼女は身ごもり、またカインを生んだ。そして人間は言った。私はエホバの男子を得た。

2. また、彼女はその兄弟のアベルを産むことで増やした。そしてそれからアベルは羊の群れの羊飼いになり、またカインは大地を耕す者になった。

3. かくて、幾多の日々の終わりにおいて、カインは大地の実からなるエホバへの捧げものを持って来た。

4. そして、アベルもまた、その群れの初子からなる、またそれらの肥えたものからなる捧げものを持って来た。そしてエホバはアベルとその捧げものに目を留めた。

5. ところがしかし、カインとその捧げものに目を留めなかった。そしてカインの怒りが著しく燃やされ、同時にその顔が沈んだ。

6. そして、エホバはカインに言われた。なぜ、あなたに怒りが燃やされたのか？ なぜ、あなたの顔を沈ませたのか？

7. もしあなたが善を行なうなら顔を上げるのではないか？ またもし、あなたが善を行なわないなら、あなたの心の門に罪が寄りかかって、またその罪の願望があなたへ寄りかかっている。そして、あなたはアベルを支配する。

8. そして、カインはその兄弟のアベルに言った。そして彼らが野に居た時、またカインはその兄弟のアベルに対して立ち上がって彼を殺した。

9. そして、エホバはカインに言われた。あなたの兄弟のアベルはどこに居るのか？ 同時に、彼は知らない私は私の兄弟の番人だろうか？ と言った。

10. それと同時に、神は言われた。あなたは何を行ったのか？ あなたの兄弟の血の声が大地から私に叫んでいる。

11. また今や、あなたは大地から呪われた者になった。大地がその口を開いてあなたの手からあなたの兄弟の血を受けている。

12. あなたが大地を耕す時、大地はあなたにその力を注ぎ与えることはない。そしてあなたは地の間でさまよい、また逃げるであろう。

13. かくしてカインはエホバに言った。私の咎は取り去られることが

出来ないほど大きい。

14. 見よ今日、あなたは私を大地のおもての上から私を追い出した。そして私はあなたの顔から隠れよう、そして地上の間をさまよい、また逃げるであろう。そして私を見つける凡ての者が私を殺すであろう。

15. ところがしかし、エホバは彼に言われた。そのために、カインを殺す凡ての者は七倍に報復されるであろう。そしてエホバは彼を見つけた者が誰も彼を打ち殺さないようにカインにしるしを付けた。

16. そして、カインはエホバの顔から離れ、エデンの東に向かってノドの地に住んだ。

17. そして、カインはその妻を知った。かくして彼女は身ごもってエノクを産んだ。また彼は大きな町を建てた。そして彼はその大きな町の名を自分の息子の名に従ってエノクと呼んだ。

18. そして、エノクにイラデが産まれ、またイラデはメフヤエルを産み、またメフヤエルはメトサエルを産み、そしてメトサエルはラメクを産んだ。

19. そして、ラメクは自分自身に二人の妻達を得た。一人の名はアダ、またもう一人の名はチラであった。

20. そして、アダはヤバルを産んだ。彼は天幕に住んでいる者達と家畜を飼う者達の父であった。

21. また、彼の兄弟の名はユバルであった。彼は凡ての竪琴と風琴を弾いている者達の父であった。

22. そして、チラもまたツバル-カインを産んだ。彼は銅と鉄の凡ての職人を教える者であった。また、ツバル-カインの姉妹はナアマであった。

23. そして、ラメクはその妻達、アダとチラに言った。ラメクの妻達よ、私の話を聞け、また耳で私の陳述を認めよ。私は私の傷のために男を殺し、また私の打ち傷のために子供を殺したことを。

24. カインのためには七倍報復され、またラメクのためには七十七倍報復される。

25. またその後、人間はその妻を知り、そして彼女は息子を産んだ。またその名をセツと呼んだ。なぜなら、カインがアベルを殺したので、神はアベルの代わりに別の子を彼に返されたからである。

26. そして、セツにもまた息子が産まれ、そしてその名をエノスと呼んだ。その当時、エホバの名を呼ぶことが始められた。

内容

324. この章では、教会から分離された教義、即ち異端について、またその後、起されたエノスと言われる新しい教会について述べられている。

325. 最古代教会は愛によって主への信仰を持ったが、しかし、愛から信仰を分離した者達が現れた。愛から分離された信仰の教義が「カイン」と呼ばれたのであった。仁愛は隣人への愛であり、「アベル」と言われたのであった。1,2節、

326. 「カインの捧げもの」によって愛から分離された信仰の礼拝が、また「アベルの捧げもの」によって仁愛の礼拝が記述されている。3,4節、
　また仁愛による礼拝は喜ばしいものであったこと、これに反し、愛から分離された信仰による礼拝は喜ばしいものではなかったことが記述されている。4,5節、

327. 愛から分離された信仰による礼拝をする者達の状態が悪へ変えられたことが、「燃やされた怒りによって、またカインの顔が沈んだことによって」記述されている。5,6節、

328. そして、仁愛からの信仰の性質が知られること、更にもし、信仰が第一のものに為されず、また仁愛を越えて高く為されないなら仁愛は信仰の許にあることを欲することが記述されている。7節、

329. 愛から信仰を分離した者達と信仰を仁愛に優先した者達の許に仁愛が滅ぼされたことが、「カインが兄弟のアベルを殺したこと」によって記述されている。8,9節、

創世記　第四章　　　（324）　*183*

330. 滅ぼされた仁愛が「血の声」と呼ばれ、10節、歪められた教義が「大地からの呪い」と呼ばれ、11節、

間違った信念とそこからの悪が「地の間にさまよい、また逃げる」と言われ、12節、

また彼らは主から自分達自身を引き離したので永遠の死の危険があったことが言われ、13,14節、

しかし、信仰は将来それによって仁愛が植え付けられなければならないので、それを傷つけることは極めて神聖なものを傷つけることであったことが「カインに付けられたしるし」と言われ、15節、

また信仰が前のその場所の座から立ち去ることが「エデンの東に向かって住んだ」ことである。16節、

331. その異端と、更にそれが拡大されたものがエノクである。17節、

332. ここから広がっている異端もまたその名前で呼ばれ、それらの最後のものが「ラメク」と呼ばれている。この後、信仰に関しては何も存続しなかった。18節、

333. やがて新しい教会が起され、それが「アダとチラ」によって意味され、また彼女達の息子達の「ヤバル、ユバル、およびツバル‐カイン」によって記述されている。「ヤバル」によって天的な教会が、「ユバル」によって霊的な教会が、「ツバル‐カイン」によって自然的な教会が記述されている。19‐22節、

334. この教会が起されたことは、その時、信仰の凡てのものと仁愛の凡てのものが滅ぼされ、またその時、最も神聖なものが傷つけられたからである。23,24節、

335. この章の主題が述べられている。「カイン」である信仰が愛から分離され仁愛が滅ぼされた後、主により新しい信仰が与えられ、それによって仁愛が植え付けられたことが述べられている。その信仰がセツである。

25節、

336. 信仰によって植え付けられた仁愛が「エノス」、即ち他の人間と呼ばれる。それがその教会の名前である。26節、

内意

337. この章では、最古代教会の堕落について、即ち教義の曲解と、その結果としてカインの名の下に傷つけられた教会と、その子孫達の名の下に傷つけられた教会が述べられている。しかしまた、教義がどのようにして曲解されたか、即ちどのような異端があったか、即ちその教会がどのように傷つけられたかは、もし教会の真理がどのようなものかが正しく知られるのでなければ、決して理解されることが出来ない。

　最古代教会について、それは天的な人間であったこと、また主への愛と隣人への愛、以外の信仰を認めなかったことが、前にかなり多くのことで述べられ、また示された。彼らは主からその愛によって信仰、即ち信仰の凡ての理解を持った。それ故に、前の200-203番に示されたように、彼らは愛から信仰が分離されないように信仰のことを言うことを欲しなかった。

　このような者が天的な人間であり、またこのような者が表象によってダビデの書の許にもまた記述されている。そこで主について述べられており、主が「王」と言われ、また天的な人間について「王の息子」と言われている。「あなたの審判を王に与え給え、またあなたの正義を王の息子に与え給え、…山々は民に平和をもたらし、丘々は正義の中に民を導く、…彼らは太陽の下で、また月の面に幾世代の世代があなたを恐れた。…正しい者は月光がなくなるまで、その日々に栄え、また豊かな平和が栄える。」詩篇、72.1,3,5,7、「太陽」によって愛が意味され、「月」によって信仰が意味され、「山々と丘々」によって最古代教会が意味され、「幾世代の世代」によって洪水後の諸教会が意味され、「月光がなくなるまで」と言われるのは信仰が愛となるであろうからである。これらのことはイザヤ書30.26、においてもまた見られる。

創世記　第四章　　　（330）　*185*

最古代教会はこのようなものであり、またこのような教義であったが、しかし今日では全く異なったものになっている。なぜなら、今では信仰が愛に先行するからである。しかし、信仰によって主から仁愛が与えられ、またその時、仁愛が第一のものに為される。それ故に、最古代の時代に教義が曲解されたのは、彼らが信仰のみを告白した時であり、またそのように愛から信仰を分離した時であることが帰結される。このように教義を曲解した者達、即ち愛から信仰を分離した者達、或いは信仰のみを告白した者達は、その当時、「カイン」と言われ、またこのようなことは彼らの許で異常なことであった。

338. 一節、「そして、人間はその妻エバを知った。かくて彼女は身ごもり、そしてカインを生んだ。そして彼は言った。私はエホバの男子を得た。」
　「人間とその妻エバ」によって、熟知されているように最古代教会が意味される。その最初の子、即ち長子は信仰であり、それはここで「カイン」と呼ばれている。「彼が私はエホバの男子を得たと言ったこと」は、カインと言われた者達の許に信仰が単独の事柄の如く知られ、また認められたことを意味する。

339. 先行している三つの章において、「人間とその妻」によって最古代教会が意味されたことは、疑われることが出来ないほどに充分に示されたのである。そして、「人間とその妻」が最古代教会であるので、それ故、その受胎と出産は信仰以外のものでなかったことが明らかである。
　最古代人達に名前を与えることはよくあることであり、また名前によって事柄を意味すること、そしてそのように系図を制定することはよくあることであった。というのは、それらの系図は諸教会であるからであり、同様にそれらの諸教会もまた系図を持つからである。一つの教会は他の教会から身ごもられ、また生まれ、そして子を産むことのように教会を引き起こす。それ故に、聖言において教会のことが受胎、出産、子、幼児達、少年達、息子達、娘達、若者達、などと普通に記述されており、預言の書はそれらに満たされているのである。

186　　天界の秘義　第一巻

340.「彼が私はエホバの男子を得たと言った。」ことが、カインと言われた者達の許に信仰が単独の事柄の如く知られ、また認められたことを意味することは、この章の序文において言われたことから明らかである。前には、彼らは信仰の凡ての認識を持っていたので、彼らは信仰が何か知らなかった。これに対して、彼らが信仰について愛から分離された教義を作成することを始めた時、やがて、彼らは信仰の凡ての認識を表に出した。それらについて彼らが持った認識をしかも教義へ変え、またそれを彼らが考案したある種の新しいものの如く「私はエホバの男子を得た」と呼んだ。このように心にしるされたものが科学的な（事実に基づく）ものに為された。

　古代には各々の者は新しいものを名により呼び、またそれらを名が含んだ。このように彼らは叙述した。例えば、イスマエルは、「エホバは、その母の苦しみを聞いた。」ことを意味する。創世記、16-11、ルベンは、「エホバは、私の苦しみを見た。」ことを意味する。創世記、29.32、シメオンは、「エホバは、あなたが高価なものをそこなうことを聞いた。」ことを意味する。同章、33節、ユダは、「この機会から私達はエホバを賛美するであろう。」を意味する。同章、35節、モーセにより造られた祭壇は、「エホバの軍旗」と呼ばれた。出埃及記、17.15、ここでも信仰の教義そのものが「私はエホバの男子を得た」、即ちカインを得たと呼ばれている。

341. 二節、「また、彼女はその兄弟のアベルを産むことで増やした。そしてそれからアベルは羊の群れの羊飼いになり、またカインは大地を耕す者になった。」

　教会の二番目の子は仁愛であり、「アベル」と「兄弟」によって意味されている。「羊の群れの羊飼い」は仁愛の善を行なう者であり、「大地を耕している者」は仁愛なしに行なう者である。どれほど愛から分離した信仰があるにせよ、それは決して信仰ではない。

342. 教会の二番目の子が仁愛であることは、教会が身ごもり、また産むものは、信仰と仁愛よりも他のものでないことから知られることが出来よう。同様のことが、ヤコブによるレアの最初の子供達によって意味され

創世記　第四章　一節　　（337）　*187*

た。ルベンによって信仰が意味され、シメオンによって活動中の信仰が意味され、レビによって仁愛が意味された。創世記、29.32-34、それ故に、更にレビ族が祭司を得、また羊の群れの羊飼いを表象した。仁愛は教会の二番目の子であるので、「兄弟」と呼ばれ、また「アベル」と名付けられる。

343. 「羊の群れの羊飼い」が仁愛の善を行なう者であることは、各々の者に熟知されたことである。なぜなら、これは旧、新聖書の聖言においてよく知られているからである。導き、また教える者は「羊飼い」と呼ばれ、導かれ、また教えられる者は「羊の群れ」と呼ばれている。仁愛の善へ導かない者、また仁愛の善を教えない者は真実の羊飼いではなく、また善へ導かれない者、また善を学ばない者は羊の群れではない。羊飼いと羊の群れがそれらを意味することを聖言から確認することは全く余分なことであるが、しかしそれでもなお、下記のものを記しておこう。イザヤ書において、

「主は、あなたが大地にどれほど種を蒔いても、あなたの種に雨を降らせるであろう。また大地の実りの食物を与えるであろう。…その日、あなたの家畜の群れを広い草地で養うであろう。」30.23、ここでの「大地の実りの食物」は仁愛である。同書において、

「主エホビは羊飼いの如く御自分の羊の群れを養い、御自分の腕に子羊達を集め、また御自分の胸の間で運び、子羊達を穏やかに導くであろう。」40.11、ダビデの書において、

「ヨセフの群れの如く導いているイスラエルの牧者よ、聞け、ケルビムに座っている者よ、輝け、」詩篇、80.1、エレミヤ書において、

「私はシオンの娘を美しい者と優美な者に例えた。羊飼い達は彼女のために行き、またその羊の群れは彼女の天幕を取り巻いて定め、羊飼い達は各々の羊をその場所で養うであろう。」6.2,3、エゼキエル書において、

「主エホビは言われた。私はその永続された時代時代に彼らを人間の群れの如く、神聖な群れの如く、エルサレムの群れの如く増やすであろう。こうして砂漠の大きな町は人間の群れに満ちるであろう。」36.37,38、イザヤ書において、

「アラビアの凡ての羊の群れがあなたのために集められ、ネバヨテ（イシュマエルの長子、或いはその子孫）の雄羊達があなたに仕えるであろう。」60.7、

羊の群れを仁愛の善へ導く者達は「羊の群れを集める者達」であり、これに対して、反対に善へ導かない者達は「羊の群れを追い散らす者達」である。なぜなら、凡ての集まることと結合は仁愛によりあるからであり、また凡ての追い散らすことと分裂は仁愛のないことによるからである。

344. 信仰、即ち信仰の知識、概念、および教義は、結果として人間がその教える如く為されるのでなければ何か？　信仰が教える最も重要なものは仁愛である。マルコ伝、12.28-34、マタイ伝、22.35-40、仁愛が凡ての目的であり、そのために信仰は目指す。もしこれが為されないなら、信仰の知識、即ち教義は言わば無意味なもの以外の何か？

345. 「大地を耕している者」が仁愛のない者であることは、どれほど愛から分離された信仰の中に居るにせよ、それは決して信仰ではないからである。これは「エホバはカインの捧げものに目を留めなかった。」ことから、また「カインがその兄弟を殺した。」こと、即ちアベルによって意味された仁愛を滅ぼしたことから知られることが出来よう。第3章19,23節で言われたことから明らかなように「大地を耕すこと」は形体的なものと地上のものに目を向ける者達である。そこで、「人間は大地を耕すことのためにエデンの庭園から送り出された。」ことが言われた。

346. 三節、「かくて、幾多の日々の終わりにおいて、カインは大地の実からなるエホバへの捧げものを持って来た。」

「日々の終わり」によって時代の進行が意味され、「大地の実」によって仁愛なしの信仰の働きが意味され、「エホバへの捧げもの」によってそこからの礼拝が意味される。

347. 「日々の終わり」によって時代の進行が意味されることは各々の者に知られることが出来よう。

創世記　第四章　三節　　（342）　*189*

この「カイン」と呼ばれる教義は、その発端において素朴なものが内在していた時までは、その後の教義のように不愉快なものが現れなかった。このことはその子を「エホバの男子を得た」と呼んだことから明らかである。従って信仰の発端においてそれほど愛から分離されたものではなかった。なお加えて「終わりの日々において」、即ち時代の進行において信仰の真理の凡ての教義は常の如く愛から分離された。

348.「大地の実」によって仁愛なしの信仰の働きが意味されることは、次に続く箇所からもまた明らかである。というのは、仁愛なしの信仰の働きは本質的に生命のないものであり、何も信仰の働きがないからである。なぜなら、人間の外なるものの働きだけであるからである。このことについてエレミヤ書において次のように記述されている。

　「なぜ、不敬虔な者達の道が繁栄させられるのか？ あなたが彼らを植え、更に彼らは根をつけ、彼らは成長し、また実も結んだ。あなたは彼らの面前において近くに居られるが、しかし彼らの心からは遠くに居られる。…いつまで地は嘆き、また野の凡ての草は枯れているのか？」12.1,2,4、「面前において近くに居られるが、しかし彼らの心からは遠くに居られる。」は仁愛から分離された信仰に居る者達であり、その者達について「地が嘆く」ことが言われている。同書において、更にそれらは「行いの実」と呼ばれている。

　「背きの心は凡ての背きよりも絶望的であり、誰がそれを知るだろうか？ 私エホバは心を調べ、感情の宿る所を調べ、また更に各々の者にその道に従って、その行いの実に従って、与えることを為す。」17.9,10、ミカ書において、

　「地はその住民達の故に、彼らの行いの実のために荒地になるであろう。」7.13、しかし、このような仁愛のない実は決して実ではない、即ち生命のない行いである。またそれは実と根を滅ぼすことがアモス書において、

　「私は彼らの目の前でエモリ人を滅ぼした。そのエモリ人の高さはヒマラヤ杉の如く高く、またその強さはオーク材の如く強い。しかし私はその上の実とその下の根を滅ぼした。」2.9、また、ダビデの書において、

　「あなたは地の間に彼らの実を滅ぼし、また人間の息子達の間に彼らの

種を滅ぼした。詩篇、21.10、

　これに対して、仁愛の行いは生命のあるものであり、それについて「根を下に下ろし」また「実を上に結ぶ」と言われている。例えばイザヤ書において、

　「ユダの家の逃れた者は繰り返して下の根を残され、また実を上に結ぶ。」37.31、「実を上に結ぶこと」は仁愛からあり、このような実は同書において、卓越した実と言われている。

　「その日に、エホバの若枝は優雅に、また高い称賛の中にあるであろう。そして地の実はイスラエルの救出のために卓越と装飾の中にあるであろう。」4.2、また、同書において言われるように、それは救いの実である。

　「天の上からしたたり落ちよ、また天空は正義で満ちよ、その地で覆いを取り、また救いの実を結べ、また共に正義の芽を出すように、私エホバがこれを創造する。」45.8、

349. [1]「捧げもの」によって礼拝が意味されることはユダヤ教会における表象から知られることが出来よう。そこで何であろうと生け贄、更に地の初なり、およびその凡ての実、そのように、初子の供物もまた「捧げもの」と呼ばれ、それらにおいて礼拝が成り立っていた。またそれらの凡てのものは天的なものと主に関係したものを表象したので、それらの捧げものによって真実の礼拝が意味された。このことは各々の者に熟知されたことである。なぜなら、表象するその物なしの表象するものとは何か？　また内なるものなしの外なるものは何か？　もし偶像か生命のないものでなければ何か？　内なるものから、即ち主からの内なるものによって外なるものが生きるのではないか？　それ故、表象の教会の凡ての捧げものは主への礼拝を意味することが明らかである。それらについて主の神的な慈悲により後に続く箇所で個別的に述べよう。

[2]　一般的に「捧げもの」によって礼拝が意味されることは預言者達の書において至る所で知られることが出来よう。例えばマラキ書において、

　「誰がエホバ御自身の降臨の日を耐えるだろうか？ ...銀を溶かしている者、また清めている者が座るであろう。また彼はレビの息子達をきれいにし、彼らを金と銀の如く清めるであろう。そして彼らは正義の中でエホバに

捧げものを捧げている者達になるであろう。更にユダとエルサレムの捧げものは永遠の日と同様に、また古代の年々と同様にエホバに心地よいものになるであろう。」3.2-4、

「正義の中の捧げもの」は内なるものであり、「レビの息子達」、即ち聖なる礼拝者達が捧げるものである。「永遠の日」は最古代教会であり、「古代の年々」は古代教会である。エゼキエル書において、

「私の神聖な山において、イスラエルの高き山において、…イスラエルの凡ての家、その凡ての地で私を尊ぶ。そこで私は彼らに慈悲深くあるであろう。そしてそこで私はあなた達の凡てのものの聖別の中であなた達の進物を受け、またあなた達の初生りの捧げものを受ける。」20.40、

「聖別の中での進物と初生りの捧げものは主から聖別された仁愛を通した行いと同じである。ゼパニヤ書において、

「エチオピアの川を渡って私への礼拝者達は、…私に捧げものを持って来るだろう。」3.10、

「エチオピア」は天的な愛、仁愛、および仁愛の行いを所有する者達として記述されている。

350. 四節、「そして、アベルもまた、その群れの初子からなる、またそれらの脂肪の多いもの（肥えたもの）からなる捧げものを持って来た。そしてエホバはアベルとその捧げものに目を留めた。」

「アベル」によって前のようにここでも仁愛が意味される。「羊の群れの初子」によって神聖なものが意味され、それは主お一人のものである。「脂肪の多いもの（肥えたもの）」によって天的なものそのものが意味され、それもまた主のものである。「エホバはアベルとその捧げものに目を留めた。」は仁愛とそこからの凡ての礼拝は主に喜ばしいものであったことを意味する。

351. 「アベル」が仁愛を意味することは前に示されたのである。仁愛は隣人への愛と隣人への慈悲を意味する。というのは、自分自身そのもののように隣人を愛する者は、彼の苦しむ時、自分自身そのものの苦しむ如く憐れむからである。

352.「羊の群れの初子」によって、主お一人の神聖なものが意味されることは、表象的な教会における初子から知られることが出来る。それらは凡て神聖なものであった。なぜなら、それらはその方だけが神の初子であった主に関係するからである。

愛とそこからの信仰は初子であり、凡ての愛は主の愛であり、また人間の愛のものは少しもないのである。それ故に、主だけが神の初子である。このことは古代教会において「人間と獣の初子」がエホバの神聖なものであったことによって表象されたのである。出埃及記、13.2,12,15、そして、レビ部族は内意において愛を意味し、内意において信仰を意味するルベンとシメオンの後に生まれたが、凡ての初子の代わりに受け入れられ、また祭司職に為された。民数記、3.40-46、8.14-20、ダビデの書において、主について主御自身の神的人間性の本質に関して、凡ての者達の神の初子であることが次のように記述されている。

「彼は私をあなたは私の父なる神、私の神、および私の救いの岩と呼ぶであろう。私もまた彼を初子と為し、地の王達にとって崇高な者と為そう。」詩篇、89.26,27、またヨハネの書において、

「イエス キリスト、死んだ者達からの初子、地の最初の王」黙示録、1.5、礼拝の初子は主を意味すること、これに反し、教会の初子は信仰を意味することにあなたは注意して欲しい。

353.[1]「脂肪の多いもの（肥えたもの）」によって天的なものそのものが意味され、それ故に、主のものもまた意味されるのである。凡ての天的なものは愛のものであり、信仰もまた愛からある時、天的なものであり、それは天的な仁愛である。凡ての仁愛の善は天的なものであり、それらの凡てのものは生け贄における脂肪によって表象されたのである。またその上、肝臓、即ち網膜の上の脂肪によって、腎臓の上の脂肪によって、腸を覆っている、また腸の上の脂肪によって区別して表象されたのである。それらは神聖なものであって、祭壇の上で焼かれたのであった。出埃及記、29.13,12、レビ記、3.3,4,14、4.8,9,19,26,31,35、8.16,25、それ故に、レビ記において、

「エホバの休息としてのパン」と呼ばれている。3.15,16、それ故また、

創世記　第四章　四節　　　（349）　　193

ユダヤの人々に獣からの何かの脂肪を食べないように禁じられた。このことは「幾世代に到るまでの永遠の法令」と呼ばれている。レビ、3.17、7.23.25、これはかの教会が内なるものを承認しないような、まして天的なものを承認しないようなものであったからである。

[2]「脂肪」が天的なものと仁愛の善を意味することは預言者達の書において明らかである。例えばイザヤ書において、

「なぜ、あなた達は食物でないものに銀貨を支払うのか？ またあなた達は充分食べることのないことに労働をかけるのか？ 私に気付くことにあなた達は注意せよ。そしてあなた達の霊魂が脂肪の中で楽しめるように、善を食べよ。」55.2、エレミヤ書において、

「私は祭司の霊魂を脂肪で満たし、また私の民は私の善いもので満ち足らされるであろう。」31.14、ここの脂肪は脂肪が意味されないで、天的な霊的な善が意味されることはダビデの書において明瞭に明らかである。

「彼らはあなたの家の脂肪で満たされ、またあなたの喜びの川で彼らを飲ませる。なぜなら、生命の豊かな泉はあなたと一緒にあり、あなたの光の中で私達は光を見るからである。」詩篇、36.8,9、ここで「脂肪と生命の豊かな泉」は愛の天的なものとして記述され、「喜びの川と光」は愛からの信仰の霊的なものとして記述されている。同書において、

「私の霊魂は脂と脂肪で満たされ、そして私の口は歌の唇で称賛するであろう。」詩篇、63.5、ここで「脂肪」は同様に天的なものとして、「歌の唇」は霊的なものとして記述されている。脂肪が天的なものであることは、「霊魂が満たされる」ことから明瞭に明らかである。初生りそのものは、地の初子であったので、それ故それらは「脂肪」と呼ばれている。民数記、18.12、

[3] 天的なものは無数の種類が存在するので、また更に、無数の形の種類が存在するので、このことは、次のように全般的にモーセが民の前で朗読した詩の中に記述されている。

「あなたはバシャンの息子達の牛のバターと羊の群れの乳、子羊と雄羊の脂肪、また小麦の腎の脂肪と一緒に雄山羊の脂肪、また純粋な葡萄の実の血を飲むであろう。」申命記、32.14、これらのことが何を意味するかは、もし内意によらなければ決して誰も知ることが出来ない。内意

なしに誰も牛のバターが何か、羊の群れの乳が何か、小羊の脂肪が何か、雄羊と雄山羊の脂肪が何か、バシャンの息子達が何か、小麦の腎の脂肪が何か、葡萄の実の血が何かを知ることは出来ない。これらの言葉に内意がなければ「言葉の他に何もない」。しかし、これらの言葉の全体的なものと個別的なものは天的なものの種類と形を意味する。

354.「エホバはアベルとその捧げものに目を留めた」ことは、それらの仁愛とそこからの礼拝が主に喜ばしいことを意味することは前に説明されたのである。またアベルが何かも、捧げものが何かも前に説明されたのである。

355. 五節、「ところがしかし、カインとその捧げものに目を留めなかった。そしてカインの怒りが著しく燃やされ、同時にその顔が沈んだ。」
　「カイン」によって前に言われたように、愛から分離された信仰が意味される。即ち愛から信仰が分離されることが出来るような教義が意味される。「その捧げものには目を留めなかった」は前に説明されたように、その礼拝はエホバに喜ばれなかったことが意味される。「カインの怒りが燃やされた」ことによって、また「その顔が沈んだ」ことによって内的なものが変えられたことが意味される。「怒り」によって仁愛が離れたことが意味され、また「顔」によって内的なものが意味され、それが変えられる時、「沈んだこと」が言われる。

356.「カイン」によって愛から分離された信仰、即ち愛から分離されることが出来るような教義が意味されること、更に「その捧げものに目を留めなかった」ことは、その礼拝がエホバに喜ばれなかったことを意味することは前に示されたのである。

357.「カインの怒りが燃やされた」によって仁愛を離れたことが意味されることは、後に続く箇所に「彼が兄弟のアベルを殺した」ことから知られることが出来よう。アベルによって仁愛が意味される。
　怒りは自己愛の固有性とその欲望に反する凡てのものから結果として生

じる全般的な情愛である。このことは悪の霊達の世界において明瞭に認められる。というのは、そこには主に対する全般的な怒りがあるからである。なぜなら、そこでは誰も仁愛の中に居ないで、憎しみの中に居るからである。何であれ自己愛の固有性とこの世への愛の固有性に好都合でないものには抵抗の精神を燃え立たせ、それが怒りによって現される。

聖言においてエホバについてたびたび、怒り、憤り、そのようにまた激怒が言われているが、しかしこれらは人間のものであるが、しかもエホバに帰せられている。なぜなら、そのように見えるからであり、また前にそれについて言われた理由からである。ダビデの書において次のように、「彼はその鼻の怒りと憤りと激怒と災難を彼らに差し向け、また悪の使い達の煽動することを彼らに差し向けた。彼は怒りの道を傾け、彼らの霊魂を死から遠ざけなかった。」詩篇、78.49.50、エホバはどのような事情の下でも「誰かに怒りを差し向ける」ことはないが、しかし人間が怒りをまさに自分自身からもたらす。また言われるように悪の使い達を差し向けないが、しかし人間が彼らを引き入れる。それ故に、「彼は怒りの道を傾け、彼らの霊魂を死から遠ざけなかった。」ことが付言されている。それ故に、イザヤ書において、

「彼はエホバの方へ行くであろう。そしてエホバ御自身に対して激昂した凡ての者達は恥じるであろう。」45.24、それ故、「怒り」は悪、即ち同じことであるが、仁愛から離れることを意味することが明らかである。

358.「顔が沈むこと」によって内的なものが変化することが意味されることは、「顔」の意味からもまた、そして「沈むこと」の意味からも知られよう。顔は古代人達の許に内なるものを意味した。なぜなら、顔によって内なるものが現れるからである。最古代の時代にもまた顔はこのようなものであって、顔は内なるものと完全に一致していたために、それ故、その結果として誰でも顔から人間の性質、即ち心がどのようなものか認めることが出来たのであった。彼らは考えることと異なって他の顔を見せることを異常なこととして見なした。模倣と欺きは、その当時、忌まわしいものであった。それ故に、「顔」によって内なるものが意味され、顔から仁愛が現れた場合、その時「顔が上げられること」が言われた。こ

れに反し、反対の場合、その時「顔が沈んだこと」が言われた。それ故に、主についてもまた、例えば祝福において「人間の上に顔を上げる」ことが言われる。民数記、6.26、また詩篇、4.6、これによって主が人間に仁愛を与えることが意味される。顔を沈めることが何かはエレミヤ書において明らかである。

「私は憐れみ深いので私の顔をあなた達に対して沈めることはないとエホバは言われた。」3.12、「エホバの顔」は慈悲であり、誰かの上に「顔を上げる」時は、彼に慈悲により仁愛を与えることである。「顔を沈めることが為される」場合、即ち人間に顔を沈める時は反対である。

359. 六節、「そして、エホバはカインに言われた。なぜ、あなたに怒りが燃やされたのか？ なぜ、あなたの顔を沈ませたのか？」

「エホバがカインに言われたこと」は良心が教え示したことであり、「怒りが燃やされた」ことと「顔が沈んだ」ことは前に説明されたように、仁愛が離れ、また内的なものが変えられたことが意味される。

360. 「エホバがカインに言われた」ことは良心が教え示したことは説明の必要がない。前に同様な箇所（219番）で説明されたのである。

361. 七節、「もしあなたが善を行なうなら顔を上げることをしないか？ またもし、あなたが善を行なわないなら、あなたの心の門に罪が寄りかかって、またその罪の願望があなたへ寄りかかっている。そして、あなたはアベルを支配する。」

「もしあなたが善を行なうなら顔を上げること」は、もしあなたが良い気質であるなら、即ちもしあなたの許に仁愛があるならを意味する。「もしあなたが善を行なわないなら、あなたの心の門に罪が寄りかかっている」は、もしあなたが良い気質でなく悪い気質なら、即ちもしあなたの許に何も仁愛がないならを意味する。「その罪の願望があなたへ寄りかかっている。そして、あなたはアベルを支配する。」は、アベルは仁愛があなたの許にあることを欲するが、しかしあることは出来ないことを意味する。なぜなら、あなたはアベルを支配することを欲するからである。

創世記 第四章 六節　（357）　*197*

362. ここでは「カイン」と呼ばれる信仰の教義が記述されている。それは愛から分離した信仰なので、愛の実である仁愛からもまた分離した信仰である。どこでも何かの教会で、もし信仰の一つの部分について考え、それを最も重要なものと為すなら異端が生じる。なぜなら、人間の思考は何かの主題に向ける時、それを他のものに優先するようなものであるからである。特にそれを自分の発明のように空想が解放する時、また自己愛とこの世への愛をふくらませる時、やがて何でもがそれに一致するように為し、またそのようにあることを誓って断言することが通常であるまでも確信する。それでもこの場合、「カイン」と呼ばれた者達が愛よりも信仰を本質的なものと為すに応じて間違った信仰であり、またそのように愛なしに生きたので、自己愛とそこからの空想に一致した間違った信仰である。

363.「カイン」と言われた信仰の教義がどのようなものであったかは、この節の中のその記述から明らかである。この節の中の後に続く箇所で、仁愛が信仰に結び付けられたものであることが出来たこと、しかし仁愛が支配するように結び付けられることが出来たのであって、信仰が支配するように結びつけられることが出来たのではない。それ故に先ず「もし、あなたが善を行なうなら顔を上げること」が言われ、これによって、もしあなたが良い気質であるなら仁愛があることが出来ることが意味される。「善を行なうこと」は内意において良い気質があることを意味する。なぜなら、善を為すことは善を欲することから生じるからである。古代には、行為と意志は一つのものを為しており、行為から意志を認めた。なぜなら、何も見せかけられたものがなかったからである。
　「顔を上げること」は仁愛があることを意味することは、前に顔について「顔が上げられること」は仁愛を持つことであること、また「顔が沈むこと」はその反対であることが述べられたことから明らかである。

364. 二番目の「もし、あなたが善を行なわないなら、あなたの心の門に罪が寄りかかっている」によって、もし、良い気質がないならが意味され、それは何も仁愛がないが、しかし悪があることが意味される。「罪」が「あ

なたの心の門に寄りかかっている」時、悪があることは、悪が近くにあること、また悪が心に入ることを欲することであることは各々の者に知られることが出来よう。というのは、何も仁愛がない時、冷酷と憎しみがあり、それ故に、凡ての悪があるからである。一般的に罪は悪魔として言及され、悪魔、或いはその群れは人間が仁愛なしに居る時、近くに居る。唯一、悪魔とその群れが心の門から逃げ去ることは、主への愛と隣人への愛に居ることである。

365. 三番目の「その罪の願望があなたへ寄りかかっている、そして、あなたは彼（アベル）を支配する。」ことによって、仁愛が信仰の許に存在することを欲するが、しかし存在することが出来ないことが意味される。なぜなら、信仰が仁愛を支配することを欲するからであり、このことは秩序に反しているからである。信仰が支配することを欲する限り信仰はなく、仁愛が支配する時、信仰がある。なぜなら、前に示されたように信仰の最も重要なものは仁愛であるからである。仁愛は熱と光の本質である炎に例えられることが出来る。なぜなら、炎から熱と光があるからである。愛から分離された信仰は炎の熱なしにある光に例えられることが出来る。その時、確かに光はあるが、しかし冬の光である。この冬の光により凡てのものが麻痺し、また死に絶える。

366. 八節、「そして、カインはその兄弟のアベルに言った。そして彼らが野に居た時、またカインはその兄弟のアベルに対して立ち上がって彼を殺した。」
「カインはアベルに言ったこと」は時の流れを意味し、「カイン」によって前に言われたように愛から分離された信仰が意味され、「アベル」によって信仰の兄弟である仁愛が意味される。それ故に、ここでもまた、二度兄弟と呼ばれている。「野」は何であろうと教義であり、「カインがその兄弟のアベルに対して立ち上がって、そして彼を殺した」ことは愛から分離された信仰が仁愛を絶滅したことを意味する。

367. [1] 上記のことは聖言の同様な箇所による説明は必要ないが、ただ

創世記　第四章　八節　　（362）　　199

仁愛は信仰の「兄弟」であり、また「野」は何であっても教義であることだけは説明する必要がある。

　仁愛は信仰の兄弟であることは、信仰の性質、即ち本質から各々の者に知られることが出来よう。それらのものが兄弟であることは、エサウとヤコブによって表象されたものからもまた知られることが出来よう。それ故に、彼らにもまた長子の権利とそこからの支配権について争いがあった。同じく、ユダによるタマルの息子達、ペレツとセラによっても表象された。創世記、38.28-30、そこでもまた、長子の権利について争った。同じく、エフライムとマナセによっても表象された。創世記、48.13,14、そこでも同様に、長子の権利とそこからの支配権について争った。このように他の者達によってもまた表象された。というのは、両方とも、即ち信仰と仁愛は両方とも教会の子（実）であるからである。信仰はこの章の1節のカインの如く「男子」と呼ばれており、また仁愛は「兄弟」と呼ばれている。例えばイザヤ書、19.2、エレミヤ書、13.14、またその他の箇所に、また信仰と仁愛の結合が「兄弟の契約」と呼ばれている。アモス書、1.9、

[2] また、カインとアベルによって意味される事柄もこれに似ており、ヤコブとエサウによっても、これに似たことが為されるように表象された。それは言われたようにヤコブが同様にエサウに取って代わることを欲したことである。このことはホセア書においてもまた明らかである。

　「ヤコブの上にその道の上に罰することのために、彼の行為に従って彼に報いる。彼は母胎の中でその兄弟に取って代わった。」12.3,4、

　これに対してエサウ、即ちエサウによって表象された仁愛が、それでも支配することが、父イサクによる預言の予告から知られる。

　「あなたはあなたの剣の上で生き、またあなたの兄弟に仕えるであろう。そして彼が居てあなたが彼を支配する時、同時に、あなたの首からそのくびきを一掃するであろう。」創世記、27.40、即ち、同じことであるが、エサウによって諸民族の教会、即ち新しい諸民族の教会が表象され、またヤコブによってユダヤ教会が表象された。それ故に何度も、諸民族を兄弟として認めることが言われた。諸民族の教会、即ち最初の教会においては仁愛により凡ての者達もまた「兄弟」と言われた。主により聖言

を聞き、また行なう者達もまた「兄弟達」と呼ばれた。ルカ伝、8.21、

「聖言を聞く者達」は信仰を持つ者達であり、「聖言を行なう者達」は仁愛を持つ者達である。これに反し、聖言を聞く、即ちその信仰を持つことを言うが、ところがしかし聖言を行なわない、即ち仁愛を持たない者達は兄弟達ではない。なぜなら、主は彼らを「愚か者」に例えているからである。マタイ伝、7.24,26、

368.「野」は教義を意味すること、従って何であろうと信仰と仁愛についての教義であることは聖言から明らかである。エレミヤ書において、

「野の私の丘よ、私はあなたの財産と、あなたの凡ての宝庫を利得として与えよう。」17.3、ここで「野」は教義として、「財産と宝庫」は信仰の霊的なもの、即ち信仰の教義の富裕なものとして記述されている。同書において、

「私の野の岩からレバノンの雪がなくなるだろうか？」18.14、シオンについて何も信仰の教義がない時「野の如く耕される」ことが言われている。エレミヤ書、26.18、ミカ書、3.12、エゼキエル書において、

「彼は地の種子から取って、そして野に種を蒔き地面に置いた。」17.5、ここでは教会とその信仰が述べられている。なぜなら、教義が種子により「野」と呼ばれているからである。同書において、

「そして、野の凡ての樹木は、私エホバが低い樹木を高い樹木に為したことを知れ。」17.24、ヨエル書において、

「野は荒らされ、大地は嘆いた。なぜなら、穀物は荒らされ、葡萄の収穫がなくなり、油は奪われたからである。農夫達は恥ずかしくされ、...野の収穫は失われ、野の凡ての樹木は切り倒された。」1.10-12、ここで「野」は教義として、「樹木」は知識（概念）として、「農夫達」は礼拝者達として記述されている。ダビデの書において、

「野とその凡てのものは小躍りして喜び、やがて森の凡ての樹木は歌うであろう。」詩篇、ここでの野は小躍りして喜ぶことは出来ないし、森の樹木は歌うことが出来ないが、しかし人間の許の信仰の知識（概念）のことを言っているのである。エレミヤ書において、

「いつまで地は嘆き、また野の草は枯れているのか？」12.4、同様に、地、

創世記　第四章　八節　　（367）　*201*

野の草は嘆くことは出来ないが、しかし人間の許にあるものが嘆くことであり、また人間の許の荒廃されたものを嘆くことである。同様にイザヤ書において、

「山々と丘々はあなたの前で歌い叫ぶであろう。また凡ての野の樹木は手で拍手するであろう。」55.12、

主もまた時代の完了について予言するその箇所で信仰の教義を野と呼ばれている。

「野に二人の者が居るであろう。一人は取られ、他の者は残される。」マタイ伝、24.40、ルカ伝、17.36、ここではこのように「野」によって間違った信念と真理の両方の信仰の教義が意味されている。なぜなら、「野」は教義であり、更に何かの信仰の種子を受ける者は誰でも野、人間、教会、この世と呼ばれるからである。

369. それ故にこのような事情の下に、「彼らが野に居た時」「カインがその兄弟のアベルに対して立ち上がって彼を殺した」ことが何を意味するかが続く。即ちその時、信仰も仁愛も両方とも教義にあったことが意味され、愛から分離された信仰に何も仁愛を尊重することは出来なかったこと、またそのように仁愛を滅ぼすこと以外出来なかったことが続いて記されている。今日でも通例のように、例え何も仁愛の行いがなくても信仰のみが救うことを言いふらす者達もまた仁愛を滅ぼすことを為す。このように彼らはその仮説そのもので仁愛を滅ぼす。それにもかかわらず彼らは信仰はもし、愛があるのでなければ救わないことを知っており、また口で告白する。

370. 九節、「そして、エホバはカインに言われた。あなたの兄弟のアベルはどこに居るのか？ 同時に、彼は知らない私は私の兄弟の番人だろうか？と言った。」

「エホバはカインに言われた」ことは内的なものからのある種の知覚を意味する。彼（信仰）が仁愛、即ち「兄弟のアベル」について言った「彼は知らない私は私の兄弟の番人だろうか？」と言ったことは、彼（信仰）が仁愛を何も問題としないこと、それに仕えることを欲しないことを意

味する。従って、彼（信仰）は仁愛のものを何でも完全に投げ捨てたことを意味する。彼らの教義はこのようなものに為されたのである。

371. 最古代人達は「主は言っている」によって認識を意味していた。なぜなら、主が彼らに認識することを与えたことを知っていたからである。この認識は愛が最も重要なものであった時を除いて長らく留まることが出来なかった。主への愛が終わった時、またそのように隣人への愛が終わった時、認識も終わった。かくて愛のものが留まるほど、認識もそれだけ留まった。この知覚力は最古代教会の固有のものであったが、しかし、洪水後においてのように信仰が愛から分離された後、仁愛は信仰を通して与えられ、良心が後に続いた。それもまた教え示すが、しかし別な方法で教え示す。それについては後に続く箇所で主の神的な慈悲により述べよう。

　良心が教え示す時も、同様に聖言においてエホバが語ることが言われる。なぜなら、良心は聖言から示されたものと聖言からの知識により形造られるからであり、また聖言が言う時、即ち聖言が教え示す時、主が言われるからである。それ故に、今日でもまた、良心、即ち信仰の事柄について述べられる時、主が語ることを言うよりも普通のことはない。

372. 「番人であること」はユダヤ教会における門の番人と玄関の番人の如く仕えることを意味する。信仰は仕えなければならないことから、仁愛の番人と言われるが、しかし、7節に言われた如く、愛から分離した信仰の教義の原理に従って信仰が支配することを欲した。

373. 十節、「それと同時に、エホバは言われた。あなたは何を行ったのか？あなたの兄弟の血の声が大地から私に叫んでいる。」
　「兄弟の血の声」は仁愛に与えられた暴行を意味し、「血が叫ぶこと」は罪の告発を意味し、「大地」は分派、即ち異端を意味している。

374. [1]「血の声」は仁愛に与えられた暴行を意味することは聖言における多くのものから明らかである。聖言の中で「声」は凡ての非難として

創世記　第四章　九節　　（368）　203

承認され、また「血」は凡ての罪として、特に憎しみとして承認されている。なぜなら、主が言われたように、兄弟へ憎しみを持つ者は、その心で彼を殺すからである。

「昔の者達に、殺してはならない、これに反し殺した者は誰でも裁判にさらされるであろうと言われたことをあなた達は聞いた。しかし、私はあなた達に言う。誰でもその兄弟に無分別に怒る者は裁判にさらされるであろう。誰でもその兄弟につまらない者と言った者は会議にさらされるであろう。誰でもその兄弟に愚か者といった者はゲヘナ（地獄の一種）の火にさらされるであろう。」マタイ伝、5.21,22、これらのものにより憎しみの段階が意味される。憎しみは仁愛に反対であり、また例え行なわなくても、それでもなお、心で行ない、またどこででも、もし出来るなら殺し外なる拘束だけが実行しないように引き止める。それ故に、エレミヤ書においてのように、凡ての憎しみは血である。

「なぜ、あなたは、愛を捜し求めることに向けてあなたの道を善く為すのか？…更に、あなたの服の裾に見つけられた貧しく罪のない者達の霊魂の血がある。」2.33,34、

[2] また、「血」は憎しみであるので、凡ての咎も血である。なぜなら、ホセア書においてのように、凡ての咎の源は憎しみであるからである。

「彼らは偽証することとだますこと、また殺すことと盗むこと、また姦淫を犯すことと強奪することを為し、また血の中に血を浸した。それ故に、地は嘆き、またそこに住んでいる凡ての者は憔悴するであろう。」4.2,3、また、エゼキエル書において、

「あなたは血の都を裁き、またその凡ての忌まわしいものをその都に知らせるのか？…その都は、その真ん中で血をぶちまけている。…あなたはあなたのぶちまけた血によって、それをぶちまけることによって罪のある者に為されたのである。」22.2-4,6,9、ここでは冷酷について述べられている。同書において、

「地は血の審判に満たされており、また都は暴力で満ちている。」7.23、またエレミヤ書において、

「エルサレムの真ん中で正しい者達の血をぶちまけている預言者達の罪の報いとして、その祭司達の咎の報いとして、彼らは血で汚されたエル

サレムの街路の中をやみくもにさまよう。」哀歌、4.13,14、イザヤ書において、

「主が審判の霊と燃える霊によって、シオンの娘達の汚れを清める時、またエルサレムの血をその真ん中からぬぐい去る時、」4.4、同書において、

「あなた達の手のひらは血で汚され、またあなた達の指は咎で汚された。」59.3、エゼキエル書において、

「私があなたのそばを通ってもあなたは気付かない。そして私はあなたの血の中で踏み付けられたあなたを見た。そして私はあなたに言った。あなたの血の中で生きよ、また私は言ったあなたの血の中で生きよ。」16.6、ここでは「血」と呼ばれるエルサレムの忌まわしいことが述べられている。

最後の時の冷酷と憎しみもまた「血」によって黙示録の中に記述されている。16.3,4、血は複数形で言われている。なぜなら、愛から凡ての善と神聖なものが溢れ出る如く、憎しみから凡ての不正と忌まわしいものが噴出するからである。それ故に、隣人へ憎しみを持つ者は、もし出来るなら彼を殺し、またもし、出来るならどこででも彼を殺した。これが「血の叫び」によって、特に意味され彼に暴行をもたらすことである。

375.「声が叫んでいる」と「叫び声」は聖言における通常のきまり文句であり、またそこでの誰かの騒音、騒動、乱暴が各々の事柄に付け加えられている。更にそこでの至福の事柄に付け加えられている。例えば、出埃及記、32.17,18、ゼパニヤ書、1.9,10、イザヤ書、65.19、エレミヤ書、48.3、これは咎めることの事柄に付け加えられている。

376.「血が叫ぶ」ことは罪の告発を意味する。それ故この場合、罪が帰結する。なぜなら、ダビデの書におけるように暴力を使う者達は、罪を持つからである。

「悪は不敬虔な者を滅ぼし、また正しい者達を憎む者達は罪を持つであろう。」詩篇、34.21、エゼキエル書において、

「都は血によって、それをぶちまけたことによって罪ある者と為されたのである。」22.4、

377. ここの「大地」が分派、即ち異端を意味することは、「野」が教義を意味することから明らかである。「大地」はその中に野がある故に、大地は分派である。人間そのものが「大地」であり、そのようにまた、「野」である。なぜなら、人間に教義が蒔かれるからである。人間は善と真理の教義を蒔かれることから善い者と正しい者になり、悪と間違った原理の教義を蒔かれることから悪いものと不正な者になる。何かの教義の中に居る者は、そこから名付けられ、分派、即ち異端の中に居る者もそこから名付けられる。従ってここの「大地」も人間の中の分派、即ち異端として記述されている。

378. 十一節、「また今や、あなたは大地から呪われた者になった。大地がその口を開いてあなたの手からあなたの兄弟の血を受けている。」
　「あなたは大地から呪われた者になった。」は分派により背かされた者に為されたことを意味し、「大地がその口を開いた」は異端が教えたことを意味し、「あなたの手からあなたの兄弟の血を受けている」は仁愛に加えた暴行が仁愛を絶滅したことを意味している。

379. これらのことが意味されることは先行している箇所から明らかである。また「呪われた者」は背かされた者を意味することは前（245番）にもまた示されたのである。なぜなら、咎と憎悪、即ち憎しみは人間を下向きに、即ち形体的なものと地上のものにだけ目を向けるように背かせるからである。そのようにまた、それらは地獄のものである。このことは仁愛が追放の対象になって投げ捨てられ、また絶滅される時に行なわれる。というのは、その時、主と人間を結ぶものが破壊されるからである。仁愛だけが、即ち愛と慈悲だけが主と人間を結合するからである。
　信仰は決して仁愛なしにはない。なぜなら、仁愛なしには信仰が存在しないからであり、信仰は純然たる知識であるからであり、それはどのような悪魔的な集団もまた持つことが出来るからである。彼らはそれによってだますことが出来、正しい者達、また光の天使達を狡猾にまねることも出来る。丁度、最も邪悪な説教者達もまた、時折、熱意と一緒に敬虔な者のようにまねるのが常であるように。それでも彼らの許に口で語

ることを除いて何もない。

　誰でも、記憶の信仰だけが働きかけることが出来ることを信じること、即ちそこからの思考だけが働きかけることが出来ることを信じることほど当てにならない見解であることを知ることが出来るのではないか？　この場合、誰でも自分の経験から誰かの言葉と合意がどのようなものであっても、その時、意志、即ち意図からでなければ何も評価しないことを熟知しているのではないか？

　意志と意図が好ましいことを行い、また一人の者と他の者を結合する。欲することが人間そのものであり、考えることと話すことは欲することではない。人間は欲することから本性と性質を得る。なぜなら、欲することが働きかけるからである。これに対して、もし善を考えるなら、その時、信仰の本質、即ち思考の中の本質は仁愛である。なぜなら、思考の中に善を欲することが内在するからである。しかし、人間が、例え、善を考えることを言っても、もし悪く生きるなら、決して悪を欲することを除いて、それ以外のものを欲することは出来ない。それ故に、何も信仰はないのである。

380. 十二節、「あなたが大地を耕す時、大地はあなたにその力を注ぎ与えることはない。そしてあなたは地の間でさまよい、また逃げるであろう。」
　「大地を耕すこと」はこの分派、即ちこの異端を崇めることを意味し、「あなたにその力を注ぎ与えることはない。」は実りのないことを意味するのである。「地の間でさまよい、また逃げること」は真理と善が何か知らないことを意味する。

381.「大地を耕すこと」はこの分派、即ちこの異端を崇めることであることは、すぐ前に大地について述べられた「大地」の意味から知られよう。「その力を注ぎ与えることはない。」ことは実りのないことであることは、そこから、また言葉そのものから明らかである。更にこの結果として、仁愛なしの信仰を告白する者達は、言われたように信仰を何も告白しないのである。

創世記　第四章　十一節　　（377）　*207*

382. [1]「地の間でさまよい、また逃げる」は、真理と善が何か知らないことを意味することは、聖言の中のさまようことと逃げることの意味から知られよう。例えば、エレミヤ書において、

「預言者達と祭司達は血で汚された街路の中をやみくもにさまよう。それらの街路は清められることが出来ず、衣服に触れる。」哀歌、4.13,14、ここで「預言者達」は教える者達として、「祭司達」は預言者達の教えに従って生きる者達として記述されている。「やみくもに街路の中をさまようこと」は善と真理が何か知らないことを意味する。

[2] アモス書において、

「野の一方の側は雨が降り、またその上に雨が降らなかった側の野は枯れ死んだ。その状況から二つ、三つの大きな町の住民達は水を飲むために一つの大きな町へさまようが、ところがしかし渇きは癒されないであろう。」4.7,8、ここで「雨がその上にある側の野は仁愛からの信仰の教義であり、「その上に雨が降らなかった側の野、即ち区画は仁愛なしの信仰の教義であり、「水を飲むためにさまようこと」は、何かの真理を捜し求めることに似ている。ホセア書において、

[3]「エフライムは激しく打たれたのであり、彼らの根は完全に乾き、実を結ばないであろう。... 私の神は彼らを投げ捨てるであろう。なぜなら、彼らは神御自身に耳を傾けなかったからである。そして彼らは諸民族の間でさまよう者達になるであろう。」9.16,17、「エフライム」はヨセフの長子（注：実際のヨセフの長子はマナセであり、エフライムは弟であるが、エフライムは真理を表象しており、マナセは善を表象しており、実際の長子は善であるが、外観上の長子は真理であるので真理であるエフライムを長子としている。3325番参照）なので真理の理解、即ち信仰として、「根が完全に乾いたこと」は、仁愛である実を結ぶことが出来なかったこととして記述されている。「諸民族の間でさまよった」は真理と善を知らないことである。エレミヤ書において、

[4]「あなた達はアラビアに向かって上れ、また東の息子達を荒らして逃げよ、あなた達は大いにさまよいハゾルの住民達と一緒に住むために自分達自身を深淵の中に降ろした。」49.28,30、「アラビアと東の息子達」は天的な富、即ち愛の天的な富の享受として、更に、それらの荒廃されたもの

について「逃げることとさまようこと」、即ち逃げる者達とさまよう者達であることが言われる。その時、彼らは何も善の享受を受けない。また「ハゾルの住民達」について、即ち信仰の霊的な富を所有している者達について、「自分達を深淵の中へ降ろすこと」、即ち滅びることが言われる。イザヤ書において、

「あなたの凡ての支配者達は共にさまよい、弓のために巻きつけられた者達であり、遠くに逃げた。」22.3、ここでは幻の谷について、即ち仁愛なしに信仰が存在することについて述べられている。「さまよう者と逃げる者」、即ち真理と善のことを何も知らないことから、仁愛からの信仰を除いた信仰を認める者が、後に続く14節において述べられている。

383. 十三節、「かくしてカインはエホバに言った。私の咎は取り去られることが出来ないほど大きい。」

「カインはエホバに言った」は内なるものの何らかの苦痛により悪の中に居ることの或る種の告白を意味し、「私の咎は取り去られることが出来ないほど大きい。」は、そこからの絶望を意味する。

384. ここから、カインの中に善の何かのものが存続したことが明らかである。しかしその後、凡ての仁愛の善が滅んだことはラメクから知られよう。そのラメクについては19,23,24節で述べよう。

385. 十四節、「見よ今日、あなたは私を大地のおもての上から私を追い出した。そして私はあなたの顔から隠れよう、そして地上の間をさまよい、また逃げるであろう。そして私を見つける凡ての者が私を殺すであろう。」

「大地のおもての上から追い出されること」は教会の凡ての真理から分離されることを意味し、「あなたの顔から隠されたこと」は愛の信仰の凡ての善から分離されることを意味し、「地の間でさまよう者と逃げる者であること」は真理と善が何か知らないことを意味し、「私を見つける凡ての者が殺したであろうこと」は、凡ての悪と間違った信念が彼を殺すであろうことを意味する。

386.「大地のおもての上から追い出されること」が教会の凡ての真理から分離されることは、「大地」の意味から知られよう。大地は正しい意味においては教会、即ち教会の人間である。それ故、前に言われた如く何であろうと教会が教える真理である。言葉の意味の属性の割り当ては主題により為される。それ故に、不正の信仰、即ち分派、即ち異端を教える者もまた「大地」と呼ばれる。従ってここの「大地のおもてから追い出されること」は、もはや教会の真理の中に居ることがないことを意味する。

387.「エホバの顔から隠されたこと」が、愛の信仰の凡ての善から分離されることを意味することは、「エホバの顔」の意味から知られよう。「エホバの顔」は、前に述べられたように慈悲であり、その慈悲から愛の信仰の凡ての善がある。それ故に、信仰の善がここに「顔」によって意味されている。

388.「地の間にさまよう者と逃げる者であること」は、前に述べられた如く真理と善を知らないことである。

389.「私を見つける凡ての者が殺すであろう」ことは、凡ての悪と間違った信念が信仰を滅ぼすであろうということである。このことは続きの箇所から帰結される。というのは、それには次のような事情があるからである。人間が自分自身から仁愛を剥奪する時、やがて自分自身を主から分離するからである。仁愛のみ、即ち隣人への愛と慈悲のみが人間を主に結合し、仁愛なしには主との分離がある。主との分離がある時、やがて自分自身に、即ち自分固有のものに置き去りにされた者になる。その時、何であろうと間違った原理を考え、また何であろうと悪を欲する。これらのことが人間を殺すこと、即ち人間が何も主の生命のものを持たないように為すことである。

390.間違った信念と悪の中に居る者達は、殺されることの恐怖の中に間断なく居ることがモーセの書において記述されている。
　「そして、あなた達の地は荒野に、またあなた達の都市は砂漠になるで

あろう。私はあなた達の間で残された者達を彼らの敵達の中で心の中に臆病を引き起こそう。また葉のすれる音が彼らを悩まし、また彼らは剣を忌避して逃げるであろう。そして彼らは誰も攻撃している者がいないのに倒れ、また誰でも剣の前でのようにその兄弟によって躓き、また誰も攻撃している者が居ないのに躓くであろう。」レビ、26.33,36,37、イザヤ書において、

「不誠実な者達は不誠実に行い、また不誠実な者達の不誠実が不誠実に行なう。そして恐怖の声により逃げている者は抗の中へ落ち、また抗の中央から上っている者は罠に捕えられるであろう。…彼の罪は彼の上で重いものになり、そのために彼は倒れ、そして起き上がることを繰り返さないであろう。」24.16-20、エレミヤ書において、

「見よ、あなたの上に恐怖をもたらしている者が、…あなた達はあなた達の周囲の凡ての者達により追い払われるであろう。さまよっている者を各々のその顔によって集める者は居ないであろう。」49.5、イザヤ書において、

「私達は馬に乗って逃げようと言った。それでそのためにあなた達は逃げるであろう。また私達は速い馬に乗ろうと言った。そのために、あなた達を追跡している者達はすばやい者達にされるであろう。一人の者が公然と叱ることにより一千人の者達が逃げ、五人の者達が公然と叱ることによりあなた達は逃げるであろう。」30.16,17、聖言の中のここの箇所と他の箇所の間違った信念と悪の中に居る者達は、殺されないように逃げることと恐れることが記述されている。凡ての者に比較して彼らに恐怖が内在する。なぜなら、誰も彼らを守らないからである。悪と間違った信念の中に居る各々の者は隣人へ憎しみを持つ故に、彼らの各々の者は他の者を殺すことを欲する。

391. 間違った信念と悪の中に居る者達が凡ての者達を恐れることは、他生における悪の霊達から申し分なく知られることが出来よう。凡ての仁愛を自分達自身から剥奪したような者達はさまよい、また逃げる。彼らはどこへでも行くが、もしどこかの社会に行くなら、その社会の者達は最初の接近により彼がどのような者であるかを認める。他生においてこの

創世記　第四章　十四節　　（386）　　211

ような知覚が与えられ、彼らを追い払うだけでなく、更に彼らを激しく懲らしめる。それどころか、もし実行出来るなら殺すことのほどまでの意向がある。悪の霊達は一人が他の者を互いに懲らしめることと苦しめることに最大限の楽しみを与えられ、その中に彼らの楽しみの最高のものが起こる。

これは今なお秘義であり、それは間違った信念と悪そのものが原因である。なぜなら、誰でも他の者へ欲することは自分自身に帰るからである。というのは、間違った信念と悪はそれら自身の中に間違った信念と悪の刑罰を持つからである。それ故に、罰の恐怖も持つ。

392. 十五節、「ところがしかし、エホバは彼に言われた。そのために、カインを殺す凡ての者は七倍に報復されるであろう。そしてエホバは彼を見つけた者が誰も彼を打ち殺さないようにカインにしるしをつけた。」

「カインを殺す凡ての者は七倍に報復されるであろう。」ことは、信仰を害することを意味し、このように愛から分離された信仰も極めて神聖なものであったことを意味する。「エホバは彼を見つけた者が誰も彼を打ち殺さないようにカインにしるしをつけたこと。」は、主がその信仰を特別な方法で区別し、それが保護されたことである。

393. 上記の聖言の内意の中で意味されることが説明される前に、信仰と一緒にあるその状況がどんな状態かが知られなければならない。

最古代教会は、もし愛からの信仰でなければ決して信仰を承認せず、信仰と呼ぶことですら欲しなかったほどのようなものであった。なぜなら、彼らは信仰の凡てのものを主からの愛によって認めたからである。天的な天使達もまたこのような者達であり、このことについては前に述べられた。

しかし、人類はこのようなものであることが出来なかったので、また主への愛から信仰を分離したことで、また信仰から特異な教義を作ったことで、更にそれもまた愛から分離されたために備えられたのである。しかしそれでもなお、以下のように信仰によって、即ち信仰の知識によって、主から仁愛を受けた。それ故、知識として、即ち聞くこととしての信仰

が先行した。そして知識によって、即ち聞くことによって主から仁愛が与えられた。即ち隣人への愛と慈悲が与えられた。

それらの仁愛は信仰から引き離されないものであっただけでなく、更に信仰の最も重要なものを構成した。そしてやがて最古代教会の許にあった認識に代わって良心が後に続いた。その良心は仁愛に接合された信仰によって得られ、真理が何かではなく、それが真理かどうか、またこれが真理かどうかを教え示す。なぜなら、主が聖言においてそのように語っておられるからである。洪水後の諸教会は大部分このようなものに為され、主の降臨後の初期の、即ち最初の教会もこのようなものであった。霊的な天使達はその良心において、天的な天使達から区別される。

394. このような事情の下に、良心が後に続くことが予見され、また人類が死ぬことで永遠に失われないように備えられたので、「誰もカインを害しない」ことが言われている。カインによって愛から分離された信仰が意味される。また「彼に与えられたしるし」、即ち主が信仰を特別な方法で区別したことは、信仰が保護されたことを意味する。これらのことは、今まで決して明かされたことのない秘義であり、またこれらはマタイ伝において結婚について、また去勢された者について主により話されたことによって意味されたのである。

「母の胎からこのように生まれた去勢された者達が居り、また人間達により去勢された者達に為された去勢された者達が居り、また神の王国のために自分達自身を去勢された者達に為す去勢された者達が居る。これらを受けることが出来る者は受けよ。」19.12、天的な結婚の中に居る者達は「去勢された者達」と言われ、「母胎から去勢された者達に生まれた者達」は天的な天使達の如き者達であり、「人間達に去勢された者達に為された者達」は霊的な天使達の如き者達であり、「自分達自身を去勢された者達に為す者達」は天使的な霊の如くある。この者達は仁愛によってこのような者になるのではなく、服従からこのような者になるのである。

395. [1]「カインを殺す凡ての者は七倍に報復されるであろう」ことは、信仰を害することを意味し、このように愛から分離された信仰も極めて

神聖なものであったことは、「カイン」の意味が愛から分離された信仰であり、また「七」の意味が極めて神聖なものであることから知られよう。

　熟知されているように、七から成る数は神聖な状態である。創造の六日の結果として、また第七日は天的な人間であり、その者の中に平安、静寂、安息日がある。それ故、ユダヤ教会における儀式に七から成る数があれほど頻繁に用いられ、また神聖な状態として至る所で用いられた。それ故、期間はそれらの間隔が長い期間も、短い期間も七つに分けられ、またそれらは「週」と呼ばれた。例えば、長い期間の間隔は来るべきメシアに用いられた。ダニエル書、9.24,25、また七年の期間がラバンとヤコブにより週と呼ばれている。創世記、29.27,28、それ故に、七から成る数が神聖なものとして至る所で用いられ、或いは極めて神聖なものとして見なされた。ダビデの書において、

　「私は日に七度あなたをほめる。」詩篇、119.164、イザヤ書において、

　「月の光は太陽の如く、また太陽の光は七つの日の光の如く七倍になるであろう。」30.26、ここで「太陽」は愛であり、「月」は愛からの信仰であり、それは愛の如くなるであろう。

[2] 言わば、人間の再生の期間が第七（日）、即ち天的な人間に先んじて六つに区別されている。次のように天的なものが何も残らないまでの荒廃の期間もまたユダヤ人達の複数の捕囚によって、また最後のバビロニアへの捕囚によって表象された。それは七代、即ち七十年であった。また、地はその安息日には休んだことが何度か言われた。更に、ダニエル書においてネブカドネザルによって

　「彼の心は人間の心から変えられ、また獣の心が彼に与えられるであろう。その時、七つの期間が彼の上に変えられるであろう。」4.16,23,32、

　ヨハネの書において最後の時の荒廃について、

　「私は天において大きくて奇妙な他のしるしを見た。七人の天使達が最後の七つの災難を持っていた。」黙示録、15.1,6,7、

　「彼らは聖なる都を四十二ヶ月、即ち七の六倍の月々踏み付けるであろう。」黙示録、11.2、同書において、

　「私は七つの封印で封印され内側と背後から書かれた書物を見た。」黙示録、5.1、このことから罰の重さと罰が増大することが七から成る数によ

って述べられた。例えばモーセの書において、

「もし、このために私に耳を傾けなかったなら、私はあなた達の罪のためにあなた達を罰することを七倍増やそう。」レビ、26.18,22,24,28、

「私達の隣人達に彼らのふところへ七倍のものを返したまえ。」詩篇、79.12、それ故にここの場合、言われたように信仰は役にたったので、また信仰を害することは不可侵なものなので、「カインを殺した者は七倍報復されるであろう。」ことが言われている。

396. [1]「エホバがカインに誰も彼を打ち殺さないようにしるしを付けた。」ことは、主が特別な方法で信仰を区別し、その信仰を保護されたことを意味することは「しるし」の意味、また誰かに「しるしを付けること」の意味が区別することであることから知られよう。例えば、エゼキエル書において、

「エホバは言われた、… 都の真ん中を、エルサレムの真ん中を貫いて通り過ぎよ、また凡ての忌まわしいものの上で嘆いている、また溜め息をついている男達の額の上にしるしを付けよ（即ち表示せよ）。」9.4、ここで「額に表示すること」は、額の上にしるし、即ち線を表示することを意味しないが、しかし他の者達から区別することを意味する。ヨハネの書においても同様に、

「彼らは額の上に神のしるしを持っていない人間達を危害で苦しめた。」黙示録、9.4、ここで「しるしを持つこと」もまた区別することとして意味される。

[2] 烙印もまたしるしと呼ばれている。同書において、

「手の上と額の上に烙印を置くこと」黙示録、14.9、これらのことが意味したことは、ユダヤ教会では重要で主要な戒めを手と額の上に結び付けることによって表象した。このことについてモーセの書において、

「イスラエルよ、聞け、私達の神エホバは一人のエホバである。あなたはあなたの神エホバをあなたの凡ての心で、また凡ての霊魂で、また凡ての力で愛さなければならない。… またそれらの戒めがあなたの手の上に、また両目の間で護符としてあらねばならない。」申命記、6.4,5,8、11.13,18、このことによって、愛についての戒めを他の凡ての戒めに対

創世記　第四章　十五節　　（395）　*215*

して区別したことが表象された。それ故に、手と額にしるしを付けることが何を意味するか明らかであろう。

［3］イザヤ書において、

「私は凡ての諸民族と言語を集めることのために来ている者である。そして彼らは来て私の栄光を見るであろう。また私は彼らの中にしるしを置こう。」66.18,19、また、ダビデの書において、

「あなたのしもべにあなたの力により、私に配慮し、また私を哀れみ給え、またあなたの下女の息子を救い給え。善としてのしるしを私の下に提示し給え、そして私を憎む者達は見よ、また恥じよ。」詩篇、86.16,17、これらから、今や「しるし」が何か知られよう。それ故に、誰もカインと呼ばれる或る者に何かのしるしが置かれたと考えてはならない。なぜなら、聖言の内意は文字通りの意味と比べて、完全に異なった意味を含むからである。

397. 十六節、「そして、カインはエホバの顔から離れ、エデンの東に向かってノドの地に住んだ。」

「カインはエホバの顔から離れたこと」は愛の信仰の善から分離されたことを意味し、「ノドの地に住んだこと」は真理と善の外に居ることを意味し、「エデンの東に向かって」は知的な心の近くにを意味し、それ以前には、愛の心の近くに居た。

398. 「エホバの顔から出ること」は愛の信仰の善から分離されることを意味することについては、前の14節と比較して見よ。「ノドの地に住んだ」ことは、真理と善の外に居ることを意味することは、「ノド」の言葉の意味から知られよう。「ノド」はさまよう者と逃げる者が居る所である。またさまよう者と逃げる者が真理と善に居ることを奪われた者であることは、前の箇所に認められる。

「エデンの東に向かって」は知的な心に従って居ることを意味し、それは前には愛が優勢であった。更に、それは理性的な心に従ってを意味し、それは前には、仁愛が優勢であった。これらのことは前に「エデンの東」の意味について、即ち「東」は主であり、「エデン」は愛であることが言

われたことから知られよう。

　最古代教会の人々において、心は意志と理解が構成し一つのものであった。というのは、そこで意志が凡てのものであったからであり、それ故その結果として、理解は意志のものであったからである。その理由は、心が意志の愛と理解の信仰の間で区別されなかったからである。なぜなら、愛が凡てのものであって、また信仰は愛の信仰であったからである。しかし愛から信仰が分離された後、「カイン」と呼ばれた者達の許におけるように、もはや意志は何も優勢でなかった。しかし、理解が意志に代わって、即ち信仰が愛に代わって、理解が心の中で優勢であったので、「エデンの東に向かって住んだ」ことが言われる。というのも今しがた言われたように、信仰が区別されたからである。即ち「しるしが付けられた」からである。結果として、人類の必要のために信仰が保護された。

399. 十七節、「そして、カインはその妻を知った。かくして彼女は身ごもってエノクを産んだ。また彼は大きな町を建てた。そして彼はその大きな町の名を自分の息子の名に従ってエノクと呼んだ。」

　「カインはその妻を知った。かくして彼女は身ごもってエノクを産んだこと」は、分派、即ち異端を意味し、それ自身からエノクと呼ばれる他の異端を作り出したことを意味する。「建てられた大きな町」によって、凡ての教義の事柄とそこからの異端が意味される。なぜなら、分派、即ち異端はエノクと呼ばれるからである。このことが「大きな町の名は息子の名に従ってエノクと呼ばれたのである」と言われている。

400. 「カインはその妻を知った。かくして彼女は身ごもってエノクを産んだ」が、それ自身からエノクと呼ばれる他の分派、即ち異端を作り出したことを意味することは、先行する箇所から、更に第一節の「人間とその妻エバはカインを産んだ」ことから明瞭に帰する。このようにそれらの異端は続き、身ごもられたものと出産に同様なものである。教会の教義も異端の教義も系図に立っていた。なぜなら、それらを同様に持つからである。異端に得られた一つの教義から、多数の教義が起こる。

創世記　第四章　十六節　　（396）　*217*

401. 異端とその凡ての教義、即ち異端の教義は「エノク」と呼ばれたことは、名前がそこから始められたもの、即ち伝授された教えを意味することからもまた多少知られよう。

402. [1]「建てられた大きな町」によって、凡ての教義の事柄と、そこからの異端の事柄が意味されることは、聖書の至る所に何かの大きな町の名前が出て来る聖言から知られよう。そこの聖言の箇所で大きな町によって、決して大きな町は意味されないが、しかし異端の何らかの教義の事柄が意味されている。なぜなら、天使達は大きな町が何か、また大きな町の名が何か全く知らないからである。

　天使達は、決して大きな町の考えを持たないし、持つことも出来ないが、しかし、それが何を意味するかだけを理解する。なぜなら、前に示されたように、天使達は霊的な考えと天的な考えの中に居るからである。例えば「聖なるエルサレム」ともまた呼ばれる「聖なる都」によって、全般的なものの中で主の王国を、或いは個別的なものの中で各々の者の中の主の王国を除いて他のものは何も理解しない。「大きな町、或はシオンの丘」によっても同様である。シオンの丘によって信仰の天的なものを理解し、聖なるエルサレムによって信仰の霊的なものを理解する。

[2]　そして、天的なものそのものと霊的なものそのものが都、宮殿、家、城壁、城壁の土台、砦、門、閂、また中央にある神殿によってもまた記述されている。例えば、エゼキエル書第48章、黙示録の中の21.15、から終わりまで、同章2,10節に聖なるエルサレムと呼ばれている。エレミヤ書の許に31.38、ダビデの書の許に「神の都、至高者の聖なる住みか」詩篇、46.4、エゼキエル書において「大きな町は、そこにエホバは居られる」と呼ばれる。48.35、このことについてイザヤ書において、

　「外国人の息子達があなたの城壁を築き、あなたを退けている凡ての者達があなたの両足の裏に自分達自身をかがめるであろう。そしてあなたをエホバの都、イスラエルの聖なるシオンと呼ぶであろう。」60.10,14、ゼカリヤ書において、

　「エルサレムは真実の都と呼ばれ、またシオンの丘、敬虔な山と呼ばれるであろう。」8.3、ここで「真実の都、即ちエルサレム」は信仰の霊的な

ものを意味し、「敬虔な山、即ちシオン」は信仰の天的なものを意味する。このように信仰の天的なものと信仰の霊的なものが大きな町によって表象されたのである。従って、「ユダとイスラエルの大きな町」によって凡ての教義の事柄が意味されたのである。更に、それらのものが呼ばれる時、それらが特に何かの教義の事柄を意味するが、しかし、何を意味するかは、もし内意によるのでなければ誰も知ることが出来ない。

[3] このように「大きな町」によって教義の事柄が意味されたのである。更に「大きな町」によって異端の教義の事柄も意味されたのであり、またそれらが呼ばれる時、特に何かの異端の教義の事柄もまた意味する。このような事情の下に、「大きな町」は一般的に教義の事柄、或いは、異端の教義の事柄だけを意味することは、後に続く箇所から知られることが出来よう。イザヤ書において、

[4] 「その日、エジプトの地における五つの大きな町は、カナンの言語で話し、また万軍のエホバに誓うであろう。大きな町が一つになり相続人と言われるであろう。」19.18、ここでは、主の降臨の時の霊的な、また天的な知識について述べられている。同書において、

「全くの混乱に騒ぎ立てている大きな町、沸き立つ大きな町」22.1,2、ここでは、幻の谷、即ち幻想について述べられている。エレミヤ書において、

「南に閉ざされ、開いていない大きな町がある。」13.19、ここでは、「南に居る」、即ち真理の光の中に居る者達について、その光を消す者達について述べられている。同書において、

「エホバは、シオンの娘の城壁を破壊することを考えられた。彼は外堡と城壁を嘆くことを為し、それらを同時に無力なものに為す。その門は地の中へ沈み、その閂を損なって壊した。」哀歌、2.8,9、ここでは、誰でも「城壁、堡塁、閂、門」によって教義の事柄を除いて意味されないことを認めることが出来よう。イザヤ書において、

「この聖歌がユダの地で歌われるであろう。私達に力強い大きな町、救いが城壁と堡塁を設ける。誠実を守っている正しい民族が入るためにあなた達は門を開けよ。」26.1,2、同書において、

「私はあなた（エホバ）をほめたたえ、あなた（エホバ）の御名に告白しよう。...あなたは大きな町をがれきの堆積として地面に晒し、堡塁で囲

創世記　第四章　十七節　　（401）　　*219*

まれた大きな町を廃墟として地面に晒した。他国人達の宮殿に関しては永遠に建てられない。それ故に、たくましい民があなた（エホバ）を尊び、恐ろしい諸民族の居る大きな町があなた（エホバ）を恐れるであろう。」25.1-3、ここでは、どこかの大きな町については述べられていない。バラム（占い師）の預言の中で、

「エドムの地（モアブの南からアラバのアカバ湾まで）は相続地となるであろう。…また彼はヤコブの間で支配するであろう。また彼は大きな町の間に残されたものを滅ぼすことを行なうであろう。」24.18,19、ここでの「大きな町」は大きな町を意味しないことを各々の者は認めることが出来よう。イザヤ書において、

「住民が入らないように、無益な大きな町が壊され、凡ての家が取り囲まれたのである。街路において葡萄酒のためにどよめきがある。」24.10,11、ここの「無益な大きな町」は無益な教義として、ここ、また他の箇所の「街路」は間違った信念、或いは真理を意味する。ヨハネの書において、

「第七の天使が香炉を注いだ時、偉大な大きな町は三つの領域に砕かれ、また諸民族の大きな町は倒れた。」黙示録、16.17,19、各々の者は「偉大な大きな町」は異端の教義であり、また「諸民族の大きな町」も同様であることを知ることが出来よう。この偉大な大きな町はヨハネが見たその女であることもまた説明されている。黙示録、17.18、「女」はこのような教会であることが前に示されたのである（252-255番）。

403. これらから「大きな町」が何を意味するか知られよう。しかし、凡てのことが歴史的に関連付けられたので、文字通りの意味の中に居る者達は、文字通りの意味によりカインはアダムの最初に生まれた者であったとは言え、地は既に大勢の者達が居たことが、更に明らかであったとしても、カインにより建てられた大きな町、またそれがエノクと呼ばれたことを除いて異なって認められることが出来ない。この歴史の続きものを文字通りの意味自体に持つが、しかし、前に言われたように、最古代人達は凡てのことを表象の形によって歴史的に関連付けることが習慣であって、このことが彼らに最高の楽しいものであった。その時、あたかも彼らに凡

てのものが生きているように認められたのである。

404.十八節、「そして、エノクにイラデが産まれ、またイラデはメフヤエ
ル産み、またメフヤエルはメトサエルを産み、そしてメトサエルはラメ
クを産んだ。」

　これらの凡ての名前は「カイン」と呼ばれた最初の異端から引き出され
た諸々の異端である。また、それらについて名前以外何も明らかでない
ので、何かを言うことは必要ではない。名前の派生物から何かが教示さ
れることが出来よう。丁度、「イラデ」が大きな町から伝わる何かを意味
するように、そのようにエノクと呼ばれる異端から伝わる何かを意味する、
その他。

405.十九節、「そして、ラメクは自分自身に二人の妻達を得た。一人の名
はアダ、またもう一人の名はチラであった。」

　カインから六番目の順の者である「ラメク」によって、もはや信仰が何
もない荒廃が意味され、「二人の妻達」によって新しい教会の始まりが意
味され、「アダ」によって、その教会の天的なものと霊的なものの母が意
味され、「チラ」によって、その同じ教会の自然的なものの母が意味される。

406.「ラメク」によって荒廃、即ち何も信仰がないことが意味されることは、
後に続く23,24節で「彼は自分の傷のために男を殺し、また自分の打ち傷
のために子供を殺した。」と言われていることから知られることが出来よう。
そこで「男」によって信仰が意味され、「子供」、即ち少年によって仁愛
が意味される。

407.教会は一般的に時代の進行により信仰の真理から離れ、最後には信仰
の真理が何もないまでも信仰の真理を放棄するような性質をそれ自身に持つ。
何も信仰の真理がない時、荒廃されたことが言われる。

　このように「カインの末裔」と言われた者達の許の最古代教会の下で、
信仰の真理を放棄するような性質を持った。このように洪水後の古代教
会の下にもまた信仰の真理を放棄するような性質を持ち、このようにユ

創世記　第四章　十八節　　（402）　　*221*

ダヤ教会の下にもまた信仰の真理を放棄するような性質を持った。ユダヤ教会は主の降臨の時、主について彼らを救うために来るだろうこと、まして主御自身への信仰について何も意義あるものを知らなかったほど荒廃されたものであった。

　このように主の降臨後の初期の教会の下にもまた信仰の真理を放棄するような性質を持ち、その教会は今でも何も信仰がないほど荒廃されたものである。それでも常に教会の核は誰かが保たなければならないが、しかし信仰に関して荒廃された者達は教会の核を保つ者を承認しない。同様に最古代教会から洪水に至るまでも残った残されたものもまた、洪水後に持続され「ノア」と呼ばれる教会に残された。

408. 教会がもはや何も信仰がないほど荒廃された時、その時、初めて新しい教会になり始める。即ち聖言の中の光が輝き出て、それが「朝」と呼ばれる。新しい光、即ち朝は教会が荒廃された時を除いて、前以て輝き出ない理由は、信仰のものと仁愛のものが、けがれたものに混ぜられたものであり、また混ぜられたものである間は、決して光、或いは仁愛の何か意義あるものが入り込むことが出来ないからである。なぜなら、毒麦が凡ての善い種子を害するからである。

　これに対して、何も信仰がない場合は、その時もはや、信仰が冒涜されることが出来ない。なぜなら、信仰について言われることを信じないからである。前に言われたように、承認しない者と信じない者は、知っているだけで冒涜することが出来ない。丁度今日、基督教徒達の間に生きるユダヤ人達のように、彼らは異なって出来ない、なお加えて、彼らは主が基督教徒達によりメシアとして承認されていることを知っており、メシアを待ち、また今なお待つが、しかし冒涜することが出来ない。なぜなら主を承認しないし、また信じないからである。同様に、主について聞いたイスラム教徒達と異邦人達も冒涜することが出来ない。これが主はユダヤ教会が主を何も承認しなかった、また信じなかった前にこの世に来られなかった理由である。

409. 同様に、時代の流れにより荒廃された「カイン」と呼ばれた異端によ

ってもその事柄を持った。なぜなら、それは確かに愛を承認したが、しかし信仰を最も重要なものと為し、また愛に優先したからである。これに対して、そこから引き出された異端は、それから少しづつ離れて六番目の順の「ラメク」は信仰もまた完全に否定した。この状態が起こった時、やがて新しい光、即ち朝が輝き出し、そして新しい教会に為された。それはここでラメクの妻達と呼ばれ「アダ」と「チラ」と呼ばれている。

ラメクの妻達には、何も信仰の真理がなかったと言われる。丁度、ユダヤ人達の内なる教会と外なる教会のように何も信仰の真理がなかった。ユダヤ人達の教会もまた聖言において妻達と呼ばれている。更に、ヤコブの二人の妻達の「レア」と「ラケル」によっても、そのことが表象された。彼女達の「レア」は外なる教会を表象し、また「ラケル」は内なる教会を表象した。それらの教会は、例え二つのものに見えても、それでもなお一つの教会である。なぜなら、外なるもの、即ち表象するものは内なるものなしには、或る種の偶像的なもの、即ち生命のないものを除いて何も存在しないからである。これに対して、内なるものが外なるものと一緒の教会は、ここの「アダとチラ」の如く、実際にまた同じ一つの教会を構成した。しかし、ヤコブ、即ちヤコブの子孫達はラメクの如く何も信仰の真理がなかったので、また教会はそこに存続することが出来なかったので、不誠実ではないが、無知の中で生きた諸民族に移された。

例え、どのような事情の下でも、荒廃された時、自分達の許の真理を持つ者達に教会が存続するであろうことは滅多にない。しかし、全く何もそれらについて知らない者達に教会が移される。なぜなら、この何も知らない者達は、かの真理を持つ者達よりも、よりたやすく信仰を受け入れるからである。

410. 二種の荒廃があり、それらの第一のものはユダヤ人達のように、また今日の基督教徒達のように知るが、しかるに知ることを欲しない、即ち見るが、しかるに見ることを欲しない者達にある。それらの第二のものは、異邦人達のように、また今日の異教徒達のように何も知らない者達、即ち気付かないので何も見ない者達にある。知るが、しかるに知ることを

創世記　第四章　十九節　　（407）　*223*

欲しない、即ち見るが、しかるに見ることを欲しない者達の許に、荒廃
の状態が最後である時、やがて新しい教会が起き上がるが、しかし彼ら
の許ではなく、彼らが異邦人達と呼ぶ者達の許に起き上がる。このよう
に洪水前にあった最古代教会の下に為され、このように洪水後の古代教
会の下に為され、このようにユダヤ教会の下に為された。

このことの理由は、言われたようにその時、最初の新しい光が輝き出るか
らである。なぜならその時、もはや啓示されるものを冒涜することが出来
ないからである。なぜなら、真理を承認せず、また信じないからである。

411. 荒廃の状態の最後のものが、新しい教会が起こることが出来る前にあ
ることが余儀なくされることは、主により預言者達の許にたびたび言わ
れている。またそこで、信仰の天的なものに関することは荒廃（vastatio）
と呼ばれ、また信仰の霊的なものに関することは廃墟（desolatio）と呼ば
れ、更に完了（consummatio）と破壊（excisio）と呼ばれる。例えば、イ
ザヤ書において、6.9,11,12、24.1、から終わりまで、23.8、から続き、
42.15-18、エレミヤ書において、25.1、から終わりまで、ダニエル書に
おいて、8.1、から終わりまで、9.24、から終わりまで、ゼパニヤ書にお
いて、1.1、から終わりまで、申命記において、32.1、から終わりまで、
黙示録において、第15章、第16章、またその続きに記述されている。

412. 二十節、「そして、アダはヤバルを産んだ。彼は天幕に住んでいる者
達と家畜を飼う者達の父であった。」

「アダ」によって、前のように信仰の天的なものと霊的なものの母が意
味され、「ヤバルは天幕に住んでいる者達と家畜を飼う者達の父であった。」
によって天的なものである愛と、そこからの善の神聖なものについての
教義が意味される。

413. 「アダ」によって信仰の天的ものの母が意味されることは、その長子
のヤバルが天的なものである「天幕に住んでいる者達と家畜を飼う者達
の父」と言われることから知られよう。なぜなら、それらは愛の神聖な
ものとそこからの善を意味するからである。

224　　　天界の秘義　第一巻

414. 〔1〕「天幕に住むこと」が愛の神聖なものであることは、聖言におけ
る天幕の意味から知られよう。例えば、ダビデの書において、

　「エホバよ、誰があなたの天幕にとどまるであろうか？ 誰があなたの神
聖な山に住むであろうか？ その者は正しく生き、また正義を遂行し、ま
た自分の心の中で真実を語っている。」詩篇、15.1,2、ここで「天幕に住
むこと」、即ち愛の神聖なものによって神聖な山に住むことが何かが記述
されている。それらは正しく生きることと正義を行なうことである。同
書において、

　「彼らの血統は全地へ広まり、また彼らの噂話は世界の末端まで広まる。
彼は太陽として彼らの間に天幕を据えた。」詩篇、19.4、ここで「太陽」
は愛として記述されている。同書において、

　「私は永遠にあなたの天幕の中に滞在しよう。あなたの翼のおおわれた
ものの中で信頼しよう。」詩篇、61.4、ここで「天幕」は天的なものとし
て、「翼のおおわれたもの」はそこからの霊的なものとして記述されている。
イザヤ書において、

　「王座は慈悲によってしっかりと立てられ、また真理の中に居る者が、
ダビデの天幕の中に居る者が、審判している者と審判を欲している者と
正義をせきたてている者が、その王座の上に座った。」16.5、ここでもまた、
「天幕」は審判を裁くことによって、また正義をせきたてることによって
愛の神聖なものとして記述されている。

　「私達の変わらない祭りの大きな町シオンを見よ、あなたの目はエルサ
レムを、平穏な住処を、移されない天幕を見る。」33.20、ここでは天的
なエルサレムについて記述されている。エレミヤ書において、

〔2〕「エホバはこのように言われた、見よ、私はヤコブの天幕の捕囚を連
れ戻している。またその住みかを哀れもう。またその丘の上に大きな町
が建てられるであろう。」30.18、「天幕の捕囚」は天的なものの荒廃、即
ち愛の神聖なものの荒廃として記述されている。アモス書において、

　「その日、私は倒れたダビデの天幕を立て直そう、それらの破れを繕おう、
またそれらの破壊されたものを立て直そう、そしてそこへ永遠の日に等
しく建てよう。」9.11、ここで「天幕」は天的なものと、それらの神聖な
ものとして同様に記述されている。エレミヤ書において、

「凡ての地が荒され、速やかに私の天幕が荒され、突然に私の天幕の幕が荒された。」4.20、また他の箇所に、

「私の天幕は荒され、私の凡ての天幕の綱は引きちぎられ、私の息子達は私から出て行き、彼らはもう居ない。私の天幕を更に広く張るものは居ない、また私の天幕の幕を持ち上げる者ももう居ない。」10.20、ここで、「天幕」は天的なものとして、「幕と綱」は霊的なものとして記述されている。同書において、

「それらの天幕と羊の群れを彼らは奪うであろう。それらの幕と、それらの凡ての用具を奪うであろう。また駱駝を彼ら自身に運び去るであろう。」49.29、ここでは、アラビアと東の息子達について、その者達によって天的なもの、即ち神聖なものを所有する者達が表象されている。同書において、

「主はシオンの娘の天幕の中へ炎の如きその激しい怒りをぶちまけた。」哀歌、2.4、ここで、天幕は天的なもの、即ち信仰の神聖なものの荒廃として記述されている。

[3]「天幕」が聖言において天的なものと愛の神聖なものとして取り上げられることの理由は、古代に彼らは彼らの天幕の中で神聖な礼拝を遂行したからである。これに反し、不浄の礼拝によって天幕をけがすことを始めた時、やがて幕屋が建てられ、またその後、神殿が建てられた。それ故に、「幕屋」またその後の「神殿」もまた「天幕」を意味した。それ故に、神聖な人間は「天幕」と呼ばれ、更に「幕屋」もそのようにまた「主の神殿」と呼ばれた。「天幕」が「幕屋」と「神殿」と同じものを意味することは、ダビデの書において知られよう。

「私はエホバによって一つのことを求め、それを私は探し求めよう。エホバを楽しさの中で見るために、またエホバ御自身の神殿に朝訊ねるために、私は私の人生の凡ての日々にエホバの家に留まろう。なぜなら、悪の日にエホバはエホバ御自身の幕屋の中に私を隠されるからである。エホバは私をエホバ御自身の天幕の見えないものの中に隠し、私を岩の間に上げ、またすぐに私を取り巻く私の敵に対して私の頭を上げられよう。そして私はエホバ御自身の天幕の中で絶叫の生け贄をささげるであろう。」詩篇、27.4 - 6、

[4] 主御自身の神的人間性、天幕、幕屋、神殿の神的な本質に関して、そ

の最高の意味では主である。それ故、凡ての天的な人間はそのように言われ、またそれ故、凡ての天的なものと神聖なものもそのように言われた。そして最古代教会は、後に続く教会よりも主により愛されたので、またその当時、彼ら自身の間だけで、即ち彼ら自身の氏族の間だけで生活したので、またそのように、彼ら自身の天幕の中で神聖な礼拝を頻繁に行なったので、それ故に、天幕はけがされた神殿よりも神聖な状態である。それ故に、天幕での礼拝の回想のために、地の収穫を得た時、幕屋の祭りが制定された。そのために最古代人達の如く幕屋の中で住んだ。レビ記、23.39-44、申命記、16.13、ホセア書、12.9、

415. [1]「家畜を飼う者の父」によって、善、即ち愛の神聖なものからの善が意味されることは、前にこの章の2節に羊の群れの羊飼いは仁愛の善を意味することが示されたことから知られることが出来よう。

　これに反し、ここの家畜を飼う者の父は羊飼いではなく「父」であり、羊の群れではなく「家畜」と呼ばれており、「また家畜を飼う者」の父が、天幕に住む者の直後に続いて記述されている。それ故、それは愛の神聖なものから来た善を意味すること、またそれは住みか、即ち家畜の囲い、即ち天幕と家畜の囲いに住んだ者を意味することが明らかである。それらは愛の天的なものからの善を意味することは聖言の至る所からもまた知られよう。例えばエレミヤ書において、

　「私が彼らを追い散らしたために、全地の間に私の羊の群れの残りの者達を集めるであろう。そして彼らが産むために、また彼らが増やされるために彼らをその囲いに連れ戻そう。」23.3、エゼキエル書において、

　「私は彼らを善い牧草地で飼おう、また彼らの囲いはイスラエルの高い山々の間にあるであろう。その時、彼らは善い囲いの中で横たわり、またイスラエルの山々において豊かな牧草地が養うであろう。」34.14、ここでの「囲いと牧草地」は豊かなものに属性付けられる愛の善として記述されている。

[2] イザヤ書において、

　「エホバはあなたがどれほど種子を蒔いても、あなたの種子に雨を降らせるであろう。また大地の実りの食物を与えるであろう。大地の実りは

創世記　第四章　二十節　　（414）　*227*

豊かで油の多いものであろう。その日、エホバは広い草地であなたの家
畜を養うであろう。」30.23、ここでの「食物」によって、天的なものが
意味され、「豊かなものがそれによって家畜を養うであろう。」によって、
そこからの善が意味されている。

「エホバはヤコブを贖われた。…そして彼らは来てシオンの高き所で歌い、
そして小麦、葡萄液、油、羊の群れの子達、家畜の群れの間にエホバの
善に集まるであろう。彼らの霊魂は潤わされた庭園の如くなるであろう。」
31.11,12、ここではエホバの神聖なものが「小麦と油」によって記述さ
れている。またそこからの善が「葡萄液、羊の群れの子達、および家畜
の群れ」、即ち家畜によって記述されている。同書において、

「羊飼い達はシオンの娘のために行き、またそれらの家畜の群れが彼女
の近くで天幕を取り巻いて定める。羊飼い達は各々の家畜の群れをその
場所で養うであろう。」6.3、「シオンの娘」は天的な教会として記述され
ており、それについて「また天幕と家畜の群れ」が属性付けられている。

416.天幕に住んでいる者達と家畜を飼う者達の父によって、愛の神聖なも
のと、そこからの善が意味されることは、ヤバルが最初の天幕と家畜の
囲いに住んでいる者達でなかったことからもまた知られることが出来よう。
なぜなら、人間（アダム）とエバの第二の息子アベルについてもまた「羊
の群れの羊飼い」であったことが言われているからであり、またヤバル
はカインから第七番目の順序であるからである。

417.二十一節、「また、彼の兄弟の名はユバルであった。彼は凡ての竪琴
と風琴を弾いている者の父であった。」
　「彼の兄弟の名はユバル」によって、同じ教会の霊的な教義が意味され、
「凡ての竪琴と風琴を弾いている者の父」によって、信仰の真理と善が意
味される。

418.［1］前の節においては愛のものである天的なものが述べられており、
この節においては信仰のものである霊的なものが述べられている。それ
らは「竪琴と風琴」によって描写されている。

このことは竪琴と同様な楽器によるように弦楽器の楽器によって信仰の霊的なものが意味されたからである。これは多くのことから知られよう。同様な楽器は表象の教会の礼拝において、これ以外のものを表象しないし、歌もまた同様である。それ故に、教会の礼拝にあれほど多くの歌い手と演奏家達が居た。その上、そのことは凡ての天的な楽しみは歌によって、またその後、弦楽器によって歌をまね、そして歌を高めることによって心の喜びを引き出すことがよく知られたという理由による。心の凡ての情愛は、歌に応じて歌を引き出すことをそれ自身にもまた持つ。心の情愛は天的なものであり、そこからの歌は霊的なものである。

［２］歌と歌と同様なものは霊的なものを意味することもまた、天使的な合唱隊から私に知られることが出来た。その合唱隊は天的な合唱隊と霊的な合唱隊の二種類がある。霊的な合唱隊は彼らの声の調べにより振動し、その振動に弦楽器の音がなぞらえられることが出来、天的な合唱隊からはよく区別されたものである。これらのことについては主の神的な慈悲により後に続く箇所に述べられよう。

更に最古代人達は天的なものを、心臓の領域に関係付け、また霊的なものを肺臓に関係付けた。従って霊的なものは何であろうと肺臓に関係がある。例えば、歌声と歌声と同様なもの、そのように声に、或いはそのような楽器の音に関係がある。このことは心臓は肺臓と、愛と信仰の如き或る種の結婚を表象するという理由からだけでなく、更に天的な天使達は心臓の領域に関係するが、しかし霊的な天使達は肺臓の領域に関係するからでもある。

ここの節がこのように意味されることは、更に主の聖言から知られることが出来よう。その聖言の中で、もしユバルが竪琴と風琴を弾いている者達の父であったことだけが語られていたなら何も生命はなかったのであり、これを知ることは何も用益がないのである。

419. 天的なものが愛の神聖なものと、そこからの善である如く、そのように霊的なものは信仰の真理とそこからの善である。というのは、信仰の意味することは真理が何かだけではなく、善が何かもまた意味するからである。信仰の概念はそれらの両方とも含むが、しかし信仰が教える如

くそのようになることは天的なことである。

　信仰はこれらの両方とも含んでいるので、竪琴と風琴の二つの楽器によってそれらが意味されている。竪琴は熟知されているように弦楽器であり、それ故に、霊的な真理を意味する。しかし風琴は弦を有する楽器と吹かれる楽器の間で中間の楽器であり、それ故に、それによって霊的な善が意味される。

420.［1］聖言において様々な楽器が記録されており、またそれらがその個別の意味をもつことについては、主の神的な慈悲によりその箇所で述べよう。今はダビデの書における下記のことだけを述べておこう。

　「私はエホバの天幕の中で絶叫の生け贄を捧げるであろう、エホバに歌い、また演奏するであろう。」詩篇、27.6、ここで「天幕」によって天的なものが、また「絶叫を歌うことと演奏すること」によってそこからの霊的なものが述べられている。同書において、

　「正しい者達よ、エホバに歌え、正しい者達にその栄誉があって美しい、あなた達は竪琴でエホバに賛美し、十弦の楽器でエホバに演奏せよ、あなた達はエホバに新しい歌を歌え、あなた達は音で演奏することで名誉をエホバに返せ。なぜなら、エホバの言葉は正しく、またエホバ御自身の凡ての働きは真実の中にあるからである。」詩篇、33.1-4、これらは信仰の真理として述べられている。

［2］霊的なもの、即ち信仰の真理と善は竪琴と弦楽器によって、また演奏によって、また同様なものによって祝賀された。これに対して、神聖なもの、即ち信仰の天的なものは角笛やまた同様な吹く楽器によって祝賀された。この理由であれほど多くの楽器が神殿のまわりで演奏され、また一定の楽器であれほど頻繁に天的なもの、或いは霊的なものが祝賀された。それ故、楽器は祝賀された事柄そのもののために、それらの選択されたものと意味されたものによってあった。

［3］例えばそれらについて下記のものが記述されている。同書において、

　「私は弦楽器であなたの真理をあなたに賛美するであろう、私の神よ、私は竪琴であなたに演奏するであろう、イスラエルの聖なる方よ、私の唇が歌うであろう、私があなたに歌う時、同時に、あなたが贖った私の

霊魂があなたに歌うであろう。」詩篇、71.22,23、ここでも同様に信仰の真理について記述されている。同書において、

「あなた達は信仰告白の中でエホバに答えよ、あなた達は私達の神に竪琴で演奏せよ。」詩篇、147.7、ここでの「信仰告白」は信仰の天的なものに関係する故に、「エホバ」と言われ、また「竪琴を演奏すること」は信仰の霊的なものに関係する故に、「神」と言われている。同書において、

「彼らは舞踏で、エホバの名を誉めよ、エホバ御自身に小太鼓と竪琴を演奏せよ。」詩篇、149.3、

[4]「小太鼓」は善として、また竪琴は真理として記述されており、それらがエホバを誉める。同書において、

「あなた達は角笛の音で神を誉めよ、弦楽器と竪琴で神御自身を誉めよ、小太鼓と舞踏で神御自身を誉めよ、竪琴と風琴で神御自身を誉めよ、うわさのシンバルによって神御自身を誉めよ、絶叫のシンバルによって神御自身を誉めよ。」詩篇、150.3-5、これらの楽器は信仰の善と真理として、それらを誉めることのために記述されている。もしどんな楽器でも何か意義あることを意味するのでなければ、これほど多くの楽器が呼ばれることを誰が信じるだろうか。同書において、

「穏やかにあなたの光とあなたの真理を、これらが私を導き、あなたの敬虔な山へ、またあなたの住まいへ、また神の祭壇へ私は入れられよう。私の歓喜の喜びが神へ、そして私は竪琴であなたに賛美するであろう。神よ、私の神よ、」詩篇、43.3,4、

[5] 善と真理の概念として、イザヤ書において、

「あなたが記憶に思い起されるために、竪琴を取れ、大きな町を歩いて回れ、…正しく演奏せよ、歌を増やせ、」23.16、これらは信仰のものとその概念として記述されている。更にヨハネの書においていっそう明白に、

「四つの生き物と二十四人の長老が子羊の前にひれ伏した。彼らはそれぞれ別々に竪琴と香で満たされている金の香炉を持っている。それらは神聖な祈りである。」黙示録、5.8、ここで彼らは竪琴を持たなかったことが知られることが出来よう。しかし「竪琴」によって信仰の真理が意味され、「香で満たされた金の香炉」によって信仰の善が意味されることは誰でも知ることが出来よう。

ダビデの書において、楽器によって為されたものは「称賛と信仰告白」と呼ばれている。詩篇、42.4、69.30、またヨハネの書において、

「私は大量の水のような天からの声を聞いた。... 私は自分達の竪琴で弾いて歌う人達の声を聞いた。彼らは新しい歌を歌った。」黙示録、14.2、また、他の箇所に、

「私は神の竪琴を持っている者がガラスの海の近くに立っているのを見た。」黙示録、15.2、

天使達と霊達は善と真理に関する相違に従って音を変化すること、また歌と楽器だけではなく声もまた変化することは注目すべきである。彼らはもし、それらが一致している以外、容認しない。このように音の調和があること、同じく楽器の調和があることが、善と真理の性質と本質と一緒に調和があることである。

421. 二十二節、「そして、チラもまたツバル - カインを産んだ。彼は銅と鉄の凡ての職人を教えている者であった。また、ツバル - カインの姉妹はナアマであった。」

「チラ」によって言われたように新しい教会の自然的なものの母が意味される。「ツバル - カインは銅と鉄の凡ての職人を教えている者」によって自然的な善と真理の教義が意味される。「銅」は自然的な善を意味し、「鉄」は自然的な真理を意味する。「ツバル - カインの姉妹ナアマ」によって同様な教会、即ちその教会の外にある自然的な善と真理の教義が意味される。

422. この新しい教会の中でその事柄をどのようにして持つかは、ユダヤ教会から知られることが出来よう。その教会は内なるものと外なるものがあった。内なるものは天的なものと霊的なものを構成し、外なるものは自然的なものを構成した。ラケルによって内なるものが表象され、レアによって外なるものが表象された。しかしヤコブ、即ち聖言においてヤコブによって彼の子孫達が意味されるが、彼らは外なるもの以外に欲しないような者達であったので、即ち外なるものにおける礼拝を欲したので、ヤコブにラケルの前にレアが与えられたのである。

232　　天界の秘義　第一巻

目の虚弱なレアによってユダヤ教会が表象され、またラケルによって諸民族の新しい教会が表象された。それ故に、ヤコブは両方の意味において預言者達の許に取り上げられている。一つは歪められたユダヤ教会が意味される時、もう一つは諸民族の外なる真理の教会が意味される時であり、内なる教会が意味される時はイスラエルと呼ばれている。これらのことについては主の神的な慈悲により後に続く箇所において述べよう。

423. ツバル‐カインは「凡ての職人を教えている者」と言われ、前のヤバルとユバルように「父」ではない。その理由は、天的なものと霊的なもの、即ち内なるものは、前にはなかったからである。それ故に、最初の時は父達が言われるのである。これに対して、前には自然的なもの、即ち外なるものがあったが、しかし今は内なるものが加えられた。それ故に父ではなく、「職人を教えている者」と言われる。

424. 「職人」は聖言において知恵人、知性人、知識人が意味され、ここの「銅と鉄の職人」によって自然的な善と真理の善の知識人が意味されている。例えばヨハネの書において、
　「偉大な都バビロンは激情で投げ落とされ、かくして今後、見つけられないであろう。そしてその中で今後、竪琴で歌う者達、また音楽家達、また笛を吹く者達、また角笛吹き達の声は聞かれないであろう。そして凡ての名工の凡ての技術は、今後その中で見つけられないであろう。」黙示録、18.21,22、「竪琴で歌う人達」は前のように真理として、「角笛吹き達」は信仰の真理として、「技術の凡ての職人」は知識人として、即ち真理と善の知識として記述されている。イザヤ書において、
　「職人が彫像を溶かし、また金細工人がそれを伸ばし、そして銀の鎖を作っている。... 彼は彫像が持ち去られないように用意することのために賢明な職人を自分自身に捜した。」40.19,20、ここでは「彫像」を幻想から真理の如く見えるように教えている者により、自分自身に間違った原理をでっち上げる者達として記述されている。エレミヤ書において、
　「彼らが愚鈍にされる時、同時に愚かになってででらめを教えることは木片である。伸ばされた銀はタルシシ（西地中海沿岸）から運ばれ、金

はウパズ（金の産地オフィル）から運ばれ、職人と金細工人の手の細工である。青と紫の衣服は魔術師達の凡ての働きである。」10.8,9、これらは間違った原理を教えている者、また聖言から盗んでいる者を意味する。それらから作り事を作り上げることを意味する。それ故に、「でたらめを教えること、また魔術師達の働き」と言われている。

この者達は、昔、偶像を作る職人達によって表象された。それらの間違った原理を「金」で飾る、即ち善のように飾り、また「銀」、即ち真理のように飾る。「青色と紫色の衣服」は、即ち自然的なものに調和しているように飾ることである。

425. 「銅」が自然的な善を意味することは、今日の世界に知られていない。更に、聖言の中で言われる各々の金属が内なる意味の中で何を意味するかも知られていない。例えば「金」は天的な善を、「銀」は霊的な真理を、「銅」は自然的な善を、「鉄」は自然的な真理を意味している、その他。

「石と木材」も同様である。契約の箱と幕屋の中の金、銀、銅、木材によってこのような意味があり、神殿においても同様である。それらについては主の神的な慈悲により後に続く箇所で述べよう。このように意味されることは預言者達の許に顕著である。例えばイザヤ書において、

「あなたは諸民族の乳を吸い上げ、王達の乳房を吸うであろう。… 私は銅の代わりに金をもたらし、また鉄の代わりに銀をもたらし、また木材の代わりに銅を、また石の代わりに鉄をもたらそう。そしてあなたの財産を平穏に置き、またあなたの管理者達を公正にしよう。」60.16,17、ここでは主の降臨と主御自身の王国について、また天的な教会について述べられている。「銅の代わりに金を」は自然的な善の代わりに天的な善をを意味し、「鉄の代わりに銀を」は自然的な真理の代わりに霊的な真理をを意味し、「木材の代わりに銅を」は形体的な善の代わりに自然的な善をを意味し、「石の代わりに鉄を」は感覚的な真理の代わりに自然的な真理をを意味する。エゼキエル書において、

「ヤワン、ツバル、およびメシェクは人間の霊魂の中のあなたの商人達であり、また彼らは銅の容器をあなたの取引に委ねた。」27.13、ここではツロについて述べられている。ツロのよって霊的な富と天的な富を所

有する者達が意味される。ここの「銅の容器」は自然的な善として記述されている。モーセの書において、

「その地は石が鉄を、またその山々からあなたは銅を切り出すであろう。」申命記、8.9、ここでも同様に、「石」は感覚的な真理として、また「鉄」は自然的な真理、即ち理性的なものとして、「銅」は自然的な善として記述されている。

エゼキエルに「四つの生き物、即ちケルビム」が見られた。「それらの足は磨かれた銅の像の如く輝いていた。」1.7、ここの「銅」も同様に自然的な善を意味する。なぜなら、「人間の足」は自然的なものを表象するからである。ダニエルに同様に見られた。

「男が亜麻布を着せられ、またその腰はウパズの金の帯を締め、またその体は緑柱石の如く、その腕とその足は磨かれた銅の像の如くあった。」ダニエル書、10.5,6、

「青銅の蛇」民数記、21.9、が主の感覚的な、また自然的な善を表象したことは前の197番を見て欲しい。

426. [1]「鉄」が自然的な真理を意味することは、上に述べられたのであるが、エゼキエル書におけるツロからもまた知られよう。

「凡ての豊かさ（富）の多いためにタルシシはあなたの女商人である。銀、鉄、錫、および鉛であなたの商品を引き渡した。ダン、ヤワン、およびメウサル（注：聖書にはメウサルは記述されていない。また3923番、10256番にも記述はない。）はあなたの取引で磨かれた鉄を引渡し、あなたの取引にカシア（肉桂）と葦があった。」27.12,19、これらの節から、またこれらの先行する節と続く節からあなた達は同様のことを気付け、それらによって天的な富と霊的な富が意味されることは明瞭に明らかである。またそれらが個々に呼ばれることによって何か特別の意味があり、更に名前によってもまた何か特別の意味がある。なぜなら、主の聖言には霊的な意味があるからであり、言葉の意味だけのものではないからである。
[2] エレミヤ書において、

「彼は鉄を粉砕するだろうか？ 北からの鉄と銅を粉砕するだろうか？ 私はあなたの財産と財宝を代価でなく戦利品として分かつだろう。また

その上、これらの凡ての罪のために分かつだろう。」15.12,13、ここで「鉄と銅」は自然的な真理と善として意味され、「それが北から来たこと」は感覚的なものと自然的なものを意味する。なぜなら、それは霊的なものと天的なものと比べて暗黒（無知）の如くあるからである。即ち北は光、即ち南と比較して暗黒であるからである。或いは影の如くあるからであり、それはここで母である「チラ」もまた同様に意味する。「財産と財宝」は天的な富と霊的な富であることもまた明瞭に明らかである。

[3]「あなた自身に鉄盤を取れ、またそれをあなたと大きな町の間の鉄の壁に置け、またあなたの顔をそれに向かって定めよ、またそれが包囲の中へあるように、またそれに敵対して苦しめよ。」4.3、ここの「鉄」によって真理が意味されることもまた明らかである。力強いことは真理に帰される。なぜなら、それに反対されることが出来ないからである。それ故に、鉄にもまた力強いことが属性付けられ、それ故に真理、即ち信仰の真理が意味され、粉砕し、また打ち砕くことが言われる。例えば、ダニエル書、2.40、またヨハネの書において、

「勝利した者、... 私は彼に民族を支配する力を与えよう、陶工達の器が粉砕される如く鉄の棒が人々を牧するように彼に与えよう。」黙示録、2.26,27、同書において、

「女が男の子を産んだ、彼は鉄の棒で凡ての民族を牧するであろう。」黙示録、7.5、

[4]「鉄の棒」が真理であることはヨハネの書における主の聖言に説明されている。

「私は天界が開かれたのを見た、見よその時、白い馬とその上に乗った者は誠実な者、真実な者と呼ばれ、正義のもとで戦い裁く。...彼は血で汚れた衣服を着せられており、またその名は神の聖言と呼ばれている。...その口から鋭い両刃の長剣が出て行き、それによって諸民族を激しく打ち、そして彼は彼らを鉄の棒で牧するであろう。」黙示録、19.11,13,15、

427. 二十三節、「そして、ラメクはその妻達、アダとチラに言った。ラメクの妻達よ、私の話を聞け、また耳で私の陳述を認めよ。私は私の傷のために男を殺し、また私の打ち身のために子供を殺したことを。」

「ラメク」によって前のように荒廃が意味され、「その妻達、アダとチラ
に言った、その言われたことをその耳に認めたこと」は、信仰告白であり、
それはそこでの教会を除いて他の所では為されない。その教会がその妻
達によって意味されることが言われた。「男がその傷のために死んだこと」
は信仰を消すことであり、「男」によって前のように信仰が意味され、「そ
の打ち身のために子供が死んだこと」は、仁愛を消すことである。「傷と
打ち身」によって、もはや健全でないことが意味され、「傷」によって信
仰が荒廃させられたことを意味し、「打ち身」によって仁愛が荒らされた
ことを意味する。

428. この節と後に続く節から「ラメク」によって荒廃が意味されることが
明瞭に知られよう。なぜなら、「男と子供を殺した」こと、また「カイ
ンは七倍に復讐されるであろう、またラメクは七十七倍復讐されるだろう。」
ことを言うからである。

429.「男」によって信仰が意味されることは、この章の最初の節でエバが
カインを産んだ時、「私はエホバの男子を得た」と言ったことから知られよう。
それによって信仰の教義の理解が、しかも「エホバの男子」と呼ばれた。
更に前に示された「男」について信仰の知性であることが示されたこと
からも知られよう。また更に、子供、即ち少年と呼ばれる仁愛を消した
ことから知られよう。なぜなら、信仰を否定する者は、即ち信仰を殺す
からであり、同時に信仰を知っていないことによって仁愛もまた否定し、
同じく滅ぼすからである。

430. [1]「子供」、即ち少年は聖言において無垢を意味し、更に仁愛もまた
意味する。なぜなら、真の無垢は仁愛なしに与えられず、また真の仁愛
は無垢なしに与えられないからである。聖言において無垢に三つの段階
があり、「乳飲み子、幼児、および少年」によって区別されている。また
真の無垢は真の愛と仁愛なしにあり得ないので、同じものによって、即
ち乳のみ子、幼児、および少年によって愛の三つの段階が意味される。母、
或いは乳母に対する「乳飲み子」の如き温和な愛があり、また両親に対

創世記　第四章　二十三節　　（426）　　*237*

する「幼児」の如き愛があり、そして教師に対する「少年」の如き仁愛がある。例えばイザヤ書において、

「狼は子羊と一緒に居り、また豹は子山羊と一緒に眠る。そして子牛と若いライオンと肥えた羊を共に幼い少年が彼らを連れて行っている。」11.6、ここで「子羊、子山羊、および子牛」は無垢と愛の三つの段階として、「狼、豹、若いライオン」はその反対のものとして、「幼い少年」は仁愛として記述されている。

[2]「あなた達に男（夫）と妻、幼児、および乳飲み子をユダの間から切り離すことで、あなた達に残っている者達が残っていないように為すことで、あなた達の魂に対して大きな悪が為された。」44.7、「男（夫）と妻」は真理の理解のものとして、また意志の善のものとして記述されており、「幼児と乳飲み子」は愛の最初の段階として記述されている。

「幼児と少年」は無垢と仁愛であることは、ルカ伝における主の言葉から知られよう。

「彼らは幼児達を触れてもらうためにイエスの近くに連れて来た。... イエスは言われた。あなた達は子供達を私の近くに来ることを許せ、また妨げるな。なぜなら神の王国はこのような者達の国だからである。アーメン、私はあなた達に言う。少年のように神の王国を受け入れない者は誰でもその中へ入らない。」18.15-17、主御自身が「子供、即ち少年」と呼ばれている。イザヤ書、9.6、なぜなら、主御自身は無垢そのもの、また愛そのものだからである。そしてそこで驚くべき方、助言者、神、英雄、永遠の父なる神、平和の君と言われている。

431.「傷と打ち身」によってもはや健全でないことが意味されること、「傷」によって、特に荒廃された信仰が意味されること、「打ち身」によって荒らされた仁愛が意味されることは、傷が男について語られることから、また打ち身については子供について語られることから知られよう。信仰の荒地と仁愛の荒廃がイザヤ書によって同様の表現によって記述されている。

「足の裏から頭に至るまで健全でない。傷、打ち身、および新しい傷は明らかにされていない。また包帯されておらず、オリーブ油で穏やかに

されていない。」1.6、ここで「傷」は荒れ果てた信仰について、「打ち身」
は荒らされた仁愛について、新しい傷は両方について言われている。

432. 二十四節、「カインのためには七倍報復され、またラメクのためには
七十七倍報復される」。」

　これらの言葉はカインによって意味された信仰を消したことを意味す
る。それはその極めて神聖なものを傷つけることであった。また同時に、
信仰によって生まれるであろう仁愛を消したことも意味する。このこと
は更に多くの極めて神聖なものを傷つけることであった。またそれ故に、
この理由で「七十七倍報復されること」の断罪があった。

433. 「カインのためには七倍報復されること」は、カインによって意味
された分離された信仰を傷つけることが禁じられたことを意味すること
は、15節に示されたことから認められよう。また「七十七倍」によって
意味されることは更に多くの極めて神聖なものを傷つけることであること、
またその理由で断罪があることは、「七十七倍」の意味から知られること
が出来よう。

　七から成る数字が神聖なものであることは、「第七の日」が天的な人間、
天的な教会、天的な王国、最高の意味において主の主御自身を意味する
ことからある。それ故、「七から成る数字」は聖言の中の至る所に出て来て、
神聖なもの、或いは極めて神聖なものを意味する。またその神聖なもの、
或いは極めて神聖なものは上記のそれらについて、或いはそれらに従っ
て属性付けられ、それらについて述べられている。

　それ故、七十ずつから成る数もまた七の世代を包含した。なぜなら、聖
言においては一つの世代は十年であるからである。何か最も神聖なもの、
或いは何か最も極めて神聖なものが述べられる時、その時、主が言われ
た如く「七十七倍」が言われた。

　「彼（ペテロ）は自分の兄弟に七回許したが、しかし七回の七倍に至る
まで許せ。」マタイ伝、18.21,22、このことによって意味されることは、
兄弟が罪を犯すたびごとに何回も頻繁に許したこと、これほど終わりな
しに、即ち永遠に許しがあったことが意味される。これが神聖なもので

ある。そしてここで「七十七倍報復されること」は断罪である。なぜなら、最大に極めて神聖なものを傷つけることであったからである。

434. 二十五節、「またその後、人間はその妻を知り、そして彼女は息子を産んだ。またその名をセツと呼んだ。なぜなら、カインがアベルを殺したので、神はアベルの代わりに別の子を私に返されたからである。」

「人間とその妻」によって、ここに新しい教会が意味され、それは前に「アダとチラ」によって意味された。「その息子の名をセツと呼んだ」によって、新しい信仰が意味され、それによって仁愛が起こる。「カインがアベルを殺したので、神はアベルの代わりに別の子を返した。」ことは仁愛が意味される。それをカインが分離し、また消した。このような事情の下に、主によりこの教会に仁愛が与えられたのである。

435. 「人間とその妻」によって新しい教会が意味されることは、前に「アダとチラ」によって意味された。これは誰も文字通りの意味から知ることと推論することは出来ない。なぜなら、「人間とその妻」は前に最古代教会とその子孫を意味したからである。しかし内なる意味からそれが知られよう。

更に、直ぐ後に続く第5章3,4節において、再び人間と妻について、セツを産んだことが全く別な言葉で言われることからもまた知られよう。そこでそれは最古代教会の最初の子孫が意味されている。もし、ここの箇所と何か別のことが意味されたのでないなら、同じことを言うことは必要とされなかったであろう。

また同様に、第1章において、そこで人間の創造について、更に地の潅木の創造について、また獣の創造について述べられており、また第2章においても同様に述べられている。その理由は、言われたように第1章においては霊的な人間の創造が述べられたからであり、後に続く第2章においては天的な人間の創造が述べられたからである。聖言において一人の同じ人物の繰り返し、また一つの同じ物の繰り返しがあるような場合、一つの箇所における意味は、もう一つの箇所における意味と比べて別のことが意味されている。しかし何が意味されているかは、内なる意味によ

る以外決して知られることが出来ない。また主題の連続そのものも同様に意味を確立する。更に「人間と妻」の言葉の全般的な意味が教会であることは、その教会について、またその教会から確立される。

436.「その息子の名をセツと呼んだ」ことは、新しい信仰が意味され、それによって仁愛が与えられることは、前に言われたことから知られよう。更にそこで、カインについて「誰も彼を殺さないように、彼にしるしが与えられた。」ことが言われたことからも知られよう。というのは、ひと続きのものの中の主題はそのようにそれ自身の意味を持つからである。「カイン」によって愛から分離された信仰が意味され、「アベル」によって仁愛が意味され、「アベルを殺したカイン」によって、愛から分離された信仰が仁愛を消したことが意味されたのである。

また信仰が保護されたことは、それによって主により仁愛を植え付けられることが出来ることの理由のためである。それが「エホバがカインに誰も彼を殺さないようにしるし置いたこと」によって意味されたのである。その後、主により信仰を通して、そこから愛の神聖なものと善を与えられたことが、「ヤバルがアダを産んだ」によって意味された。また「その兄弟のユバル」によって信仰の霊的なものが意味され、また彼らから自然的な善と真理が与えられたことが、「ツバル‐カインが産んだチラ」によって意味された。

これらの二つの節は結論であり、従って「人間とその妻」によって意味され、また前に言われた「アダとチラ」によって意味されたその新しい教会の主題の完成である。そして「セツ」によって信仰が意味され、その信仰によって仁愛が植え付けられたことが、26節の中で「エノス」によって信仰によって植え付けられた仁愛が意味された。

437.ここで「セツ」は、新しい信仰を意味し、その信仰によって仁愛が与えられることは、「神はカインが殺したアベルの代わりに別の子を返した」ので、そのように呼ばれたその名前によって説明されている。「神が別の子を返したこと」は、主は別の信仰を与えたことを意味し、「別の子」は信仰であって、それによって仁愛が与えられる。「別の子」が信仰を意味

創世記　第四章　二十五節　　（434）　*241*

することは、前の255番に認められよう。

438. 二十六節、「そして、セツにもまた彼に息子が産まれ、そしてその名をエノスと呼んだ。その当時、エホバの名を呼ぶことが始められた。」
　言われたように、「セツ」によって信仰が意味され、その信仰によって仁愛が与えられる。「その息子の名をエノス」によって、信仰の最も重要なものとして仁愛を持った教会が意味される。「その当時、エホバの名を呼ぶことが始められた」ことは、その教会にあった仁愛からの礼拝を意味する。

439. 「セツ」によって信仰が意味され、その信仰によって仁愛が与えられることは、先行している節において示された。「その息子の名をエノス」によって信仰の最も重要なものとして仁愛を持った教会が意味されることもまた、前に言われたことから知られよう。更にエノスと呼ばれるその名前が人間を意味することからもまた知られることが出来よう。だが聞きたまえ、天的な人間ではなく、人間的な霊的な人間を意味し、その者がここの「エノス」である。更に、直ぐ続く「その当時、エホバの名を呼ぶことが始められた」ことからもまた知られよう。

440. 「その当時、エホバの名を呼ぶことが始められた」ことはその教会の仁愛からの礼拝を意味することは「エホバの名を呼ぶこと」が仁愛からの習慣的な、および全般的な主への礼拝のきまり文句の凡てのものであることから知られることが出来よう。それ故、ここの節では「エホバ」と言われ、先行している節においては「神」が言われている。また仁愛による以外に主は礼拝されることが出来ないことは、仁愛のない信仰からは礼拝が与えられないからである。なぜなら、仁愛のない信仰による礼拝は口先だけの礼拝であって、心の情の礼拝ではないからである。
　「エホバの名を呼ぶこと」が全般的な主への礼拝のきまり文句の凡てのものであることは聖言から知られよう。例えばアブラムについて、
　「彼はエホバに祭壇を作り直し、エホバの名を呼んだ。」創世記、12.8、13.4、更に、

242　　　天界の秘義　第一巻

「彼はベエルシバに木立を植え、またそこで永遠のエホバの名を呼んだ。」創世記、21.33、エホバの名を呼ぶことは礼拝の凡てのものであることが、イザヤの書において記述されている。

「エホバ、イスラエルの聖なる方が言われた。ヤコブよ、あなたは私へ名を呼ばなかった、イスラエルよ、またあなたは私によって打ち負かされた者であれ、あなたは全焼の生け贄の羊を私に持って来なかった、またあなたの生け贄で私を尊ばなかった。私は穀物の捧げ物によってあなたを私に仕えることをさせなかった。私はあなたを香の捧げ物によって弱らせなかった。」43.22,23、ここの概要の中に凡ての表象の礼拝が述べられている。

441. エホバの名を呼ぶことが、その時初めて始められたのでないことは、最古代教会について先行する箇所から充分に知られることが出来よう。その最古代教会は他の教会よりも主に呼びかけ、また主を尊んだ。更に、アベルは羊の群れの初子の捧げものを持って行った。それ故に、ここの「エホバの名を呼ぶこと」によって、「カイン」と「ラメク」と呼ばれる者達によって仁愛が消された後の、他の新しい教会の礼拝が意味される。

442. このことは、この章に示された最古代の時代、教会から分離された多くの教義と異端があったことから明らかである。それらは各々その名前を持ったのである。それらの教会から分離された教義と異端は、現在の教義や異端よりも思考の甚だしく深淵な教義と異端であった。なぜなら、彼らはそのような才があったからである。

霊達が身体の生命の中で霊魂、或いは霊について何を考えたかの幾つかの例

443. 他生においては、身体の生命の中で生きた時に持った信念を明瞭に知覚することが与えられる。なぜなら、死後、身体の中に居たような状態の中に保たれる時、やがて同様に考えるからであり、また思考は、あたかも公然と話すようにそれほど明瞭に伝達されるからである。

創世記 第四章 二十六節 （438） 243

私は少し前に死去した或る者から、彼が霊を確かに信じたこと、しかし
死後は不明瞭な生命を生きることを信じたことを知覚し、また認められた。
その理由は、もし身体の生命が離されたなら、何か不明瞭なものが残る
ことを信じたからである。というのは、生命を身体の中に置いたからで
ある。それ故に、霊について亡霊についての如き考えを持った。そして
獣も、殆んど人間の如き生命を持つことを認めたことからその考えを確
信した。ところが、彼は霊達と天使達が、殆んど述べられることが出来
ないような認識を身に付けて最高の光の中で、最高の知性、知恵、幸福
の中で生きることに驚かされた。従って、死後は決して不明瞭な生命の
中ではなく、明瞭で最も区別された生命の中で生きるのである。

444.この世に生きた時、霊は広がりがないことを信じた或る者と話した時、
彼はその原理から広がりを含んだ何かの言葉をどんなふうにも聞き入れ
ることを欲しなかった。私はその時、霊魂、即ち霊である彼に自分自身
について何を感じたかを問うた。視覚を持つこと、聴覚を持つこと、嗅
覚を持つこと、類まれな触覚を持つこと、欲望を持つこと、思考を持つ
こと、これほどまでに自分自身を身体の中に居るように完全に信じるた
めに何を感じたかを問うた。
　彼は自然的世界で考えたように、その時、その中に居た考えに支配さ
れた。やがて彼は霊は思考であることを言ったが、しかし彼にあたかも自
然的世界で生きているかのように尋ねることが与えられた。彼が地的な
視力は視覚の器官なしに、即ち目なしに存在するようになることが出来
ないことを知っているかどうか、同様に内なる視覚、即ち思考も思考の
器官なしに存在するようになることが出来ないことを知っているかどうか。
そのことから、思考に器官の実体があるのではないかと尋ねた。
　やがて彼は身体の生命の中で霊を凡ての器官、即ち広がりなしに思考を
単に所有することを信じたその空想が働いたことを認めた。私は加えて、
もし霊魂、即ち霊が思考だけであったなら、人間にこれ程大きい脳は必
要とされなかったこと、それ故に、脳の全体は内的な感覚器官であるこ
とを言った。もし、脳が内的な感覚器官でなかったなら、頭蓋はくり抜
かれたものであっても思考は可能であっただろう。しかるに思考はそれ

244　　　天界の秘義　第一巻

でもなお、霊が脳で行なうことであることを言った。

このことだけから、更に霊魂が筋肉へ働くことから絶えず、これほど多くの運動が生じるように、霊は器官、即ち器官の実体であることが彼に知られることが出来た。それ故に、彼は自分の誤りを認め、そして自分がこれほどに無知であったことに驚かされた。

445. 更に、学者達は死後、生きる霊魂、即ち霊は観念的な思考であることを除いて他のものを何も信じないことが言われた。それ故、広がりの言葉と霊魂、即ち霊の広がりのあることを容認することを欲しないことが明瞭に明らかである。これは思考は主体に関係なく広がりがないことを信じるからであるが、しかし思考の主体と思考の対象は広がりがあり、また広がりのない主体を人間は定義し、そして広がりのない主体を知覚するために広がりを作るからである。この故に、霊魂、即ち霊に関して学者達に教えられた者達は霊魂、即ち霊に関して思考だけを除いて何も認めず、また死ぬ時は霊魂、即ち霊は消え去るであろうことを除いて決して信じることが出来ないことが明瞭に明らかである。

446. 私は今日生きる人間達の信念について霊達と一緒に話した。人間達は目で霊を見ないので、また科学によって認めないので、霊を信じないこと、またそのように霊に広がりがあることを否定するのみでなく、霊に実体があることもまた否定することを話した。なぜなら、霊の実体が何か論争するからである。また霊に広がりがあることを否定するので、また霊の実体について論争するので、更に場所（部位）の中にある霊を否定するので、従ってその結果として、人間の身体の中の霊を否定する。しかしその時、最も素朴な者は彼の霊魂、即ち霊は自分自身の身体の中にあることを知ることが出来る。

私がこれらのことを言った時、内的に素朴な霊達は、今日の人間達がこれ程に愚かであることに驚かされたのである。また彼らがそれらについて、例えば霊の実体の部分が霊の部分の外に在るか無いか、また同様な論争の言葉を聞いた時、彼らはこのような言葉をばかばかしいこと、冗談、および偽りのものと呼んだ。そしてそれらは決して心を捉えない。なぜ

創世記　第四章　　　（443）　*245*

なら、理解することへの道を妨げるからであると言った。

447. 或る新しい霊が私と一緒に話した。私が霊について話したことを彼が聞いた時、「霊とは何か？」と言った。彼は自分を身体を持った人間であることを信じていた。そしてその時、私は彼に霊は各々の人間の中にあり、同時に人間は生命に関しては霊であり、また骨と肉の身体は地上で生きるために霊に役立つだけであり、身体は決して生きて考えないことを言った。その時、彼は戸惑っていた。私は彼にこれまで霊魂について聞いたことがあるかどうか質問した。彼は「霊魂が何か私は知らない霊魂とは何か？と言った。」

その時、彼にあなたは、今や霊魂、即ち霊であり、私の頭の上に居り、地の上に立っていないではないか、これを知覚することができないのか？と言うことが容認された。その時、彼は怖がって「私は霊だ、私は霊だ」と叫びながら逃げた。

或るユダヤ人は完全に身体の中で生きていることを、殆んど異なって説得されることが出来なかったほど信じていた。またそれ故、彼に彼が霊であったことが示されたが、それでもなお、人間であることを言うことをしつこく要求した。なぜなら、彼は見て聞くからである。この世で形体的であった者達はこのような者達である。

更に、非常に多くのことが提示されることが出来るが、しかしこれらは霊が人間の中で感じ、身体が感じるのではないことの説明だけのために提示されたのである。

448. ［1］私は彼らの身体の生命において、私がよく知っていた多くの者達と一緒に一年数ヶ月の間、長らく明瞭な言葉で話した。しかし内なる言葉で話した。この世で友人と一緒に話す如く話した。その者達と一緒に何かの話題から、無論、彼らが介在した死後の人間の状態についての会話の交流があった。

彼らは身体の生命の中で死後、誰もこのように生きることを知らないこと、或いは身体の生命の後に、このように生きることを信じないことに非常に驚かされた。しかしその時、生命に継続があり、またこのように不明

瞭な生命から明白な生命へ移って行く。そして主への信仰の中に居る者達は、更に、またもっと明白な生命へ移って行くのである。

これらの状態に居る者達に、私は彼らのこの世での友人達の状態について更に多くのことを話した。彼らは私が彼らのこの世での友人達に、彼らが生きていることを言うように欲し、また彼らに書くことを欲した。

[2] しかし、私は言った、例え私が言ったとしても、或いは書いたとしても彼らは信じないであろう。彼らはそれを幻想と呼び、あざ笑って、信じる前にしるし、或いは奇蹟を求めるであろう。こうして私は彼らのあざけりを免れない。しかも、これらのことは真実であるが、恐らく僅かな者が信じるだけであろう。なぜなら、彼らは霊が居ることを心で否定するからであり、また否定する者達は、誰かが霊達と一緒に話すことが出来ることを聞くことを欲しないからである。

霊達についてのこのような信念は、決して古代の時代になかったが、しかし今日、誤った狂気の推論により霊が何かを探索する時、彼らはその霊達を定義付けと仮説によって凡ての感覚から奪う。そして学識があればあるほど、益々多くそれを行う。

創世記　第四章　　　（447）　247

【創世記】
第五章

創世記　第五章

▌天界と天界の楽しさについて

449. 天界と天界の楽しさが何かは、誰もこれまで知っていない。天界について、また天界の楽しさについて考えた者達は、殆んど何も考えがないような全般的で粗雑なもののようなものを心に抱いた。

　最近、この世から他生へ到着した霊達から、私は天界と天界の楽しさについて彼らが心に抱いた観念を申し分なく知ることが出来た。なぜなら、自分自身に放置された者達は、自然的な世界に居た時のように同様に考えるからである。若干の例だけ付け加えることを許されている。

450. 自然的な世界において、他の者達よりも聖言で明るくされたと認められた者達もまた、天界について同様のことを誤って心に抱いていた。高みに居る時、自分自身を天界に居ることを信じた。またそれ故、下に居る者達を支配することが出来ることを、そのように自分自身を他の者達よりも名誉の中に、また卓越したものの中に居ることを信じた。彼らにこのような幻想があったので、誤ったものの中に居ることを知るために、彼らは高みに上げられ、またそこから下部の者達に関して若干支配することを許された。しかし彼らはこれが空想の天界であったことを羞恥心と一緒に気付いた。そして天界は高みにあるのではなく、どこでも愛と仁愛の中に居る者、即ちその者の中に主の王国が有る者の中にあることを気付いた。天界は他の者達より卓越していることを欲することではない。なぜなら、他の者達より偉大な者であることを欲することは天界ではなく地獄であるからである。

451. 或る者は、身体の生命の中で他の者達よりも権力があった者であった、彼は他生においてもまた支配することを欲し続けた。その者にあなたは今他生の永遠の王国に居り、またあなたの支配することは地上において終わったのであると言われた。そして今やあなたが居るこの王国の中では善と真理に従って、また主の慈悲に従って以外誰も尊重されないこと

も言われた。更に、この王国は地上においての如く財産を持つ。地上で誰も財産のためでなければ、また君主の許の好意のためでなければ尊重されない。ここの王国での財産は善と真理であり、また君主の好意は主の慈悲である。もし他の方法で支配することをあなたが欲するなら、あなたは謀反を起す者である。なぜなら、あなたは他の王国の中に居るからである。彼はこれらのことを聞いて恥じ入った。

452. 私は最も偉大な者になることの中に天界と天界の楽しさがあることを信じた霊達と一緒に話した。しかし彼らに天界においては最も低い謙虚な者が最も偉大な者であることが言われた。なぜなら、最も低い謙虚な者であることを欲する者が、最高の幸福を持つからである。また最も低い謙虚な者が最高の幸福を持つので、それ故、最も低い謙虚な者が最も偉大な者であることが帰結されるからである。最も偉大な者であることは最も幸福な者であることを除いて何かあるのか？ 最も幸福な者になることを権力のある者は権力によって、また富んだ者は富によって得ようとしたのではないか？ そして更に、天界はその中で最も偉大な者であることの目的のために最も低く謙虚であることを望むことにあるのではない。というのはその時、最も偉大なものであることを狙い、また求めるからであると言われた。しかし天界は、自分よりも他の者達に心から良く欲することであり、何も自分自身の目あてではなく、愛により他の者達の幸福のために役立つことであると言われた。

453. 或る者は、天界について単に入るのを許されることであることを信じるほど粗雑な考えを持つ。それどころか、門を開けられることによって入れられる鍵のついた場所であることを考え、またそこに居る門番により導き入れられることを考える。

454. 或る者は、天界は他の者達により仕えられる中での怠惰な生活の中にあることを信じた。しかし彼らに休息することの中に、また休息することから幸福を持つことに、決して何も幸福はないことが言われた。このように各々の者が自分自身のために他の者達の幸福を支配することを欲し、

また各々の者がそれを欲する時、誰も幸福を持たなかったであろうことが言われた。

このような生活は活動的な生活ではなく、怠惰な生活である。その生活の中で彼らは麻痺した。しかしその時、活動的な生活なしに何も生命の幸福がないことが彼らに知らされた。天使の生活は用と仁愛の善の中にある。なぜなら、天使達は自然的な世界から霊的な世界に到着している霊達を教え、また伝えることよりも幸福なものを認めないからである。

天使達は人間達に仕えるために、また悪い霊達を人間の許で限度を超えて動き回らないように統制する。そして人間達に善を吹き込む。更に、死んだ者達を永遠の生命の中へ目覚めさせ、その後もし、彼らはその霊魂達が天界へ導き入れられるような者達であるなら、天界へ導き入れる。これらから天使達はこれまで表現されることが出来ないような幸福を感じている。このように彼らは主の像であり、そのように自分自身よりも隣人を愛する。この理由で天界がある。それ故に用の中に、また用により、また用に従って、即ち愛の善と仁愛の善に従って天使の幸福がある。

天界の楽しさを怠惰な者達の間に居ることのような考えを持った者達は、永遠の楽しさを怠惰の中に吸い込んでいる者達であった。その者達に彼らが恥じるために、このような生活がどのようなものであるか気付くことのためにそれが彼らに与えられた。そしてそれは最も痛ましく、またそれによって凡ての楽しさが消えたことが認められた。そして僅かの期間の後、それを嫌悪して退けた。

455. 自然的な世界で生きた時、聖言に関して最もよく教えられた者達の中の或る者が、天界の楽しさについて、金色の光の太陽が現れる時の光の如き、栄光の光の中に居ることの考えを持った。その通りにまた怠惰な生活の中に居ることを考えた。彼が誤ったものの中に居ることを知るために、彼にそのような光が与えられ、また彼が光の中心に居ることが与えられた。その時、丁度天界の中に居るような楽しみを与えられて、彼は実のところ天界の中に居ることを言った。しかしそこに長くは留まることが出来なかった。なぜなら、徐々にそれにうんざりしたからである。そして何も楽しさがなくされた。

創世記　第五章　　　　(451)　　*253*

456. 最も学問の有る、或る者達が居た。彼らは天界の楽しさは、実行され
なければならない仁愛の善なしの生活の中にあること、主を誉め、また
称賛することだけが活動的な生活であることを言った。しかし、主を誉
めることと称賛することは活動的な生活ではなく、その生活の結果である。
なぜなら、主は称賛を必要とされないからである。しかし仁愛の善を実
行することを欲する。仁愛の善に従って主から幸福を受ける。ところが
しかし、最も学問のある者達はそれでもなお、彼らの仁愛の善の中に何
も楽しさの考えを持つことが出来ず、奴隷状態の考えを持った。しかし、
それが最も自由なものであり、また言語に絶する幸福と結合されている
ことを天使達は立証したのである。

457. 自然的な世界から他生へ行く殆んど凡ての者達は、各々の地獄は同じ
地獄であり、また各々の天界も同じ天界であることを信じている。しか
しその時、どちらにも無限の相違と多種多様性があり、また決して一つ
の地獄と全く同じ地獄はなく、どんな場合でも一つの天界と全く同じ天
界もない。また、別の地獄と天界も全く同じものはない。丁度、一人の
人間、一人の霊、および一人の天使と全く同じ別の者は決して存在しな
いように存在しない。

　私が単に二つの全く同じもの、即ち等しいものがあることを考えた時、
霊達の世界の者達と天使的な天界の者達に恐怖が起こった。彼らは凡て
のものは、多くのものの調和により一つのものが形造られること、また
このような一つのものは或る種の調和があること、また全く一つのもの
は決して存在することが出来ないが、しかし調和された一つのものが存
在することを言っている。このように、諸天界の中の凡ての社会が一つ
のものを形造り、また凡ての社会が一緒に、即ち全般的な一つの天界を
形造っている。またこれは主だけからの愛によって形造られる。

　或る天使は霊達、即ち第一の天界の霊達の最も全般的なだけの種類の楽
しさを約478数え上げた。それ故、全般的でない種類の楽しさは数え切れ
ないほど多くあることが推論出来た。また数え切れないほど多くの形があり、
それらも各々種類がある。そして第一の天界に、それだけ多くの種類の
幸福がある時、天使的な霊達の天界の中には無限の種類の幸福があるこ

254　　　天界の秘義　第一巻

とが推論出来よう。また天使達の天界の中には、なお更もっと無数の幸福の種類があることが推論出来よう。

458. 悪い霊達が何度か主の天界よりも他の天界が存在することを信じた。その者達にでさえどこでも知っている所を捜すことが許された。しかしやはり、他の天界はどこにも見つけられず羞恥心を持った。というのは、悪い霊達は主への憎しみからも、地獄の苦痛からも狂気の中へ突進するからであり、またこのような幻想を得ようとするからである。

459. 三つの天界がある。第一の天界はそこに善の霊達が居り、第二の天界はそこに天使的な霊達が居り、第三の天界はそこに天使達が居る。天的なものの中と霊的なものの中の霊達も、天使的な霊達も、および天使達も区別される。天的な者達は前に述べられた最古代教会からの者達の如く主から愛によって信仰を受け入れた者達であり、霊的な者達は主から信仰の知識（概念）によって仁愛を受け入れた者達であり、彼らは仁愛から行動する。

　この続きは、この章の終わりに続く。

創世記 第五章の聖言

1. これは人間の出生の書である。その日に神は人間を創造し、彼を神の似姿に造った。
2. 神は彼らを男と女に創造して、しかも彼らに祝福を宣言した。また彼らが創造されたその日に彼らの名を人間と呼んだ。
3. そして、人間は130年生きた。また彼はその像に従ってその似姿に息子を産んだ。そしてその名をセツと呼んだ。
4. そして、人間の日々はそのセツを産んだ後、800年であった。また彼は息子達と娘達を産んだ。
5. そして、人間の生きた凡ての日々は930年であった。そして彼は死んだ。
6. また、セツは105年生きた。そしてエノスを産んだ。

創世記　第五章　　　(456)　　*255*

7. そして、セツはそのエノスを産んだ後、807年生きた。また息子達と娘達を産んだ。

8. そして、セツの凡ての日々は912年であった。そして彼は死んだ。

9. そして、エノスは90年生きた。そしてケナンを産んだ。

10. そして、エノスはそのケナンを産んだ後、815年生きた。また息子達と娘達を産んだ。

11. そして、エノスの凡ての日々は905年であった。そして彼は死んだ。

12. そして、ケナンは70年生きた。そしてマハラレルを産んだ。

13. そして、ケナンはそのマハラレルを産んだ後、840年生きた。また息子達と娘達を産んだ。

14. そして、ケナンの凡ての日々は910年であった。そして彼は死んだ。

15. そして、マハラレルは65年生きた。そしてヤレドを産んだ。

16. そして、マハラレルはそのヤレドを産んだ後、830年生きた。また息子達と娘達を産んだ。

17. そして、マハラレルの凡ての日々は895年であった。そして彼は死んだ。

18. そして、ヤレドは162年生きた。そしてエノクを産んだ。

19. そして、ヤレドはそのエノクを産んだ後、800年生きた。また息子達と娘達を産んだ。

20. そして、ヤレドの凡ての日々は962年であった。そして彼は死んだ。

21. そして、エノクは65年生きた。そしてメトセラを産んだ。

22. そして、エノクはそのメトセラを産んだ後、300年神と一緒に歩いた。また息子達と娘達を産んだ。

23. そして、エノクの凡ての日々は365年であった。

24. そして、エノクは神と一緒に歩き、また神が彼を取ったので、その後、彼は居なくなった。

25. そして、メトセラは187年生きた。そしてラメクを産んだ。

26. そして、メトセラはそのラメクを産んだ後、782年生きて、また息子達と娘達を産んだ。

27. そして、メトセラの凡ての日々は969年であった。そして彼は死んだ。

28. そして、ラメクは182年生きた。そして息子を産んだ。

29. そして、彼はその息子の名をノアと呼んだ。そしてラメクが言うことに、彼はエホバが呪った大地からの、私達の手の働きと私達

の手の苦悩から私達を励ますであろう。

30. そして、ラメクはそのノアを産んだ後、595年生きた。また息子達と娘達を産んだ。

31. そして、ラメクの凡ての日々は777年であった。そして彼は死んだ。

32. そして、ノアは500年（歳）の息子であった。そしてノアはセム、ハム、およびヤペテを産んだ。

内容

460. この章においては、特に殆んど洪水に至るまでの子孫達への最古代教会の延長について述べられている。

461. 最古代教会そのものは天的なものであり、それは神的な人間、また神の似姿と呼ばれる。1節、

462. セツと呼ばれる第二の教会は、最古代教会と比べてそれほど天的なものではなかった。その教会について述べられている。2,3節、

463. 第三の教会はエノスと言われたものであった。6節、
第四の教会はケナンと言われたものであった。9節、
第五の教会はマハラレルと言われたものであった。12節、
第六の教会はヤレドと言われたものであった。15節、
第七の教会はエノクと言われたものであった。18節、
第八の教会はメトセラと言われたものであった。21節、

464. エノクと言われた教会は、最古代教会に啓示されたものから取り入れられた教義を作ったことが記述されている。例えその教義は、その時代に何も必要でなくても、それでもなお、子孫の必要のためにそれが保持されたのである。そのことが「神が彼を取ったので、その後、エノクはいなくなった」により記述されている。22-24節、

創世記　第五章　　　（460）　257

465. 第九の教会と言われるものがラメクであった。25節、

466. 第十番目の教会は、ノアである洪水後の三つの教会の源（親）であり、その教会は古代教会と呼ばれるべきである。28,29節、

467. ラメクはその教会の許に、最古代教会からの認識が何も残っていなかったことが記述されている。また新しい教会であるノアが記述されている。

内意

468. ［1］前の章で言われ、また示されたことから「名前」によって異端と教義が意味されたことが知られよう。それ故、この章の名前によって人物が意味されないが、しかし事柄、またここの教義、即ち教会が意味されることが知られることが出来よう。更に、それらは最古代教会からノアに至るまで、どんなふうに変えられたにせよ、保持されたのである。

しかし、その教会の中に時代の流れにより衰え、また最後に少数の者達の間にだけ留まるような事情を持つ。洪水の時、留まった者達の許のそれらの少数の者達がノアと呼ばれたのである。

［2］実際の教会は衰えて少数の者達のもとに存続することは、同様に衰えた他の教会から知られることが出来よう。留まるであろう者達は聖言において「生き残った者」なお加えて「残された者」と呼ばれ、その上「地の中央、或いは真ん中に居る者」と呼ばれている。全般的なものの中にこの事柄を持ち、同様に、個別的なものの中にも、或いは教会の中にも持ち、そのように個々の人間達の中にも持つ。もし、その各々のものの許に主により残りのものが保たれなければ、その各々の者は永遠の死で滅びたであろう。なぜなら、残りのものの中に霊的な生命と天的な生命があるからである。

同様に、社会の一般的なものの中に、或いは国家の全般的なものの中に、もし教会、即ち信仰の真理がそれらのものの許の誰かに常にあったのでなければ人類は滅びていただろう。なぜなら、よく知られているように大きな町、それどころか或る王国全体が誰かのために保たれるからである。

丁度、心臓が無傷な限り周囲の内臓は生きることが出来るように、それらは人間の中の心臓の如く彼ら自身を持つ。これに対して、心臓が衰弱した時、凡ての内臓を病気が襲って人間は死ぬ。最後に生き残った者達は「ノア」によって意味される。なぜなら、次章の12節、その他において知られるように「地上の凡てのものが堕落したものになった。」からである。

[3] 人間の許に生き残ったものについては何であれ、また教会の中に生き残ったものでもある。このことは預言者達の許でしばしば述べられている。例えばイザヤ書において、

「シオンに残された者とエルサレムに残っている者は、エホバ御自身に神聖な者と言われ、主がシオンの娘達の汚れを清めた時、またエルサレムの血をその真ん中からぬぐい去った時、凡ての者はエルサレムにおいて生命に刻み付けられた。」4.3,4、ここで生き残った者達によって教会の生き残った者達が意味され、更に教会の人間の「神聖な者」が言われている。なぜなら、シオンとエルサレムに残された者達は、残されたことのために神聖な者達であることは出来なかったからである。同様に同書において、

「これがその日あるであろう。イスラエルの生き残った者達は、もはや増えないであろう。またヤコブの家の逃れた者は、その打つ者に頼らなかった。そして真実の中のイスラエルの聖なるエホバに頼る。生き残った者達は帰るであろう。ヤコブの家の生き残った者達は力強い神に帰るであろう。」10.20-22、エレミヤ書において、

「それらの日々に、またその時に、イスラエルの咎が問われるが、しかしそれらの咎はなく、またユダの罪が問われるが、しかるにそれらの罪は見つけられない。なぜなら、私がその残された者を起し、私がその者を許すからである。」50.20、ミカ書において、

「ヤコブの生き残った者達は、エホバの下からの露の如く、植物の上に降る雨の如く多くの民の間に居るであろう。」5.7、

[4] 人間、即ち教会の残された者、或いは生き残った者は十分の一によってもまた表象され、それらは神聖なものであった。ここから10の数もまた神聖なものであった。それ故に10が残された者達について言われる。

創世記　第五章　　　(465)　259

例えばイザヤ書において、

「エホバは人間を取り除くであろう、そして多くの残されたものが地の間にあるであろう。そして彼らについて子孫が追い払われる時、オークの木と樫の木の如く取り除かれることになろう。またそれでもやはり、その中に十番目の部分があって、それが帰るであろう。その帰る子孫（根）が神聖な種子である。」6.1213、ここでは残された者が「神聖な子孫（根）」と呼ばれている。アモス書において、

「このように主エホビは言われた。千人が出て行っている町は百人の残された者達を招き、また百人が出て行っている町は十人の残された者達をイスラエルの家に招くであろう。」5.3、これらの聖言において、また多くの箇所で内意において生き残った者達が意味される。その者達について、教会の生き残った者達のために大きな町が保たれることはソドムについてアブラハムに言われたことから知られよう。

「アブラハムは、おそらくそこで十人が見つかりますと言った。同時に、その方は十人のために滅ぼさないでおこうと言われた。」創世記、18.32、

469. 一節、「これは人間の出生の書である。その日に神は人間を創造し、彼を神の似姿に造った。」

「出生の書」とは、最古代教会から居た者達の一覧表であり、「その日に神は人間を創造した」は、霊的なものに為されたことであり、「彼を神の似姿に造った」は天的なものに為されたことであり、従って最古代教会の記述である。

470. 「出生の書」とは、最古代教会から居た者達の一覧表であることは、後に続く節から充分に知られよう。なぜなら、この創世記の名前は第11章に至るまで、即ちエベルまでは、決して人物を意味しておらず、事柄を意味しているからである。

最古代の時代、人類は家族、氏族、および民族に区別されたものであった。「家族」は夫と妻が彼らの子供達と一緒に構成した。更にその上、彼らの氏族からの誰かが彼らを世話した。「氏族」は小数の家族、或いは多くの家族が構成した。それらの一つの家族は別の家族から離れずに住んだが、

しかしそれでもなお、同一の所に住んだのではなかった。「民族」は小数の氏族、或いは多くの氏族によって構成された。

471. 彼らがこのように住んだこと、即ち単に家族、氏族、および民族に区別された相互の間だけで住んだことは、教会が元のままの状態と同様に保たれることが理由であった。凡ての家族と氏族は一人の先祖からの教会に依存し、またそのように礼拝の愛と真理の中に留まった。更に各々の家族は他の家族から区別された独特の性質を持った。なぜなら、子供達、というよりも子孫達は彼らの先祖達から性質を得ることは熟知されているからであり、また顔と他の多くのものから区別されることが出来るような特質のあるものが熟知されているからである。それ故に、生来の性格が混合しないように為されたが、しかし的確な区別が為されたのであった。

　このように彼らが住んだことは主に非常に喜ばれた。このように教会が主の王国の生命あるものについて表象した。なぜなら、主の王国には無数の社会があり、どの社会も愛と信仰の相違に従って別の社会から区別されているからである。これが前に言われた「ただ一人生きること」であり、またこれが前に言われた「天幕に住むこと」でもまたある。そしてこれがユダヤ教会も家族の間、氏族の間、民族の間で区別されたものであったこと、また各々の結婚を氏族の間で結んだことを為したために、同じ理由で主に非常に喜ばれたことである。これらについて、主の神的な慈悲により後に続く箇所において述べよう。

472. 「その日に神は人間を創造した」は霊的な者が造られた時であり、「彼を神の似姿に造った」は天的な者が造られた時であることは、前に言われ、また示されたものから知られよう。「創造すること」の言葉は正しくは彼が新しいものに創造される、即ち再生される時の人間に関係する。また「造ること」は人間が完成される時に関係する。それ故に、前の第2章で霊的な人間から天的な人間に為されたことが述べられている如く、聖言において創造すること、形造ること、および造ることの間に注意深く区別が為されている。「神は神が造ることで創造したその凡ての働きから休まれた」、

創世記　第五章　一節　　　（468）　　261

また他の至る所で「創造すること」は霊的な人間に関係すること、また「造ること」は天的な人間を完成することに関係することが16番と88番に認められよう。

473.「神の似姿」は天的な人間であり、また「神の像」は霊的な人間であることは、その通りに前に示されたのである。なぜなら、像は似姿に向かっており、また似姿はそっくりなものであるからである。なぜなら、天的な人間は主御自身の似姿として完全に主により支配されるからである。

474. それ故に、最古代教会の出生、或いは延長が述べられる時は、霊的な者から天的な者が造られることが最初に記述される。なぜなら、そのことから延長が続くからである。

475. 二節、「神は彼らを男と女に創造して、しかも彼らに祝福を宣言した。また彼らが創造されたその日に彼らの名を人間と呼んだ。」
　「男と女」によって信仰と愛の間の結婚が意味され、「彼らの名を人間と呼ぶこと」によって教会が意味され、それは特に人間と呼ばれる。

476.「男と女」によって信仰と愛の間の結婚が意味されることは、前に言われ、また示されたのである。正確には男、即ち夫は理解を意味し、それは理解のものであり、従って信仰のものである。また女は意志、即ち意志のものを意味しそれは愛のものである。それ故更に、愛だけの生命（vita）からエバ（Havah）が言われたのである。そのため、前にもまた示されたように「女」によって教会もまた意味される。また「男」によって教会の人物が意味される。
　ここでは霊的なものであった時の教会の状態について、また直ぐ後に天的なものに為された教会の状態が述べられている。それ故に、第1章26,27節と同様に男が先行する。「創造すること」の言葉もまた、霊的な人間に関係するが、しかし直ぐ後に結婚が為された時、即ち天的なものに為された時は、この場合、「男と女」ではなく、人間と言われる。人間は結婚により男と女の両方とも意味する。それ故に、直ぐ後に「彼らの

名を人間と呼んだ」によって教会が意味される。

477. [1]「人間」が最古代教会であることは、前にたびたび言われ、また示されたのである。無論、最高の意味においては主御自身だけが人間である。それ故、天的な教会は「人間」と呼ばれる。なぜなら、主の似姿であるからであり、それ故次いで、霊的な教会も人間と呼ばれる。なぜなら、主の像であるからである。しかし一般的な意味で人間的な知性を持つ、凡ての者達が「人間」と呼ばれる。なぜなら、人間は知性により人間であるからであり、また更に、一人の者は他の者よりも知性により人間であるからである。例え人間により人間に区別があっても主への愛の信仰に従って人間である。

[2] 最古代教会、また凡ての正しい教会、またそこから教会のある者達、即ち主への愛と信仰から教会のある者達が、特に「人間」と言われることは聖言から知られよう。例えば、エゼキエル書において、

「私はあなた達のために人間を、凡ての家を、イスラエルの凡てのものを増やすことを為そう。... 私はあなた達が富まされ、また実を結ぶために、あなた達に加えて人間と獣を増やすことを為そう。また私はあなた達の古代人達と同様に住めるように為そう。そしてあなた達の始まりより多くの善を為そう。... 私はあなた達のために人間を、私の民イスラエルを生かそう。」36.10-12、ここで「古代人達」は最古代教会が意味され、「始まり」は古代教会が意味され、「イスラエルの家」と「イスラエルの民」によって、初期の教会、或いは諸民族の教会が意味され、それらは人間と呼ばれる。

[3] モーセの書において、

「永遠の日々を思い出せ、世代から、また世代の年々を悟れ、... 最も崇高な方が諸民族に相続地を与えた時、その方が人間の息子達を分けた時、イスラエルの息子達の数に従って民の境界を決定した。」申命記、32.7,8、ここで、「永遠の日々」によって最古代教会が意味され、「世代と世代」によって古代教会が意味される。「人間の息子達」は主への信仰の中に居た者達であり、「イスラエルの息子達の数」は信仰である。再生された者は人間と言われることが、エレミヤ書において、

創世記 第五章 二節　　（472）　263

「私は地を見た、ところがしかし、見よ、人の気配がなく、また実がなかった。また諸天においても、同様にそれらの光がなかった。... 私は見た、ところがしかし、見よ、人間は居らず、諸天の凡ての鳥は飛び去った。」4.23,24、ここで、「地」は外なる人間として、「天」は善への愛としての内なる「人間」として、「諸天の鳥」は真理の理解として記述されている。[4] 同書において、

「見よ、日々が来ている。... 私はイスラエルの家へ、またユダの家へ人間の種子で、また獣の種子で種を蒔くであろう。」31.27、ここで、「人間」は内なる人間として、「獣」は外なる人間として記述されている。イザヤ書において、

「あなた達はその鼻に息がある人間から離れよ、なぜなら、彼はどれほどの評価をされた者なのか？」2.22、「人間」は教会の人間として記述されている。同書において、

「エホバは人間を追い払うであろう、そして地の真ん中で多くのものが見捨てられた。」6.12、ここでは、人間の荒廃について、もはや善と真理がないものとして記述されている。同書において、

「地の住民達は焼き尽くされるであろう、また残された人間は極めて少ないだろう。」24.6、ここで、「人間」は信仰を持つ者達として記述されいる。同書において、

「道は荒らされ、道を行く者は止まった。彼は無駄な契約を受け、大きな町々を侮り、人間を尊重しなかった。地は嘆き、また弱った。」33.8,9、人間はヘブル語でエノスである。同書において、

「私は人間を純金よりも、また人間をオフィル（金の産地）の金よりも貴重なものにしよう。それ故に、天を激しく動かそう、またその拠点から地は揺り動かされる。」13.12,13、ここで、「人間」は、先ず純金よりも貴重な人間としてエノスの名が挙げられ、次いでオフィルの金よりも貴重な人間としてアダムの名が挙げられている。

478. 最古代教会がアダムと言われる理由は、アダムはヘブル語で人間を意味するからである。しかし、アダムと言われた名は決して正しくなく、「人間」と言われた。このことは、ここの箇所と前の箇所で、人間が単数でなく、

複数で言われていること、即ち、両方について述べられており、男についても女についても両方一緒に人間と言われていることから明瞭に知られよう。人間が男女両方について言われることは、誰でも聖言から認めることが出来よう。なぜなら、それは「彼らが創造されたその日に彼らの名を人間と呼んだ。」と言われているからである。同様に第1章において、「我々の似姿に人間を造ろう、… また彼らに海の魚に対して支配させよう。」26,28節、ここからもまた、凡ての創造された人間の誰か最初の者についてではなく、最古代教会について述べられていることが知られよう。

479.「名を呼ぶこと」、即ち「名で呼ぶこと」によって、前に示されたように、どんな性質のものであるかを知ることが聖言において意味される。ここの節では誰が最古代教会であったかが記述されている。正確には、人間は地から取られた者、即ち主により再生された者であることが記述されている。なぜなら、アダムは地であるからである。そしてその後、天的な者に為された時、主への愛の信仰により他の者達よりも人間であったからである。

480.「創造されたその日、人間と呼ばれた」ことは、第1章26,27節からもまた知られよう。正確には、第六日の終わりにある者は、安息日の夕方、即ち安息日の時、即ち第七日が始まった者に一致する。なぜなら、前に示されたように第七日、即ち安息日は天的な人間であるからである。

481. 三節、「そして、人間は130年生きた。また彼はその像に従ってその似姿に息子を産んだ。そしてその名はセツと呼ばれる。」
「130年」によって新しい教会が起こる前の教会が意味される。なぜなら、その教会は最古代にあった「その似姿へ、またその像に従って産まれた」ことが言われる教会にそれほど似ていなくはない教会であったからである。しかし「似姿」が信仰を目指し、また「像」が愛を目指すここの教会は「セツ」と言われる。

482.［1］この章の中に出て来る年々と年々の数が、内意の中で何を意味

創世記 第五章 三節　　（477）　　*265*

するかは、まだ誰にもよく知られていないのである。文字通りの意味の中に居る者達は年々を暦の年々であることを信じる。しかし、ここの章から第12章に至るまでの章には文字通りの意味の中に見えるような歴史的なものは何もないのである。しかし、それらの全体的なものと個別的なものは、丁度、名前と同様に数字もまた歴史的なもの以外のものを含む。

　聖言の中の至る所で出て来る三から成る数字、更に七から成る数字もまた、至る所で何かの神聖なもの、或いは状態に関して極めて神聖な状態を意味している。三と七から成る時間は、更にまたそれら以外の意味も含む、即ち表象する。また、最小の時間の間隔において、同様に最大の時間の間隔においても同様なものを表象する。なぜなら、部分が全体の中にあるように、最小のものは最大のものの中にあるからである。なぜなら、部分から全体が一致して存在するようになるからであり、また最小のものから最大のものが一致して存在するようになるからであり、表象するものを同様に持っているからである。

[2]　イザヤ書において、

　「今や、エホバは言うことで告げた。雇われ人の年々の後、三年の間にモアブの栄光は卑賤なものに戻されるであろう。」16.14、同書において、

　「主は私に言われた。今後一年で雇われ人の年々と同様に、ケダルの凡ての栄光は無くされるであろう。」21.16、ここでは、最小の年の隔たり、最大の年の隔たりも同様に意味されている。ハバクク書において、

　「エホバよ、私はあなたの名声を聞いて恐れた。エホバよ、あなたの働きが年々の間において、それを甦らせ給え、年々の間においてあなたが知らせ、為し給え、」3.2、ここでは、「年々の間」は主の降臨として記述されている。更に少ない間の隔たりも、人間が再生される時のような主の降臨の凡てのものとして記述されており、また大きい間の隔たりにおいても、主の新しい教会の起きる時、同様に主の降臨として意味される。

　これは更に「贖い人の年」と言われる。イザヤ書において、

　「報復の日が私の心の中にあり、そして私の贖われた者達の年が来た。」63.4、丁度、サタンが縛られた「千年」黙示録、20.2,3,7、もまたそのように意味され、また最初の復活の「千年」黙示録、20.4-6、も、決して千年を意味しないが、それらの状態を意味する。なぜなら、前に示され

た「日」の如く「年」もまた状態として理解されるからであり、また年々の数によって状態が記述されているからである。

それ故、この章の中の年（年齢）もまた、状態を含むことが知られることが出来よう。なぜなら、各々の教会は遺伝の性質の相違と実行された性質の相違に従って、他の教会よりも他の認識の状態の中にあったからである。

483. [1] 続くセツ、エノス、ケナン、マハラレル、ヤレド、エノク、メトセラ、ラメク、ノアの名前によって同じ数の教会が意味される。それらの最初の、また最も重要な教会は「人間」と言われた。これらの諸教会の最も重要なものは認識であった。それ故に、前述した諸教会の年（年齢）の相違は、特に認識の相違であった。

認識について、ここで述べることが許されている。全天界においては善と真理の認識以外に支配しない。またそれは述べられることが出来ないようなものであり、一つの社会は他の社会と等しい認識を持たないほど無数の相違を持っており、なお加えて、一つの認識と等しいもう一つの認識もない。そこでの認識は類型と種類が存在し、また類型は無数であり、また各々の類型の種類も同様に無数である。それらについては主の神的な慈悲により後に続く箇所において述べよう。

無数の類型と各々の類型に無数の種類がある時、また更に種類の中に無数の部分的なものが存在する時、今日の世界では天的なものと霊的なものについて、殆んど何も知っていないことを少しは知られることが出来よう。認識が何かが知られない時は、例えそれが言われてもそれがあることを信じない。そのように天的なものと霊的なものもまた信じない。
[2] 最古代教会は主の天的な王国を表象し、更に認識の属性と特殊性の相違に関しても表象した。しかし、認識がその最も全般的なものの中で何であるかが、今日全く知られていないので、それ故に、例え認識の類型と種類が、これらの教会の類型と種類に言われても未知なものと見知らないもの以外に何も教示されない。彼らは家、氏族、および民族に区別されていたために、また家族と氏族の間で婚姻を結んだために、認識の類型と種類が結果として生じた。またそれは先祖達から引き出される生

創世記　第五章　三節　　（482）　*267*

来の性質の延長に従って以外異なって生じることが出来なかった。それ故に、最古代教会から居た者達は天界の中にもまた一緒に住んでいる。

484.「セツ」と言われた教会は、直ぐ前の最古代教会と同様なものであったことは、「人間はその像に従ってその似姿に息子を産んだ。そしてその名をセツと呼んだ。」ことが言われていることから知られよう。「似姿」は信仰に関連し、また「像」は愛に関連する。なぜなら、それは愛とそこからの主への信仰に関して最古代教会の如くなかったからである。このことは直ぐ前に言われた「男と女に彼らを創造し、彼らに祝福を宣言し、また彼らの名を人間と呼んだ。」ことから知られよう。前に言われたように、これらにより第六日の霊的な人間が意味される。それ故に、その似姿は霊的な第六日の如くそれがあり、そのことは愛がそのように最も重要なものでなかったが、しかしそれでも信仰は愛に結合されていた。

485.ここでのセツによって、前の第4章25節のセツによって記述された教会と比べて他の教会が意味されている。それは435番に認められよう。異なった教義の教会が同様な名で呼ばれたことは、前の章の17節と18節においてエノクとラメクがあり、この章の21節と30節に他の教会が同様にエノクとラメクと呼ばれていることから知られよう。

486.四節、「そして、人間の日々はそのセツを産んだ後、800年であった。また彼は息子達と娘達を産んだ。」
　「日々」によって時間と状態を意味し、「年々」によって詳細な時間と状態を意味し、「息子達と娘達」によって彼らが認識した真理と善が意味される。

487.〔1〕「日々」によって一般的に時間と状態が意味されることは、第1章において示されたのである。そこで「創造の日々」はそれ以外のものを何も意味しない。聖言においては凡ての時間は「日々」と呼ばれることはこの節、また5,8,11,14,17,20,23,27,31節に明瞭な如く最も普通のことである。それ故に、一般的に時間の状態もまた「日々」によって意味

される。そして「年々」が加えられる時、年々の時間によって状態の性質が意味され、従って詳細な状態が意味される。

[2] 最古代人達は教会の様々な状態を意味した数字を持った。例えば、3,7,10,12の数字を持ち、そしてこれらの数字と他の数字を組み合わせた多くの数字を持った。そしてこのようにして最古代人達は教会の状態を認めた。それ故に、これらの数字は秘義を含む。それらの秘義を多くの者達に説明することは骨折りである。数字は教会の状態の算入されたものであった。

更に、聖言において、特に預言の書において至る所で同様な言葉、或いは数字が記述されており、また更にユダヤ教会の儀式の中に時間と長さ（寸法）の数字がある。例えば生け贄に関して、穀物の捧げものに関して、奉納物、および他の供物に関して数字がある。それらはどこであろうと特に神聖なものを意味する。それ故に、この節の「800」、また次の節の「900」と「30」において特に神聖なものが意味される。また更に、後に続く箇所の数字において、これまで教示されることが出来たことよりも多くのことを詳細に含む。即ち、彼らの教会の状態の推移が、彼らの全般的な状態に特に当てはめて記述されている。

後に続く箇所において「12」に至るまでの単純な数字が何を意味するかが、主の神的な慈悲により説明されなければならない。もしそれらが前以て知られなければ、組み合わされた数字が何を意味するか理解されることが出来ない。

488. [1]「日々」が一般に状態を意味すること、また「年々」が詳細な状態を意味することは、言われたように聖言からもまた知られることが出来よう。例えば、エゼキエル書において、

「あなたはあなたの日々が近付くことを為し、またあなたの年々に至るまで進んだ。」22.4、ここでは、忌まわしいことを行ない、また罪の桝目を満たす者達について言われている。従ってここでこのような者達の状態について一般的なものが「日々」によって、詳細なものが「年々」によって言われている。

「あなたは王の日々の上に日々を加えるであろう、その年々が世代と世

代の如く為されるであろう。」詩篇、61.6、主と主御自身の王国について、ここでもまた「日々と年々」が主御自身の王国の状態として記述されている。同書において、

「私は古代からの日々を考え、幾世代の年々を考えた。」77.5、ここで「古代からの日々」は最古代教会の状態であり、「幾世代の年々」は古代教会の状態である。イザヤ書において、

「報復の日々が私の心の中にあり、そして私の贖われた者達の年々が来た。」63.4、最後の時として、ここで「報復の日々」が地獄行きの宣告の状態として、また「贖われた者達の年々」が幸福な状態として記述されている。同様に同書において、

「エホバの楽しみの年を声高に叫ぶために、また悲しんでいる者達を励ますために私達の神に誰もが日を、」61.2、ここでもまた日が、そのようにまた年のことが言われている。そしてそれらは状態を意味する。エレミヤ書において、

「昔の如く、私達の日々を元どおりに為し給え。」哀歌、5.21、ここでは明瞭に状態として記述されている。

[2] ヨエル書において、

「エホバの日が差し迫って来た。暗闇と暗黒の日が差し迫って来た。暗雲と暗さの日が差し迫って来た。… このようなことは今の世において行なわれなかった。またこの後も世代と世代の年々へまでも繰り返さないであろう。」2.1,2、ここで「日」は暗闇、暗黒、暗雲、暗さの状態として、個別的なものにおいては誰かの状態として、また一般的には凡ての者の状態として記述されている。ゼカリヤ書において、

「私は一日でその地の咎を取り除くであろう。その日、… あなた達は呼ぶであろう。葡萄の木の下において、またいちじくの木の下において男がその仲間に向かって呼ぶであろう。」3.9,10、また、他の箇所に、

「エホバに熟知された一つの日があるであろう。昼ではなく、夜でもなく、夕の時に光があるであろう。」14.7、ここでは、状態が明瞭に述べられている。なぜなら、「昼ではなく、夜でもなく夕の時に光がある日があるであろう」と言われているからである。更にまた、十戒の中の言葉からも明らかである。

「あなたの父とあなたの母を尊べ、… 地の上であなたの日々が延ばされ

るために、またあなたに良くあるために、」申命記、5.16、25.15、ここで「日々を延ばすこと」は長生きを意味しないが、しかし恵まれた状態を意味する。

[3] 文字通りの意味において、「日々」が時間を意味することよりも異なって認めることが出来ない。しかし内意においては状態を意味する。天使達は聖言の内意の中に居り、時間が何か知らない。なぜなら、彼らに太陽と月が時間を区別していないからである。従って彼らは日々と年々が何か知らず、それらを状態とその推移としてだけ知っている。それ故に、聖言の内意の中に居る天使達の目の前では、エゼキエル書においての文字通りの意味の中にあるような物質、空間、および時間のものは、何であろうと見えなくなるのである。

「差し迫った日がある。またエホバの日は近い。諸民族の時は暗雲の日になろう。」30.3、ヨエル書において、

「ああ、その日に、エホバの日が差し迫ったので、また丁度、荒廃のように差し迫ったので、」1.15、ここで「暗雲の日」は暗雲、即ち間違った信念として、「諸民族の日」は諸民族、即ち悪意として、「エホバの日」は荒廃として記述されている。

時間の観念が取り除かれる時、その時間からあった事柄の状態の観念が残る。同様に、「日々と年々」によっても、それを持つことはこの章において頻繁に述べられている。

489. [1]「息子達と娘達」によって真理と善が意味されること、その上、「息子達」によって真理が、また「娘達」によって善が意味されることをどのように理解したかは、預言者達の書において非常に多くの箇所から知られることが出来よう。というのは、聖言において教会の受胎と出産は、古代に息子達と娘達と呼ばれたからである。例えば、イザヤ書において、

「諸民族はあなたの光に向かって歩むであろう。また王達はあなたの輝きの起源に向かって歩むであろう。あなたの目を周りに上げよ、そして見よ、彼らは凡て集められてあなたのために来る。あなたの息子達が遠くから来る。またあなたの娘達があなたのかたわらで育てられる。その時、あなたは見て、豊かになるであろう。そしてあなたの心は驚き、それを広げるであろう。」

創世記　第五章　四節　　　(488)　271

60.3-5、ここでは、「息子達」は真理として、また「娘達」は善として記述されている。ダビデの書において、

「私を救い出し給え、また私をよそ者の息子達の手から救い給え、その者達の口はでたらめを語る。... 私達の息子達はその少年期において植え付けられた植物の如く卓越した者達に為され、私達の娘達は神殿の美しさから切り出された天使達の如く卓越した者達に為された。」144.11,12、「よそ者の息子達」は偽りの真理として、即ち間違った原理として、「私達の息子達」は真理の教義として、「娘達」は善の教義として記述されている。イザヤ書において、

「私は北に、与えよと言おう。また南に、引き止めないようにと言おう。遠くから私達の息子達を連れて来い、また地の端から私達の娘たちを連れて来い。... 彼は盲目の民、また耳が聞こえない民を連れ出している。かくして彼らは目があり、また耳があるであろう。」43.6,8、ここで「息子達」は真理として、「娘達」は善として、「盲目の者達」は真理を認めるであろう者達として、「耳が聞こえない者達」は真理に従う者達として記述されている。エレミヤ書において、

「私達の未熟さにより羞恥心が私達の父祖の労苦を食い尽くした。彼らの羊の群れ、彼らの牛の群れ、彼らの息子達、また彼らの娘達を食い尽くした。」3.24、ここで「息子達と娘達」は真理と善として記述されている。[2] 子供達と息子達は真理として記述されていることは、イザヤ書において明らかである。

「ヤコブはもはや恥じない、またその顔も青ざめない。なぜなら、彼がその子供達を見なければならない時、私の名を彼らが聖別したその真ん中で私の手の働きを見なければならない時、またヤコブの神聖な方を彼らが聖別したのを見なければならない時、そしてイスラエルの神を彼らが恐れたのを見なければならない時、霊によってさ迷う者達は認識を知るからである。」29.22-24、「ヤコブの神聖な方、イスラエルの神」は主として、「子供達」は善と真理の認識がある再生された者達として、同様に説明されている。同書において、

「産まなかった不妊の者は歌え、なぜなら、夫のある妻の息子達よりも夫に見捨てられた妻の息子達が多いからである。」54.1「夫に見捨てられ

た妻の息子達」は初期の教会、即ち民族の教会の真理として、「夫のある妻の息子達」はユダヤ教会の真理として記述されている。エレミヤ書において、

「私の天幕は荒され、私の凡ての天幕の綱は引きちぎられ、私の息子達は私を去った、彼らはもう居ない。」10.20、「息子達」は真理として記述されている。同書において、

「その息子達は昔の如くなるであろう。また彼らの群れは私の目の前に置かれるであろう。」30.20、「息子達は」古代教会の真理として記述されている。ゼカリヤ書において、

「シオンよ、私はあなたの息子達を鼓舞するであろう。ヤワンよ、あなたの息子達も一緒に鼓舞するであろう。そしてあなたを力強い剣の如く据えよう。」9.13、「息子達は」信仰の愛の真理として記述されている。

490. 「娘」は善として、何度も聖言の中に記述されている。例えば、ダビデの書において、

「あなたの高貴な者達の間に王達の娘達が居り、しかもなお、王女が右側に立つ、無論、オフィルの最良の金の中で立っている。…ツロの娘は捧げものの中で立ち、王の娘は凡ての栄光を内側に持ち、その衣装は金の刺繍により作られている。あなたの父祖達の代わりにあなたの息子達が居るであろう。」詩篇、45.9-16、ここでは「娘」によって善、および愛の美しいものと信仰の美しいものが記述されている。それ故、諸教会は「娘達」と呼ばれ、その上、善により、「シオンの娘とエルサレムの娘」のように呼ばれる。イザヤ書、37.22、また他の箇所にたびたび呼ばれている。更に「民の娘達」イザヤ書、22.4、「タルシシの娘」イザヤ書、23.10、「シドンの娘」同じ箇所の12節、「野の中の娘達」エゼキエル書、26.6,8、と呼ばれている。

491. この章の4, 7, 10, 13, 16, 19, 26, 30, 節の中の息子達と娘達によっても同様に意味される。しかし教会のままに、そのように息子達と娘達が意味される。即ち教会のままに、そのような善と真理が意味される。この章の真理と善を彼らは区別して認識したのである。なぜなら、他の教

創世記　第五章　四節　　(489)　273

会と後に続いた教会の最も重要で、また源である最古代教会について述べられているからである。

492. 五節、「そして、人間の生きた凡ての日々は930年であった。そして彼は死んだ。」

「日々と年」によって、前のように時間と状態が意味され、「彼が死んだこと」はそのような認識が存在しなくなったことを意味する。

493. 「日々と年々」によって時間と状態が意味されることは、更に詳しく論じられるべきではない。ここでは、この世の中は自然の最外部の中にあるので、時間と長さ（寸法）が存在しないことが出来ず、それらに数字が付けられることだけが言われるべきである。しかし、聖言において、時間と長さ（寸法）に数字が付けられる箇所のたびごとの日々と年々の数字によって、更に長さ（寸法）の数字によって、時間と長さ（寸法）に関係なく数字の意味に従って何かのことが意味される。丁度、六日が労苦であり、また第七日が神聖なものであるように意味される。それらについては上に示された。

ヨベルの年は第四十九年目毎に叫ばれ、また第五十年毎に祝われること、イスラエルの部族は主の使徒達と同数の十二であったこと、七十人の長老達が、主の弟子達と同じ数の如く居たこと、また他に極めて多くのものがある。そこにある数字はそれらに付けられた数字に関係なく何か特有なことを意味する。そしてそれらの数字が分かたれる時、数字によって意味される状態がある。

494. [1] 「彼が死んだこと」は、そのような認識が存在しなくなったことを意味することは、「死ぬこと」の言葉の意味から知られよう。それはヨハネの書における如く、どのようなものも存在することを終える凡てのものを意味する。

「サルデスの中の天使に書け、これらのことを七つの霊と七つの星を持つ方が言われる。私はあなたの働きを知った。そのため、あなたは生きていることを言うが、しかしあなたは死んだ者である。あなたは目覚め

ている者であれ、また死にかけている残りの者達を強固にせよ、というのは、私はあなたの働きが神の目の前で完成されたのを見なかったからである。」黙示録、3.1,2、エレミヤ書において、

「私はあなたを産んだあなたの母親を捨てよう。あなた達が産まれたのではない他の地に捨てよう。そしてそこであなた達は死ぬ。」22.26、ここで「母親」は教会として記述されている。というのは、言われたように、特に遺伝の悪が増大されることの理由から、なぜなら、後に続く各々の両親が新しい悪を付け加えるからであるが、人間が衰え、また堕落し、そして古い時代の高潔がなくなることのその事柄を教会も一緒に持つからである。凡ての実際の悪は、先祖達の許に悪の性質の形を付加し、またしばしばそれを行った時、付加された遺伝のものが生来のものに為される。そして子供達に、そしてそのように子孫達に移植される。このように遺伝の悪が子孫達の中に果てしなく増やされる。このことを各々の者は、両親達と祖父達の悪い性質が全く同様に彼らの子供達にあることから知ることが出来よう。

[2] 何かの遺伝の悪は存在することはないと見なす者達、更に何かの遺伝の悪はアダムから植え付けられたものであることを断言する者達の見解は、313番に認められるように完全に最も誤ったものである。しかし、各々の者は自分自身の実際の罪によって遺伝の悪を作り、なお加えてその先祖達から得られた遺伝の悪にそれを加え、そしてそのように、それを積み重ね、凡ての子孫の中にそれが残留する。主により再生される者達において以外、それは和らげられない。

これらの遺伝の悪が凡ての教会が堕落する主要な原因であり、従って最古代教会の堕落の主要な原因でもまたあった。

495. どうして最古代教会が衰えたかは、もし認識が何かが知られるのでなければ知られることが出来ない。なぜなら、その教会は今日決して存在しないような種類の認識力があったからである。

その教会の認識は天使達の如く主により善と真理が何かを理解することの中に知られる。社会的な仲間関係の善と真理が何かはそれほどでもないが、しかし主への愛と信仰の善と真理が何かを理解する。生活から確信され

た信仰の承認により、それがどのようなものであるか、またそれがあるかどうか知ることが出来る。

496. 六節、「また、セツは105年生きた。そしてエノスを産んだ。」
　「セツ」は言われたように第二の教会であり、最古代の先祖よりも不完全に天的な教会であった。それでも最古代教会の一つであった。「彼が105年生きたこと」は前に言われたように、時間と状態を意味し、「彼がエノスを産んだこと」は、彼らからエノスと言われた他の教会が伝わったことを意味する。

497. 「セツ」が第二の教会であり、最古代の先祖よりも不完全に天的な教会であったが、それでもなお最古代教会の一つであったことは、前にセツについて3節に言われたことから知られよう。前に遺伝の悪の積み重ねの原因により、人間が本質的なものに関して徐々に、また時代の推移によって衰えることもまた言われたように、諸教会も一緒にその事柄を持つ。

498. 彼が「エノス」を産んだことは、彼らからエノスと言われた他の教会が伝わったことを意味する。更にこのことから、この章における名前は教会以外の他のものを何も意味しないことが知られよう。

499. 七、八節、「また、セツはそのエノスを産んだ後、807年生きた。また息子達と娘達を産んだ。また、セツの凡ての日々は912年であった。そして彼は死んだ。」
　「日々と年々の数字」は、ここでも前のように時間と状態を意味し、「息子達と娘達」はここでも前のように真理と善を意味し、「彼が死んだ」ことも同様に、そのような認識が存在しなくなったことを意味する。

500. 九節、「また、エノスは90年生きた。そしてケナンを産んだ。」
　言われたように「エノス」によって、セツの教会よりもいっそう不完全な天的な第三の教会が意味されるが、それでもなお、最古代教会の一つであった。「ケナン」によって第四の教会が意味され、それは前の教会の

後に続いた教会であった。

501. 諸教会は時代の進行によってそれらの諸教会に続いている諸教会が産まれ、またそれらの一つの教会が他の教会から産まれたと言われる。それらの諸教会は、それらの後に続く教会を、果実によって、即ちそれらの種子によって、果実が種子を持つ如く持った。それらの中心、即ち果実の最内部に種子があり、同様にそれによって果実が産まれる。或いは種子の最内部に種子があり、同様にそれによって種子が産まれる。果実と種子からそれらが連続によって次々と生じるもののようにそれらが生きる。無論、中心から外辺に向かって遠く離れたものであればあるほど、益々果実の本質、或いは種子の本質が少なくなり、遂に皮膚、即ち外皮だけがあるところまで中心から離れる。果実、即種子はそれらによって存在が終結する。

　或いは脳の中の如く、その最内部の中に皮質の要素と言われた緻密な有機体があり、それらから霊魂の働きが生じる。それらからより純粋な被膜が次々と生じ、更により密集したものが生じ、最後に髄膜と呼ばれる全般的なものが生じる。それらはいっそう全般的なものの中で、また最後に頭蓋である最も全般的なものの中で終結する。

502. 「人間、セツ、およびエノス」の三つの教会が最古代教会を構成したが、それでもなお、完全性の相違を持って構成した。丁度、果実、或いは種子について、また脳について言われたように、そのように最初の教会の認識からの認識力に関して、後に続く教会においてしばしば減らされ、またより全般的なものに為された。認識が完全であることは、明確に認識することの能力の中にあり、それがそのように明確でない時、しかしより全般的なものである時は減らされる。その時、明瞭な認識に代わって不明瞭な認識が後に続き、またそのように認識が消え始める。

503. 最古代教会の認識力は善と真理が何かを認識したことの中だけに成り立ったのではなく、善を行なうことの幸福なものと楽しいものの中に成り立っていた。善を行なうことの幸福なものと楽しいものなしに認識力

創世記　第五章　六節　　（496）　277

は生命のあるものではなく、幸福なものと楽しいものから認識力が生きる。

　最古代教会の愛とそこからの信仰の生命がどのようなものであったかは、もし用の中にあるのでなければ、即ち善と真理の中に用があるのでなければない。用から用によって、また用に従って主により生命が与えられる。無用のものに決して生命は存在することが出来ない。なぜなら、何であろうと無用なものがあるとそれは投げ捨てられるからである。その用の中に主の似姿がある。

　それ故に、実行された認識力の中にもまた主の像がある。認識力は善と真理が何かを知ることであり、従って信仰の善と真理が何かを知ることである。愛の中に居る者は知ることの楽しみを与えられるが、しかし善と真理を行なうことに楽しみを与えられる、即ち用に楽しみがあることを知る。

504. 十、十一節、「そして、エノスはそのケナンを産んだ後、815年生きた。また息子達と娘達を産んだ。そして、エノスの凡ての日々は905年であった。そして彼は死んだ。」

　ここでも同様に「日々と年々の数字」、更に「息子達と娘達」「彼が死んだ」ことに関しても同様なことを意味する。

505. エノスは言われたように第三の教会であり、最古代教会の一つであったが、しかし天的なものが更に少ない教会であった。それ故に、認識力も「セツ」の教会よりも更に少なかった。またこの教会はそれほど天的なものでなく、なお加えて「人間」と言われた先祖の教会の如く認識力もそれほどなかった。

　これらの三つの教会が最古代教会を構成した。これらの教会は、後に続いた教会に比較すれば果実の仁（種）、即ち種子のようなものであった。これに反し後に続いた教会はそれらの教会に比較すれば、果実の膜質（皮）の性質に似ている。

506. 十二節、「そして、ケナンは70年生きた。そしてマハラレルを産んだ。」

　「ケナン」によって第四の教会が意味され、また「マハラレル」によっ

278　　　天界の秘義　第一巻

て第五の教会が意味される。

507.「ケナン」と言われた教会は、最初の三つの教会の中にあるように数え上げられるべきではない。なぜなら、先祖達の許の認識とは相違があったからであり、その時、認識が全般的なものになることが始まったからである。またこの教会は果実の仁（種）、即ち種子に比較して、その種子に近い膜の最初の部分、また柔らかな部分の如くあった。この状態は無論、述べられないが、しかしそれでもなお、後に続く箇所の「エノク」と「ノア」と呼ばれたそれらの教会の記述から認められよう。

508.十三、十四節、「そして、ケナンはそのマハラレルを産んだ後、840年生きた。また息子達と娘達を産んだ。そして、ケナンの凡ての日々は910年であった。そして彼は死んだ。」
「日々と年々の数字」は、前に言われたような意味を持ち、「息子達と娘達」は、ここでも前のように「真理と善」を意味し、それらを彼らは認識したが、しかし全般的に認識した。「彼が死んだ」ことは、同様にそのような認識のあることが終わったことを意味する。

509.ここでは、単にそれらの凡ての教会は教会の状態に応じて、それぞれに認識を持つことを注意して見なければならない。

510.十五節、「また、マハラレルは65年生きた。そしてヤレドを産んだ。」
「マハラレル」によって、言われたように第五の教会が意味され、「ヤレド」によって第六の教会が意味される。

511.教会の認識力が衰え、また認識力がより個々のもの、即ちより区別されたものから、益々全般的なもの、即ち不明瞭なものに為されたので、従って彼らの愛の生命、即ち彼らの用の生命もまた衰えた。なぜなら、愛の生命、即ち用の生命が、生命を持つほど認識力を持つからである。善から真理を知ることは天的な認識である。これに対し、「マハラレル」と言われた教会を構成した者達の生命は、実のところ用からの楽しいも

創世記　第五章　十節　　（503）　　*279*

のに対し、真理からの楽しみを優先するような者達であった。このことは他生における彼らと一緒の、同様な者達に関しての観察によって知ることがもたらされた。

512. 十六、十七節、「そして、マハラレルはそのヤレドを産んだ後、830年生きた。また息子達と娘達を産んだ。そして、マハラレルの凡ての日々は895年であった。そして彼は死んだ。」
　これらの節は前の節と、それらの言葉を同様に持ち、なお加えて、前に述べられたことと同様な意味である。

513. 十八節、「そして、ヤレドは162年生きた。そしてエノクを産んだ。」
　「ヤレド」によって言われたように第六の教会が意味され、「エノク」によって第七の教会が意味される。

514. ヤレドと言われた教会については何も述べられていないが、しかしどのような教会であったかは、先行する「マハラレル」の教会から、また続く箇所の「エノク」の教会から知られることが出来よう。ヤレドの教会はマハラレルの教会とエノクの教会の中間にある。

515. 十九、二十節、「そして、ヤレドはそのエノクを産んだ後、800年生きた。また息子達と娘達を産んだ。そして、ヤレドの凡ての日々は962年であった。そして彼は死んだ。」
　これらの節もまた前の節と同様にこれらの言葉を持ち、なお加えて、これらの言葉については前に述べられた。
　彼らの年齢がこれほど多くなかっただろうことは、例えばヤレドは962歳、またメトセラは969歳であった。更に、主の神的な慈悲により次の章の3節に、そこで「彼らの日々は120年であろう」と言われることから誰でもまた知られることが出来よう。それ故に、年の数字は人間の誰かの命の年齢を意味しないが、しかし教会の時代と状態を意味する。

516. 二十一節、「そして、エノクは65年生きた。そしてメトセラを産んだ。」

「エノク」によって、言われたように第七の教会が意味され、また「メトセラ」によって第八の教会が意味される。

517.「エノク」の教会がどのようなものであったかが、直ぐ後に続く箇所で述べられる。

518.二十二節、「そして、エノクはそのメトセラを産んだ後、300年神と一緒に歩いた。また息子達と娘達を産んだ。」
「神と一緒に歩くこと」は信仰についての教義を意味し、「彼が息子達と娘達を産んだこと」は真理と善についての教義を意味する。

519.〔1〕その時代、最古代教会とその後に続く教会の認識力により、その認識力が規範として仕えたために、またそこから善と真理が何かが知られなければならないために教義を作った者達が居た。このような者達が「エノク」と呼ばれ、このことが「そして、彼は神と一緒に歩いた。」の言葉によって意味されている。
　更に、彼らはこのようにその教義を呼んだのであり、その教義もまた、エノクの名によって意味されたのである。このことが組み立てることである。これは「歩くこと」の言葉の意味から、またエホバと一緒ではなく、「神と一緒に」歩いたことが言われていることからもまた知られよう。「神と一緒に歩くこと」は信仰の教義に従って教えることと生きることであり、これに対して、「エホバと一緒に歩くこと」は愛の生命を生きることである。
　歩くことは、律法の内に歩くこと、法律の内に歩くこと、真理の内に歩くことの如く、生きることを意味している通常の決まり文句である。歩くことは、特に真理の道を目指す故に、それは信仰の真理、即ち信仰の教義である。」聖言において歩くことが何を意味するかは、続きの箇所で多少知られることが出来よう。
〔2〕ミカ書において、
　「人間よ、彼はあなたに善が何かを、またエホバがあなたについて何を要求しているかを知らせた。それは正しい審判と慈悲の愛を行なうこと、またあなたの神と一緒に歩くことであなた自身を低くすることではない

創世記　第五章　十六節　　（511）　281

か？」6.8、ここで「神と一緒に歩くこと」もまた、知らされたことに従って生きることを意味する。しかしここでは「神と一緒に」と言われるが、しかし、エノクについては別の言葉が言われ、それもまた神と一緒にによりを意味する（注：エノクの名前の意味は信仰の教義、或いは信仰の異端であり、信仰の教義の場合は神と一緒に歩く、であるが、異端の場合は神と一緒に歩くのではない。399,518,519番）。言葉はこのように二通りに解釈できる。ダビデの書において、

「あなたは、... 私の足を神の目の前で生きている者達の光の中で歩くために躓きから救った。」詩篇、56.13、ここで「神の目の前で歩くこと」は信仰の真理の中で歩くことであり、それは生きている者達の光である。同様に、イザヤ書において、

「暗闇の中を歩いている民は偉大な光を見る。」9.2、主はモーセの書において、

「私はあなた達の真ん中を歩くであろう。またあなた達にとって私は神になるであろう。そして私にとってあなた達は民になるであろう。」レビ記、26.12、これは彼らが律法の教えに従って生きたことのために言われた。

[3] エレミヤ書において、

「彼らはそれらを太陽に、また月に、また諸天の群れに晒すであろう。彼らはそれらを愛し、またそれらに仕え、それらの後に歩き、またそれらを探し求めた。」8.2、ここでは愛のものと信仰のものとの間に明瞭に区別されている。「愛することと仕えること」は愛のものであり、「歩くことと捜し求めること」は信仰のものである。しかし、聖言において「エホバと一緒に歩くこと」、即ち「エホバの目の前で」は愛の生命を生きることを意味する。

520. 二十三、二十四節、「そして、エノクの凡ての日々は365年であった。そして、エノクは神と一緒に歩き、また神が彼を取ったので、その後、彼は居なくなった」。

「エノクの凡ての日々は365年であっただろうこと」は、小数の教義を意味し、「彼が神と一緒に歩いたこと」は、前のように信仰についての教義である。「神が彼を取られたので、この後、彼は居なくなったこと」は、

神がその教義は子孫の用のために保持されたことを意味する。

521.「神が彼を取られたので、この後、彼は居なかった。」ことは、その教義は子孫の用のために保持されたことを意味する。従ってその教義はエノクと一緒に最古代教会の認識力を持ち、それらの事柄を言われたように、教義の中に入れた。このことはその時代に許されなかった。なぜなら、認識により知ることは、教義により学ぶことと比べて全く異なるものであるからである。認識の中に居る者達は形造られた教義の手段によって知ることでそれを知る必要はない。例えば、照らしの故に、正しく考えることを知っている者は、人為的なものにより考えることを学ぶ必要はない。もし、学ぶなら彼らの許で学者の労苦の中で当惑する者達の如く、彼の良く考えることの能力はそこから滅びたであろう。

認識により知る者達は、主により内なる道により善と真理が何かを知ることが与えられる。これに対して、教義により知る者達は、外なる道、即ち身体の感覚を通して知ることが与えられる。それらは光と闇の間の如き相違がある。これは天的な人間の認識が決して述べられることが出来ないことに似ている。なぜなら、彼らは状態と状況に従って、凡ゆる多様性と一緒に最も細かなものと最も個別的なものの中に居るからである。しかし、最古代教会の認識力は滅びるであろうことが予見されたので、また将来、学んだ教義によって真理と善が何かを知ることが予見されたので、即ち闇を通して光へ行くことが予見されたので、それ故に、ここに「神が彼を取った」こと、即ち子孫の用のために保持したことが言われている。

522.エノクと言われた者達の認識力がどのようなものかが提示され、私にもまた知ることが与えられた。それは何も区別されたものがなく全般的なもののある種の不明瞭なものであった。なぜならその時、心が考慮することを教義の中でその心の外に向けるからである。

523.二十五節、「そして、メトセラは187年生きた。そしてラメクを産んだ。」「メトセラ」によって第八の教会が意味され、「ラメク」によって第九の教会が意味される。

創世記　第五章　二十三節　　（519）　*283*

524. この教会がどのようなものであったかは、特に何も述べられていないが、しかし、その認識力が全般的で不明瞭なものに為されたことは、「ノア」と呼ばれる教会の記述から知られよう。こうして認識力の完全性が衰えたために、同時に、認識力の完全性と一緒に知恵と知性も衰えた。

525. 二十六、二十七節、「そして、メトセラはそのラメクを産んだ後、782年生きて、また息子達と娘達を産んだ。そして、メトセラの凡ての日々は969年であった。また彼は死んだ。」
　これらの節は、他の節で説明されたことと同様な意味を持つ。

526. 二十八節、「そして、ラメクは182年生きた。また息子を産んだ。」
　「ラメク」によって、ここで第九の教会が意味され、その教会の中で真理と善の認識が殆んど何もないほど全般的で不明瞭なものになった。このように教会が荒らされた。「息子」によって新しい教会の始まりが意味される。

527. 「ラメク」によって、その教会の中で真理と善の認識が殆んど何もないほどに全般的で不明瞭なものになった教会が意味される。このように教会が荒らされたことが意味されることは、先行する章から、また続く節から知られることが出来よう。即ち、直ぐ後に続く節においてそれが記述されている。
　「ラメク」は先行している第4章において、ここの節と殆んど同様なことを意味した。即ち荒廃を意味した。その荒廃については先行している第4章の18,19,23,24節で認められよう。またその者を産んだ者もまた、ほぼ同様に呼ばれている。正確にはメトサエルと呼ばれている。このように殆んど同様な名前によって意味したことで、「メトサエル」と「メトセラ」によって何らかの死をもたらす者を意味し、「ラメク」によって破壊された者を意味した。

528. 二十九節、「そして、彼はその息子の名をノアと呼んだ。そしてラメクが言うことに、彼はエホバが呪った大地からの、私達の手の働きと私

達の手の苦悩から私達を励ますであろう。」

「ノア」によって古代教会が意味され、「エホバが呪った大地からの、私達の手の働きと私達の手の苦悩から私達を励ますこと」によってその歪められた教義が、そのことから回復されることが意味される。

529. 「ノア」によって古代教会が意味される。即ち洪水後の三つの教会の源の教会であることが意味されることは、後に続く箇所により知られよう。そこでノアについて多くのことが述べられる。

530. [1] この章の名前によって、言われたように諸教会、即ち同じことであるが諸々の教義が意味される。なぜなら教義があるから、また教会と呼ばれるからである。従って「ノア」によって古代教会、即ち最古代教会から存続している教義が意味される。諸教会、即ち諸々の教義がそれら自身をどのように保つかは、前に言われたのである。即ちそれらがその後、信仰の善と真理について何も存続しないまでも衰えることが言われたのである。またその時、聖言において教会が荒らされたと言われている。しかしそれでもなお、常に生き残った人達が保たれる。即ち、例え少数の者達であっても信仰の善と真理を持続する者達の許に残りのものの何かが保たれる。もし、その者達の許に信仰の善と真理が保たれなければ、決して人類と天界の連結はなかっただろう。
[2] 人間の許の個人的なものの中の残りのものについては、それが少量であればあるほど、彼の理性的なものと科学的な（事実に基づく）ものも少なく照らされる。なぜなら、善と真理の光は残りのものから、即ち残りのものを通して主から流れ込むからである。もし、人間の許に何も残りのものがなければ、彼は人間でなかっただろう。しかし獣より甚だしく卑賤なものであっただろう。残りのものが少量であればあるほど、彼はより少なく人間であり、また残りのものが多ければ多いほど、彼はより多く人間である。生き残った人達は、残りのものを天的な一種の栄光の如く持つ。それが少なければ少ないほど、そこからの輝きも少なく、それが多ければ多いほど、そこからの輝きが多い。

最古代教会から残った僅かなものがノアと言われた教会を構成した者

創世記　第五章　二十六節　　（524）　*285*

達の許にあった。しかし、その残りのものは認識の残りではなかったが、しかし誠実の残り、更に最古代教会からの教義の残りであった。それ故その時、主により初めて新しい教会が起された。その教会は最古代の諸教会とは全く異なった性質の教会であったので、古代教会と呼ばれるべきである。古代教会は洪水前の終わりの時代と洪水後の最初の時代においてあった。その教会については主の神的な慈悲により後に続く箇所で述べよう。

531.「エホバが呪った大地からの、私達の手の働きと私達の手の苦悩から私達を励ますこと」よって、歪められた教義がどのように回復されたかが意味されることは、主の神的な慈悲により後に続く箇所からもまた知られよう。「働き」によって何かの真理を労苦と苦痛がなければ認めることが出来なかったことが意味され、

「エホバが呪った大地からの手の苦悩」によって、何も善を行なうことが出来ないことが意味される。従って「ラメク」、即ち荒された教会が記述されている。

「私達の手の働きと労苦」は自分自身により、即ち自己により何が真理と善を行なうことか探求することを余儀なくされる時である。それ故、それが為されることが「エホバが呪った大地」、即ち間違った信念と悪以外何もないことである。しかし、「エホバが呪う」ことが何を意味するかは245番に認められる。

これに対して、「励ますこと」は息子に、即ちノアに関係があった。それ故に新しい再生が意味され、従って新しい古代教会が意味される。その教会によって、即ち「ノア」の教会によって、そこから休息もまた意味される。また休息の慰めにより最古代教会についての如く、主が休まれた第七の日が意味される。それは84-88番に認められる。

532.三十、三十一節、「そして、ラメクはそのノアを産んだ後、595年生きて、また息子達と娘達を産んだ。そして、ラメクの凡ての日々は777年であった。そして彼は死んだ。」

「ラメク」によって、言われたように荒らされた教会が意味され、「息子

達と娘達」によってこのような教会の受胎と出産が意味される。

533. ラメクについては、それによって息子達と娘達を産んだこと、そのことはこのような教会の受胎と出産（子）であるが、このことよりも多くのことは述べられていないので、更にまた詳しく論じるべきではない。一体どんな出産（子）か、即ち一体どんな息子達と娘達であるかは教会から知られることが出来よう。なぜなら、教会があるままに、そのように出産（子）があるからである。

「メトセラとラメク」と呼ばれた二つのその教会は洪水の直ぐ前に消滅した。

534. 三十二節、「そして、ノアは500年（歳）の息子であった。そしてノアはセム、ハム、およびヤペテを産んだ。」

「ノア」によって、言われたように古代教会が意味され、「セム、ハム、およびヤペテ」によって古代教会の三つの教会が意味される。「ノア」と呼ばれた古代教会は、それらの教会の源であった。

535. 「ノア」と言われた教会は洪水前の教会に含めるべきでないことは、29節の「その教会は、エホバが呪った大地からの彼らの働きから、また彼らの手の労苦から彼らを励ますであろうこと」から知られることが出来よう。励ますことは彼が生き残って存在し続けることである。しかし、ノアとその息子達については、主の神的な慈悲により後に続く箇所で述べよう。

536. 洪水前の諸教会の認識について、先行している箇所で多くのことが言われたが、ところがしかし、今日、認識は全く知られない事柄であるので、また絶えず、このように未知のものであるので、認識は或る種の繋がりが啓示されたものであることを信じることが出来るために、或いは何らかの植え付けられたものであることを信じることが出来るために、しかし、他の者達は、認識が全く想像上の何かであることを信じるので、また他の者達は異なって信じるので、またそれでもなお、認識は愛の信仰の中に居る者達に主により与えられた天的なものそのものであり、また全天

創世記　第五章　三十節　　（530）　*287*

界において認識は無数の多様性と一緒にあるので、それ故に、読者が認識の概念を持つために主の神的な慈悲により、次に続く箇所に認識が諸天界においてどのようなものであるか、それらの種類に関して述べることが許されている。

▌続、天界と天界の楽しさについて

537. 或る霊が私に知られないように私の左から近づいた。そして、どのようにして天界へ入ることが出来るか、私が知っているかどうか質問した。その霊に答えることが許され、天界へ入ることを許されることは主だけの権限であり、主だけが人間がどのような性質の者かよく知っておられることを答えた。

　自然的な世界から来る極めて多くの者達は、天界へ行くことを除いて別のことは何も尋ねない。彼らは天界が何か、天界の楽しさが何かを全く知っていない。天界には相互の愛があること、また天界の楽しさはそこからあることを全く知っていない。それ故に、このことを知らない者達に、先ず天界が何か、また天界の楽しさが何かが生きた経験によって教えられる。

　例えば、近頃自然的な世界から来た、或る霊もまた同様に天界を求めた。彼が天界はどのようなものであるかを認めるために、天界の楽しさについて彼が若干感じるように彼の内的なものが開かれた。それが感じられたことにより、彼に嘆くことと苦しめられることが始まり、彼はそこから救い出されるように訴えた。彼はその苦悩の故に生きることが出来ないことを言った。それ故に、彼の内的なものが天界に向かって閉ざされたのである。そして、彼は元へ戻された。それ故、ちょっとの間だけでも天界へ入ることが許される時、良心のどのような痛みで、またどのような苦悩で苦しめられるか知られることが出来よう。彼にこのような痛みや苦悩がある。

538. 天界が何か知っていない者達が天界へ入ることを求めた。その者達に、もし愛の信仰の中に居ないなら天界の中へ行くことは炎の中へ入る如く、それほど危険なことが言われた。しかしそれでもなお、彼らは天界へ入

ることを求めた。彼らが天界の最初の入口に行った時、即ち天使的な霊達の内的なスフェア（sphaeraスフェア、霊気、球体）の中へ行った時、彼らは自分達自身を真っ逆様に後ろ向きに投げつけた。彼らはこのように打たれた。それ故、彼らは主により信仰の情愛を受け入れることの準備がされる前に、天界へ近付くことだけで如何に多大な危険があるかを教えられた。

539.身体の生命の中で姦淫を何も問題視しなかった或る者も、また天界へ入ることを欲したので、天界の最初の入口に入ることを許された。その結果、彼がそこへ行った時、痛みを引き起こされることと自分自身の屍のような悪臭を、これ以上耐えられないまでも感じることが始まった。もし彼がもっと先に行ったなら、彼に自分が死んだように認められたであろう。それ故に、彼は更に低い地に投げ落とされた。なぜなら、彼は姦夫達に反対のスフェアの中へ行ったからである。彼が天界の最初の入口へ行った時、このような苦痛を与えられたことを彼は憤った。彼は不幸な者達の間に居る。

540.他生に来る殆んど凡ての者達は、天界の幸福の状態と幸福を知らない。なぜなら、内なる楽しさが何か、またどのようなものかを知らないからである。彼らは形体的な世俗的な喜びと楽しさからだけの知覚を認める。それ故に、彼らはそれを知らないし、在ることを信じない。しかし、身体と世俗的な楽しさはそれと比較すれば無意味で不潔なものである。それ故に、天界の楽しさが何かを知らない正しい者達は、先ずそれを知り、また認めるために楽園に運ばれる。その楽園は想像の凡ての考えを越える。

　それらについては主の神的な慈悲により後に続く箇所で述べよう。その時、彼らは天界の楽園へ来たことを信じるが、しかしそれは天界の本当の幸福ではないことを教えられる。それによって彼らに認知しうるところの彼らの最内部に至るまでの楽しさの内的な状態を認めることが与えられる。続いて、彼らは彼らの最内部に至るまでの平安の状態の中へ運ばれる。その時、彼らはこの平安はこれまで何も表現出来ない、想像出来ないものであることを認めた。そして最後に無垢の状態の中へ、更に彼らの最

内部の感動に至る状態の中へ運ばれた。このことから、彼らに本当に霊的な、また天界の善が何かを知ることが与えられた。

541. 天界の楽しさが何かを知らない或る者達が、身体と幻想に関して眠らされることが出来た時、天界へ上げられることが出来るような状態の中へ至らされて、思いがけず天界へ上げられた。そこから私は誰かが私に、今、彼が天界の楽しさの如何に多大であるかに初めて気付いたこと、また彼がそのことと異なった考えを持って大いに欺かれていたこと、そして今、彼はこれまでの身体の生命の中の何かの快楽の最高のものの中よりも無限に大きい自分自身の最内部の喜びを認めたことを言っているのを聞いた。そして彼は身体の生命から楽しみを与えられることを不潔なものと言った。

542. 天界の中へ運ばれた者達は、それがどのような理由で運ばれたかを知られなければならない。一つは彼らに形体的なものと幻想が眠らされるからである。なぜなら、形体的なものとこの世から自分自身に得た幻想と一緒に天界へは誰も入ることが出来ないからである。もう一つは、汚れたものが不思議にも緩和される霊達のスフェアに囲まれるからである。また、それらは不一致を為し、或る人達は内的なものが開かれて天界へ運ばれる。このように彼らの生命とそこからの性質の展開に従って異なって天界へ運ばれる。

543. 或る者達は天界の楽しさが何かを知ることを熱望していた。それ故に、自分自身の最内部をそれ以上耐えることが出来ないまで、その状態を認めることを許された。しかしそれでもなお、天使的な楽しさではなかったが、辛うじて最小の天使的な楽しさの如くあったことが、彼らの楽しさの伝達によって私に認めることが与えられた。それは幾分冷たいもののようで軽微なものであったが、それでも彼らは最も天界の楽しさであると言った。なぜなら、それが彼らの最内部の楽しさであったからである。このことから楽しさには段階があるだけでなく、更に一人の者の最内部は他の者の最外部、或いは中間部に辛うじて近付くことが知られた。更に、誰かが自分自身の最内部のものを受ける時、自分自身の天界の楽しさの

中に居り、またその上更に、内的なものを受けることは、同時に彼に苦痛を引き起こすものになる。

544. 或る者が第一の天界の無垢の天界の中へ入れられ、またそこから私と一緒に話して、このような楽しさと喜びの状態は、決して誰かの考えに認められることが出来ないことを告白した。しかしこれは、第一の天界だけのものであった。というのも、三つの天界があり、また各々の天界の中に無垢の状態があり、それらの数え切れない多種多様性にその状態を認めるのである。

545. [1] しかし、私は天界の性質と天界の楽しさが何かを知ることが出来たために、しばしば、また長らく主により天界の楽しさの恩恵を認めることを与えられた。それ故に、生きた経験により私は知ることが出来たが、しかし決してそれを記述することは出来ない。しかし、単にその考えが持たれるために少し述べよう。無数の愉快なものと楽しさの情愛があり、それらはある種の全般的な同時的な情愛をもたらし、その全般的なものの中に、即ちその全般的な情愛の中に、無数の情愛の調和がある。それらは知覚に明確に届かないが、しかし不明瞭に届く。なぜなら、知覚は最も全般的なものだからである。それでもなお、無数の情愛が内在したことを認めることが与えられた。そのように秩序づけられた情愛は、決して記述されることが出来ない。その無数の情愛は、どのようなものも天界の秩序から引き出される。
[2] このような秩序が個々の情愛と最小の情愛の中にあり、それらは単に最も全般的な一つの情愛で示される。そしてそれらは、その者にもたらされたその理解力に従って認められる。要するに、どんな全般的な情愛であっても、その秩序付けられた形の中に無限の情愛が内在する。また、生きていない、および働きかけない情愛はなく、実際に最内部に働きかける。なぜなら、天界の楽しさは最内部から生じるからである。

　楽しさと歓喜が心臓からの如く来て、それを最内部の凡ての繊維を通して最も穏やかに広めたこともまた感じられた。またそこから群にまとめられた繊維に到るまで、このような最内部の愉快なものと一緒に楽し

創世記　第五章　　　(540)　*291*

さと歓喜以外は何もないように繊維があること、また凡ての認識力と感覚的能力がそこからの幸福により、同様に生きていることも感じられた。身体の快楽の楽しさは、それらの楽しさと比べれば清い静かな微風と比較した、チクチクと痛む塵や埃の粒の如く粗雑なものである。

546. 私が天界の或る社会に居た時、天界の中に居ることを欲する者達と一緒に、どのようにそれを保つかを私が知るために、またそこに居ることが出来ないような者達を私が知るために、天使が頭の周りに青く輝いている花々の小さい花冠を付け、また胸の付近に別の色の花環に囲まれた幼児として私に見られた。このことから、私は仁愛のある何らかの社会の中に居たことを認めることが与えられた。その時、その同じ社会へ入ることを許された或る正しい霊達が居た。その者達がその社会に入った時、直ちに断然より知力のある者達に為され、また天使的な霊達の如く話した。

その後、自分達自身により無垢であることを欲した者達もその社会へ入ることを許された。彼らの状態が私に口から乳を吐き出した幼児によって表象された。彼らはそのように自分達自身を保つ。更に、自分達自身により知性のある者達であることを信じた者達も、その社会へ入ることを許された。彼らの状態はかなり美しいが、狡猾なものに見えた彼らの顔によって表象された。彼らが被っていたとがった博識な帽子から鋭い突起が見られた。しかし、彼らは人間的な肉の顔として見えず、生命なしの影像の顔として見えた。自分達自身により霊的なものであること、即ち自分達自身により信仰を持つことが出来ることを信じる者達の状態はこのようなものである。

その社会に入ることを許された他の霊達は、そこに留まることが出来ず、狼狽させられ、また不安に為されてそこから逃げ去った。

【創世記】
第六章

創世記　第六章

続々、
天界と天界の楽しさについて

547. 他生へ来る霊魂達の凡ては、天界が何か、また天界の楽しさが何かを知らない。極めて多くの者達がその中に何らかの楽しさがあることを信じ、どんなふうに生きたとしても入れられることが出来ることを信じている。更に隣人に憎しみを持ち、姦淫の中に人生を過した者達も入れられることが出来ることを信じている。天界が相互愛と貞潔な愛であること、またそのことが天界の楽しさであり、そこから天界の幸福があることを全く知らない。

548.〔1〕私は、最近自然的な世界から来た霊達と他生の状態について何度か話した。この世において別の王国へ行く者達のように、その王国へ行く前に、その王国では誰が、またどのような王か、どのような統治か、またその王国の多くの事柄を何も知ることはない。彼らにこのことを知ることは本当に重要である。ましてその王国においてその中で永遠に生きるであろうなら、更に重要である。

　そして、主は天界を支配されるだけではなく、この世の全世界も支配する。なぜなら、天界を支配される方が、この世の全世界も支配するからである。更に、今彼らが居るその中の王国が神的な人間であり、またその王国の律法は永遠の真理である。それらの律法の凡てのものは、凡てのものの上に主を愛することと、隣人を自分自身のように愛することの、この唯一の律法に基礎付けられている。それどころか、今は更に、彼らが天使の如くあることを欲するなら自分自身よりもより多く隣人を愛することの義務があると言われた。

〔2〕彼らがこれらのことを聞いた時、彼らは何も答えることが出来なかった。なぜなら、身体の生命の中でこのようなことを聞いたが、しかし信じなかったからである。それにもかかわらず、天使達が自分自身の如く隣人を愛したことを彼らが聞いた時、彼らは天界にこのような愛があるに驚き、

また各人が自分自身よりも隣人を多く愛することがあり得ることに驚いた。しかし、彼らは、他生においては、凡ての善は無限に増えること、また身体の生命の中で自分自身を愛することよりも以上に進むことは出来ないことを教えられた。なぜなら、身体の中に居るからである。これに対して、彼らに身体が取り去られたその時は、更に純粋な愛に為され、また最後には、自分自身よりも多く隣人を愛することである天使的な愛に為される。

[3] このような愛があり得ることは、配偶者が傷つけられることよりも死を選んだ真の夫婦の愛から、また母親は子供が飢えていることを見ることよりも、むしろ彼女は自分が飢えることを耐えることの両親の子供達に対する愛から、更に鳥と動物達の許に、そのようにまた、友人のために危険をこうむる誠実な友情から、更に礼儀正しい友情と誠実な友情を真似て、彼が有利にあることを欲して良い物を贈ることを欲する模倣された友情からも、また例え心からではなくても口で言い表すような友情からさえも知られることが出来るのである。最終的には自分自身のためではなく、他の者達のために役に立つことの楽しさである愛の本質から知られることが出来るのである。しかし、これらの愛は自分自身を他の者達よりも愛した者達、また身体の生命の中で利得を欲しがった者達、また、貪欲な者達に決して認められることが出来ない。

549. 各々の者が自分自身の幸福と幸運を、他の者達と共有するような状態が天使的な状態である。なぜなら、他生において各々の者は、凡ての情愛と思考の最も類まれな伝達と知覚が与えられるからである。それ故に、各々の者は自分自身の楽しさを凡ての者達に、また凡ての者達は各々の者に伝達するのである。そのようにその結果として各々の者は凡ての者達の中心のようにある。これが天界の形である。それ故に、主の王国を構成する者達が多ければ多いほど、益々幸福が大きくなる。なぜなら、幸福はより多くの者達の関係の中で増えるからである。このことから、天界の幸福は言語に絶するものである。

　一人の者が自分自身よりも他の者達を多く愛する時、凡ての者達と個人に、また個人と凡ての者達にこのような伝達がある。これに対して、も

し誰かが他の者達よりも自分自身に好都合にあることを欲するなら、その時、自己愛が支配し、自分自身からは他の者達と最も不潔な自己愛の観念を除いて何も共有しない。それが認められる時、それは直ちに分離され、また押し戻される。

550.丁度、人間の身体における全体的なものと個別的なものが、凡てのものの全般的な用と個別的な用のために協力するように、主の王国においても同様にある。主の王国は一人の人間の如くあり、そしてまた、最大の人間と呼ばれる。そこで各々の者は、よりかかわりのある、或いはよりかけ離れたおびただしい方法で協力する。そしてこれを主だけにより定められ、また常に確かなものにされた秩序に従った方法で為し、そのように各々の幸福のために為す。

551.全天界は主に関係し、また凡ての者達と個々の者達は全般的なものと最も個別的なものの中で主御自身に関係する。このことから秩序があり、このことから結合があり、このことから相互の愛があり、またこのことから幸福がある。なぜなら、このように個々の者達が凡ての者達の救いと幸福を目指し、また凡ての者達が個々の者達の救いと幸福を目指すからである。

552.天界の中の凡ての楽しさと幸福なものは主だけからあることが、私に多くの観察によって示された。それらの観察の一つをこの箇所に記載することが許されている。
　私は、或る天使的な霊達が主への敬意のために、燭台をそれらの灯火と最も華麗な花と一緒に最大の熱意で形造っているのを見た。一時間、或いは二時間程度、彼らが全体的にも個別的にも美しいものと表象のものがあるように働いたことによって、自分自身から働いたことを信じているのを認めることが私に与えられた。しかしそれでもなお、私に彼らは何も自分自身から考案することがないことを明瞭に認めることが与えられた。数時間の後、最後に彼らは主への敬意のために最も美しい表象の燭台を形造ったことを言った。しかし、私はどのような事情の下でも自

創世記　第六章　　　　（548）　297

分自身からは、何も考案せず、また形造らないこと、しかし主だけが彼らのために考案して、また形造ったことを言った。最初、彼らはこのことを殆んど信じることを欲しなかったが、しかし、彼らは天使的な霊達であったので、このようにあることを説明されると認めた。

その他の表象のものによっても、また情愛と思考の全体的なものも個別的なものによってもこのことが結果として伴う。そしてそのように、彼らの最小の天界の楽しさと幸福の凡てのものによっても、主だけからあることが結果として伴う。

553. [1] 天界において相互の愛の中に居る者達は、継続してその青春へ進み、また更に、何千年でも生きれば生きるほど、益々楽しく幸福な青春へ進む。そしてこれが相互の愛に従って、仁愛と信仰の拡張と段階が永遠に継続して増加しながら進む。

主への信仰の中で、隣人に対する仁愛の中で、また夫婦の愛の中で夫と一緒に幸福に生活した老年の女性は、なお加えて老衰で死んだ女性は、後に続く年々の後、益々、花の盛りへ、また花の青年期へ行く。またこれまで視覚で認知しうる美しさの凡てを越える美しさの中へ行く。というのは彼女には善良さと仁愛があるからであり、それらが美を形造り、またそれと同様なものを見える形で示すからである。また仁愛が顔の最も細部からその楽しいものと美しいものとして現れるからである。そのように、それらの美が仁愛そのものの形である。誰かにそれらの美が見られた時、実際、彼らは驚いた。

[2] 仁愛の形は、他生において生命のあるもののように見られる。仁愛そのものがそれらを似せ、またそれらが似せられる。その上そのように、完全な天使として、特に顔が天使のように似せられ、仁愛と同様にある。それらは明瞭に現れ、また認められる。その仁愛の形が誰かに見られる時、言語に絶する美しさがあり、仁愛から心の最内部の生命そのものを感動させる。その美しさによってそれらの形が見せられ、信仰の真理も像の中に見せられる。それらの信仰の真理もまたそこから認められる。

主への信仰の中で生活した者達、即ち仁愛の信仰の中で生活した者達は、他生においてこのような形、或いはこのような美しさに為される。凡て

の天使達は、無数の変化を持ったこのような形である。天界はこのことからある。

創世記 第六章の聖言

1. そして、人間は大地の上で自分自身を増やすことを始め、そして彼らに娘達が生まれ始めることが起こった。
2. また、神の息子達は人間の娘達を見て、彼女達が望ましい者達であることを認めた。そして彼らは凡ての者達から彼女達を選んで妻達として自分達に迎え入れた。
3. そして、エホバは言われた。人間は肉であるので、私の霊は人間を永久に咎めないであろう。また彼の日々は120年であろう。
4. 彼らの日々の間に地上にネフィリムが居た。特に、神の息子達が人間の娘達に入って以来、彼女達が彼らに子供達を産んだ後、増えた。男の名前の種族に関してこの者達は強い男達であった。
5. そして、エホバは地上で人間の悪が増やされたことを見た。またその心の思考の凡ての形造られたものは凡ての日常で悪のみであった。
6. そして、エホバは地上に人間を造ったことを後悔し、またエホバ御自身の心において御自身に残念に思った。
7. そして、エホバは言われた。大地のおもての上から私が創造したその人間を滅ぼすであろう。人間から獣に至るまで、這うものに至るまで、また諸天の鳥に至るまで、なぜなら、それらを造ったことが私を後悔させるからである。
8. ところがしかし、ノアはエホバの目に恩恵を得た。

内容

554. この章は洪水前の者達の状態について述べられている。

555. その時の教会の人間の許に娘達である欲望が支配することを始めた。

創世記　第六章　　　　（552）　　299

更に、それらの欲望に信仰の教義の事柄を結合し、そのようにそれらの欲望を悪と間違った信念の中で強めた。それらは「神の息子達が人間の娘達から自分達に妻達を迎え入れた」ことである。1,2節、

556. こうして彼に何も善と真理の残りのものがなかったので、彼に残りのものとして人間が他の方法で形造られることが予言されている。それらが「120年」である。3節、

557. 信仰の教義の事柄を欲望に沈め、またそこから更に、自己愛により他の者達よりも自分の偉大性の恐るべき信念を抱いた者達が「ネフィリム」である。4節、

558. それ故この後、善と真理の意志と認識は何もなかった。5節、

559. 主の慈悲が「心において後悔したことと残念に思ったこと」によって記述されている。6節、
　彼らの欲望と信念が彼らを絶滅しないことが出来なかったようなものに為された。7節、
　それ故に、人類が救われるために新しい教会が生じた。それが「ノア」である。8節、

内意

560. 更に進む前に、どのようにして最古代教会の子孫が洪水前の教会と一緒に、その事柄を引き起こしたかを述べることが許されている。一般的には、その後の諸教会と一緒の如く引き起こした。例えば主の降臨前の、また降臨後のように信仰の真理の概念を歪め、また偽造したユダヤ人の教会と一緒の如く引き起こした。特に、洪水前の人間に関して言えば、彼は時の推移により恐るべき信念を抱き、また彼らの許にあった若干の「残りのもの」が、殆んどなくなるまでも信仰の善と真理を不潔な欲望に沈めた。

そしてこのように為された時、自分自身により窒息させられた者達のようになった。なぜなら、人間は残りのものなしに生きることが出来ないからである。というのは、「残りのもの」は、前に言われたように、それらに人間の生命が獣よりも多く宿るからである。残りのものにより、即ち残りのものを通して主により人間は人間の如く存在すること、また善と真理が何かを知ること、また個々の善と真理に関して考慮することが出来る。それ故に、考えることと論ずることが出来る。なぜなら、残りのものだけに霊的な生命と天的な生命が内在するからである。

561. しかし、「残りのもの」が何であるかが知られるために少し述べよう。残りのものは、人間が幼児期から絶えず学んだ主の聖言からの真理だけでなく、またそのように彼の記憶に刻み付けられたものだけではなく、更に、そこからの凡ての状態でもある。例えば、幼児期からの無垢の状態、両親、兄弟、教師、友人に対する愛の状態、隣人に対する仁愛の状態、そのようにまた、貧しい者と乏しい者に対する慈悲の状態でもある。
　要するに、善と真理の凡ての状態である。これらの状態は善と真理と一緒に記憶に刻み付けられたものであり残りのものと言われる。それらは主により人間の許にその内なる人間の中に保持され、また貯えられる。それは全く人間が知らないものとして、人間の固有性、即ち人間の悪と間違った信念から正しく分離されている。これらの凡ての状態は主により人間の許に最小のものも無駄にならないように保持される。私に人間のその幼児期から最後の老年に至るまでの各々の状態を知ることが与えられた。
　他生においてもそれが存続するだけでなく、更にそれが戻る。その上、この世に生きた時にあった如くそのように完全に戻る。このように記憶の善と真理だけが戻るのではなく、更に無垢と仁愛の凡ての状態も戻る。また、悪と間違った信念の状態、即ち悪意と幻想の状態が戻る時は、更に全体的な悪と間違った信念の状態と個別的な悪と間違った信念の状態の凡ての最小のものに関しても持続して、また戻る。その時、主によりこれらの悪と間違った信念の状態は、それらの無垢と仁愛の状態によって和らげられる。

これらから、人間はもし、何も残りのものを持たなかったなら、決して自分自身を永遠の断罪の中を除いて他の所へ連れて行くことは出来ないことが知られることが出来よう。

562. 洪水前の者達は、何であろうと彼らに起こる凡てのこと、また彼らの思考に流れ込む凡てのものについて恐るべき、また忌まわしい信念を吸収したような性質の者達であった理由により、またこんな状態で彼らはそれらから少しも離れることを欲しなかったために、その上とりわけ、自己愛により自分自身を神々と同様にあることを信じ、また何であろうと彼らが考えたことを神的なものであることを信じていたために、彼らは最後には、殆んど何も残りのものを持たなかったような者達であった。このような信念の性質の者は、数々の民族の許にその前もその後も決して生じなかった。なぜなら、これは殺人を引き起こすもの、即ち息を詰まらせるものであるからである。それ故に、他生において他の霊達は、どのような事情の下にもそこに居ることが出来ない。彼らが居合わせる時、他の霊達に彼らの最も強情な信念を通して殺到する凡てのものが考えることの能力を取り去る。更に他のことについて主の神的な慈悲により後に続く箇所において述べよう。

563. このような信念が人間を支配する時、やがてそれはにかわの如くなり、それに残りのものである善と真理が粘るもので覆われる。こうして残りのものが、もはや貯えられることがないために、また貯えられたものも用にあることが出来ないために、それ故、彼らがこのような信念の究極へ到達した時、自分達自身により滅ぼされたのである。そして洪水に同じでなくはない洪水のように窒息させられたのである。それ故に、彼らの絶滅は洪水に例えられ、そしてまた最古代人達の習慣に従って「洪水」によって絶滅されたことが記述されている。

564. 一節、「そして、人間は大地のおもての上で自分自身を増やすことを始め、そして彼らに娘達が生まれ始めることが起こった。」
　ここの「人間」によって、その当時の人類が意味され、「大地の上」に

よって、そこに教会があったその凡ての地域が意味され、ここの「娘達」によってその人間の意志のものである欲望が意味される。

565.ここの「人間」によってその当時の人類が意味されること、その上、悪、即ち堕落した人類が意味されることは、下記の節から知られることが出来よう。

　3節、「人間は肉であるので、私の霊は人間を永久に咎めないであろう。」

　5節、「地上で人間の悪が増やされたこと、その心の思考の凡ての形造られたものは凡ての日常で悪のみであった」。

　7節、「私が創造したその人間を滅ぼすであろう。」

　次の章の21,22節、「地の上で這っている凡ての肉は死んだ。…またその鼻の中に生命の霊の息がある凡ての人間も死んだ。」

　前に人間について、主だけが神的な人間であること、また主御自身から凡ての天的な人間、即ち天的な教会が人間と呼ばれることが言われた。それ故、残りのものも人間と呼ばれ、更に人間を獣から区別するための信仰のどんなものでもまた凡て人間と呼ばれる。言われたように、人間はもし、主のものである残りのものによらなければ人間ではなく、また獣から区別されない。それ故、人間もまた主のものである残りのもののために人間と呼ばれるので、従って最も悪い人間であってもまた主により人間と呼ばれる。なぜなら、人間は、もし彼に残りのものがないなら、決して人間ではなく、最も卑賤な獣であるからである。

566.［1］「大地のおもて」によって、そこに教会があったその凡ての地域が意味されることは、「大地」の意味から知られよう。なぜなら、聖言の中で地と大地が注意深く区別されているからである。どこであろうと「大地」によって教会、即ち何かの教会が意味される。ここから人間、即ちアダムの名前もまた大地である。

　「地」によって聖言の中の至る所で教会、即ち何も教会がない地域が意味される。例えば第1章においては単に「地」が言われている。なぜなら、まだ教会、即ち再生された人間が居ないからである。第2章において初めて「大地」と呼ばれている。なぜなら、その時、教会があったからである。

創世記　第六章　一節　　（561）　　303

同様にこの章において大地と呼ばれ、また次の第7章において「大地のおもての上から凡ての物」が滅ぼされたことが言われている。4,23節、そこでの大地によってその地域の中の教会が意味されている。同じ第7章に「地のおもての上で種を生かしておくために、」3節、ここでは創造されるべき教会について記述されている。聖言においてはどこであろうと同様に記述されている。例えば、イザヤ書において、

「エホバはヤコブを憐れみ、また依然としてイスラエルを選ぶ。そして彼らを彼らの大地の上に置く、... また民は彼らをもてなし、そして自分の住居へ彼らを案内する。また彼らが相続するであろう民をエホバの大地の上でイスラエルの家が支配する。」14.1,2、ここでは起された教会について記述されている。これに対して、何も教会がない場所が同じ第14章の9,12,16,20,21,25,26節において「地」と言われている。

［2］同書において、

「そして、ユダの大地はエジプトに恐怖の原因となるであろう。... その日、エジプトの地にカナンの言語で話している五つの大きな町があるだろう。」19.17,18、ここの「大地」は、そこの教会であり、また「地」はそこに教会がない。同書において、

「地は酔った者の如くさまようことで放浪する。... エホバは高き所において高き所の群れの上で罰するであろう。また大地の上で大地の王達の上で罰するであろう。24.20,21、同様に、エレミヤ書において、

「使い果たされた大地の故に、地に雨が降らなかったので、農夫達は恥じて自分の頭をおおい隠した。一方、鹿もまた野で産んだ。」14.4,5、ここの「地」はここの大地を取り囲んでいるものとして、また「大地」はここの野を取り囲んでいるものとして記述されている。

［3］同書において、

「北の地で、また凡ての地々で彼らが産んだイスラエルの家の子孫は、私が悪い牧者達を追い払った故に、それらの大地の上で住むであろう。」23.8、「地と地々」はそこに教会がない地であり、「大地」はそこに教会がある地である。即ち真実の礼拝がある地である。同書において、

「私は与えるであろう。... エルサレムの残りのものを、この地に残された者達を、およびエジプトの地に住んでいる者達を、そして私は彼らを

凡ての地の王国にとって悪であるように活動させることへ向けるであろう。
...そして私が彼らと彼らの父祖達に与えた大地から彼らを滅ぼすまで、私
は彼らを剣、飢え、及び疫病の中へ行かせよう。」24.8-10、ここの「大地」
は教義として、またそこからの礼拝として記述されており、同書の第25
章5節も同様に記述されている。

[4] エゼキエル書において、

「私が追い散らした地から、私はあなた達を集めるであろう。そしてあ
なた達の父にそれらの地を与えるために私の手を上げた所の地へ、私が
あなた達をイスラエルの大地へ連れ帰る時、あなた達は私がエホバであ
ることを認めるであろう。」20.41,42、ここの「大地」は内なる礼拝とし
て意味され、「地」と呼ばれた時は内なる礼拝はない。マラキ書において、

「私はあなた達のために食い尽くしている者に叱責するであろう。また
あなた達のために大地の実を損なわないであろう。そして野において葡
萄の木はあなた達のために奪われないであろう。...そして凡ての民族はあ
なた達の幸福を称賛するであろう。なぜなら、あなた達はあなた達の地
を喜ばしいものにされるからである。」3.11,12、ここで「地」は包含し
ているものとして記述されている。従って明瞭に人間として記述されて
おり、人間が「地」と呼ばれている。ここの「大地」は教会、即ち教義
として記述されている。

[5] モーセの書において、

「諸民族よ、神の民よ、歌え、...神は神御自身の大地を、神御自身の民
を清めるであろう。」32.43、ここで「大地」と呼ばれるものは、明瞭に
諸民族の教会として記述されている。イザヤ書において、

「少年（イエス）が悪を退けることと善を選ぶことを知らなければなら
ない前に、大地は見捨てられるであろう。あなたはその大地の二人の王
達の目の前でそれを退ける。」7.16、ここは主の降臨について記述されて
いる。「大地が見捨てられる」ことは教会、即ち信仰の真理の教義が見捨
てられることとして記述されている。

「大地と野」は蒔かれた種によりそのように言われることが知られれよう。
例えば、イザヤ書において、

「あなたが大地にどれほど種を蒔いても、彼はあなたの種に雨を降らす

であろう。... 大地を耕している牛と驢馬の子らに、」30.23,24、また、ヨ
エル書において、

「野は荒らされ、大地は嘆いた。なぜなら、穀物が荒らされたからであ
る。」1.10、それ故、今や「人間」は教会を意味する大地からヘブル語で
アダムと言われることが知られよう。

567. ユダヤ教会と一緒のカナンの地の如く、また今の基督教会のあるヨ
ーロッパの地の如く、信仰の真理の教義の中でよく教えられた者達が居
る場所が教会の地域と呼ばれ、凡てのその領域が教会の地域と呼ばれる。
それらの外にある地と領域は教会の地域ではない、即ち「大地のおもて」
ではない。

洪水前に、教会の地域がどこにあったかもまた、エデンの庭園から流れ
ている諸々の川が囲んだ地から知られることが出来よう。それらの川に
関して聖言の中でしばしば記述されており、またカナンの地の辺境も記
述されている。更に、続く箇所から、例えばカナンの地に居た「地の間
のネフィリム（巨人の一種）」により、ネフィリムからアナクの息子達が
居たことから知られよう。民数記、13.33、

568. ［1］「娘達」はその人間の意志を意味すること、従って欲望を意味す
ることは、前の第5章4節に息子達と娘達について言われ、また示された
ことから知られよう。そこで「息子達」は真理を意味し、「娘達」は善を
意味する。「娘達」は、即ち善は意志の善である。しかし、人間のあるが
ままに、そのように理解と意志があり、従ってそのように「息子達と娘達」
がある。ここの章は堕落した人間について述べられており、その人間に
は何も意志はなく、単なる欲望がありそれを意志として信じ、またそれ
を同じく意志と呼ぶ。欲望が属性着けられることは、その欲望の性質に
従って意志を持つ。意志について欲望が属性付けられる人間は堕落した
人間であることは前に示された。その者について「娘達」が属性付けら
れる。
［2］「娘達」が意志を意味し、また何も善の意志がない時、欲望があること、
また「息子達」が理解を意味し、また何も真理の理解がない時、幻想が

あることの理由は、女性がこのような者であるからであり、また意志として、即ち理解よりも欲望が支配するように形造られた者であるからである。女性の繊維の配列の凡てのものがそのようなものであり、その性質の凡てのものがそのようなものである。

　これに対して、男性は理解、即ち理性が支配するように形造られた者である。男性の繊維の凡てのものもまたこのようなものであり、その性質の凡てのものもこのようなものである。それ故、両者の結婚は各々の人間の中の意志と理解の結合の如くある。また今日、何も善の意志はないので、しかし欲望があるので、またそれでも何かの理解のもの、即ち何かの理性が与えられることが出来るので、それ故、ユダヤ教会においてあれほど多くの夫の特権と妻の服従についての律法が与えられた。

569.二節、「また、神の息子達は人間の娘達を見て、彼女達が望ましい者達であることを認めた。そして彼らは凡ての者達から彼女達を選んで妻達として自分達に迎え入れた。」

　「神の息子達」によって信仰の教義の事柄が意味され、ここの「娘達」によっても前のように欲望が意味される。「神の息子達は人間の娘達を見て、望ましい者達であることを認め、そして彼らは凡ての者達から彼女達を選んで妻達として自分達に迎え入れたこと。」」は、信仰の教義の事柄が欲望と結んで結合し、その上どんな欲望とでも結んで結合したことを意味する。

570.「神の息子達」によって信仰の教義の事柄が意味されることは、「息子達」の意味から知られよう。このことについてすぐ前に、また先行している第5章4節に、そこで「息子達」が教会の真理を意味することが示された。教会の真理は教義の事柄であり、それらが息子達である。なぜなら、それらについて彼らは最古代人達からの伝承によって持ったからであり、それらは本質的に見られたなら真理であったからである。それ故に、それらは「神の息子達」と呼ばれる。そしてまた人間の娘達が欲望と呼ばれるので、それと比較してそのように呼ばれる。

　彼らがどのような者達であったかが、ここに記述されている。即ち神聖な教会の真理を、彼ら自身の欲望に沈め、またそのようにけがしたこと

創世記　第六章　二節　　　（566）　　307

が記述されている。その時から、最も説得されたものもまた、それらの原理を彼らは確信した。このことがどのようにしてそれを引き起こすかは、各々の者は自分自身から、また他の者達から判断することが出来よう。何かの事柄を自分自身に説得する者は、その凡てのものが真理であることを信じることからそれを確信する。更に主の聖言の中のものからも確信する。なぜなら、理解され、また説得された原理に関してしがみつく時、やがてその凡てのものを支持し、また賛同するからである。そして誰かがそれを愛すれば愛するほど、一層それに固執する。

この章の民族はこのような者達であった。このことについては主の神的な慈悲により、後に続く箇所において述べよう。そこで更に、彼らの恐るべき信念について、それらの異様な信念について述べられる。それらの信念はどこにもないようなものであり、彼らに誤った推論により流入することが許される時、居合わせる霊達の凡ての理性を滅ぼす。しかし欲望からだけ流入するなら滅ぼさない。

それ故、「神の息子達が人間の娘達を見たこと、その時、また凡ての者達から彼女達を選んで自分達自身に妻として迎え入れたこと」が何を意味するか知られよう。即ち、信仰の教義の事柄が欲望と結んで結合し、その上どんな欲望とでも結んで結合したことが意味される。

571. 人間がこのような者である時、信仰の真理を彼ら自身の欲望の狂気に沈めること、その時、真理を冒涜し、また彼ら自身から残りのものを奪う（それらはそれでも残存するであろうが）、それでもなお、引き出されることは出来ない。なぜなら、それらが引き出されるや否や、直ちにけがれたものにより再び冒涜されるからである。なぜなら、聖言の神聖をけがすことが無感覚を招き、それがさまたげ、また残りのものの善と真理を吸い込むからである。それ故に、人間は主の聖言の冒涜に対して警戒せよ。それでもその時、原理の間違った信念の中に居る者は、聖言が真理であることを信じない。それでもなお、それらは永遠の真理であり、それらの中に生命がある。

572. 三節、「そして、エホバは言われた。人間は肉であるので、私の霊は

人間を永久に咎めないであろう。また彼の日々は120年であろう。」

「エホバは言われた。私の霊は人間を永久に咎めないであろうこと」は、人間はそれほど多くは導かれないことを意味する。「彼は肉であることから」は、彼が形体的な者に為されたのでを意味する。「また彼の日々は120年であろう」は、彼に信仰から残りのものがあることが余儀なくされることを意味し、また教会の将来についての予言でもある。

573.「エホバは言われた。私の霊は人間を永久に咎めないであろう」ことは、人間はそれほど多くは導かれないことを意味することは、先行する箇所から、また続く箇所から知られよう。先行する箇所からは、彼は教義の事柄、即ち信仰の真理を欲望の中へ沈めることによって、もはや咎められることが出来なかったこと、即ち悪が何かを知ることが出来なかったこと、真理と善の凡ての認識力が彼の信念によって滅ぼされ、それらの信念に類似した真理だけを信じていることが知られよう。

続く箇所からは、洪水の後で教会の人間は異なった者に為されたこと、その者の許に認識に代わって良心が後に続いたこと、それによって咎められることが出来たことが知られよう。それ故に、「エホバの霊からの咎め」によって内なる声、認識、或いは良心が意味され、また「エホバの霊」によって真理と善の流入が意味される。例えばイザヤ書においてもまた、

「私は永遠に争わず、永久に怒らないであろう。なぜなら、彼が霊達を私の面前でおおい、また私が造った魂をおおうからである。」57.16、

574.〔**1**〕「肉」は人間が形体的なものに為されたことを意味することは、聖言の中の「肉」の意味から知られよう。そこで肉を一般的に凡ての人間として、特に形体的な人間として定めている。例えばヨエル書において、

「私は私の霊を凡ての肉の上に注ぎだそう。かくてあなた達の息子達とあなた達の娘達は預言するであろう。」3.1、ここの「肉」は人間として、「霊」は主からの真理と善の流入として記述されている。ダビデの書において、

「祈りを聞いている方よ、あなたに向かって凡ての肉が来るであろう。」詩篇、65.2、ここの肉は凡ての人間として記述されている。エレミヤ書において、

「人間に信頼し、また自分の腕（力）を肉に置く者は呪われた男である。」

創世記　第六章　三節　　（570）　　*309*

17.5、ここの「肉」は人間として、「腕（力）」は力として記述されている。
[2] エゼキエル書において、

「そして、凡ての肉は知るであろう。」21.4,5、ゼカリヤ書において、

「凡ての肉よ、エホバの目の前で沈黙せよ、」2.13、ここの肉は、凡ての人間として記述されている。イザヤ書において、特に肉が形体的なものとして記述されている。

「エジプト人は人間であり、同時に神ではない。そしてその馬は肉であって、同時に霊ではない。」31.3、これは彼らの科学的な（事実に基づく）ものが形体的なものであることとして記述されている。ここの「馬」と聖言の他の箇所の馬は理性的なものとして記述されている。同書において、

「彼は右側へ去って飢え、また左側へ去って食べるであろう。ところがしかし両方とも満たされないであろう。各々の者は自分の腕の肉を食べるであろう。」9.20、これは凡てのものが形体的なものである人間の固有性として記述されている。同書において、

「彼は魂から肉まで滅ぼすであろう。」10.18、ここの「肉」は形体的なものとして記述されている。同書において、

「エホバの栄光が現わされ、そしてそれを凡ての肉が一緒に見るであろう。...声が叫べと言い、またその声が私は何を叫ぶべきか？と言った。その凡ての肉は草である。」40.5,6、

[3] ここの「肉」は形体的な凡ての人間として記述されている。同書において、「エホバは火の中で審議し、またエホバ御自身の剣で凡ての肉と一緒に審議するであろう。そしてエホバに刺し通された者達が増やされるであろう。」66.16、「火」は欲望の懲罰として、「剣」は間違った信念の懲罰として記述されている。ダビデの書において、

「神は彼らが肉であること、霊がさまよって戻らないことを思い出した。」78.39、砂漠で肉を熱望した民について、彼らが肉を熱望したことは彼らが形体的なものだけを欲したことを表象した。民数記、11.32-34、

575.「人間の日々は120年であった」ことは、彼に信仰の残りのものがあることが余儀なくされたことを意味する。先行している第5章において3節と4節に「日々と年々」が時間と状態を意味することが言われ、また最

古代人達が様々に組み合わされた数字によって教会の性質の状態と推移を意味したことが言われた。しかし、彼らの教会の計算がどのようなものであったかは、現実の中に失われたのである。

　ここでも同様に年の数が用いられている。それらの数は、もし、1から12までの個別の数に関して何が隠されているか等のことが知られなければ、何を意味するか誰も決して知ることが出来ない。それらの数が何か他の意味と秘義を含むことは明瞭に明らかである。なぜなら、「120年生きるであろうこと」は、先行している節と関連していないからであり、彼らはその後120年生きたのではなかったからである。洪水後に生きた者達については第11章で、セムについてアルパクサデを産んだ後、500年生きたこと、アルパクサデもセラを産んだ後、403年生きたこと、セラもエベルを生んだ後、403年生きたこと、エベルもペレグを産んだ後、430年生きたこと、ノアも第9章28節に洪水後、350年生きたことが記述されている、その他。

　しかし、120の数が含んだ何かは、10と12からのみ知られる。120の数は10と12の数から組み合わされ増やされたものである。即ち信仰の残りのものを意味する。聖言において「10」の数は、「十分の一」と同じく主により内なる人間の中に保護された残りのものを意味し、また表象する。それらは主だけのものなので神聖なものである。「12」の数は信仰、即ち信仰の一つの統一体としてある凡てのものを意味する。それで、これらのことから組み合わされた数が信仰の残りのものを意味する。

576.［**1**］「10」の数が残りのものを意味し、同様に更に「十分の一」も残りのものを意味することは、イザヤ書における次の箇所から知られることが出来よう。

　「大きくて立派な多くの家が住民の居ない廃墟になるであろう。なぜなら、10ツェメド（一くびきの牛が10日で耕しうる広さ＝約4ヘクタール）の葡萄畑が1バテ（液体の計量単位＝1/10ホメル、約23ℓ）の葡萄酒を生産し、また1ホメル（＝chomer、乾燥物計量単位、＝10バテ、10エパ、約230ℓ）蒔かれた種が1エパ（容量の単位＝約23ℓ）の収穫を生産するであろうからである。」5.9,10、ここでは霊的な荒廃と天的な荒廃が記述

創世記　第六章　三節　　　（574）　*311*

されている。「10ツェメドの葡萄畑が1バテの葡萄酒を生じる」は、霊的
な残りのものがこれほど僅かなものとして、「1ホメル蒔かれた種で1エパ
収穫する」は、天的な残りのものがこれほど僅かなものとして記述され
ている。同書において、

「そして、多くのものが地の真ん中で見捨てられた。またそれでもやは
り十分の一の部分において改心されるであろう。しかしそれは根こそぎ
にするためにあるであろう。」6.12,13、ここの「地の真ん中」は内なる
人間として、「十分の一の部分」は極僅かな残りのものとして記述されて
いる。エゼキエル書において、

「あなた達に公正な秤と公正なエパ、および公正なバテが有らねばなら
ない。エパとバテは同一の枡でなければならない。1バテは十分の一ホメ
ルを取るために、また1エパも十分の一ホメルを取るために有らねばなら
ない。その枡はホメルによって有らねばならない。... また油の定めの油の
バテは、1コル（計量単位、約230ℓ＝1ホメル、10バテ、10エパ）につ
いて、10バテについて、1ホメルについて十分の一バテをささげよ、なぜ
なら、10バテは1ホメルだからである。」45.10,11,14、ここでは枡によっ
てエホバの神聖なものについて述べられている。それらによって神聖な
ものの種類が意味され、ここの「10」によって天的なものと、そこから
の霊的なものの残りのものが意味されている。

なぜならもし、それらが神聖な秘義を含むのでなければ、この章と前の
章においてこの預言者の聖言に、そこで天的なエルサレムについて、ま
た新しい神殿について、また他の預言者の書において、ユダヤ教会の様々
な儀式に関して述べられているように、凡ての枡の決められた数とは何か？
［2］「乙女イスラエルは倒れた、もう立ち上がることを繰り返さないであろう。
... このように主エホビは言われた。千人が出て行っている町は百人の残さ
れた者達を招き、また百人が出て行っている町は十人の残された者達を
イスラエルの家に招くであろう。」5.2,3、ここの「残りのもの」は最も少
ないものが残るであろうと言われている。なぜなら、単に十分の一の部分、
即ち残りのものの残りのものが残るからである。同書において、

「私はヤコブの傲慢とその宮殿を嫌う、またその大きな町とその中の
全部を押し込めよう。また例え一軒の家に10人の男が残されたとしても、

とは言え彼らは死ぬように為されるだろう。」6.8,9、ここでは残りのもの
が、殆んど残らないであろう残りのものとして記述されている。

　「アンモン人とモアブ人はエホバの集会へ来てはならない。更に彼らの
十番目の世代も、永遠までもエホバの集会に来てはならない。」申命記、
23.3、ここの「アンモン人とモアブ人」は信仰の天的なものと霊的なも
のの冒涜として記述されている。その者達の生き残った者達がここに記
述されている。

[3]「十分の一」が残りのものを表象することは、次のマラキ書において
知られよう。

　「私の家の中に戦利品があるために、あなた達は凡てのものの十分の
一を我が家の宝庫に持って来い。そして、もし私があなた達に天の水門
を開かなかったなら、また私があなた達に祝福を注ぎ出さなかったなら、
さあこのことで私を試せ。」3.10、ここの「私の家の中に戦利品があるた
めに」は内なる人間の中の残りのものとして記述されており、それらが「戦
利品」に例えられている。なぜなら、凡ての祝福がそれらの残りのもの
によって多くの悪と間違った信念の中に殆んど密かに入り込まされるか
らである。

　人間の凡ての仁愛が内なる人間の中の残りのものによってあることが、
ユダヤ教会における、

　「彼らが十分の一を与えた後、レビ人、外国人、孤児、未亡人にも与えた。」
申命記、26.12、と続き、このことによってもまた表象された。

[4] 残りのものは主だけのものであるので、それ故に、エホバの神聖なも
のと呼ばれる。このことについてモーセの書によって次のように、

　「地の種について、樹木の果実について、地の凡ての十分の一はエホバ
のものであり、エホバの神聖なものである。... 牛の群れと羊の群れの凡
ての十分の一、その凡てのものは羊飼いの棒の下を通り過ぎる十番目の
ものである。それはエホバの神聖なものであらねばならない。」レビ記、
27.30,32、

　「十戒は10の戒め（教え）、即ち10の聖言であり、またエホバがそれら
を石版の上に刻みつけた。」申命記、5.4、これは「残りのもの」を意味し、
また「エホバの手で刻み付けられたもの」は残りのものは主だけのもの

創世記　第六章　三節　　　　（576）　*313*

であることを意味する。この残りのものが内なる人間の中にあり、それが石版によって表象されたのである。

577.「12」は信仰、即ち愛とそこからの一つの統一体としての信仰のものを意味する。これは聖言のヤコブの12人の息子達からも、イスラエルの12部族のそれらの名前からも、また主の12人の弟子達からもまた多くのもので確認されることが出来よう。それらについて主の神的な慈悲により後に続く箇所で、特に創世記第29,30章において述べられよう。

578.これらの数字からだけでも主の聖言が内部に、また内的な奥まった所に、何を持つか知られることが出来よう。それらは決して裸眼に見えないであろう。更にそれらはどこであろうと聖言の各々の言葉の中に同様にある。

579.洪水以前の者達の許に、残りのものは僅かなもの、或いは殆んど何もなかっただろうことは、主の神的な慈悲により、後に続く箇所に言われることから知られよう。その者達の許に残りのものが保持されることが出来なかったので、ここでノアと言われた新しい教会において残りのものを持つことが属性付けられた。この者達についてもまた主の神的な慈悲により後に続く箇所に述べよう。

580.四節、「彼らの日々の間に地上にネフィリムが居た。特に、神の息子達が人間の娘達に入って以来、彼女達が彼らに子供達を産んだ後、増えた。男の名前の種族に関してこの者達は強い男達であった。」
　「ネフィリム（巨人の一種）」によって自分自身の崇高さと優越性の確信により、凡ての神聖なものと真理を無意味なものと為した者達が意味される。「特に、神の息子達が人間の娘達に入って以来、彼女達が彼らに子供達を産んだ後、増えた。」は、彼らが信仰の教義の事柄を彼らの欲望に沈め、また間違った原理の信念を形造った時、やがてそのことが生じたことを意味する。自己愛により「強い男達」と呼ばれ、「男の名前の種族に関して」は、このような者達は前にもまた居たことを意味する。

314　　天界の秘義　第一巻

581. [1]「ネフィリム（巨人の一種）」によって、自分自身の崇高さと優越
性の確信により、凡ての神聖なものと真理を無意味なものと為した者達
が意味されることは、先行する箇所と直ぐ後に続く箇所から知られよう。
即ち、信仰の教義の事柄を彼ら自身の欲望に沈めたことが「神の息子達
が人間の娘達に入った」こと、また「彼らに子供達を産んだ」ことによ
って意味される。

　彼ら自身と彼らの幻想についての信念は、それらに入るものが多いこと
に従って、更に強大になり、遂には不滅の信念となる。そして、信仰の
教義の事柄が添えられる時、やがて最も確信された原理により、凡ての
神聖なものと真理を無意味なものと為し、同時にネフィリムに為される。
洪水前に生きたこの子孫は、言われたように、彼ら自身の最も恐るべき
幻想で、誰であれ霊を魔法をかけられた如く、また彼らから放たれる息
の詰まるスフェアで滅ぼし、また窒息させるような者達であり、結果と
して霊達は考えることを少しも知らなくなり、そのように自分達自身に
死にかかっていることが見られる。

　そしてもし、主が主御自身のこの世への降臨によって、このような子孫
の害から霊達の世界を救い出したのでなければ、決して誰一人そこに居
ることが出来なかっただろう。また主により霊達によって支配されてい
る人類は滅びただろう。それ故に、彼らは現在、左足の踵の下の地獄の
中で霧が立ち込めた下で、そして詰められた岩のように押し止められて
おり、あえて些かも立ち上がって出て来ない。

　従って、霊達の世界はこの最も有害な一味から開放されている。その一
味とその最も有害な信念のスフェアについては、主の神的な慈悲により
別の箇所で述べよう。彼らがネフィリムと呼ばれる者達であり、また凡
ての神聖なものと真理を無意味なものと為す者達である。

[2] 聖言において彼らの記載もまた為されているが、しかし彼らの子孫は
アナク人とレファイム人である。アナク人が言われたことはモーセの書
において知られよう。

　「カナンの地の密偵達は言った。そこで私達はネフィリム人、ネフィリ
ム人から成るアナク人の息子達を見た。そして私達の目に私達は蝗の如
くあった。また彼らの目にもそのように見えただろう。」民数記、13.33、

創世記　第六章　四節　　（577）　315

レファイム人と言われたこともまたモーセの書において、

「更に早くには、モアブの地にエミム人が住んでいた。その民はアナク人の如く大きくて、大勢で、また背が高い。彼らもまたアナク人の如くレファイム人と見なされていた。モアブ人は彼らをエミム人と呼んだ。」申命記、2.10,11、

ネフィリム人はこれ以上記録されていないが、しかしレファイム人は言われた如く前述のような者達であることが預言者達の書において記述されている。例えばイザヤ書において、

「更に下に動揺した地獄があなたのためにある。あなたはそこへ行くことの途中にあり、レファイム人があなたのために扇動した。」14.9、ここではそのレファイム人のような地獄について述べられている。同書において、

「あなたが罰したので、またあなたが彼らを滅ぼしたので、またあなたが彼らについての凡ての記憶を消したので、死んだ者達は生きないであろう、レファイム人は甦らないであろう。」26.14、ここでもまた彼らの地獄について、その地獄から今後、彼らは再び立ち上がらないであろうことが記述されている。また同書において、

「あなたの活力のないものが生き、私の屍が甦るであろう。塵の住民達よ、あなた達は目覚めて歌え。なぜなら、あなたの水滴（涙、汗）が青物のしずくになるからである。しかしあなたはレファイム人の地を捨てなければならない。」26.19、ここの「レファイム人の地」は地獄であり、その地獄について言われている。ダビデの書において、

「あなたは死んだ者達に奇蹟を為されるであろうか、レファイム人が甦ってあなたを賛美（称賛）するであろうか。」詩篇、88.10、ここでも同様に彼らの地獄について記述されている。また彼らは甦ることが出来ないことと霊達の世界のスフェアを最も恐るべき信念の毒で害することが記述されている。しかし、人類がこれほどの恐るべき幻想と信念に、今後浸されないことが主により備えられた。

洪水前に生きた者達は、今だよく知られていない理由により恐るべき幻想と信念に浸されることが出来るような性質と性格であった。このことについてもまた主の神的な慈悲により後に続く箇所で述べよう。

582.「神の息子達が人間の娘達に入って以来、彼女達が彼らに子供達を産んだ後、増えた。」は、やがて信仰の教義の事柄を彼ら自身の欲望に沈めた時、ネフィリムに為されたことを意味することは、直ぐ前の2節に言われ、また示されたことから、即ち「神の息子達」は信仰の教義の事柄を意味し、「人間の娘達」は欲望を意味することから知られよう。そこから産まれたものは信仰の神聖なものを無意味なものと為し、また冒涜することよりも別のものではない。なぜなら、人間の欲望は自己愛とこの世への愛であるからであり、それらは凡ての神聖なものと真理に全く相反するものであるからである。また人間の許の欲望は非常に強力であるからである。

それ故に、神聖なものと真理が認められた時、人間と一緒に諸々の欲望に沈められ万事終わる。なぜなら、他生においてそれらは各々の考えの中で密着し、またそれらの考えが相互に結合されていて、それらは根絶されることと取り消されることが出来ないからである。それ故に、何かの神聖な考えと真理の考えが引き出されるや否や、けがれた考えと間違った考えが結び付けられてあることが直ちに、また瞬間に認められる。それ故に、このような者達は地獄へ分離され、また追いやられる。

583. ネフィリム人は、自己愛により「強い男達」と呼ばれたことは、聖言においてもまたしばしば知られよう。そこでこのような者達が「強い者達」と呼ばれている。例えば、エレミヤ書において、

「バビロンの強い者達は戦うことを止め、防壁のなかで座っている。彼らの力は消え女のように為されたのである。」51.30、ここの「バビロンの強い者達」は、彼らもまた自己愛に陥れられた者達として記述されている。同書において、

「剣が不誠実な者達に向かっており、彼らは狂うであろう。剣が強い者達に向かっており、彼らは狼狽させられるであろう」。50.36、同書において、

「私は彼らが狼狽させられて彼ら自身を後方へ向きを変えているのを見た。彼らの強い者達が打ち砕かれた。そして恐怖が周囲にあって彼らは敗走して振り返らずに逃げた。…素早い者よ、お前達は逃げるべきではない、強い者よ、お前達は逃れるべきではない。…お前達は馬に乗れ、また戦車を荒れ狂わせ、強い者達よ進軍せよ、クシュ人よ（＝Cush：エチオ

創世記　第六章　四節　　**(581)**　*317*

ピア人）、プテ人よ（おもにリビア人）、…ルデ人よ（エジプトの一部族)、」
46.5,6,9、ここでは誤った推論による信念について記述されている。同書
において、

「あなた達はどうして私達は強い者達であり、また戦いのための軍勢の
兵士達が居ると言うのか？ モアブは荒らされたのである。」48.14,15、同
書において、

「大きな町が捕えられ、また堡塁が占領された。その日、モアブの強い
者達の心は、苦しめられた女の心の如く為された。」48.41、同様に、「エ
ドムの強い者達の心」49.22、同書において、

「エホバはヤコブを贖う、そして彼の強い手により彼に復讐した。」
31.11、ここの「強い者」は別の表現で記述されている。

アナク人はネフィリム人を元とした者であり、強い者達と言われたことは、
モーセの書において知られよう。

「今日あなたは、ヨルダンを渡り、あなたより大きくて大勢の諸民族を
占領するために、また天まで防備を固められた大きな町々を占領するた
めに行かなければならない。大きくて背の高いアナク人の息子達をあな
たは知り、またあなたは聞いた。誰がアナク人の息子達の前に立つだろ
うか？」申命記、9.1,2、

584. 五節、「そして、エホバは地上で人間の悪が増やされたことを見た。
またその心の思考の凡ての形造られたものは凡ての日常で悪のみであった。」

「エホバは地上で人間の悪が増やされたことを見たこと」は、善の意志
が何も存在することがなくなり始めたことを意味し、「心の思考の凡ての
形造られたものは凡ての日常で悪のみであった。」は真理と意志の認識が
何もないことを意味する。

585. 「地上に人間の悪が増やされた」によって善の意志が何も存在するこ
とがなくなり始めたことが意味されることは、先行している箇所の568番
で、もはや何も意志がなく、欲望だけがあったことから知られよう。更
に「地上における人間」の意味からも知られよう。文字の意味での「地」
はそこに居る人間であり、内なる意味では、そこにある愛である。なぜ

なら、その愛は意志の愛、即ち欲望であるからである。

「地」は人間の意志そのものとして言及されている。というのは、人間は欲することから人間であり、従って知ることからと理解することから人間ではない。なぜなら、知ることと理解することは人間の欲することから引き出されるからであり、何であろうと人間の欲することから引き出されなければ、知ることを欲しないし理解することも欲しないからである。それどころか、人間が欲する以外の何かを話し、また行なう時、それでもなお、会話と行為から離れた意志の何らかのものがありそれが彼を支配している。

「カナンの地」即ち「神聖な地」は愛として、また天的な人間の意志として解釈されることは聖言からの多くのもので確認されることが出来よう。

同じく「様々な諸民族の地」も彼らの愛として解釈され、それらは一般的に自己愛とこの世への愛である。しかしこのことは頻繁に繰り返されるので、ここの箇所で詳しく論じられるべきでない。

このことから「地上における人間の悪」によって、人間の意志の悪の性質が意味される。「悪が増やされた」ことが言われるのは、凡ての者達の許で善を他の者達のために欲したのではなく、自分自身のために欲したほど、それほどに歪められたのではなかったからである。これに対して、完全に歪められたものに為されたことが心の思考の形造られたものは悪のみであったことである。

586. [1]「心の思考の凡ての形造られたものは凡ての日常で悪のみであった。」は、何も善と真理の認識がないことを意味する。その理由は、言われ、また示されたように、彼らが信仰の教義の事柄を彼ら自身の不潔な欲望に沈めたからである。このことが為された時、凡ての認識が滅び、また認識に代わって恐るべき信念、即ち最も固執され、また致死的な幻想が後に続いた。それらもまた彼らの絶滅と窒息の原因であった。この致命的な信念がここで「心の思考の形造られたもの」によって意味されている。これに対して「思考の」言葉なしの「心の形造られたもの」は自己愛、即ち欲望の悪が意味される。後に続く第八章で、ノアが全焼の生け贄を捧げた後、エホバが言われたように、

創世記　第六章　五節　　（583）　*319*

「人間の心の形造られたものはその子供の頃から悪なので、今後、私は人間の故に大地を呪うことを繰り返さない。」21節、

「形造られたもの」は人間が自分自身に想像し、またそのことから自分自身に説得することである。

[2] 例えば、ハバクク書において、

「彫像が何の役に立つだろうか？ なぜなら彫像は彫刻家が彫刻し偽りを鋳造し、また偽りを教えているものであるからであり、彫刻家が口がきけない彫像を作ることによって、その上で自分自身の形造られたものに信頼するからである。」2.18、ここの「彫像」は、自分自身の原理から抱かれ考え出されたものからの間違った信念の確信を意味し、「彫刻家」は自分自身に説得する者を意味し、その者について「形造られた者」と言われている。イザヤ書において、

「あなた達はひっくり返すことを為す。陶工が粘土の如く評価されるであろうか？ 作品がそれを作った者に私を作らなかったと言うであろうか？ 形造られたものがその彫刻家に彼は理解するだろうか？ と言うだろうか？」29.16、ここの「形造られたもの」は人間の固有性とそこからの間違った信念からの思考として記述されている。「形造られたもの」は一般的には、人間が心、即ち意志で心に描くことであり、またそのように思考、即ち信念で形造ることである。例えばダビデの書において、

「エホバは私達の心で考案されたものを知っておられ、私達が塵であることを心に留めておられる。」詩篇、103.14、モーセの書において、

「私は今でも、約束の地へ彼を導き入れる前に、彼がその心で為していた考案されたものを憶えている。」申命記、31.21、

586 [a]．六節、「そして、エホバは地上に人間を造ったことを後悔し、またエホバ御自身の心において御自身に残念に思った。」

「後悔したこと」は、慈悲を意味し、「心において残念に思ったこと」も同様である。「後悔したこと」は知恵に関係し、「心において残念に思うこと」は愛に関係する。

587．[1]「エホバは地上に人間を造ったことを後悔した」は、慈悲を意味し、

また「心において残念に思った」も同様に意味することは、エホバは決して後悔しないことの理由から知られよう。なぜなら、エホバは凡てのものを全体的にも個別的にも永遠から予見されるからである。またエホバが人間を造った時、即ち新しいものに創造した時、また天的なものに為されるまでも完成した時、更にエホバは時代の推移により人間がこのようなものに為されることを予見されたからである。またエホバはこのように為されることを予見したので、エホバ御自身後悔することは出来なかった。このことはサムエル記において明らかである。

「サムエルは言った、イスラエルの無敵な方は間違えない、また御自身を後悔しないであろう。なぜなら、その方は人間ではないからであり、御自身を後悔することがないからである。」サムエル記Ⅰ、15.29、また、モーセの書において、

「神は人間ではなく、間違えず、人間の息子でもなく、そもそも後悔しない。神は言われたことを、実際に行なわないだろうか？ 即ち神は語ったことを、実際に確かなものにしないだろうか？」民数記、23.19、しかし、「後悔すること」は哀れむことを意味する。

[2] エホバの慈悲、即ち主の慈悲は、主により人類に対して為される全体的なものと個別的なものとを含む。その慈悲は人類全体を哀れむようなものであり、また人類の各々の者のその個別的な状態に従って哀れむようなものである。それ故に、主はその者が罰せられることを許すその状態を哀れみ、またその者に善が享受されることをもたらすその状態を哀れむ。罰せられることは刑罰が凡ての悪を善へ転じるので慈悲であり、また人類の誰も善の何かのものを受けるに足らないので、善が享受されることをもたらすことも慈悲である。というのは、全人類は悪であるからであり、また人類の各々の者は自分自身では地獄に向かって突進するからである。

それ故に、人類が地獄から取り出されることは慈悲である。主は誰も人間を必要としないので、主の慈悲以外で他の人間が居るのではない。主は人間を悲惨と地獄から取り出すので、それ故、それが慈悲と言われる。従って、主の慈悲は人類のためにそれぞれの者に応じて前述のようなことを為す。そして人類は前述のような者達なので、凡ての者達に対して愛の働きがある。

創世記　第六章　六節　　（586）　*321*

588. ［1］しかし、主について心において後悔し、残念に思うことが言われる。なぜなら、人間的な慈悲の凡てのものにこのようなものが内在することが現れるからである。それ故に、この外観に従って聖言の他の箇所で、たびたびそのように語っている。

　主の慈悲は人間の凡ての知性を無限に越えているので、それが何かは誰も知ることが出来ない。しかし人間は人間の慈悲が何かは知っている。それは後悔することと残念に思うことである。また慈悲と他の者の情愛について、もし人間により理解される考えでなければ、どのようなものであるか知る以外に、決して何かを考えることは出来ないし、そのように教えられることも出来ない。このことが人間的な特質が、たびたびエホバについて、即ち主の特質について言われる理由である。例えば、エホバ、即ち主は罰する、誘惑に引き入れる、滅ぼす、怒ることが言われる。それにもかかわらずその時、主は、決して誰かを罰しない、決して誰かを誘惑に引き入れない、決して誰かを滅ぼさない、また決して怒らない。

　それ故に、このようなことが主について絶えず言われる時、後悔と悲嘆もまた主に属性付けられることが帰結される。なぜなら、一つの属性の割り当ては他の属性の割り当てから続いて来るからである。例えば、聖言の中の下記の箇所から明瞭に知られよう。

［2］エゼキエル書において、

　「私の怒りは完了されるであろう、私の憤りを休ませよう。そしてそれは私を後悔させるであろう。」5.13、ここでは怒りと憤りが語られているので、後悔もまた言われている。ゼカリヤ書において、

　「あなた達の父祖達が私に怒りを燃え立たせた時、私はどのように悪を行なおうかと考えた。万軍のエホバは言われた。このことは私を後悔させなかった。しかし、かの日々に私はエルサレムとユダの家に善を為すことを考えるであろう。そのように私を変えることを為そう。」8.14,15、ここでは「エホバが悪を行なうことを考えた」ことが言われているが、しかしその時、エホバは決して誰かに悪を行なうことを考えないで、凡ての者達と個人に善を行なうことを考える。モーセの書において、エホバの顔を宥めようとした時、

　「あなたの怒りの憤りから引き返し、またあなたの民に行なうことを語

った悪の懲罰についてあなたを思い留まらせ給え、…そしてエホバは御自身の民に行なうことを語った悪の懲罰について思い留まられた。」出埃及記、32.12,14、ここでもまた、「怒りの憤り」がエホバに帰せられている。それ故に、思い留まる（後悔する）こともまたエホバに帰せられている。ヨナ書において、ニネベの王は言った。

「誰が神御自身の火の怒りから神を引き返させることを知っているだろうか？ 神を引き返させよ、また思い留まらせよ、或いは私達は死なないかも知れない。」3.9、

[3] ここでも怒りが言われているので、同様に思い留まる（後悔する）ことも言われている。ホセア書において、

「私の心は私を離れて変えられ、同時に私の後悔を呼び起こした。私は私の怒りの憤りを行なわない。」11.8,9、ここでも同様に心について、ここの6節に「心において残念に思った」と言われている如く「後悔を呼び起こした」と言われている。「後悔（思い留まること）」は明瞭に大きな慈悲として記述されている。ヨエル書において、

「あなた達の神エホバにあなた達は向きを変えよ、なぜなら、エホバ御自身は親切で、また憐れみ深く、辛抱強く、そして慈悲深く、そしてあなた達に悪の懲罰を加えることを思い留まられるからである。」2.13、ここでもまた「思い留まる（後悔する）こと」は明瞭に慈悲を意味する。エレミヤ書において、

「もしはからずも、彼らが聞くなら、またもし、彼らがその歪んだ道から人間として引き返されるなら、同時にそれは私を彼らに悪の懲罰を加えることを思い留まら（後悔さ）せる。」26.3、ここの思い留まる（後悔する）ことも憐れむこととして記述されている。同書において、

「もし、この民族がその悪から改心されるなら、…私を彼らの悪の上に懲罰を加えることを思い留まら（後悔さ）せるであろう。」18.8、ここでもまた、もし彼ら自身を改心したなら「思い留まる（後悔する）こと」は憐れむこととして記述されている。なぜなら、人間は主の慈悲を自分自身から引き離すからである。主の慈悲は決して人間から離れない。

589. 上記の聖言と聖書の非常に多くの他の箇所から、聖言は人間の許の外

観に従って語ったことが知られることが出来よう。聖言の中のそれらの外観に従って、間違った信念の原理を確信することを欲する者は、聖言の中の無数の外観から確信することが出来る。しかし、聖言から間違った信念の原理を確信することと聖言の中のそれらを率直に信じることとは別のことである。

　間違った信念の原理を確信する者は、前以てそれから退くことを決して欲しない原理を獲得している。即ち少しも放棄することを欲しない原理を獲得している。しかもその上、どこででもそれを確信するものをかき集め、また積み上げることが出来る。このように聖言からもまた、今後、真理を認めることが出来ないように自分自身に説得するまでもかき集め、また積み上げることが出来る。

　これに対して、率直な者は素朴な心により信じ、前以て原理を獲得していない。しかし、彼は主はこのように話されたので、それが真理であることを考える。そしてもし、聖言の他の言われたことから、それをどのように理解しなければならないかを教えられるなら、その時、それに同意し、また自分自身の心で喜ぶ。というよりは主は怒られる、罰する、後悔する、残念に思うことを素朴に信じる者は、またそのような人間は悪に対して恐れ、そして善を為す。このことは彼に何も妨げにならない。というのも、こうして更に、主は凡ての者達と個々の者達を見られることを信じるからである。またこのような信仰の中に居る時、その他のものに関しては後で、例え前以てこの世で教えられなくても、他生で教えられる。彼らと比べて、自分自身の不潔な愛、或いはこの世への愛に一致している獲得された原理により自分自身に説得する者は異なっている。

590.「後悔すること」は知恵に関係し、「心において残念に思うこと」は愛に関係することは、人間的な考え方においては説明されることが出来ない。ただ、人間の許の外観によってのみ説明することが出来る。人間の許の各々の者の思考の原型は理解と意志、即ち人間の思考と愛から成る何かのものである。意志、即ち人間の愛から成る何かのものを獲得しない原型は原型ではない。なぜなら、人間は意志、即ち人間の愛から成るものと異なって考えることが出来ないからである。思考と意志は絶えず何らかの

結合があって引き離されない。従って思考の原型に意志、即ち彼の愛のものが固着する、または結びつく。このことから人間の許の何かの考えが知られる如く、或いはむしろ理解される如く、主の慈悲に内在するもの、即ち知恵と愛が何かを認められることが出来る。

このように、預言者達の許に、特にイザヤ書において、殆んどどこであろうと、どんな事柄でも二つの表現がある。一つは霊的なものを含み、もう一つは天的なものを含む。主の慈悲の霊的なものは知恵であり、天的なものは愛である。

591. 七節、「そして、エホバは言われた。大地のおもての上から私が創造したその人間を滅ぼすであろう。人間から獣に至るまで、這うものに至るまで、また諸天の鳥に至るまで、なぜなら、それらを造ったことが私を後悔させるからである。」

「エホバは言われた。人間を滅ぼすであろうこと」は人間が自分自身を絶滅することを意味し、「創造した者を大地のおもての上から」は最古代教会の子孫からの人間を意味し、「人間から獣に至るまで、這うものに至るまで」は、何であろうと意志のものが彼を絶滅することである。「諸天の鳥に至るまで」は理解、即ち思考であり、「なぜなら、それらを造ったことが私を後悔させたからである。」は前に言われたように憐れみを意味する。

592. [1] 「エホバは言われた。私は人間を滅ぼすであろう。」ことは、人間が自分自身を絶滅することを意味することは、前に言われたことから知られよう。正確には、エホバ、即ち主について罰すること、試みること、悪を行なうこと、滅ぼすこと、或いは殺すこと、呪うことが属性付けられることから知られよう。例えば、「エホバはユダの長子エルとユダの他の息子のオナンを殺したこと」創世記、38.7,10、

「エホバはエジプトの凡ての長子を殺したこと」出埃及記、12.12,29、
例えば、エレミヤ書において、

「私の怒りの中で、また私の憤りの中でその者達を私は激しく打った。」33.5、ダビデの書において、

創世記　第六章　七節　　（589）

「エホバ御自身の怒りの憤りを、激しい怒りを、また激怒を、また苦痛を、悪の使いを送ることで彼等の中へ落とした。」詩篇、78.49、アモス書において、

「大きな町に懲罰があるだろうか？　またエホバは懲罰を行なわないだろうか？」3.6、ヨハネの書において、

「諸々の世代を永遠に生きている神の怒りの満たされている金で造られた七つの香炉」黙示録、15.1,7、16.1、これらの凡てのものがエホバについて属性付けられているが、それでも全く反対である。それらがエホバに属性付けられる理由については前に述べられたのである。更に、主が凡てのものを全体的にも個別的にも支配し、また管理することを人間が最初に認めて最も普通の考えをするためでもまたある。しかもなおその後、主からは滅ぼすことの最小の悪のものもないこと、しかし、人間が自分自身に悪を引き入れ、そして自分自身を殺して滅ぼすことを認めるためである。

それでも人間が悪を引き入れるのではなく、悪の霊達が人間を扇動し、また惑わす。しかし、人間はそれを自分自身が行なうことを除いて異なって信じないので、人間が行なうのである。このように、今ここで人間を滅ぼしたことがエホバに属性付けられているが、しかしこの場合、人間が自分自身を殺して滅ぼしたのである。

[2] 人間がこの事柄をどのように持つかは、特に他生において激しい苦痛と地獄の中に居る者達から知られることが出来よう。その者達は絶えず嘆き叫び、また凡ての刑罰の悪を主のせいにする。

同様に、悪の霊達の世界の中の悪の霊達は、他の者達を害し罰することの中に楽しみを見出す。というよりは最も愉快な楽しみを見出す。そして害され、また罰せられる者達は主から害され、また罰せられることを信じる。その者達に、主からは悪の刑罰は全くないこと、しかし彼らが自分達自身に悪そのものを引き入れることが言われ、また示された。なぜなら、悪を為す者に悪が帰り、また悪を為す者に刑罰の悪が行われるような状態と均衡が凡ての者達の他生の中にあるからであり、またそれは起こらざるを得ないからである。このことは悪の矯正の理由のために許されている。しかしそれでもなお、主は刑罰の悪を善へ変えられる。

そのようにどんな場合でも主からは善以外は何もない。しかし今な
お、許しが何か誰も知らない。許されることは主御自身が許すので、主
御自身により許しが為されることが信じられる。しかし、許しはこの状
況を全く異なって持っている。このことについては主の神的な慈悲により、
後に続く箇所において述べよう。

593.「大地のおもての上から私が創造した人間を滅ぼすであろう。」は最
古代教会の子孫からの人間を意味することは「人間は私がその者を創造
した」と言われること、このことは主がその人間を再生したことであるが、
このことからだけでなく、またその後、「主がその人間を造った」と言わ
れること、このことは主がその人間を完成したこと、即ち人間が天的な
ものに為された者として再生したことであるが、このことからも、更に、「大
地のおもての上から」と言われること、ここの「大地」は、前に言われ
たように教会であることからもまた、その上、続いて信仰の教義の事柄を、
自分達自身の欲望に沈めた者達について述べられていることからもまた
知られよう。
　信仰の教義を持たなかった者達はこのように行なうことは出来ず、この
者達は真理と善の無知の中に居り、教会の外に居る者達である。無知の
中に居る者達が、信仰の真理と善に反対して話し、また行動する時、或
る種の無垢の似姿の中に居ることが出来る。なぜなら、幼児期から教え
込まれたその礼拝が原因で、或る種の熱心から行われることが出来るか
らであり、それ故にそれを真理と善と信じるからである。これに対して、
自分自身の許に信仰の教義を持つ者達によっては、全く異なった状況がある。
彼らは真理を間違った信念に混ぜることが出来、また神聖なものをけが
れたものに混ぜることが出来る。それ故、彼等の他生の運命は異教徒達
と呼ばれる者達の運命より、甚だしく劣る。この者達については主の神
的な慈悲により、後に続く箇所において述べよう。

594.「人間から獣まで、また這うものに至るまで」は、何であろうと意志
のものが人間を絶滅したことを意味することは、「人間、獣、および這う
もの」の意味から知られよう。人間は、もし意志と理解によらなければ

創世記　第六章　七節　　（592）　*327*

人間ではなく、それらによって獣と区別され、その他の点では獣に同様なものである。

この者達の許で凡ての善の意志と真理の理解が滅び、善の意志に代わって狂気の欲望が引き続いて起こり、真理の理解に代わって狂気の幻想が引き続いて起こった。そしてこれらの狂気の幻想は、それらの狂気の欲望に混ぜられた。それ故に、このように残りのものを殆んど滅ぼした後で、絶滅せずにはいかなかったのである。意志の何かが「獣と這うもの」と呼ばれることは、前に「獣と這うもの」について示されたことから知られよう。しかし、ここでは前述のような人間について述べられているので、「獣」によって善い情愛が意味されないで、悪い情愛が意味され、従って欲望が意味される。また「這うもの」によって、快楽も、身体の感覚的なものも意味される。

「獣と這うもの」がこのようなものを意味することは、更に聖言からの確認は必要ない。なぜなら、前にそれらについて説明されたからである。それらは45,46,142,143番に認められる。

595.「諸天の鳥」は、理解、即ち思考の何かのものを意味することもまた前に認められる。40番、

596.八節、「ところがしかし、ノアはエホバの目に恩恵を得た。」
「ノア」によって新しい教会が意味され、「エホバの目に恩恵を得たこと」は、主は人類を救うことが出来ることを予見したことである。

597.〔1〕「ノア」によって洪水後にあった新しい教会が意味され、洪水前にあった最古代教会との間で区別するためにそれは古代教会と呼ばれるべきである。それらの教会は全く異なった状態であった。

最古代教会の状態は、主により善の認識とそこからの真理の認識を持ったこと、古代教会、即ち「ノア」の状態は、善と真理の良心を持つように為されたことである。認識を持つことと良心を持つことの間の相違のままに、最古代教会と古代教会の状態の相違があった。

〔2〕認識は良心ではなく、天的な者達は認識を持ち、霊的な者達は良心を

持つ。最古代教会は天的な教会であったが、しかし古代教会は霊的な教会であった。

　最古代教会は天使達と霊達との交わりによって、そのようにまた、主による幻と夢によって直接の啓示を持った。それらによって善と真理が何かを知ることが彼らに与えられた。そしてそれらを全般的に知った後、やがて認識によってそれらを無数の原理のように全般的に持つことが確立されたのである。それらの無数の原理は全般的な原理の部分的な原理、或いは個別的な原理であってそれらの全般的な原理に関係があった。このように全般的なものが原理のように日々強くされた。彼らは全般的な原理に一致しない何かをそのようにないことを認識し、また一致した何かをそのようにあることを認識した。

　天的な天使達の状態もまたこのようなものであり、天的で永遠の真理が最古代教会の全般的な原理のようにあった。例えば、主は全世界を支配すること、主から凡ての善と真理があること、主から凡ての生命があること、人間の固有性は悪以外でなく、また本来生命のないものであること、他に同様な別なもの。このような無数の全般的な原理があり、彼らはそれらを確立させているもの、また調和しているものの認識を主から受けた。彼らに愛は信仰の最も重要なものであって、愛によって彼らに何でも信仰の善と真理を認識することが主により与えられた。それ故に、前に言われたように彼らに信仰は愛であった。しかし、古代教会は全く異なった教会に為されたのであった。それについては主の神的な慈悲により後に続く箇所において述べよう。

598. [1]「エホバの目に恩恵を得た」ことは、勿論、主は人類を救われることが出来ることを予見したことを意味する。

　主の慈悲は人類に完璧な救いを目指し、またそれを含む。同様に恩恵もまた、それによって人類にとっての救いが意味される。「ノア」によって新しい教会が意味されるだけでなく、その教会の信仰もまた意味される。その信仰は仁愛の信仰であった。このように主は仁愛の信仰によって人類を救われることが出来ることを予見した。この信仰については後に続く箇所において述べよう。

創世記　第六章　八節　　（594）　　*329*

〔2〕しかし、聖言の中の「慈悲」と「恩恵」は区別される。実際にそれを受ける者達の相違に従って区別される。慈悲は天的な者達に付加され、これに反し、恩恵は霊的な者達に付加される。なぜなら、天的な者達は慈悲を除いて別なものを承認せず、また霊的な者達は恩恵を除いて別なものを殆んど承認しないからである。天的な者達は恩恵が何かを知らない。霊的な者達は辛うじて慈悲が何かを知っているが、しかしまた恩恵と同一のもののように見なす。

　このことはこれほど異なる両者の卑下の状態が原因で生じた。心の情の卑下の状態の中に居る者達は、主の慈悲を嘆願するが、これに対して、思考の卑下の状態の中に居る者達は、恩恵を請い求める。例え、慈悲を嘆願しても、それは試練の状態において為されるか、或いは口先だけで為され心の情からは為されない。なぜなら、ノアと言われた新しい教会は天的な教会ではなく、霊的な教会であったからである。それ故に、慈悲ではなく「エホバの目に恩恵を得たこと」が言われている。

〔3〕聖言の中で慈悲と恩恵が区別されることは非常に多くの箇所から知られよう。そこでエホバは慈悲深く、また恵み深いと言われている。例えば詩篇、103.8、111.4、112.4、ヨエル書、2.13、同様に他の箇所で区別されている。例えば、エレミヤ書において、

　「このようにエホバは言われた。剣から残された民は荒野で恩恵を得た。そのイスラエルに平和を与えるために行かなければならない。エホバは遠く離れて私に現れた。そして私は永遠の愛であなたを愛した。それ故に、私はあなたの慈悲を得た。」31.2,3、ここで「恩恵」は霊的な者に属性付けられ、また「慈悲」は天的な者に属性付けられている。イザヤ書において、

　「それ故に、エホバはあなた達に恩恵を与えるために引き留め、またそれ故に、あなた達を憐れむ（慈悲の）ために恩恵を強める。」30.18、ここで「恩恵」は霊的なものに関係し、また「慈悲」は天的なものに関係する。後に続く箇所においてロトが天使達に、

　「見よ、私は懇願する。あなたのしもべはあなたの目に恩恵を得た。またあなたの慈悲をあなたは強くし、それをあなたは私の霊魂を生かすことで私に行なった。」創世記、19.19、と言った。ここでもまた、「恩恵」は霊的なものに関係し、それらは信仰、即ち理解のものであることは、更に「あ

なたの目に恩恵を得た」と言われることから知られよう。しかし「慈悲」は、天的なものに関係し、それらは愛、即ち意志のものであることは、「慈悲を行なうこと、また霊魂を生かすこと」が言われていることから知られよう。

創世記 第六章の聖言 続き

9. これらはノアの出生である。ノアはその世代の中で正しく健全な人であった。ノアは自分自身に神と一緒に歩んだ。

10. そして、ノアはセム、ハム、およびヤペテの三人の息子達を産んだ。

11. ところで、地は神の前で堕落し、また地は暴行で満たされていた。

12. そして、神は地を見られた。しかるに見よ、凡ての肉は地の上でその道を腐敗させたので、それは堕落していた。

13. そして、神はノアに言われた。私の前で凡ての肉の終わりが来た。なぜなら、地は彼らの様相により暴行で満たされたからである。かくて見よ、私は地と一緒に彼らを滅ぼす。

14. あなたはゴフェルの木材の箱舟をあなたのために造れ、あなたは箱舟を住まいに造らなければならない。またベトン（瀝青）をその内側と外側に塗れ。

15. そして、あなたは箱舟を次のように造らなければならない。箱舟の長さは300キュービット（1キュービット＝約４５ｃｍ）、その幅は50キュービット、その高さは30キュービットに造らなければならない。

16. あなたは箱舟に窓を造り、それを上から一キュービットの所に仕上げなければならない。また箱舟の戸をその側面に取り付けなければならない。あなたは箱舟を一階、二階、三階に造らなければならない。

17. そして見よ、私は諸天の下においてその中に生命の息がある、凡ての肉を滅ぼすために地の上に水の洪水を引き起こす。地上における凡てのものが死ぬであろう。

18. また、私はあなたと私の契約を立てよう。そしてあなたはあなたとあなたの息子達、またあなたの妻とあなたの息子達の妻達と一

緒に箱舟に入らなければならない。

19. また、あなたは凡ての生きているものから、凡ての肉からの凡てのものから一対のものがあなたと一緒に生かすことのために箱舟に入ることを為さなければならない。それらは雄と雌でなければならない。

20. 鳥に関してはその種類に従って、また獣に関してもその種類に従って、地面を這う凡てのものもその種類に従って、凡てのものに関して一対のものが生かされるために、あなたに向かって至るであろう。

21. また、あなたは食べられる凡ての食物に関してあなたに取れ、またあなたのために集めよ、そしてそれはあなたと彼らに食物にならなければならない。

22. そして、ノアは神が彼に命じられた凡てのことに従って行なった。そのように彼は行なった。

内容

599. ここでは、「ノア」と呼ばれた教会の再生前の状態について述べられている。

600. その教会の再生されることが出来るような人間が記述されている。9節、
しかし、その教会から、セム、ハム、およびヤペテの三種類の教義が生じたことが記述されている。10節、

601. 最古代教会からの残りの人間は、その恐るべき信念と不潔な欲望のために再生されることが出来なかったことが記述されている。11,12節、
それらによって自分達自身を完全に滅ぼしたことが記述されている。13節、

602. しかし、「箱舟」によって記述されているノアと呼ばれた教会の人間はそのようになかったことが記述されている。14節、
また彼の許の残りのものが「長さ」によって記述されている。15節、
その知的なものが窓、戸、および住まいによって記述されている。16節、

603.その他の者達が悪と間違った信念の洪水によって滅びた時も、彼は保護されたことが記述されている。17節、

604.彼の許の真理と善も救われたことが記述されている。18節、
　そのように、再生によって理解と意志のものが救われたことが記述されている。19,20節、
　それを受け入れるために準備されたことが記述されている。21節、
　そしてそのように為されたことが記述されている。22節、

内意

605.今この第6章の箇所では、新しい教会の形成について述べられており、それは「ノア」と呼ばれ、またその形成が「箱舟に凡ての種類の動物を迎え入れた」ことによって記述されている。しかし、新しい教会が存在するようになることの前に、通例である如く教会の人間が試練を多数受けることがなければ形成出来なかった。それらが「その箱舟を水の上に持ち上げること、洪水の波に揺さぶられること、洪水の水の上に逗留することによって記述されている。そして最後に、真の霊的な人間に為され、また救い出されたことが「水の止まること」によって記述されている。それらは後に続く箇所に述べられる。
　文字通りの意味だけに固執する者達は、誰もこれを認めることが出来ない。特に、それらの凡てのものが歴史的に関連付けられたものであること、またそれらが或る種の歴史的な事実と同様なものに見せることの理由により認めることが出来ない。しかしその当時の時代はこのような文体であり、凡てのものが表象に包まれ、またそれらが歴史的に整えられたことは、彼らに最も喜ばしいものであった。また歴史が申し分なくひと続きに関連していればいるほど、彼らの嗜好に一致したものであった。なぜなら、古代の彼らの時代には、今日の者達が科学に没頭したようには、科学に没頭しなかったからである。しかし深遠な思考に没頭した。その者達からこのような実があり、これが古代人の知恵であった。

創世記　第六章　　　(599)　*333*

606.「洪水」「箱舟」、またそのように洪水と箱舟について記述されることは、再生を意味し、そのようにまた、再生に先行する試練を意味する。このことは今日、学者の許に若干知られ、その者達により再生と試練もまた洪水の水に例えられている。

607. ［1］しかし、その教会がどのような性質であったかは、後に続く箇所で述べられよう。ここではその考えが簡潔に示され言われなければならない。

言われたように、最古代教会は天的な教会であったが、それに反し、ここの教会は霊的な教会に為された。最古代教会は善と真理の認識を持った。ここの教会、即ち古代教会に認識はなく、それに代わって他の或る種の内なる声を持った。それは良心と呼ばれることが出来る。

［2］しかし、この世界に今なお知られず、また恐らく信じがたいことであるが、最古代教会の人間は内なる呼吸を持ち、外なる呼吸は、もし無音の呼吸でなければ持たなかった。それ故に、彼らはその後の者達の如く、また今日の者達の如く声の言葉によっては、それほど話さなかった。しかし天使達の如く観念によって話した。彼らはそれらを表情と顔の無数の変化によって、特に唇によって表わすことが出来た。それらの中には、今日では解放されていない筋肉の繊維の無数の系統（部門）がある。

その当時、それらの解放されたものによって、諸々の考えを示すこと、意味すること、および表象することのようなことが出来た。例えば、今日発音された声、即ち言葉で一時間をかけなければならないことを、その当時、彼らは一分の間に出来たのである。またどんな場合でも言葉に言葉を結び付けることの連鎖で出来ることよりも、遥かに完全で明白に意味されたことを把握することと理解することが出来たのである。このことは、恐らく信じがたいことであるが、しかしそれでも真実である。

更に、この地球の者達ではない他の地球の者達もまた、同様に話し、今日も話している多くの者達が居る。その者達について主の神的な慈悲により後に続く箇所に述べよう。

［3］その内なる呼吸がどのようなものであったか、またそれがどのようにして時代の経過で変えられたかも、また私に知ることが与えられた。そして、彼らは天使達のような呼吸を持ち、彼らも天使達と同様に呼吸するので、

彼らは深遠な思考の考えの中に居り、また述べられることが出来ないような認識を持つことが出来た。それ故に、例え内なる呼吸がどのようなものか述べられても賛同出来ないであろう。なぜなら、それは理解されておらず、更に信じられていないからである。

しかし、彼らの子孫において、その内なる呼吸は徐々に消え去った。そして彼らの許で恐るべき信念と幻想に支配され、もし最も醜いものでなければ、もはや何も思考の原型を示すことが出来ないような者達に為された。その結果、彼らは生き残ることが出来なかったこと、それ故に彼らは凡ての者達が滅ぼされたのである。

608.内なる呼吸が止まった時、徐々に外なる呼吸が後に続き、殆んど現在のような呼吸になった。そして思考の原型がその声の中へ向けられ、外なる呼吸と一緒に声で会話すること、即ちはっきり発音された声で会話することが始まった。このように人間の状態が完全に変えられ、またこの後、同様な認識を持つことが出来ないような人間に為された。しかし認識に代わって、良心と呼ばれることの出来る他の或る種の内なる声を持った。なぜなら、それは例え認識と現在の或る者達に熟知された良心の間で或る種の中間のものであっても、良心と同様なものであったからである。

そして、このような思考の原型の範囲を定めることが為された時、即ち声で会話することが為された時、やがてその後、最古代の人間のような内なる人間によって教えられることが出来なくなった。しかし外なる人間によって教えられた。それ故にその時、最古代教会の啓示に代わって教義の事柄が引き続いて起った。それらは先ず、外なる感覚に受け入れられ、それらから物質的な記憶の原型とそこからの思考の原型が形作られ、それらによって、またそれらに従って教えられた。それ故、引き続いて起こったこの教会は最古代教会に比べて全く別な性質を持った。もし主が人類をこの性質の中へ、即ちこの状態の中へ至らせたのでなければ、人間は誰も救われることが出来なかった。

609.「ノア」と呼ばれたこの教会の人間の状態が、最古代教会の人間の状

創世記　第六章　　　(606)　335

態から完全に変えられたので、言われたように、最古代教会の人間のように教えられることと照らされることが、もはや出来なかった。なぜなら、彼は今後、未知なもの以外、決して天界との連絡がないように内なるものが閉ざされたからである。それ故に、言われたように、彼は外なる道、即ち感覚、或いは感覚的なものによって以外教えられることが出来なかったのである。

その結果として、主の摂理によりこの子孫の必要のために信仰の教義の事柄と一緒に最古代教会の或る種の啓示が保護されたのである。これらの教義の事柄は、先ず「カイン」により集められ、また失われないように貯えられた。それ故に、「カイン」について「彼に誰も彼を殺さないようにしるしが与えられた」と言わていれる。このことについては第4章15節のその箇所で言われたことが認められよう。その教義は教義の中へ戻された。なぜなら、その時代には誰も必要としなかったからであるが、しかしその子孫達には必要であったからである。

それ故に、「神は彼を取り上げた」ことが言われている。このことについてもまた、第5章24節に認められる。

これらの信仰の教義の事柄は主により、この子孫、即ちこの教会の必要のために保たれたのであった。なぜなら、主により認識が失われることが予見されたからであり、それ故にそれらが後に残るように備えられたからである。

610. 九節、「これらはノアの出生である。ノアはその世代の者達の中で正しく健全な人であった。ノアは自分自身に神と一緒に歩んだ。」

「ノアの出生」によって新しい教会の改心、即ち再生の記録が意味され、「ノアはその世代の中で正しく健全な人であった」ことは、ノアは仁愛が与えられることが出来るような者であったことを意味する。「正しい」は仁愛の善に関係し、「健全な」は仁愛の真理に関係し、「世代」は信仰の善と真理に関係し、ここでの「神と一緒に歩むこと」も、前にエノクについて述べられたように、信仰の教義を意味する。

611. 「ノアの出生」によって新しい教会の改心、即ち再生が意味されることは、

前に第2章4節、第5章1節に言われたことから知られることが出来よう。

612. [1]「ノアはその世代の者達の中で正しく健全な人であった」ことは、ノアは仁愛を与えられることが出来るような者であったことを意味することは、正しいと健全なの意味から知られよう。「正しい」は仁愛の善に関係し、「健全な」は仁愛の真理に関係する。更に、その教会の本質的な部分が仁愛であったことからも知られよう。このことについては主の神的な慈悲により後に続く箇所において述べよう。「正しい」が仁愛の善に関係し、また「健全な」が仁愛の真理に関係することは聖言から知られよう。例えば、イザヤ書において、

「彼らは日毎に私を捜し、丁度、正義を行う民族のように、またその神の審判を見捨てないように、私の道の心得を願った。彼らは私の正義の審判を尋ね、神の近付くことを願うであろう。」58.2、ここで「審判」は真理のものとして、また「正義」は善のものとして記述されている。「審判と正義を行うこと」は、真理と善として習慣的な定式のように見なされた。例えば、イザヤ書、56.1、エレミヤ書、22.3,13,15、23.5、33.15、エゼキエル書、33.14,16,19、

主は言われた、「正しい者達は、私の父なる神の王国において太陽のように輝くであろう。」マタイ伝、13.43、ここで、「正しい者達」は、仁愛が賦与された者達として記述されている。更に、ここで世代の完了についても記述されている。

「天使達は出て行き、正しい者達の間から悪を切り離すであろう。」同書、13.49、ここでもまた、正しい者達は、仁愛の善の中に居る者達として記述されている。

[2] これに反し「健全な」は仁愛からの真理を意味する。というのは、真理は非常に多くのものが仁愛以外の他の起源から与えられるからである。しかし、主からの仁愛の善からの真理は、ダビデの書におけるように、そこで「健全な」と「健全な人間」と言われている。

「誰があなたの天幕に留まるであろうか？ 誰があなたの神聖な山に住むであろうか？ その者は正しく生き、また正義を遂行し、また自分の心の中で真実を語っている。」詩篇、15.1,2、ここでも「健全な者」が記述さ

創世記　第六章　九節　　（609）　*337*

れている。同書において、

「あなたは神聖な者と一緒にあなたを神聖な者として示し、健全な人と一緒にあなたを健全な者として示す。」詩篇、18.25、ここで「健全な人」は神聖なもの、即ち仁愛の善からこのような者である。同書において、

「エホバは誠実の中で歩んでいる者達から善を遠ざけないであろう。」詩篇、84.11、

[3]「健全な者」は善からの真理の者、即ち仁愛から真理を話し、また行う者であることは、「歩むこと」と「道」の言葉が健全な者、即ち健全にたびたび適用されていることから、更に「正しい者、即ち正直」の言葉が真理へたびたび適用されていることから知られよう。例えばダビデの書において、

「私は健全な者が私のそばに来るまで彼を道の途中で教えるであろう。私は私の心の健全の中で、私の故国（家）の真ん中で歩む（生きる）であろう。」詩篇、101.2、また同所6節に、

「健全な道を歩んでいる者は、私に仕えるであろう。」101.6、同書において、

「健全な祝福の道が、エホバの律法の中を歩む者達にある。」詩篇、119.1、同書において、

「健全と正直を生きる者は、私に従って歩むであろう。」詩篇、25.21、同書において、

「健全な者を尊重せよ、また正しい者を見よ、なぜなら、その人の最後に平安があるからである。」37.37、これらから「正しい者」は善を行う者、また「健全な者」は善からの真理を行う者であると言われることが知られよう。更に「正義と審判」を行うことでもあることが知られよう。「神聖と正義」は信仰の天的なもの、「健全と審判」はそこからの霊的なものである。

613. 「世代の者達」は信仰の善と真理であることは、歴史的な文字通りの意味からは明らかでない。しかし、ここの箇所には内なる意味だけがあるので、信仰の善と真理が意味される。同様にひと続きのものからここの世代の者達が他の意味でないことが知られよう。聖言においても数回、同様に意味されている。例えばイザヤ書において、

「今の世の荒廃をあなたにより彼らが築き直すように、世代と世代の基礎をあなたが立て直すように、そしてあなたは壊そうとするものを守る者、住むために道へ連れ戻す者と呼ばれるであろう。」58.12、ここの凡てのものは信仰の真理と善を意味する。「今の世の荒廃」は信仰の天的なものの真理と善であり、「世代と世代の基礎」は信仰の霊的なものの真理と善である。それらのものは古代の時において倒れたものであり、それらは総合的な視野で意味されている。同書において、

「彼らは今の世の荒廃を築き直すであろう。先祖達の廃墟を立て直し、また荒野の大きな町々を元通りにし、世代と世代の廃墟を元通りにするであろう。」61.4、も同様に意味される。同書において、

「彼らはうつろなものの中へ落ちないであろう、また不安を生じないであろう。なぜなら、エホバの祝福された者達の子が彼らに居るからであり、また彼らの親族が彼らと一緒に居るからである。」65.23、ここでもまた「生じること」は信仰の善と真理に属性付けられ、「落ちること」は愛の善と真理に属性付けられる。愛の善と真理については「エホバの祝福された者達の子」が属性付けられ、信仰の善と真理については「親族達」が属性付けられる。

614.「神と一緒に歩むこと」が信仰の教義を意味することは、前の第5章22,24節でエノクについて言われたことから認められよう。エノクについてもまた「神と一緒に歩いた」ことが言われている。そしてそこでエノクは子孫の必要のために保持された信仰の教義を意味した。そしてここの子孫がその必要とした子孫であるので、今ここで再び取り上げられているのである。

615.この教会の人間がどのようなものであるかが、ここで一般的に記述されている。今まで、彼がそのような者であったのではない。というのは、後に続く箇所において彼の形成について述べられているが、しかし彼がどのような者に為されることが出来るかが述べられているからである。確かに、信仰の知識によって仁愛が与えられることが出来ること、またそのように仁愛から行動することが出来ること、また仁愛の善から真理

創世記　第六章　九節　　(612)　339

が何かを認めることが出来ることが述べられている。それ故に、仁愛の善、即ち「正しい者」が先行し、また仁愛の真理、即ち「健全な者」が続く。

前に言われたように隣人への愛、また隣人への慈悲が仁愛である。そしてそれは最古代教会にあった主への愛の段階の更に低いものであった。従って愛は今、沈み、またより外なるものに為された。

616. 十節、「そして、ノアはセム、ハム、およびヤペテの三人の息子達を産んだ。」

「ノアが三人の息子達を産んだこと」は三種類の教義がそこから生じたことを意味し、それらはセム、ハム、およびヤペテによって意味される。

617. 「ノアが三人の息子達を産んだ」ことは、三つの教義の種類がそこから生じたことを意味することは、名前は教会、即ち同じことであるが教義を除いて他のものを意味しないと言う先行する凡ての箇所から知られよう。従ってここでもまた同様に意味する。しかしここでは、先行するものとのひと続きのために、即ち関連のために呼ばれているだけである。主により予見されたこの性質の人間は、仁愛を与えられることが出来たが、しかしそれでも、そこから教義の三つの種類が産まれた。それらの教義については主の神的な慈悲により後に続く箇所において述べよう。そこでセム、ハム、およびヤペテについて言われる。

618. 「ノアは正しく、健全な者であった」こと、「神と一緒に歩んだ」こと、またここで「三人の息子達を産んだ」ことは、時の経過の中で言われているが、それでも同時にこれらのものは未来を目指す。聖言の内意は、決して時間の状態を持たないようなものであることが知られなければならない。このことに語源の言葉もまた一致し、そこで時折、また同じ一つの言葉がどんな時制であれ解釈できるのである。丁度、発音の間で区別しないように解釈できるのである。只これだけで内的なものがより明らかに見えるのである。

これらの言葉は内意から時間の状態を持たないことを獲得し、これはこれまで誰かが信じることが出来ることよりも遥かに多くあるのである。

それ故、内意は時制によって、また発音の差異によって限定されること
を許さない。

619. 十一節、「ところで、地は神の前で堕落し、また地は暴行で満たされて
いた。」
　「地」によって、前に言われたようにその子孫が意味される。その子孫
は恐るべき信念により堕落し、また不潔な欲望により暴行に満たされた
と言われている。この章と次の章においてはエホバと言われないで「神」
と言われている。なぜなら、ここの場合、何も教会がないからである。

620. 「地」によってその子孫が意味されることは、前に言われた地と大地
の意味について示されたことから知られよう。
　地の言葉は聖言において頻繁に言われ、またそれによって、丁度、カナ
ンの地のように主の真実の教会が意味されている。地は聖言でエジプト
と異邦人の地のように教会のない地もまた意味している。このように地
はそこに住む民族として記述されている。また民族として、更にそのよ
うな性質の各々の者として記述されているので、聖言でその者が意味さ
れる。
　カナンの地のように「地」は天的な愛により「地」と言われ、「異邦人
の地」は不潔な愛により「異邦人の地」と言われるが、しかし、「大地」
は信仰により信仰の種を蒔かれることにより「大地」と言われる。なぜ
なら、前に示されたように地は大地に取り囲まれているからであり、ま
た大地は野に取り囲まれているからである。丁度、愛が信仰に取り囲ま
れているように取り囲まれているからである。また信仰は信仰の知識に
取り囲まれており、信仰の知識が種を蒔かれることである。ここの「地」
はその中で天的な凡ての愛と教会の凡ての愛が滅びた民族として定めら
れている。何が言われているかは、主題から知られる。

621. 地が恐るべき信念により堕落したこと、また不潔な欲望により暴行に
満たされたことは、「堕落すること」の言葉、また「暴行」の言葉の意味
から知られよう。聖言においては一つの言葉が他の言葉の代わりに、決

創世記　第六章　十節　　（615）　*341*

して使用されないが、しかし一定不変に言葉が適用され、そのことについて物事を正確に表現する。このように実際、扱われている言葉だけからでも内意において、どんなかが直ちに明らかになる。例えばここの堕落することと暴行の言葉は、「堕落すること」は理解が荒らされた時に言われ、「暴行」は意志が荒らされた時に言われる。このように「堕落すること」は信念について、また暴行は欲望について言われている。

622.「堕落すること」が信念について言われることは、イザヤ書において知られよう。
　「彼らは悪を為さず、また私の神聖な凡ての山において堕落しないであろう。なぜなら、エホバからの知識で地が満たされるであろうからである。」11.9、また、同様に第65章25節、そこで「悪を行うこと」は意志、即ち欲望に関係し、「堕落すること」は、理解、即ち間違った原理の信念に関係する。同書において、
　「災いなるかな、罪ある民族、咎で重苦しい民、悪を為している者達の子孫、堕落する者達の息子達。」1.4、ここでも他の箇所のように「民族と悪を為している者達の子孫」は意志、即ち欲望の悪として、「民と堕落する者達の息子達」は理解、即ち信念の間違った原理として記述されている。エゼキエル書において、
　「あなたは、あなたの凡ての道において彼らよりも堕落した者である。」16.47、ここで「堕落すること」は理解、理性、或いは思考について意味している。というのは「道」は真理を意味している言葉だからである。ダビデの書において、
　「彼らは堕落された者になった。また彼らは忌まわしい行いを為した。」詩篇、14.1、ここで、「堕落された者」は恐るべき信念として、また「忌まわしい」は行うことの中の、即ちその者達の行いに関する不潔な欲望として記述されている。ダニエル書において、
　「62週の後にメシアが取り除かれるであろう。また彼（メシア）に何もないであろう。そしてあなたが案内して来るだろう民が大きな町と神殿を破壊（堕落）するであろう。そしてその終わりが洪水と一緒にあるであろう。」9.26、ここでも同様に、「破壊（堕落）すること」は間違った

原理の信念として記述されている。その者達について「洪水」が言われている。

623. [1]「地は暴行で満たされた」は欲望の結果として、また特に自己愛、即ち不遜な高慢の欲望の結果として言われることは、聖言から知られよう。例えば、ノアの洪水前の者達のように、信仰の教義の事柄を何であれ欲望に沈めて神聖なものに暴行を加える時、それらを冒涜することで「暴行」と呼ばれる。エゼキエル書において、

　「私は私の顔を彼らから引き離そう。同時に彼らは私の秘密のものをけがし、また押し込み強盗達もそこへ来て、それをけがすかも知れない。足かせを作れ、なぜなら、地は血の審判に満たされており、また大きな町は暴力で満ちているからである。」7.22,23、ここでは、暴行者達が言われたような者達であることが記述されている。同書において、

　「そこに住んでいる凡ての者達の暴行の故に、その充満によりその地が荒らされるために、彼らは不安の中でそのパンを食べ、またその水を廃墟の中で飲むであろう。」12.19、「不安と一緒にそのパンを食べるであろう」は天的な食物を食べることであり、「廃墟の中でその水を飲むであろう」は霊的な水を飲むことで」ある。その者達に「暴行を加えた」は、即ちそれらを冒涜したことである。

[2] イザヤ書において、

　「彼らの織物は衣服にならず、彼らの働きでは彼らは着せられないであろう。彼らの働きは不正な働きであり、また彼らの手の暴行の不法行為である。」59.6、ここで「織物と衣服」は、理解、即ち思考のものに関して属性付けられ、「不正と暴行」は意志、即ち働きのものに関して属性付けられる。ヨナ書において、

　「各々の者はその悪の道から、またその手の暴行から改心されよ、」3.8、ここで「悪い道」は理解の間違った信念に属性付けられ、また「暴行」は意志の悪に属性付けられる。エレミヤ書において、

　「地の間に一年の内に風聞と暴行が来るであろう。」51.46、「風聞」は理解のものとして、「暴行」は意志のものとして記述されている。イザヤ書において、

創世記　第六章　十一節　　（621）　343

「彼は暴行を行なわず、またその口で欺くこともしなかった。」53.9、ここで「暴行」は意志のものについて、「口で欺くこと」は理解のものについて記述している。

624. ここの節で教会のない状態が述べられていることは、この章のここの節と続く節において「神」が言われ、これに反し、先行する節においては「エホバ」が言われていることから知られよう。教会がない時には神が言われるが、これに対して教会がある時にはエホバが言われる。例えば、創世記第1章において教会がない時は神が言われたが、後に続く章で教会がある時は、神エホバと言われた。エホバの御名は最も神聖なものであり、主の教会以外に使われないが、しかし神はそれほど神聖なものではない。なぜなら、結果として神々を持たなかった民族は、決して居なかったからである。それ故に神の名はそのような具合に神聖なものではない。誰であれ信仰の真理の概念がない者は、エホバの御名を呼ぶことは許されない。これに対して神の名は誰でも呼ぶことが許されている。

625. 十二節、「そして、神は地を見られた。しかるに見よ、凡ての肉は地の上でその道を腐敗させたので、それは堕落していた。」
「神が地を見られたこと」は、神が人間を知られたことであり、「堕落したこと」は間違った信念以外何もないことを意味し、「凡ての肉が地の上でその道を腐敗させたので」は、人間の形体的なものが真理の凡ての理解を滅ぼしたことを意味する。

626. 「神が地を見られた」は、神が人間を知られたことを意味することは、各々の者に知られることが出来よう。というのは、神は永遠から人間の全体的なものも個別的なものも知っておられ、そのようにあるかどうか見る必要はないからである。「見ること」は何か人間的なことである。それ故に、6節と他の箇所に言われたように人間において現れることに従って語られている。それどころか、更に目で見ることが言われているほどである。

627. 〔1〕「凡ての肉は地の上でその道を腐敗させたので」は、人間の形体的なものが真理の凡ての理解を滅ぼしたことを意味することは、前の3節において、全般的には凡ての人間が肉であること、特に形体的な者、或いは凡ての形体的な者が肉であることが言われた「肉」の意味から、また「道」の意味が真理の理解、即ち真理そのものの理解であることから知られよう。「道」は真理の理解、即ち真理に属性付けられることは、前の至る所で述べられたことから、また更に、続く箇所から知られることが出来よう。

「エホバは言われた。あなたの民は堕落したので、あなたはすぐに立ち上がってここから下れ、...彼らは彼ら自身に鋳造の像を作って私が彼らに命じた道から突然に逸脱した。」申命記、9.12,16、ここでは、彼らが真理の教え（戒め）から逸脱したことが記述されている。

〔2〕エレミヤ書において、

「人間の息子達の凡ての道の上にその目が開かれた。男にその道に従って、またその働きの実に従って恩恵を与えるためである。」32.19、この「道」は戒め（教え）に従った生活であり、「働きの実」は仁愛からの生命である。このように「道」は真理に属性付けられ、それらは教えと律法である。同じく「人間の息子と男」は、前に示されたように、エレミヤ書、7.3、17.10、にも同様に記述されている。ホセア書において、

「私は彼の道を彼の上で罰するであろう、またその働きを彼の上に報いよう。」4.9、ゼカリヤ書において、

「あなた達の悪の道から、またあなた達の悪の働きから立ち返れ、...万軍のエホバが私達の道にもとづいて、また私達の働きにもとづいて私達に行なうことを考えた如く、」1.4,6、ここでも同様であるが、しかし前とは反対である。なぜなら、悪い道、また悪い働きであるからである。エレミヤ書において、

「私は彼らに一つの心と一つの道を与えよう。」エレミヤ書、32.39、「心」は善として、また「道」は真理として記述されている。ダビデの書において、

「あなたの掟の道を私に理解することを為させ給え、...私から偽りの道を取り除き、また私にあなたの律法を慈悲深く与え給え、彼は真理の道を選んだ、...あなたの戒め（教え）の道を私は急ごう。」119. 26, 27, 29,

31, 32, 35、ここで「掟と戒めの道」は真理の道と言われている。この道に「偽りの道」は反対である。

[3] 同書において、

「エホバよ、あなたの道を私に指し示し給え、あなたの小道を私に教え給え、あなたの真理で私の道を導き、また私を教え給え、」25.4,5、ここでも同様に道は真理として記述されている。イザヤ書において、

「エホバは誰と相談したのか？ また誰がエホバ御自身を教えたのか？ また誰がエホバ御自身に審判の道を教えたのか？ また誰がエホバ御自身に知識を教えたのか？ また誰がエホバ御自身に英知の道を知ることを為したのか？」40.14、これは明瞭に真理の英知として記述されている。エレミヤ書において、

「エホバはこのように言われた。あなた達は道の上に立って見よ、また今の世の善い道である細道について尋ねよ、そしてその細道によって行け。」6.16、ここでも同様に道は真理の理解として記述されている。イザヤ書において、

「私は無分別な者達を彼らが知らない道に導こう、私は彼らを彼らが知らない細道に導こう。」42.16、「道、細道、小道、街路、通り」は真理に属性付けられる。なぜなら、それらが真理へ導くからである。例えば、エレミヤ書において、

「今の世の小道に、大道でない細道を行くために、それらはそれらの道において彼らを躓かせた。」18.15、同様に士師記において、

「ヤエルの日々に、小道は使われず、また細道を行っている者達は曲がりくねった小道を行った。イスラエルの中の通りは使われなかった。」5.6,7、

628. ここの節の内意は、凡ての人間は誰であれ教会のあった地において「その道を腐敗させた」ことであり、そのように真理を理解することがないようになったことである。なぜなら、凡ての人間が形体的な者に為されたからである。前の節における者達だけが形体的な者達に為されたのではなく、更に「ノア」と呼ばれた者達もまた形体的な者に為されたの

であった。この者達については後に続く節で特に述べられる。なぜなら、彼らは再生される前にはこのような者達であったからである。これらの状態が先行する。なぜなら彼らの再生が後に続く節で述べられているからである。また教会のものが殆んど残っていなかったので、この場合「神」が言われ「エホバ」は言われていない。

この節においては真理が何もなかったことが意味され、次の節においては善が何もなかったことが意味されている。それらは「ノア」と呼ばれる者達の許の残りのものの中、更に、彼らが知っていた教義のことがらの中だけにあった。なぜなら、残りのものなしに再生は与えられないからである。しかし、真理の理解があったのではない。真理の理解はそこにもし、善の意志がなければ決して与えられない。そこに善の意志がなければ、そこで真理の理解もなく、また意志のままに、そのように理解がある。

最古代人達の許には、主への愛があったので善の意志があり、またそこから真理の理解もあったが、しかし、この理解は意志と一緒に滅んだ。しかし、ノアと呼ばれる者達の許に或る種の理性、また自然的な善が残った。それ故に、再生されることもまた出来たのであった。

629. 十三節、「そして、神はノアに言われた。私の前で凡ての肉の終わりが来た。なぜなら、地は彼らの様相により暴行で満たされたからである。かくて見よ、私は地と一緒に彼らを滅ぼす。」

「神は言われた」は、そのようになったことを意味し、「私の前で凡ての肉の終わりが来た。」は、人類は滅びないことが出来なかったことを意味し、「なぜなら、地は暴行で満たされたからである。」は、もはや何も善の意志がないことを意味し、「見よ、私は地と一緒に彼らを滅ぼそう。」は、人類は教会と一緒に滅びたことを意味する。

630. 「神は言われた」は、そのようになったことを意味することは、エホバの許に神の存在を除いて存在しないことから知られよう（注：エホバは神の存在であることは、エホバは凡てのものの根源の存在であることを意味し、その根源の存在は神の愛である。神の愛と知恵4,14番参照）

創世記　第六章　十三節　　（627）　347

631.「私の前で凡ての肉の終わりが来た。」は、人類は滅びないことが出来なかったことを意味することは、その言葉そのものから、更に「肉」の意味から、凡ての人間は全般的に肉であること、また特に形体的な人間が肉であることから知られよう。その形体的な人間については前に述べられた。

632.「地は暴行で満たされた」は、もはや何も善の意志がないことを意味することは、前の11節に言われ、また示された「暴行」の意味から知られよう。先行している節では真理の理解について言われたのであり、ここの節では善の意志について言われており、両方とも教会の人間の許に滅びた。

633.その状況は、人間の許に真理の理解と善の意志は決してなく、最古代教会に居た者達の許にですらなかった。しかし彼らが天的な者達に為される時、彼らの許に善の意志と真理の理解があるように見える。しかしそれは主だけのものであり、彼らはそのことを知り、承認し、および認識する。更に天使達の許でも同様である。ここまでもこのようにあることを知り、承認し、および認識しない者は全く何も真理の理解と善の意志を持たないのである。

　人間の許に誰であれ、また天使の許に誰であれ、例え最も天的な者であっても、その固有性は間違った信念と悪以外ではない。なぜなら、諸天界も主の前で清くないこと、また凡ての善と凡ての真理は主だけのものであることが熟知されているからである。しかし、人間と天使は完全にされることが出来るほど、主の神的な慈悲により完全にされ、真理の理解と善の意志を彼のものの如く所有するが、しかしそれを持つことは単なる外観である。各々の人間は完全にされることが出来、またそれ故に、各々の者の人生の行動での実現に従って、しかし、先祖達の遺伝の悪からのその植え付けられたものに適合して、主の慈悲のこの贈り物を受け取ることが出来る。

634.［1］しかし、人間は、彼が考える凡てのことは理解であることを信じ、

また彼が欲する凡てのものは意志であることを信じる。なぜなら、それがそのように見えるからである。この理由から真理の理解と善の意志が正しい意味で何かを理解に至るまで言うことは、極めて困難である。そしてそれ故に、今日の大部分の者達もまた理解のものが意志から分離されたものであることを知らないので、なぜなら、何かを考える時、それを欲することを言い、また何かを欲する時、それを考えることを言うからである。従ってこのように呼ぶことの原因からもまた、理解に至るまでも言うことが困難である。更に、理解されることが困難な理由は、彼らは形体的なものの中にのみ居る、即ち彼らの生命は最外部の中にあるからである。

[2] これらの理由により、彼らは何らかの内的なもの、また更に、各々の人間の許の内的なもの、というよりは最内部のものが存在することもまた知らない。また彼の形体的なものと感覚的なものは最外部のものであることも知らず、また欲望と記憶の事柄は内的なものであり、情愛と理性は更に内的なものであり、また善の意志と真理の理解は最内部のものであることも知らない。またこれらのものはこれまで区別されたことがないほどに相互に区別されたものであることも知らない。

　形体的な人間はこれらの凡てのものを一つのものに為して混同する。その理由は彼の肉体的なものが死ぬ時、更に凡てのものが消滅するであろうことを彼が信じるからである。しかしその時、初めて彼は生きることを始め、実際に秩序によりその内的なものの継承しているものによって生き始める。もし彼の内的なものがこのように区別されたものでなければ、また自分自身に継承したのでなければ、決して人間達は他生において霊達であること、天使的な霊達であること、天使達であることは出来なかっただろう。この者達はこのように内的なものによって区別される。このことから相互の間で最も区別された三つの諸天界がある。

　これらのことから、正しい意味で真理の理解と善の意志が何かが多少知られることが出来よう。またこのことは天的な人間について、即ち第三の天界の天使達についてだけ言われることが出来ることも多少知られよう。

635. ノアの洪水前の教会の日々の終わりに、凡ての真理の理解と善の意志

が滅びたことは、前の節とこの節において言われたことによって意味される。

　ノアの洪水前の者達の許の恐るべき信念と不潔な欲望に浸された者達は、何かの痕跡ですら見えないほどに滅ぼされた。しかし、ノアと呼ばれた者達の許に残りのものが留まったが、それでも何かの理解と意志のものをもたらすことは出来なかった。しかし単に理性的な真理と自然的な善だけをもたらすことが出来た。なぜなら、人間があるままに、そのように残りのものの働きがあるからである。彼らは残りのものによって再生することが出来た。また残りのものによって主の働きを信念が妨害せず、また信念が吸い取らなかった。根付いた信念、即ち間違った信念は、もし前以て根絶されなければ主の凡ゆる働きを妨げ、決して人間は再生されることが出来ない。このことについては、主の神的な慈悲により後に続く箇所において述べよう。

636.「地と一緒に彼らを滅ぼそう」は教会と一緒に人類が滅ぶことを意味することは、ここに「地と一緒に」と言われていることから知られよう。というのは、前に言われたように「地」は広い意味において愛を意味するからであり、そのように天的な教会を意味するからである。ここには何も愛がなく、何も天的なものがなかったので、地は自己愛を意味し、それが残った。そしてそれは天的な教会に反対のものである。しかしそれでもなお、信仰の教義の事柄を保ったので、教会の人間は居た。なぜなら、言われたように愛が信仰を含んでいるものである如く、また信仰が信仰の知識を含んでいるものである如く、地は大地を含んでいるものであり、また大地は野を含んでいるものであるからである。

637.［1］「私は彼らを地と一緒に滅ぼそう」が、教会と一緒に人類が滅ぶことを意味することは、人類がその事をそのように持つことである。もし、主の教会が地上で完全に絶滅されたなら、決して人類は存在することが出来なかったであろう。そればかりか凡ての者達が個々の者達と一緒に死んだであろう。

　前に言われたように、教会は心臓の如くその地を持つ、心臓が生きる限り周囲の内臓と四肢も生きることが出来る。これに対して、心臓が死ぬ

や否や、全体的にも個別的にも死ぬ。主の教会は地における心臓の如くあって、そこから人類は、更に教会の外に居る者も生命を保つ。

　誰もその理由を全く知らないのであるが、しかし若干の理由が知られるために述べておこう。地上の全人類は、丁度、身体が身体の一部分と一緒に心臓を持つように、全人類の中に教会が心臓のようにある。また主は、丁度、言わば身体が心臓と一緒に連結されるように、天界と霊達の世界を通して教会と連結されるので、もし教会が全人類と一緒にあるのでなければ、主と全人類の分離があっただろう。また主から分離するや否や直ちに人類は滅びたであろう。その理由は、人間の創造の始めから常に何らかの教会があったからであり、また教会は何度か滅びることが起こったが、それでもなお、誰かの許に教会が残ったからである。

[2]　このことが、この世への主の降臨の理由でもまたあった。もし、主御自身の神的な慈悲によりこの世に主が来られなかったなら、全人類はこの地上で滅んだであろう。なぜならその時、教会は最悪の中にあって、殆んど善と真理が残っていなかったからである。その理由は、本質的に見られた人間は獣より遥かに卑賤な者であるからである。もし、人間が自分自身にそのままにされたなら、自分自身と凡ての者達の破滅の中へ突進する。なぜなら、自分自身と凡ての者の破壊を除いて他のものを何も求めないからである。

　人間の秩序は一人の者は他の者を自分自身の如く愛することであったが、しかし今や、各々の者は他の者達よりも自分自身を愛し、従って他の凡ての者達を憎む。これに対して、獣は全く異なっている。獣の秩序はその生きることに従っている。このように完全に秩序に従って秩序の中に居る。これに反し人間は、完全に秩序に反している。それ故にもし、主が人間を憐れまれなければ、また人間を天使達を通して主御自身に連結されなければ、人間は一分も生きることが出来ない。このことを人間は知らない。

638. 十四節、「あなたはゴフェルの木材の箱舟をあなたのために造れ、あなたは箱舟を住まいに造らなければならない。またベトン（瀝青）をその内側と外側に塗れ。」

　「箱舟」によってこの教会の人間が意味され、「ゴフェルの木材」によって、

創世記　第六章　十四節　　　**(635)**　　*351*

その人間の強欲が意味され、「住まい」によって、意志と理解である人間の二つの部分が意味され、「ベトン（瀝青）をその内側と外側に塗ること」によって、欲望の洪水からの保護が意味される。

639.〔1〕「箱舟」によってこの教会の人間、即ちノアと呼ばれた教会が意味されることは後に続く箇所におけるその記述から十分に知られることが出来よう。

更に主の聖言がどこであろうと霊的なものと天的なものを含むことから、即ち主の聖言は霊的なものと天的なものであることからも知られよう。もし、箱舟がそのベトンによる処理と共に、寸法と構造、そのようにまた洪水が文字通りの意味を除いて意味しないなら、霊的なものと天的なものは、全く何もなかったであろう。しかし若干の歴史的なものだけがあって、それは世俗的なものにより記述されている何かのものと同様なものを除いて人類にとって更に高い用益はない。

これに対して、主の聖言はどこであろうと内部において、即ちその奥まった所において霊的なものと天的なものを保持し、また含むので、「箱舟」について、また箱舟について言われる凡てのものによって、まだ明かされていない秘義が意味されることが明らかに知られよう。

〔2〕同様なことは聖言の他の箇所にもまたある。例えばモーセがその中に隠されたかごの箱によって知られよう。そしてそれは川岸に接したカヤの中に置かれた。出埃及記、2.3、また更に崇高なものは、砂漠における「神聖な箱」によって知られよう。それはシナイ山でモーセに示された型に従って造られた。もし、その全体的なものと個別的なものの中に、主と主御自身の王国の表象のものがあったのでなければ、何らかの偶像と偶像崇拝的な礼拝を除いて他のものはなかった。同様にソロモンの神殿もそれ自体からは決して神聖なものではなかった。即ちそこの金銀、杉、石からは神聖なものではなかった。しかし、それらによって表象された個々のものにより神聖なものであった。

ここの節でも同様に、もし箱舟とそのきちんとした構造が、教会の何かの秘義を別々に意味したのでなければ、聖言は主の聖言ではなかっただろう。しかし丁度、或る世俗的な著述家の許で書かれるような、生命のない何

かの文字であっただろう。それ故、「箱舟」が「ノア」と言われる教会の人間を意味することが知られよう。

640. 「ゴフェルの木材」によって強欲が意味され、また「住まい」によってその人間の意志と理解の二つの部分が意味されることは、今まで誰も知らなかった。もし、その教会と一緒にその事柄をその教会がどのように持ったかが、前以て言われなければ、これらのものがどのように意味されるか誰も知ることが出来ない。

しばしば言われたように、最古代教会は信仰のことは何であろうと愛から知った。即ち同じことであるが、善の意志から真理の理解を持った。しかし、彼らの子孫は遺伝により意志の欲望もまた得て、更にそれらに信仰の教義の事柄を沈めた。それ故、彼らはネフィリムに為された。それ故にその時、主は、もし人間がこのような性質に留まったなら、人間は永遠に滅んだであろうことを予見された。それ故に、主により理解から意志のものが分離されるように備えられた。また前のように善の意志によってではなく真理の理解によって人間に善の意志が現れるように仁愛が与えられるように人間が形作られた。「ノア」と呼ばれるこの教会はこのようなものに為され、またそのように最古代教会と比べて全く異なった性質であった。

その当時の時代、この教会以外に他の教会もまたあった。例えばそれは、前の第4章25節においてエノスと言われた。更にその上、それらの教会のそのような言及と記述は公表していないが、ここに、ノアの教会だけが記述されている。なぜなら、最古代教会に対して別の全く異なった性質であったからである。

641. この教会の人間は、意志と呼ばれる部分に関して改心することが出来る前に、理解と呼ばれる部分に関して改心されなければならなかったので、ここでどうして意志のものが理解のものから分離されたか、また誰もその分離された意志に触れないように隠され、また保管されたかが記述されている。なぜならもし、その意志、即ちその欲望が呼び起こされたなら、人間は滅びたからである。願わくば、主の神的な慈悲により後に続く箇

創世記　第六章　十四節　　（638）　353

所においてそれが知られるように。

　理解と意志の二つの部分は、それ以上区別されたものが何もないほど、区別されたものであることが、私に明瞭に知ることが与えられた。更に、霊達と天使達の理解のものは頭、即ち脳の左側に流入し、これに対して意志のものは右側に流入することによって、同様に顔に関して流入することによって知ることが与えられた。天的な霊達が流入する場合は、その時、静かに最も穏やかな微風のように流れ込む。これに対して、悪の霊達が流入する場合は、その時、洪水のように左側の脳へ幻想と恐るべき信念と一緒に流れ込み、右側の脳へ欲望と一緒に流れ込む。それらの流入されたものは幻想と欲望の洪水のようである。

642.これらから、箱舟のこの最初の記述である「ゴフェルの木材」により造られたことが何か、「住まい」が何か、更に「外側と内側がベトン（瀝青）で塗られた」ことが何を含んでいるか知られることが出来よう。即ち、それはそのもう一つの部分の意志が欲望の洪水から保護されたことである。またその理解の部分だけが開かれたことが「窓」「戸」「一階、二階、および三階」によって記述されている。16節、

　これらのことは恐らく信じられないことである。なぜなら、今まで同様なものは決して取り上げられなかったからであり、また主の聖言についてこのような着想はなかったからである。しかしそれでもなお、これらのことは最も真実なことである。しかし、これらのことは最小の、また最も全般的な秘義であるが、人間は知らない。もし、人間に個々の秘義が言われたなら、その一つでさえ決して理解しないであろう。

643.［1］そしてそのように、言葉の意味そのものについては、「ゴフェルの木材」は強欲を意味し、また「住まい」が人間の意志と理解の両方の部分を意味することは、聖言から知られることが出来よう。ゴフェルの木材は樅の木とその多くの種類の如く硫黄の多い木材であり、その硫黄により容易に火が燃え付くので強欲を意味することが言われる。

　最古代人達は人間の許にあるものを金、銀、銅、鉄、石、木材に例え、またなぞらえた。人間の天的な最内部のものを金に、それより低い天的

なものを「銅」に、また最も低いもの、即ち形体的なものを「木材」に例えた。これに対して、霊的な最内部のものを「銀」に、それより低い霊的なものを「鉄」に、またその最下部のものを「石」に例えた。これらのものが聖言の中で呼ばれる時、それらによって内意の中でこのようなものが意味される。例えばイザヤ書において、

「私は銅の代わりに金をもたらし、また鉄の代わりに銀をもたらし、また木材の代わりに銅をもたらし、また石の代わりに鉄をもたらそう。また私はあなたの財産を平安に置き、またあなたの取立人達を公正に立てよう。」60.17、ここでは主の王国について述べられており、ここでこのような金属が述べられているのではない。しかし、天的なものと霊的なものが意味されていることは、「平安と公正」について言われているので明瞭に知られよう。ここの「金、銅、および木材」は平安に相応し、また言われたように天的なもの、即ち意志のものを意味する。また「銀、鉄、および石」は公正に相応し、また霊的なもの、即ち理解のものを意味する。［2］エゼキエル書において、

「あなたの財産は略奪され、あなたの商品は奪われ、…あなたの石とあなたの木材は奪われるであろう。」26.12、ここの「財産と商品」によって世俗的な財産と商品が意味されず、天的な財産と商品、および霊的な財産と商品が意味されることは明瞭に知られよう。従って石と木材によってもまたこの世の石と木材は意味されない。ここの「石」は理解であり、また「木材」は意志である。ハバクク書において、

「石は壁から叫び、また梁は木材から答える。」2.11、ここで「石」は理解の最下部のものとして、また「木材」は意志の最下部のものとして記述されている。感覚的な科学的な（事実に基づく）ものから何かを引き出す時、これが答える。同書において、

「災いなるかな、木材に目覚めよと言っている者、また木材を呼び起こすことを言っている者、黙っている石に、これが教えるであろうと言っている者、見よ、それは金と銀をかぶせられ、またその中に何も霊（息）がない。しかしエホバは御自身の神聖な神殿の中に居られる。」2.19,20、ここの「木材」もまた欲望として、「石」は理解の最下部のものとして記述されている。それ故に、これについて「黙ることと教えること」が述

創世記　第六章　十四節　　（641）　　355

べられている。「その中に霊（息）がないこと」は、丁度、神殿の石と木材が、また金と銀を付着されたそれらが表象することについて、何も考えない者達の許の神殿のように天的なものと霊的なものを何も表象しないことを意味する。

[3] エレミヤ書において、

「私達は銀貨によって私達の水を飲み、私達の薪を代価によって得た。」哀歌、5.4、ここで「水と銀貨」は理解のものを意味し、「薪」は意志のものを意味する。同書において、

「木にあなたは私の父なる神であり、また石にあなたは私を産んだと言っている。」エレミヤ書、2.27、ここで「木」は意志の欲望として記述されており、それにより妊娠があり、また「石」は感覚的な科学的な（事実に基づく）ものを意味し、それにより出産がある。

それ故、預言者達の許に木材と石からの偶像としての「木と石に仕えること」が、至る所で言われている。これらのものによって欲望と幻想に仕えることが意味される。更に、エレミヤ書、3.9、のように「木、および石と姦淫すること」が言われている。ホセア書において、

「民はその木に相談し、またその棒が民に知らせる。なぜなら、淫行の霊が惑わしたからである。」4.12、木の偶像の前で相談することは、即ち欲望に相談することである。イザヤ書において、

「トペテの焼き場は昨日から用意され、... その火葬用の薪の山は多量の火と木材である。エホバの息が硫黄の燃えるような川の如くある。」30.33、ここの「硫黄の火と木材」は不潔な欲望として記述されている。

[4]「木材」は一般的に意志の最下部のものを意味し、杉、および杉と同様な「高価な木」は、善を意味する。例えば神殿の中の杉材、またライ病の清めに利用された杉の木、レビ記、14.4,6,7、またマラにおいて苦い水に投げ込まれた木、それにより水が甘くされた。出埃及記、15.25、これらについては、主の神的な慈悲によりそれらの箇所において述べよう。

「しかし、高価でない木」、また彫像に為された木、そのようにまた、火葬用の薪に利用された木は、欲望を意味する。ここのゴフェルの木材も硫黄により同様に意味される。例えば、イザヤ書において、

「エホバの報復の日、... その川は瀝青に、またその塵は硫黄に変えられ

るであろう。またその地は瀝青の燃えるようなもがあるであろう。」34.9、「瀝青」は恐るべき幻想として、「硫黄」は不潔な欲望として記述されている。

644. 「住まい」によって人間の意志と理解の二つの部分が意味されることは、意志と理解の二つの部分は相互に最も区別されたものであることから、それ故にまた言われたように、人間の脳が半球体と言われる二つの部分に分割されていることから知られよう。その左の半球体については理解のものに関係し、右の半球体については意志のものに関係し、これは最も全般的な区別である。

更に、意志も理解も無数の部分に区別される。なぜなら、人間に理解の多くの区分と意志の多くの区分があり、全般的な類型に関して、まして種類に関して述べられること、即ち数えられることは決して出来ないからである。丁度、人間は或る種の最小の天界のようにあって、霊達の世界と天界に相応する。そこでは、理解と意志のものの凡ての類型と凡ての種類は、凡てのものの区別されていない最小のものが決してないように区別され最も秩序付けられたものである。これらのことについては主の神的な慈悲により後に続く箇所において述べよう。

天界においてそれらの区分は社会と呼ばれ、聖言においては「住みか」と呼ばれ、主により「住まい」と呼ばれている。ヨハネ伝、14.2、これに反し、ここの「住まい」は箱舟について言われているので、それによって教会の人間が意味される。

645. 「ベトン（瀝青）をその内側と外側に塗れ」によって、欲望の洪水からの保護が意味されることは、前に言われたことから知られよう。というのは、この教会の人間はその理解に関して、前以て改心されなければならなかったからである。それ故に、凡ての改心の働きを損なう欲望の洪水から保護された。

元の原文においては、確かにベトンを塗れ、ベトンが塗られることは言われていない。しかし、贖うこと、即ち宥めることから導かれた保護を指し示す言葉が使われている。それ故に、ベトン（瀝青）も同様な意味を含んでいる。主の贖罪、即ち慈悲は悪の洪水からの保護である。

創世記　第六章　十四節　　**（643）**　*357*

646.十五節、「そして、あなたは箱舟を次のように造らなければならない。箱舟の長さは300キュービット、（1キュービット＝約４５ｃm）その幅は50キュービット、その高さは30キュービットに造らなければならない。」

　前に言われたように、ここの「数」は僅かな残りのものが意味される。「長さ」はそれらの神聖さであり、「幅」は真理であり、「高さ」は善である。

647.数、長さ、幅、高さがこのようなことを意味することを、各々の者は奇妙なこと、また無関係なものに見えるだろう。例えば、300、また50、また30の数が、実際に僅かな残りのものを意味すること、更に、「長さ、幅、および高さ」が、神聖さ、真理、および善を意味すること。しかし、この章の3節において数についてこれら以外に「120」が信仰の残りのものを意味することが上に言われ、また示されたことから、更に善の霊達と天使達のように内意の中に居る者達から各々の者は知られることが出来よう。

　彼らは現世のもの、形体的なもの、および全く世俗的なものの凡てのものを超えている。従って彼らは数と寸法の凡てのものを超えているが、またそれにもかかわらず主から彼らに聖言を十分に理解することが与えられる。実際、彼らはこのような数や寸法に全く関係なく聖言を理解する。そしてこのことは真実なので、そこから数や寸法に天的なものと霊的なものを含むことが明瞭に知られることが出来よう。聖言の内意はこのようなものがあることを人間は、決して見ることが出来ないほど文字通りの意味からはかけ離れたものである。

　天的なものと霊的なものの全体的なものも個別的なものもこのようにある。それ故に、人間は感覚的なものと科学的な（事実に基づく）ものによって、信仰のものを探索することを欲することは、またそれらをそのように感覚と科学で理解するより前に信じないことは、どんなにか理性を失ったことであるか知ることが出来よう。

648.［1］聖言において数と寸法が天的なものと霊的なものを意味することは、ヨハネとエゼキエルの書における新しいエルサレムと神殿の寸法から明瞭に知られることが出来よう。各々の者は「新しいエルサレム」

と「新しい神殿」によって諸天界と地上における主の王国が意味されること、また諸天界と地上の主の王国は地上的な寸法に適用出来ないことを知られることが出来よう。またそれでもなお、数における長さ、幅、高さに関する寸法が明記されている。それ故、ヨハネの書における如く、各々の者は数と寸法によって神聖なものが意味されることを推論することが出来よう。

「私に棒のような葦が与えられ、また天使がそばに立って私に言った。あなたは立ち上がって、そして神の神殿と祭壇とその中で礼拝している者達を測れ、」黙示録、11.1、また新しいエルサレムについては、

「天のエルサレムの城壁は大きくて高く、また十二の門があり、門の上に十二人の天使達が居り、またイスラエルの息子達の十二の諸部族の名が書かれたものがあった。東に対して三つの門、北に対して三つの門、南に対して三つの門、西に対して三つの門があった。都市の城壁は十二の土台があり、またそれらの土台の中に神の子羊の十二人の使徒達の名があった。私と一緒に話した者は、都市とその門とその城壁を測るために、金で造られた葦を持っていた。都市は四角形であり、またその奥行きだけ幅がある。そしてそのように彼が葦で都市を測ったらその奥行きと幅と高さは等しく一万二千スタディオン（1スタディオン＝約185メートル、ギリシアの長さの単位）であった。彼がその城壁を測ったら144キュービット（1キュービット＝約４５ｃｍ）であった。これは人間の寸法、即ち天使の寸法である。」黙示録、21.12-17、

[2] 上記の聖言の至る所に12の数が出て来る。その数は、この章の上の3節において言われたように、また主の神的な慈悲により創世記の第29と30章において示されるように、信仰の神聖なものを意味するので、最も神聖な数である。それ故更に、それらは「人間、即ち天使の寸法」であることが加えられている。

同様に、これらのことをエゼキエル書における新しい神殿と新しいエルサレムも一緒に持つ。それらの箇所でもまた寸法に従って記述されている。第40章、3,5,7,9,11,13,14,22,25,30,36,42,47、第41章1節から終わりまで、第42章5-15、ゼカリヤ書、第2章1,2、そこでの数もまたその数自体の中に見られたものは何も意味しないが、しかし数から抽象された天的なも

創世記　第六章　十五節　　（646）　*359*

のと霊的なものの神聖なものを意味する。

契約の箱、出埃及記、25.10、贖罪所、金のテーブル、幕屋、祭壇、その他同様なもの、出埃及記、25.17,23,26、全部、また27.1、の寸法の凡ての数字もまた天的なものと霊的なものの神聖なものを意味する。また列王記Ⅰ、6.2,3、の神殿の凡ての数と寸法も、更に多くのものも同様に意味する。

649. しかし、ここの「数、即ち箱舟の寸法」は、この教会の人間が改心された時に、その人間の許にあった残りのもの、更にそれが僅かであったことを除いて他のものを意味しない。このことはそれらの寸法の数の中で「5」が優勢であることから知られよう。聖言においてその「5」の数は幾らか、或いは僅かを意味する。例えば、イザヤ書において、

「オリーブの打ち落しの時の如く、最も高い枝の先端に二つ、三つ、よく実を結ぶ枝で四つ、五つの小さい実がその取り残しの間に残されるであろう。」17.6、ここで「二つ三つと五つ」は僅かなものとして記述されている。同書において、

「一人の者が公然と叱ることにより一千人の者達が逃げ、五人の者達が公然と叱ることによりあなた達は逃げるであろう。山頂の旗ざおの如くあなた達が残ることまで、」30.16,17、ここでもまた僅かなものとして記述されている。償いに関してもまた賠償は五分の一であった。レビ記、5.16,6.5、22.14、民数記、5.7、また彼らが獣、家、野、捧げものを贖う時の最小の賠償もまた五分の一であった。レビ記、27.13,15,19,31、

650. 数によって記述されている「長さ」はそれらの神聖なもの、「幅」はそれらの真理、および「高さ」はそれらの善を意味することは、聖言からそれほど確立されることは出来ない。なぜなら、それらの全体的なものと個別的なものは、それについて述べられている対象、即ち事柄により言われているからである。例えば、「長さ」は「日々の長さ」のように、特に時間に当てはめて永続するものと永遠のものを意味する。詩篇、23.6、21.4、

これに対して、「長さ」を特に空間に当てはめると、そこから続いて起

こる神聖なものを意味する。このように「幅」と「高さ」によってもまたそれを持つ。地上のものにおいては、凡てのものに三つの寸法があるが、しかしこのような寸法は天的なものと霊的なものについて言われることは出来ない。それらの寸法が言われる時は、寸法に関係なく完全であることの大小、更に質と量が意味される。ここでの質は残りのものであること、またそれらの量は僅かなものであることが意味されている。

651. 十六節、「あなたは箱舟に窓を造り、それを上から一キュービットの所に仕上げなければならない。また箱舟の戸をその側面に取り付けなければならない。あなたは箱舟を一階、二階、および三階に造らなければならない。」

　上から一キュービットの所に仕上げなければならない「窓」によって知的なものが意味され、側面のための「戸」によって聞くことが意味され、「一階、二階、および三階」によって科学的な（事実に基づく）もの、理性的なもの、および知的なものが意味される。

652.「窓」が知的なもの、また「戸」が聞くことを意味すること、またそのようにこの節において人間の知的な部分について述べられていることは、前に言われたことから、即ちこの教会の人間がそのように改心されたことから知られることが出来よう。人間の中に二つの生命がある。一つは意志であり、もう一つは理解である。意志が何もなく、意志の代わりに欲望がある時、二つの生命に為される。

　もう一つの部分、即ち知的なものはその時、改心されることが出来、またその後、その知的なものによって新しい意志を与えられることが出来る。そのように絶えず一つの生命を構成すること、即ち仁愛と信仰を構成することが出来る。現在の人間は何も意志がなく、その代わりに単なる欲望があるような者なので、14節において言われたように意志の部分が閉じられたのである。またもう一つの部分、即ち知的なものは開けられた。このことについてこの節において述べられている。

653. 人間はこの事柄を次のように持つ。人間が戦いと試練によって改心さ

創世記　第六章　十六節　　（648）　361

れる時、やがて悪の霊達が人間に交流されるが、その者達は人間の科学的な（事実に基づく）ものと理性的なもの以外に刺激しない。またその時、人間から欲望を刺激する霊達は完全に遠ざけられる。なぜなら、二種類の悪の霊達が居るからである。即ち人間の誤った推理の中へ作用する者達と、人間の欲望に作用する者達が居るからである。人間の誤った推理を刺激する悪の霊達は、人間の凡ての間違った信念を引き出し、また人間に間違った信念が真理であることを説得することを企てる。というよりは、真理を間違った信念に変える。

　この者達と一緒の人間は、もし試練の中に居るなら、戦わなければならないが、しかし主が人間に付き添わされた天使達を通して戦う。戦いによって彼らが分離され、またそのように間違った信念が追い払われた後で、その時、人間は信仰の真理を受け入れることが出来るように準備される。というのは、間違った信念が支配する限り人間は決して信仰の真理を受け入れることが出来ないからである。なぜなら、間違った信念の原理が妨げるからである。

　信仰の真理を受け入れることが出来るように準備された時、やがて人間に仁愛の種子である天的な種子が、初めて蒔かれることが出来る。仁愛の種子は間違った信念が支配する大地に蒔かれることは決して出来ないが、しかし真理が支配する大地には蒔かれることが出来る。霊的な人間の改心、即ち再生はこのような状態であり、「ノア」と呼ばれた教会の人間もまたこのような状態であった。

　それ故、このような事情の下にここで「箱舟の窓と戸」について述べられること、また「彼の住まいの一階、二階、および三階」について述べられることの、凡てのものは人間の霊的なもの、即ち知的なものに関係する。

654. 信仰は聞くことによってあることは、今日の教会において熟知されていることであり、今日の信仰はこのような事情の下にある。しかしそれは信仰の知識（概念）であって、決して信仰ではない。聞くことは知識だけのものであるが、しかし信仰は真理の承認である。しかし真理の承認はもし、人間の許に信仰の最も重要なものである仁愛、即ち隣人への愛、

また隣人への慈悲があるのでなければ、誰かの許に決して与えられることは出来ない。仁愛がある時、やがて承認があり、即ちその時、信仰がある。

これと異なって理解する者は、信仰の知識から多大に、或いは天から地が離れているように遥かに離れている。信仰の徳である仁愛がある時、やがて信仰の真理の承認がある。それ故に、人間が科学的な（事実に基づく）もの、理性的なもの、および知的なものに従って再生される間に大地、即ち人間の心が仁愛を受け入れることへ準備されることが目的のためにある。その後、仁愛から、即ちその生命から考え、また行なう。その時、人間は改心された者、即ち再生された者になり、その前は再生された者ではない。

655. [1]「上から一キュービットほどに仕上げなければならない窓」によって、知的なものが意味されることは、各々の者に今しがた言われたことから、更に教会の人間が意味される「箱舟」によって知的なものが箱舟の構造について述べられる時、上からの窓を除いて異なって例えられることが出来ないことからも知られることが出来よう。人間の知的なもの、或いは理性、或いは推理、即ち内なる視覚は聖言において同様に「窓」と呼ばれている。例えば、イザヤ書において、

「悲惨な女よ、嵐に翻弄された女よ、慰められない女よ、... 私はあなたの日光（窓）をルビーで造り、またあなたの門を赤い宝石によって造り、またあなたの凡ての境界を憧憬の宝石によって立てよう。」54.11,12、ここの日光は家に入れられる光により、また家に通される光により窓として記述されている。ここの「日光、即ち窓」は、実際、仁愛からの知的なものである。それ故に、ルビーに例えられ、「門」はそこからの理性的なものである。また「境界」は科学的な（事実に基づく）ものと感覚的なものである。ここでは主の教会について述べられている。

[2] エルサレムの神殿の凡ての「窓」も同様なことを表象した。それらの「高い所にあるもの」は知的なものを、「中間の高さにあるものは理性的なものを、および「最下部にあるもの」は科学的な（事実に基づく）ものと感覚的なものを表象した。なぜなら、それらは三つの階層があったからである。列王記Ⅰ、6.4,6,8、エゼキエル書における新しいエルサレムの「窓」

創世記　第六章　十六節　　（653）　*363*

も同様である。40.16,22,25,33,36、エレミヤ書において、

「私達の窓に死が昇った、私達の宮殿に死が来た、街路から子供達を滅ぼすために、街から若者達を滅ぼすために、」9.21、ここの窓は理性的なものである真ん中の階の窓が意味されており、それらが絶滅されることが意味されている。「街路に居る子供」は成長している真理である。

「窓」は真理の知的なものと理性的なものを意味するので、更に間違った原理のものである誤った推論も意味する。同書において、

「ああ災いなるかな、不正なもので自分の家を建てた者達、また間違った判断で自分の高間を建てた者達、彼は、私は十分な寸法の家を私に建てよう、また広い高間を建てよう。またそれに窓をうがち、また杉の板を張り、また朱で染めようと言った。」22.13,14、ここの「窓」は間違った信念の原理として記述されている。ゼパニヤ書において、

「民族の獣の群れ、その凡ての野獣が、その真ん中で横たわるであろう。へらさぎの鳥も針ねずみも、そのざくろの木に一夜を過すであろう。家の中は破壊され、窓には鳥の鳴き声が響くであろう。」2.14、これはアシュルとニネベについて記述されている。ここの「アシュル」は荒らされた理解として、「窓で鳥が鳴いている声」は、幻想からの誤った推理として記述されている。

656.「側面のための戸」によって聞くことが意味されることは、今や続いて知られることが出来よう。聖言からの同様な言葉によって説明されることは必要でなかろう。というのは、上の戸に比較しての側面のための戸の如く、即ち同じことであるが、内なる感覚器官と比較して耳が聞くことの如く、内なる感覚器官と比較して耳がそれを同様に持つからである。

657.「一階、二階、および三階」によって科学的な（事実に基づく）もの、理性的なもの、および知的なものが意味されることもまた、このことから続いて起こる。

人間の中の知的なものの三つの段階があり、その最下部のものは科学的な（事実に基づく）ものであり、中間のものは理性的なものであり、最も高いものは知的なものである。これらのものは相互に区別されたもの

であり、決して混同されることはない。しかし、人間がこのことを知らない理由は、感覚的なものと科学的な（事実に基づく）ものの中にだけ生命を置くからである。またそれに固執する時、科学的な（事実に基づく）ものから区別されたその理性的なものがあることを、決して知ることが出来ない。その時まして、知的なものがあることを知ることは出来ない。それにもかかわらず、人間がこのようにこの事柄を持つ時でも、主は人間の許の知的なものを通して彼の理性的なものの中に流入し、また理性的なものを通して記憶の科学的な（事実に基づく）ものへ流入する。それ故、視覚、聴覚の諸感覚の生命がある。このことが真実の流入であり、またこのことが真実の霊魂と身体との交流である。

　人間の許の知的なものの中へ主の生命の流入なしに、或いはむしろ、意志の中へ、また意志を通して知的なものの中へ、また知的なものを通して理性的なものの中へ、また理性的なものを通して記憶のものである科学的な（事実に基づく）ものの中への流入なしに、人間の許に生命は決して与えられることは出来ない。また例え、人間が間違った信念と悪の中に居ても、しかしそれでもなお、意志のものと理解のものを通して主の生命の流入がある。しかし、理性的な部分の中へ流入するものは、その形（性質）に従ってそれらが受容される。また、この流入が人間が真理と善が何かを推論することが出来るように、熟考することが出来るように、理解することが出来るように為す。しかし、これらについて、更に獣の許にその生命をどのように持つかも、主の神的な慈悲により、後に続く箇所において述べよう。

658. これらの三つの段階は、一般的には人間の理解のものと呼ばれる。即ち知性、理性、および知識と呼ばれる。また前に言われたように、エルサレムの神殿の中の三つの階層の窓によってもまたそれらが意味された。列王記Ⅰ、6.4,6,8、更に、前に述べられた東からエデンの庭園から流れる川によってもまた意味される。そこの「東」は主を、「エデン」は意志の愛を、「庭園」はそこからの理解を、「川」は知恵、理性、および知識を意味する。これらについては第2章10-14節に言われたことが認められよう。

創世記　第六章　十六節　　（655）　*365*

659. 十七節、「そして見よ、私は諸天の下においてその中に生命の息がある、凡ての肉を滅ぼすために地の上に水の洪水を引き起こす。地上における凡てのものが死ぬであろう。」

「洪水」によって悪と間違った信念の氾濫が意味され、「諸天の下においてその中に生命の息がある凡ての肉を滅ぼすために」は、最古代教会の子孫達は自分達自身を滅ぼしたことを意味し、「地上における凡てのものが死ぬであろう。」は、その教会からの者達とそのような者達に為された者達を意味する。

660. 「洪水」によって悪と間違った信念の氾濫が意味されることは、前に不潔な欲望に占有され、それらに信仰の教義の事柄を浸した最古代教会の子孫達について言われたことから知られよう。それ故に、彼らに凡ての真理と善を絶滅した間違った原理の信念があり、また同時に、残りのもののための道をそれらが働くことが出来ないようにふさいだ。それ故、彼らは自分達自身を滅ぼすこと以外に異なって出来なかった。

残りのもののための道をふさがれた時、やがて人間はその後人間でなくなる。なぜなら、その後は天使達により守られることが出来ないからである。しかし人間を殺すことを除いて求めず、また欲しない悪の霊達により凡ての点で占有される。ノアの洪水前の者達の死はそのことからあった。それが「洪水」、即ち全体の洪水によって記述されている。悪の霊達からの幻想と欲望の流入もまた、或る種の洪水と異なっていない。それ故に、聖言においてもまた、至る所で洪水、即ち氾濫が言われている。このことは主の神的な慈悲により次章の前置きに認められよう。

661. [1]「諸天の下にその肉の中に生命の息がある凡ての肉を滅ぼすために」が、最古代教会の凡ての子孫が自分自身を滅ぼしたことを意味することは、次章の序言から知られよう。更に前に、彼らが他の者達より多く恐るべき信念に浸されたような性質を、先祖達から遺伝により継続的に獲得したことの記述からも知られよう。このことは、特に、彼らの許に持った信仰の教義の事柄を彼ら自身の欲望に導入したことが原因である。その時、彼らはこのような者達に為された。

366　　　天界の秘義　第一巻

信仰の教義の事柄を何も持たず、信仰の教義の事柄の全くの無知の中に
生きる者達の中では、この事柄は異なった状態である。彼らはこのよう
に信仰の教義を持つ者達のように行なうことは出来ず、従って神聖なも
のを冒瀆することはない。またそのように残りのもののための道をふさ
ぐこともない。

[2]　それ故に、彼らは主の天使達を自分自身で退けることはない。

　言われたように残りのものは、無垢の凡てのもの、仁愛の凡てのもの、
慈悲の凡てのもの、および信仰の真理の凡てのものである。これらのも
のを人間は幼年期から主により保ち、また学ぶ。それらの全体的なもの
も個別的なものも貯えられている。

　人間がもし、それらのものを持たなかったなら、人間の思考と活動に何
も無垢、仁愛、および慈悲が内在することが出来なかったであろう。従
って善と真理も何もなかったであろう。それ故、人間は粗暴な野獣より
劣る者となったであろう。例え、このような残りのものを持っていたと
しても、しかもなお不潔な欲望と間違った原理の信念によって、残りの
ものが働くことが出来ないように道をふさぐなら、同様になったであろう。
ノアの洪水前の者達はこのような者達であって、自分達自身を滅ぼした。
この者達が「諸天の下にその肉の中に生命の息がある凡ての肉」によっ
て意味される。

[3]　前に示されたように「肉」は一般的に凡ての人間を意味し、また特に
形体的な人間を意味する。「生命の息」は一般的に凡ての生命を意味する
が、しかし厳密には再生された者達の生命を意味する。従ってここの最
古代教会の最後の子孫を意味する。その子孫の中に、例え信仰の生命が
何も残されていなくても、それでも、先祖達から何かの種を獲得したの
で、それ故それを窒息させた。ここでそれが「生命の息」と言われている、
即ち次の第7章22節のように「生命の息を彼の鼻孔に吹くこと」が言われ
ている。

　「諸天の下の肉」は全く形体的なものを意味し、「諸天」は理解の真理の
ものと意志の善のものである。それらの真理と善のものが肉から分離さ
れた時、人間はそれ以上生きることが出来ない。天が人間を支えることは、
天と人間の連結であり、即ち天を通して主との連結である。

創世記　第六章　十七節　　**（659）**　*367*

662.「地上における凡てのものが死ぬであろう。」が、この教会からの者達とこのように為された者達を意味することは、前に示されたように「地上」が地上の全世界を意味するのではなく、単に教会からの者達を意味することから知られることが出来よう。従ってここでは、何かの洪水は決して意味されず、まして実際の洪水は意味されない。しかし残りのものから分離された時、従って理解の真理のものと意志の善のものから分離された時、厳密には諸天界から分離された時、そこでその者達が息を引き取ったこと、即ち窒息したことが意味される。

「地上」は教会があるその地域を意味すること、それ故にその教会の者達を意味することは、他の箇所で前に聖言により説明された。更に下記の聖言から確認出来よう。エレミヤ書において、

「このようにエホバは言われた。全地は荒らされるであろうが、ところがしかし終わりにはされない。このために地は嘆くであろう、そして諸天は上から暗くされるであろう。」4.27,28、ここの「地」は荒らされた教会の住民達として記述されている。イザヤ書において、

「私は天を激しく動かすであろう。またその拠点から地は揺り動かされるであろう。」13.12,13、ここの「地」は、その教会の荒らされるべき人間として記述されている。エレミヤ書において、

「その日、エホバに刺し通された者達は、地の端から地の端に至るまで居るであろう。」25.33、ここの「地の端」は地上の全世界を意味するのではなく、そこに教会があった地域だけを意味している。それ故に、教会のあった人間達を意味する。同書において、

「私は地の凡ての住民達の上に剣を呼んでいる。... 地の端に至るまで暴動が来た。なぜなら、エホバは諸民族に対して争うからである。」25.29,31、ここで「地」は全世界が意味されないが、しかしそこに教会がある地域だけを意味する。それ故に、住民、即ち教会の人間が意味され、ここの「諸民族」は間違った原理として意味されている。イザヤ書において、

「見よ、エホバは地の住民の咎を罰するために御自身の居所から出て来られる。」26.21、ここの「地」も同様である。同書において、

「あなた達は聞いていないのか？ あなた達に始めから明らかにされていたのではないか？ あなた達は地の土台を悟っていないのか？」40.21、同

書において、

「エホバが諸天を創造され、その神が地を形作られ、またそれを造っている。同じ神がそれを確立している。」45.18、ここの「地」は教会の人間として記述されている。ゼカリヤ書において、

「エホバに言われた。諸天を張られている方、また地を確立されている方、人間の霊をその真ん中で形作られている方、」12.1、ここで「地」は明瞭に教会の人間として記述されている。教会の人間と教会そのものが区別されるように、或いは愛と信仰が区別されるように、地は大地から区別される。

663.十八節、「また、私はあなたと私の契約を立てよう。そしてあなたはあなたとあなたの息子達、またあなたの妻と息子達の妻達と一緒に箱舟に入らなければならない。」

「契約を立てること」は再生されることを意味し、「彼が箱舟に入ったこと、またその息子達とその息子達の妻達が箱舟に入ったことは、彼らが救われたことを意味し、「息子達」は諸々の真理であり、「妻達」は諸々の善である。

664.前の節においては、自分達自身を滅ぼした者達について述べられたが、しかしこの節では、ノアと呼ばれた再生されるべき者達とそのように彼らが救われたことについて述べられている。

665.「契約を立てる」ことが再生されることを意味することは、主と人間の間では愛と信仰を通した結合、以外に他の契約が介在することはないことから明瞭に知られることが出来よう。従って「契約」は結合を意味する。というのは、天界の結婚は、全く契約そのものであるからである。天界の結婚、即ち天的な結合は、再生される者達の許、以外に起こらない。従って、最も広い意味において再生そのものが契約によって意味される。

主が人間を再生する時、主は人間と契約を結ばれる。それ故に、契約は古代人達によって天界の結婚以外の他のものを表象しなかった。聖言の文字通りの意味からは、アブラハム、イサク、およびヤコブとの契約、

創世記　第六章　十八節　　（662）　369

また彼らの末裔達とのあれほど頻繁な協定を除いて他の契約は認められない。彼らを見て欲しい。しかし、彼らは再生されることが出来ないような者達であった。なぜなら、彼らは礼拝を外なるものの中にだけ設置したからであり、また内なるものに結ばれたものなしの外なる神聖なものを信じたからである。それ故に、彼らと結ばれた諸契約は再生の表象以外のものではなかった。

凡ての儀式も同様に、またアブラハム、イサク、およびヤコブ自身も同様に愛と信仰のものを表象した。なお加えて、大祭司達と祭司達も同様に、彼らがどのような者達であっても、また邪悪な者達であっても、天的なものと最も神聖なものを表象することが出来た。表象においては個人に関して何も考慮されないが、しかし表象される事柄に関して考慮される。従って、イスラエルとユダの凡ての王達もまた、最も邪悪な王達も主の王のものを表象した。それどころか、エジプトの地の上にヨセフを高めたファラオもまた主の王のものを表象した。

これらのことと他の多くのことから、それらについては主の神的な慈悲により後に続く箇所において述べよう。ヤコブの息子達とあれほど頻繁に結ばれた諸契約は彼らが表象した儀式以外何もないことが知られることが出来よう。

666. [1]「契約」は再生と再生のものを除いて他のものを何も意味しないことは、聖言により、そこでしばしば主御自身が「契約」と呼ばれていることから知られることが出来よう。なぜなら、唯一主御自身が再生させる方だからであり、またその方は再生された人間により見られるからであり、また愛と信仰の凡てのもの中の凡てのものであるからである。主は契約そのもので在られることはイザヤ書において知られよう。

「私はエホバ、あなたを正義の中に呼び寄せ、またあなたの手をつかみ、またあなたを守っている。そしてあなたを民の契約として、諸民族の光として与えるであろう。」42.6、ここで「契約」は主として記述され、「諸民族の光」は信仰である。同様に、第49章6,8節に記述されている。マラキ書において、

「見よ、私は私の天使を差し向けている、...そしてあなた達が探してい

る主は不意に御自身の神殿に来られるであろう。またあなた達が歓迎すべき契約の天使が不意にその神殿に来るであろう。誰がエホバ御自身の降臨の日を耐えるだろうか？」3.1,2、ここで主は「契約の天使」と呼ばれている。安息日は「永遠の契約」と呼ばれている。出埃及記、31.16、なぜなら、安息日は主御自身を意味するからであり、主御自身により再生された天的な人間を意味するからである。

[2] 主は契約そのもので在られるので、契約の凡てのものは人間を主に結合することが知られよう。そのように契約の凡てのものは愛と信仰であり、また愛のものと信仰のものである。というのは、それらは主のものであり、また彼らの中の主であるからである。従って契約そのものは彼らの中にそこに受け入れられる。これらのものは再生された者の許を除いて与えられない。その再生された者の許にあるものは何であろうと再生させる者の、即ち主のものであり、これが契約のものである。即ち契約である。例えば、イザヤ書において、

「私の慈悲はあなたから去らず、また私の平安の契約はあなたから移されない。」54.10、ここの「慈悲と平安の契約」は主であり、またそれらは主のものである。同書において、

「あなた達の耳を傾けよ、そして私のそばに来てあなた達の魂が生きるために（注：ここの箇所は3869番の記述に従って訳した。）聞け、かくて私はあなた達に永遠の契約を結び、ダビデへの強固な慈悲を約束しよう。見よ、私は自らを民の証人、支配者、および立法者として与えた。」55.3,4、ここの「ダビデ」は主として、「永遠の契約」はそれらの中の、またそれらを通した主のものである。それらは「エホバ御自身のそばへ行くこと」と「霊魂が生きるために聞くこと」によって意味されている。

[3] エレミヤ書において、

「私は彼らに一つの心と一つの道を与えるであろう。彼らと彼らの後の彼らの息子達にとって、凡ての日々が善であるように私を恐れるためである。そして、彼らの後の彼らの息子達から私が引き離されないことで、彼らに私の善を為すために、私は彼らに生涯の契約を結ぼう。また私は彼らの心に私への恐れを与えよう。」32.39,40、ここで彼らは再生されるべき者達として記述されている。更に主のものであり、そのように契約のも

創世記　第六章　十八節　　（665）　*371*

のである「一つの心と一つの道」、即ち仁愛と信仰が再生された者の許にあるものとして記述されている。同書において、

「見よ、日々が来ている。エホバは言われた。しかして私はイスラエルの家と、またユダの家と平安の契約を結ぼう。彼らの先祖達と結ばれた契約の如きものではない。... なぜなら、彼らは私の契約を虚しく返したからである。... しかし、私がこの者達の日々の後でイスラエルの家と結ぶこの契約は、... 私の律法を彼らの真ん中に与え、また彼らの心の上にそれを刻もう。そして私は彼らに神として在り、また彼らは私に民として居るであろう。」31.31-33、ここで「契約」が何かがが明瞭に説明されている。それは主への愛と信仰である。それらは再生されるべき者の許にある。

[4] 同書において、愛は「昼の契約」と呼ばれ、また信仰は「夜の契約」と呼ばれている。33.20、エゼキエル書において、

「私エホバは彼らに神として在るであろう。また私のしもべダビデは彼らの真ん中で君主となるであろう。... また私は彼らに平安の契約を結ぼう。そして地で悪い野獣が活動しないようにし、また砂漠の中で彼らは大胆に住み、また森の中で眠るだろう。」34.24,25、ここでは再生について明瞭に記述されている。「ダビデ」は主として記述されている。同書において、

「ダビデは、... 永遠に彼らに君主となろう。私は彼らに平安の契約を結ぼう、その契約は彼らと永遠の契約になるであろう。... 私は私の聖所を彼らの真ん中に永遠に置こう。」32.25,26、ここでも同様に再生について記述されており、「ダビデ」と「聖所」は主として記述されている。同書において、

「私はあなたと契約を結んだ。... かくて、あなたは私のために居た。そして私はあなたを水で洗い、また私はあなたの上からあなたの血を洗い落とし、そしてあなたに油を塗った。」16.8,9,11、ここでは「契約」が明瞭に再生として記述されている。ホセア書において、

「その日、私は彼らのために野の野獣と諸天の鳥と、また地の這うものに契約を結ぶであろう。」2.18、ここでも「契約」は再生として記述されている。「野の野獣」は意志のものとして、「諸天の鳥」は理解のものとして記述されている。ダビデの書において、

「彼は御自身の民に贖罪を知らせ、御自身の永遠の契約として命じられ

372　　　天界の秘義　第一巻

た。」詩篇、111.9、ここでも「契約」は再生として記述されている。それは与えられ、また受け入れられるので「契約」と言われている。

[5] しかし、再生されない者達、即ち同じことであるが、礼拝を外なるものに置く者達、また彼ら自身と彼らが欲し、また考えるものに礼拝を置く者達は、それらを神々として尊重し、また崇拝するに応じて主から自分自身を分離するので、それらについて「契約を虚しく返す」ことが言われている。例えば、エレミヤ書において、

「彼らは、彼ら自身の神エホバの契約を見捨て、また他の神々に彼ら自身を曲げ、またそれらに仕えた。」22.9、モーセの書において、

「他の神々、太陽、月、諸天の群れに仕えることで、契約を破った者達は石で打たれる。」申命記、17.2、続き、「太陽」は自己愛として、「月」は間違った信念の原理として、「諸天の群れ」は間違った信念そのものとして記述されている。それ故に今や、「契約の箱」が何か、その中にあった十戒の律法、即ち契約が何か知られよう。それは主御自身である。「契約の書」が何かは、出埃及記、24.4-7、34.27、申命記、4.13,23に、それは主御自身である。「契約の血」が何かは、出埃及記、24.6,8に、それも主御自身である。その方（主）のみが再生させる方であり、それ故、「契約」は再生そのものである。

667.「彼と彼の息子達、また彼の妻と彼の息子達の妻達が箱舟に入った」ことは、彼らが救われたことを意味することは、前に言われたことと、続く箇所で彼らが再生されたので、救われたことから知られよう。

668.「息子達」は諸々の真理であり、また「妻達」は諸々の善であることは、前の第5章4節にもまた、示されたのである。そこでは「息子達と娘達」が言われたのに反し、ここでは「息子達と妻達」が言われている。なぜなら、「妻達」は諸々の真理に結ばれた諸々の善であるからである。というのは、何かの真理は、もし善があるのでなければ、即ち善からの楽しいものがあるのでなければ、決して生み出されることが出来ないからである。善と楽しいものの中に生命があり、これに反し、真理の中の生命は善と楽しいものから持つ以外に生命はないからである。ここから真理は形作られ、

創世記　第六章　十八節　　(666)　　373

芽が出される。同様に真理の信仰も善への愛から形作られ、芽が出される。真理は光の如く善を持つ。もし太陽、或いは炎からでなければ、決して光はなく、光は炎から形作られたものである。

　真理は、単に善の形であり、また信仰も、単に愛の形である。それ故、真理は善の性質に従って形作られ、また信仰も愛の性質、即ち仁愛の性質に従って形作られる。このような事情の下に、これがここに真理に結ばれた諸々の善を意味する「妻と妻達」が言われている理由である。それ故、後に続く節において、凡てのものについて雄と雌の一対のものが箱舟に入ったことが言われている。なぜなら、諸々の真理に結び付けられた諸々の善なしに再生は決してないからである。

669. 十九節、「また、あなたは凡ての生きているものから、凡ての肉からの凡てのものから一対のものがあなたと一緒に生かすことのために箱舟に入ることを為さなければならない。それらは雄と雌でなければならない。」

　「生きている霊魂（もの）」によって理解のものが意味され、「凡ての肉」によって意志のものが意味される。「凡てのものから一対のものが箱舟に入ることをあなたは為さなければならない」は、彼らの再生を意味し、「雄」は真理であり、「雌」は善である。

670. 「生きている霊魂（もの）」によって理解のものが意味され、また「凡ての肉」によって意志のものが意味されることは、前に言われたことから、更に、続く箇所から知られることが出来よう。聖言において「生きている霊魂」によって何であれ一般的に凡ての動物が意味される。例えば、創世記、第1章20,21,24節、第2章19節、しかしここでは、それに「凡ての肉」が直ちに接合されているので、理解のものが意味される。その理由は、前に言われたように、この教会の人間は、先ず理解のものに関して再生されなければならない者であったからである。それ故に、後に続く節においてもまた、先ず、理解のもの、即ち理性的なものである「鳥」が言われ、また続いて意志のものである「獣」について言われている。

　「肉」は、特に意志のものである形体的なものを意味する。

671.「凡てのものから一対のものが生かすことのために箱舟に入ること
を為さなければならない。」は、彼らの再生を意味することは、先行して
いる節において、真理は、もし善と楽しいものによってでなければ再生
されることが出来ないことが言われたことから知られることが出来よう。
このように信仰のものは仁愛のものによって以外に再生されることが出
来ない。それ故に、ここに「凡てのものから一対のものが入った」こと
が言われている。即ち、理解のものである真理からのものも、意志のも
のである善からのものも入ったことが言われている。

再生されていない人間の許に真理の理解、或いは善の意志は与えられな
いが、しかしそれらがある如く見えるだけである。従って無論、一般的
な会話で真理と善が言われる。それはさておき、再生されていない人間
の許にも理性的な真理と科学的な（事実に基づく）真理が与えられるこ
とが出来るが、しかしそれらは生命のあるものではない。同じくまるで
意志の善かのようにそれらが与えられることも出来るが、しかしそれら
も生命のあるものではない。

同様なものは異教徒の許にも同様にある、それどころか獣の許にも同様
にあるが、しかしそれらは単に類似物である。人間の許に再生され、ま
たそのように主により生命を与えられる前に、それらのものは決して生
命のあるものではない。他生において生命のないものが何か、また生命
のあるものが何かは最も明瞭に認められる。

生命のない真理は、或る種の物質的なもの、繊維質のもの、ふさがれた
ものの如く直ちに認められる。生命のない善は、或る種の木のようなもの、
骨のようなもの、石のようなものの如く直ちに認められる。これに対して、
主により生命を与えられた真理と善は、開かれたもの、生きているもの、
霊的なものと天的なものに満たされているもの、主から絶えず広がって
いるもの、またこれが各々の考えと行動の中にあり、更にそれらの最小
のものの中にもある。それ故に、このような事情の下に「一対のものが
生かされるために箱舟に入った」ことが言われている。

672.「雄」が真理であり、「雌」が善であることは、前に言われ、また示された。
人間の各々の最小のものの中に或る種の結婚の像がある。理解のものは

創世記　第六章　十九節　　（668）　*375*

何であろうと、彼の意志の何かのものとそのように結合されたものである。結ぶもの、即ちこのような結合なしに全く何も生み出されない。

673. 二十節、「鳥に関してはその種類に従って、また獣に関してもその種類に従って、地面を這う凡てのものもその種類に従って、凡てのものに関して一対のものが生かされるために、あなたに向かって至るであろう。」

「鳥」は理解のものを意味し、「獣」は意志のものを意味し、「地面を這うもの」は理解のものと意志のものの最低のものを意味する。「凡てのものに関して一対のものが生かされるために入るであろう」は、前のように彼らの再生を意味する。

674. 「鳥」が理解のもの、即ち理性的なものを意味することは、前の40番に示された。更に「獣」が意志のもの、即ち情愛を意味することは、前の45,46,142,143,246番に示された。

「地面を這うもの」が理解のものと意志のものの最低のものを意味することは、各々の者に「地面を這っているもの」は最低のものであることから明らかであろう。

「凡てのものから一対のものが生かすことのために入らなければならない」が、彼らの再生を意味することは先行している節で言われた。

675. 「鳥はその種類に従って、獣はその種類に従って、また這うものはその種類に従って」と言われることは、各々の人間の許に理解のものと意志のものの無数の類型のものと、更に無数の種類のものが与えられることであることを知らなければならない。それらのものは、例え人間が知らなくても、相互に最も区別されたものである。しかし、主は人間の再生の中でその秩序によりそれらの全体的なものと個別的なものを引き出され、真理と善に変えられることが出来るように、またそれらと結合されることが出来るように、それらを分けられ、また処理される。

そしてこれは状態に従って無数の変化を持って為される。それらの凡てのものは、それでもなお決して永遠に完成されることはない。なぜなら、各々の類型、各々の種類、および各々の状態は、単純なものの中にも、また更に、

まとめられたものの中にも無限のものを含むからである。人間はこのことを決して知らず、まして人間がどのように再生されるかを知ることは出来ない。このことは、主が人間の再生についてニコデモに言われたことである。

「風は欲する所で吹く、そしてあなたはその音を聞くが、しかしそれがどこから来たか知らず、しかもそれがどこへ去るかも知らない。風から産まれたものは凡てこのようにある。」ヨハネ伝、3.8、

676. 二十一節、「また、あなたは食べられる凡ての食物に関してあなたに取れ、またあなたのために集めよ、そしてそれはあなたと彼らに食物にならなければならない。」

「食べられる凡ての食物に関して自分自身に取ること」は、善と楽しいものを意味し、「自分自身のために集めたこと」は、真理を意味し、「彼と彼らにそれが食物となる」ことは、それらの両方とも意味する。

677. 再生されるべき人間の食物については、次のようにその事柄を持つ。人間が再生される前に、手段として役立つことが出来る凡てのものが準備されて存在しなければならない。意志のためには、情愛の善と楽しいものが準備され、理解のためには、主の聖言からの真理が準備され、また他の源泉からもまた確認するものが準備されなければならない。人間がこのように準備される前に再生されることは出来ない。それらが食物である。このことが、人間が大人の年齢に達するその時まで再生されない理由である。しかし、各々の人間に特有の食物、また言わば自分の食物があり、それらが食物である。それらは主により人間が再生される前に、人間に備えられる。

678. 「食べられる凡ての食物に関して自分自身に取る」ことが、善と楽しいものを意味することは、前に善と楽しいものが人間の生命を構成することが言われたことから知られることが出来よう。従って真理ではない。なぜなら、真理はその生命を善と楽しいものから得るからである。人間の凡ての科学的な（事実に基づく）ものと理性的なものは、幼年期から

創世記　第六章　二十節　　（672）　　*377*

老年期に至るまで、もし善と楽しいものによってでなければ決して人間に吹き込まれない。なぜなら、人間の霊魂はそれらにより生き、また支えられるからである。それらは食物と呼ばれ、またそれらが食物である。なぜなら、それらのものなしに人間の霊魂は決して生きることが出来ないからである。このことを各々の者はもし、このことに注意することを欲するだけで知ることが出来よう。

679.それ故に、「自分のために集めた」が、真理を意味することは明らかである。なぜなら、それらについて人間の記憶の中に集めることが言われるからである。そこに真理が集められる。また更にそれは善と真理を含み、再生される前に人間の許に集められる。というのは、言われたように主は手段によって働かれるために、それらによって集められた善と真理なしに、決して人間は再生されることが出来ないからである。それ故に今や、「彼と彼らに食物となった」ことは両方を意味することが帰結される。

680.〔1〕善と真理は人間の真正の食物であることは各々の者に知られることが出来よう。というのは、それらを奪われる者は霊的な生命を持たず、霊的に死んだ者だからである。霊的な生命のない時、死の食物である悪と間違った信念からの魅力的な楽しいものがあり、更に、形体的な事柄、世俗的な事柄、および自然的な事柄からの魅力的な楽しいものがある。それらの食物に彼の霊魂は楽しまされる。それらは、本来霊的な生命を何も持たない。

　また更に、前述のような人間は霊的な食物と天的な食物が何か知らないので、聖言において「食物」、即ち「パン」が、例えあれほど何度も言われても、地的な食物が意味されることを信じる。例えば、主の祈りにおいて「私達に日々の食物を与え給え」を身体の食物であることだけを信じる。また更に、その考えを拡大する者は、それ以外の身体に必要なものであることもまた肯定する。例えば、衣服、財産、および同様なものを肯定する。それどころか、主の祈りにおける食物の言葉の先行している箇所と後に続く箇所が天的なものと霊的なものだけを含み、また主の王国について述べられていることを明瞭に認め、更に主の聖言が天的な

ものと霊的なものであることを知ることが出来ても、それにもかかわらず、他の食物が意味されないことを鋭く主張する。

[2] ここの主の祈りの箇所から、また他の同様な箇所から、今日の人間が如何に多大に形体的な者であるか、また聖言の中で言われているユダヤ人達の如く、物質的な意味で、また最も粗雑な意味で理解することを欲するか、十分に知られることが出来よう。主御自身が御自身の聖言において、「食物とパン」によって何が意味されるか、明瞭に教えておられる。ヨハネ伝において食物について次のように述べておられる。

「イエスは言われた。消える食物のために働かないで、永遠の生命の中へ保つ食物のために働くように、それを人間の神の子があなた達に与える。」6.27、パンについて同書において、

「あなた達の先祖達は砂漠でマナを食べたが、しかるに彼らは死んだ。これは天から下ったパンである。誰でもこれから食べることで実際に死なない。

私は天から下って来た生きているパンである。誰でも、もしこのパンから食べるなら永遠に生きる。」6.49-51,58、しかし、今日に居る者達は、丁度、これを話しているのを聞いた者達のようである。

「これは不都合な言葉である。誰が聞くことが出来ようか？…またその者達は離れて立ち去った。そしてもはや主御自身と一緒に歩まなかった。」同書60,66節、この者達に主は言われた。

「私があなた達に話すこれらの聖言は霊であり、また生命である。」同書63節、

[3]「水」についても同様に信仰の霊的なものを意味することを持つ。このことについて、主は次のようにヨハネ伝において言われた。

「イエスは言われた。この水から飲む者は再び渇くであろう。しかし私が彼に与える水から飲む者は、何と永遠に渇かないだろう。しかし私が彼に与える水は、何と彼の中で永遠の生命まで噴き出ている水の泉に為されるであろう。」4.13,14、しかし、今日に居る者達は、丁度、井戸において主が女と話した女のようである。彼女は答えた。

「主よ、その水を私に与え給え、私が渇かないために、またここへ汲むために来ないように、」同書15節、

創世記　第六章　二十一節　　（678）　　379

［4］聖言において「食物」は、主への信仰と愛である霊的な食物と天的な食物を除いて他のものは意味されないことは、聖言における多くの箇所から知られよう。例えば、エレミヤ書において、

「敵はエルサレムの凡ての好ましいものの上にその手を広げた。なぜなら、彼は諸民族がその聖所へ来たのを見たからである。諸民族について、あなたの集会に来るべきでないとあなたは命じられた。凡ての民は嘆き、パンを探している。彼らは魂を回復するためのその好ましいものを食物の代わりに引き渡した。」哀歌、1.10,11、同書において、

「私は私の愛する者達に向かって、彼らは私をだましたと叫んだ。大きな町で私の祭司達と私の長老達は死んだ。彼らは自分自身のために食物を求め、また自分自身の霊魂を連れ戻した。」哀歌、1.19、同様に、ダビデの書において、

「それらの生き物の凡てのものは、あなたを待ち望む。その都合の良い時にそれらの食物を与えるまで待ち望む。あなたがそれらの生き物に食物を与えると、それらの生き物は食物を得て、あなたがあなたの手を開くとそれらの生き物は善い食物で満たされる。」104.27,28、ここでも同様に食物は、霊的な食物と天的な食物として記述されている。

［5］イザヤ書において、

「喉が渇いている凡ての者、あなた達は水に向かって来なさい。また銀貨のない者としてあなた達は来て買い、そして食べよ。またあなた達は来て、葡萄酒と乳を銀貨と代価なしに買え。」55.1、ここで「葡萄酒と乳」は霊的な飲み物として、また天的な飲み物として記述されている。同書において、

「乙女が身ごもって子を産んでいる。そしてあなたは彼の名をイマヌエルと呼ぶであろう。悪を退けることと善を選ぶことを知ることのために、彼はバターと蜂蜜を食べなければならない。豊富に手に入れられるべき乳の故に、それがあり彼はバターを食べるであろう。なぜなら、地の真ん中に残された者は、バターと蜂蜜を食べなければならないからである。」7.14,15,22、ここで「蜂蜜とバターを食べること」は天的なもの霊的なものであり、「残された者」は残りのものとして記述されている。このことについてマラキ書においてもまた、

「私の家の中に食物があるために、あなた達は凡てのものの十分の一を

我が家の宝庫に持って来い。」3.10、「十分の一」は残りのものとして記述されている。「食物」の意味については、56-58番、276番に多くのものが見られよう。

681. 天的な食物と霊的な食物が何かは、他生において申し分なく知られることが出来よう。天使達と霊達の生命はこの世におけるどのような食物によっても保たれないが、しかし主御自身がマタイ伝、4.4、で教えておられる如く「主の口から出る各々の言葉により」保たれる。このことは次のようにその事柄を持つ。主だけが凡ての生命であり、天使達と霊達が考え、話し、および行なう全体的なものも個別的なものも、主御自身から生ずる。

このことは天使達と善の霊達だけでなく、更に悪の霊達が悪を話し、また行なうこともまた生じさせる。その理由は、彼らは主の凡ての善と真理を、勿論受け入れるが、ところがしかしひっくり返すからである。受け入れている形のままに、そのように受容と働きかけられた状態がある。このことは、太陽の光を受け入れる様々な対象に比較されることが出来よう。そして或る対象が形と部分の取り合わせと方向に従って受け入れられた光を不愉快な色と不快な色に変え、別な対象によって同じ光が愉快な色に、また美しい色に変えられることに比較出来よう。

このように全天界と霊達の全世界は、主の口から出て来る凡てのものから生きており、また各々の者も自分自身の生命をそこから持つ。それどころか、天界と霊達の世界だけでなく、更に全人類もそこから生命を持つ。これらのことは信じ難いことを私は知っているが、しかしそれでもなお、幾年もの永続している経験により最も真実なことであると断言することが出来る。霊達の世界の中の悪の霊達は、このように信じることを欲しない。それ故に、彼らのおびただしい者達は、生命のあるものによって、そのようにその事柄を持つことを示されると不本意ながら認める。もし、天使達、霊達、および人間達がこの食物を奪われたなら、瞬間に死ぬであろう。

682. 二十二節、「そして、ノアは神が彼に命じられた凡てのことに従って

創世記　第六章　二十二節　　（680）　*381*

行った。そのように彼は行った。」

「ノアは神が彼に命じられた凡てのことに従って行なったこと」は、そのように行なわれたことを意味する。「行なった」と二度言われていることは、それが真理と善の両方を含むからである。

683. 「行なったと二度言われている」ことは、真理と善の両方を含み、聖言において、特に預言者達の許に一つの事柄が二つの方法で記述されていることが知られなければならない。例えば、イザヤ書において、

「彼は平和に過し、自分の足で道を歩まなかった。誰が平和を作ったのか？ また誰の足で歩んだのか？」41.3,4、ここでやはり、一つは善に関係し、これに反し、もう一つは真理に関係する。即ち、一つは意志のものに関係し、もう一つは理解のものに関係する。従って「平和に過したこと」は意志のものを含み、「自分の足で道を歩まないこと」は理解のものを含む。「作ったことと歩んだこと」も同様である。このように、意志のものと理解のもの、即ち愛のものと信仰のもの、即ち同じことであるが、天的なものと霊的なものは聖言において連結されている。これは個別のものの中に結婚に等しいものがあること、また天的な結婚に関係することがあることである。ここの上記の聖言も同様に、一つの表現が繰り返されている。

天界を構成する社会について

684. 三つの諸天界があり、第一の天界は善の霊達の天界であり、第二の天界は天使的な霊達の天界であり、第三の天界は天使達の天界である。一つの天界は他の天界よりも内的なものであり、また純粋である。このように天界は相互の間で最も区別されたものである。第一の天界も、第二の天界も、また第三の天界も無数の社会に区別されており、また各々の社会は多くの者達から構成されている。その各々の社会は一人の人物の如く一致と調和により確立し、また凡ての社会も全体を見ると一人の人間の如くある。

天界の諸々の社会は相互の愛と主への信仰の相違に従って区別されたものである。それらの相違は最も全般的な種類ですら、列挙されることが

出来ないほど無数のものがある。最も秩序付けられ管理されていない最小の相違も存在しない。一人の霊は、一つの共同体のために最も和合して一致するためにあり、また一つの共同体は個々の一致した霊のためにある。ここから個々の者から凡てのものに幸福があり、また凡ての者から個々の者に幸福がある。それ故に、各々の天使と各々の社会は、全天界の像であり、また小さい天界の如くある。

685.他生において特異な仲間付きあいがあり、丁度、地上における姻戚関係のような仲間付きあいを持つ。即ち、両親達の如く、子供達の如く、兄弟達の如く、血縁者達の如く、親族達の如く認めている。このような相違に従って愛があり、それらには無限の相違がある。伝達の目的に仕える認識は記述されることが出来ないような類まれなものである。地上において両親達、子供達、血縁者達、および親族達によって持たれた関係からは全く何もなく、誰かの人物について何であったかも関係ない。従って、地位によっても、富によっても、また他の同様なものによっても関係なく、相互の愛と信仰の相違によってのみ関係する。彼らはそれらの相違の受け入れられるべきものの性質をこの世に生きた時、主から受け取った。

686.主の慈悲、即ち全天界と全人類に対する主の愛があり、そのとおりに主だけが諸々の社会へ凡ての者達と個々の者達を決定する。これが主の慈悲であり、これが結婚の愛を生み出し、またそこから子供達に対する両親の愛を生み出す。それらの愛は根本的な愛であり、また最も重要な愛である。最も区別されて秩序付けられた諸々の社会に無限の多様性がある時、結婚の愛と両親の子供達に対する愛から凡ての社会に愛があり、また他の愛がある。

687. [1] 天界はこのようなものであるので、誰かの天使、或いは霊は、もし何かの社会の中に居るのでなければ、またそのように多くの者達の一致の中に居るのでなければ、決して何かの生命を持つことが出来ない。社会は、もし多くの者達の一致がなければない。なぜなら、一致した者

創世記　第六章　二十二節　　（682）　383

達の生命から引き離された何かの生命は、決して与えられないからである。それどころか、天使、或いは霊、或いは社会は、もしその社会の多くの者達を通して天界と霊達の世界との連結がなければ、決して何かの生命を持つことが出来ない。即ち善により欲すること、真理により考えることを与えられることは出来ない。

　人類も同様にある。人間は誰であれ、また何であれ、もし同様に、彼の許の天使達を通して天界と、また霊達の世界と連結されたものがあるのでなければ、決して生きることは出来ない。即ち善により欲すること、真理により考えることを与えられることは出来ない。それどころか、彼の許の悪の霊達を通して地獄と連結されたものがあるのでなければ、決して生きることは出来ない。即ち悪により欲すること、間違った信念により考えることを与えられることは出来ない。

[2] 無論、各々の者は身体の中で生きる時も、霊達と天使達の何らかの社会の中に居るが、それでも人間はそれを全く知らない。そしてもし、人間が居る社会を通して天界と、また霊達の世界と連結されていなければ、人間は一分も生きることが出来ない。人間はこのことを人間の身体の中の如く持つ。その身体の部分が他の部分と繊維と血管によって連結されていなければ、またそのようにその部分の努めの割合によって連結されていなければ、人間の身体の部分ではなく、直ちにそれは身体から引き離される。そして更に、何も生命のないものとして吐き出される。人間達が身体の生命の後でその社会へ行く時、彼らが身体の中で持ったような、全くその生命そのものの中へ行く。そしてその新しい生命により生き始め、またそのように、身体の中で欲したようにその生命に従って地獄へ下るか、或いは天界へ上げられる。

688. このように、全体的なものの個別的なものとの、また個別的なものの全体的なものとの結合があるので、更に、情愛の最も個別的なものと思考の最も個別的なものにも、同様な結合がある。

689. それ故、天的なもの、霊的なもの、および自然的なものに関して、全体的なものと個別的なものの均衡がある。もし多くの者達との練結によ

るのでなければ、その結果として人間は、決して考えること、感じること、および行なうことは出来ないが、しかるにそれでもなお、各々の者は自分自身により最も自由に考える。

同様に、どんな場合でも、それ自身の対立したものから均衡を保たれないものは何もなく、また中間のものに対立されたものはない。それ故、各々の者は個別的な者として、また多くの者と一緒に最も完全な均衡の中で生きる。それ故に、直ちに均衡が保たれることで誰かに悪が起こることは出来ない。とは言え悪が優勢である時、やがて悪は罰せられる、即ち悪い者は自分自身からのように均衡の法則により罰せられる。しかしもし、目的のためでなければ、例えばそこから善が生じるのでなければ、決して罰せられない。

天界の秩序は、このような形とそこからの均衡の中で成り立ち、その秩序は主だけから永遠に形作られ、管理され、また維持される。

690. 更に、一つの社会と完全に、また全く同じもう一つの社会は、決してないこと、また社会の中の一人の者と完全に、また全く同じもう一人の者は、決して居ないこと、しかし、凡てのものの調和しているものと一致するものの多様性があることが、知られなければならない。それらの多様性は主により、主への愛と信仰によって一つの目的に向かって進むように秩序付けられており、ここから結合がある。

それ故、一つの天界と完全に、また全く同様なもう一つの天界は決して存在することはなく、また一つの天界の楽しさと完全に、また全く同じもう一つの天界の楽しさは、決して存在することはない。しかし、愛と信仰の多様性に応じて天界と天界の楽しさの多様性を持つ。従って、愛と信仰の多様性の中に天界と天界の楽しさもまた持つ。

691. 天界の諸々の社会についてのこれらの一般的なことは、様々な、また長く続く経験からのものである。このことについて、特に主の神的な慈悲により後に続く箇所において述べよう。

創世記　第六章　　　（687）　385

【創世記】
第七章

創世記　第七章

地獄について

692. 人間は天界と同じく地獄についても、最も全般的な考え以外持たない。丁度、森の自分の小屋の外に出たことがない者達が、国について持つことが出来る考えのように、殆んど何も、考えがないほど不明瞭である。また彼らは国家、王国を知らず、まして支配者の性質を知らない。また更に、その社会と社会の生活を知らない。これらのことを知る前には、国があることについて最も全般的な考えを除いて出来ない。それは殆んど何も考えがないようなものである。このように天界と地獄についても、殆んど何も考えがない。それにもかかわらずその時、どちらにも無数のものがあり、また地上世界の何かのものに比べて無限に多くのものがある。

　それらがどれほど数え切れないものであるかは、誰も決して同じ天界を持たないように、誰も決して同じ地獄を持たないことだけから知られることが出来よう。そして誰であろうと最初の創造からこの世に居た、凡ての霊魂はそこへ行き、また集められている。

693. 主への愛と隣人への愛、なお加えて、そこからの楽しさと幸福が天界を構成していように、主への憎しみと隣人への憎しみ、なお加えて、そこからの刑罰と苦悩が地獄を構成している。憎しみの類型は無数のものがあり、またその種類も無数のものがあり、同じ数の地獄がある。

694. 天界は主により相互の愛によって一人の人間と同様な、一人の霊魂を構成するほど、またそのように、一つの目的を目指す。それは永遠に凡ての者達を保護することと救うことである。これに反し、地獄は自己により自己への愛とこの世への愛によって、即ち憎しみによって、一人の悪魔と同様な、一人の霊魂を構成するほど、またそのように、一つの目的を目指す。それは永遠に凡ての者達を滅ぼすことへ、また地獄へ落とすことである。彼らのこのような衝動は無数に認められた。それ故にもし、主が最小の瞬間に、更に凡ての最小のものに、凡ての者達を保護しなけ

れば凡ての者達は滅びるあろう。

695. しかし、主により諸々の地獄に、自分達自身の欲望と幻想に閉じ込められ、また束縛された凡ての者達が支配されるような形と秩序が置かれている。それらの欲望と幻想の中に彼らの生命そのものが成り立っている。その生命は死の生命であるので、恐るべき苦しみに変えられ、その苦しみは記述されることが出来ないほどである。なぜなら、彼らの生命の最も楽しいものは、一人の者が他の者を罰すること、苦しめること、および拷問にかけることのような中にあるからである。それどころか、その者達はこの世において全く知られていない策略によって、完全に身体の中に居るような鋭敏な感覚を引き起こすこと、更に恐るべき、また身震いする幻想を引き起こすこと、加えて恐怖と恐怖感を引き起こすことを知っている。悪魔の群れがその中に喜びを感じるほど、例え、彼らが無限に苦痛と苦悩を増やすことと広げることが出来たとしても、その時、決して満足しないで、その後更に、無限に燃え上がらないことはない。しかし、主は彼らの衝動をそらし、苦しみを和らげられる。

696. 他生において、全体的にも個別的にも悪それ自身が悪それ自身を罰するような均衡がある。そのようにその結果として悪の中に悪の刑罰がある。同様に、間違った信念の中に刑罰があり、間違った信念の中に居る者に帰る。それ故、各々の者は自分自身に刑罰と苦悩を引き起こし、またその時、このような罪を犯す悪魔の群れに遭遇する。

　主は決して誰も地獄へ落とさないで、凡ての者達を地獄から引き出すことを欲する。まして誰も苦しみの中へ引き入れない。しかし悪の霊が自ら地獄の苦しみへ飛び込むので、主は凡ての刑罰と苦しみを善と何かの用へ転じておられる。もし、主の許に用の目的があるのでなければ、どんな場合でも決して刑罰がもたらされることは出来ない。なぜなら、主の王国は目的と用の王国であるからである。しかし、それらの用を地獄の者達も行なうことが出来るが、それらは最も低い価値のものである。彼らがそれらの用の中に居る時は、そのような苦しみの中に居ないが、しかし用が終わると地獄へ戻される。

697. 各々の人間の許に最低二人の悪の霊と二人の天使達が居り、人間は悪の霊達を通して地獄と連絡を持ち、また天使達を通して天界と連絡を持つ。この両方の連絡がなければ人間は、決して一分の時も生きることが出来ない。このように各々の人間は何かの地獄の社会の中に居るが、このことを人間は全く知らない。しかしそれらの地獄の社会の苦しみは人間に伝わらない。なぜなら、人間は永遠の生命への準備の中に居るからである。彼がその準備の中で居たそれらの社会が彼に時折、他生において現される。なぜなら、その社会へ帰るからであり、またそのようにこの世において持ったその生命へ帰るからである。そしてそれ故、彼は地獄に向かって進むか、天界へ上げられる。このように、仁愛の善の中で生きていない人間と自分自身を主により導かれることを許容しない人間は、地獄の一人であり、また死後、同じく悪魔に為される。

698. 他に、地獄には浄化もまたある。それらについて聖言において多くのことが記述されている。というのは、人間は実行された罪により、無数の悪と間違った信念を、他生に自分自身と一緒に持って来るからである。人間はそれらを積み重ね、また結び付ける。正しく生きた者達も同様である。この者達が天界へ上げられることが出来る前に、それらの悪と間違った信念は駆逐されなければならないのである。この駆逐が浄化と言われ、多くの種類があり、また浄化の期間も長く、また短くある。或る者はかなり短い期間で天界へ運び去られ、或る者は死後、直ちに天界へ運ばれる。

699. 地獄の中に居る者達の苦しみを私が認めるために、なおまた、より低い地に居る者達の浄化を私が認めるために、私はそこへ降ろされた（地獄へ降ろされることは場所から場所へ移されることではなく、何かの地獄の社会へ入ることであり、身体の人間は同じ場所に留まっている。）。しかしここでは、下記の観察のみ述べることが許されている。

　私は、或る種の柱状のようなものが私を取り囲んだことを明瞭に認めた。それらの柱状のものは感覚で捕えられるように増やされ、またこれが聖言において言われている「青銅の壁」であったことが吹き込まれた。それは私が安全に不幸な者達の近くに降ろされることが出来るために、天

使的な霊達により作られたものであった。私がそこに居た時、実際に「ああ神よ、ああ神よ、私達を憐れんでください。私達を憐れんでください。」という悲惨な嘆き叫ぶ声を聞いた。そしてこの声を長い間聞いた。更に、私は不幸な彼らと話すことが許され、多くの者達とかなり話した。彼らは悪の霊達について、彼らを苦しめることを除いて他のものを欲しないし望まないことを大声で嘆いた。彼らは絶望の中に居り、苦しみは永遠にあることを信じると言っていた。しかし私は彼らを励ますことを許された。

700. 言われたように、地獄はそれだけ多くあるので、それらの秩序について言われるために、後に続く箇所において言われなければならない。

　Ⅰ. 憎しみ、復讐、および残酷の中で人生を過した者達の地獄について、
　Ⅱ. 姦淫と淫乱の放縦の中で人生を過した者達の地獄について、更に狡猾な者達と詐欺師達の地獄について、
　Ⅲ. 貪欲な者達の地獄について、またそこの「不潔なエルサレム」と砂漠の中の盗賊について、更に全くの快楽の中で生きた者達の排泄物の地獄について、
　Ⅳ. 続いて、上記の地獄から区別されたその他の地獄について、
　Ⅴ. 最後に、浄化の中に居る者達について、
　上記のものは後に続く各章の序文と末文において認められよう。

創世記 第七章の聖言

1. そして、エホバはノアに言われた。あなたとあなたの家の凡ての者は箱舟に入りなさい。それというのは、私はあなたをこの世代の中で私の目の前で正しい者と認めたからである。
2. 凡ての清い獣について、男（夫）とその妻を七つずつ七つずつ、また清くない獣を男（夫）とその妻を二つずつ、あなたに迎え入れなさい。
3. 更に、諸天の鳥に関して、雄と雌を七つずつ七つずつ全地のおも

ての上に種を生かすためにあなたに迎え入れなさい。

4. なぜなら、これから七日後に、私は地の上に四十日、四十夜雨が降ることを為し、大地のおもての上から私が造った凡てのものを滅ぼさなければならないからである。

5. そして、ノアは、エホバが彼に命じられた凡てのことに従って行なった。

6. そしてノアは600歳の息子であった。その時、地の上に水の洪水が起された。

7. ノアとその息子達、また彼の妻と彼の息子達の妻達は、洪水の水の目前で彼と一緒に箱舟に入った。

8. 清い獣に関して、また清くない獣に関して、また鳥に関して、また地面の上に這う凡てのものに関して、

9. それらは二つずつ二つずつ雄と雌が、神がノアに命じたようにノアと一緒に箱舟に入った。

10. そして、七日まで数えたその時、洪水の水が地の上にあった。

11. ノアの生涯の600番目の年の2番目の月の17番目の日において、この日、大いなる深淵の凡ての水源が張り裂けた。そして天の水門が開かれた。

12. そして、地の上に40日と40夜豪雨があった。

13. 丁度、この日にノアとノアの息子達のセム、ハム、およびヤペテとノアの妻、また彼の三人の息子達の妻達は彼らと一緒に箱舟に入った。

14. 彼らと、凡ての野獣がその種類に従って、また凡ての獣がその種類に従って、また地の上に這っている凡ての這うものがその種類に従って、また凡ての鳥、鳥類、翼のあるものがその種類に従って、

15. また、その中に生命の息のある凡ての肉に関して、二つずつ二つずつノアと一緒に箱舟に入った。

16. また、箱舟に入っている者達は、神が彼に命じたように、凡ての肉に関して雄と雌が入った。そしてエホバは彼の後ろで戸を閉ざされた。

17. そして、地の上に40日洪水があって、同時に水が増し、また箱舟を持ち上げ、同時に、地の上から上げられた。

18. また、水は地の上で強くされ、そして著しく増加した。また箱舟

創世記　第七章　　　（699）　*393*

は水面の上で漂った。

19. 水は地の上に大いに著しく強くされ、また凡ての天の下にあった高い凡ての山々が覆われた。

20. 水は高所から15キュービット越え、そして山々を覆った。

21. そして、地の上で這っている凡ての肉が、鳥に関して、また獣に関して、また野獣に関して、また地の上に這っている凡ての這うものに関して、また凡ての人間に関して死んだ。

22. 乾いた土地でその鼻に生命の息の呼吸があった凡てのものは死んだ。

23. そして、彼（エホバ）は大地のおもての上の凡てのものを滅ぼされた。人間から獣に至るまで、這うものに至るまで、また諸天の鳥に至るまで滅ぼされた。そして彼らは地上から滅ぼされたが、しかるに、ただノアと一緒に箱舟の中に居たものだけが残された。

24. また、水は地の上で150日強くされた。

内容

701. ここでは新しい教会の準備について一般的に述べられている。丁度、前にその理解のものに関して述べられたように、ここではその意志のものに関して述べられている。1節から5節まで、

702. 次いで、その試練について述べられている。それらはその理解のものに関して、6節から10節まで、また意志のものに関して11,12節に記述されている。

703. その後、その教会の保護について、また保持について記述されている。13節から15節まで、しかしその状態がどのようなものであったか、それが動揺していることが記述されている。16-18節、

704. 最後に、最古代教会の最後の子孫について、それがどのようなものであったかが述べられている。それは間違った原理の信念と自己愛の欲望により支配され、その上、滅びたことが記述されている。19節から24節

まで、

内意

705. [1] ここでは、特に「洪水」について述べられている。洪水によって「ノア」と呼ばれた教会の人間が再生されることが出来る前に受けることを強いられた、それらの試練だけではなく、更に、洪水によって再生されることが出来なかった者達の荒廃が意味される。試練と同様に荒廃も聖言において洪水、即ち水の氾濫に例えられ、またそのように呼ばれている。試練としてイザヤ書において、

「私は憤りの氾濫の中で私の顔をあなたから少しの間隠した。しかし、永遠の憐れみの中であなたを憐れむであろう。あなたの贖い主エホバは言われた。確かに、これは私にノアの水である。今後、私は地の上にノアの水を越えさせないであろうと誓った。それ故、私はあなたに怒らず、またあなたを叱責しないと誓った。…悲惨な女よ、また嵐で翻弄された女よ、慰めとなるものを見つけなかった女よ、」54.7-9,11、ここは教会が再生することについて、また「ノアの水」と呼ばれる試練について記述されている。

[2] ルカ伝において主御自身もまた試練を氾濫と呼ばれている。

「イエスは言われた。私に来て、また私の言葉を聞いて、そしてそれらを行なう者は、…土を掘り、また深みに至るまで掘り貫き、岩の上に土台を据えて家を建てた人間に似ている。そしてそのために、氾濫が起されその家に流れが打ち当たっても岩の上に建てられているので、それを動かすことが出来なかった。」6.47,48、ここの「氾濫」によって試練が意味されることは誰でも知られることが出来よう。荒廃としてはイザヤ書において、

「主は激しい、また多量の川の水が彼らを越えて達することを為す。またそれがアシュルの王とその凡ての栄光とその凡ての派生物を越えて達し、またその凡ての岸を越えてそこまで達する。そしてユダを経てそこまで達し、それが氾濫し、また越えて行き首に至るまで届くであろう。」8.7,8、ここで「アシュルの王」は幻想、間違った信念の原理、およびそこからの間

違った推理として記述されている。それらは人間を荒らし、また洪水前の者達を荒らした。

[3] エレミヤ書において、

「エホバはこのように言われた。見よ、北から水が登って来ている。そしてそれらは氾濫している川になるであろう。そして地とそこに満ちている大きな街と、その中に住んでいる者達に氾濫するであろう。」47.2,3、ここではペリシテ人について記述されている。その者達によって間違った信念の原理を受け入れる者達と、そこから霊的なことについて推論する者達が表象されている。それらは、丁度、洪水前の者達のように人間に氾濫した。

聖言においては試練も荒廃も洪水、即ち水の氾濫に例えられており、またそのように呼ばれた。その理由はそれらが同様にそれらを持つからである。それらは悪の霊達であり、その者達は彼ら自身の信念とその者達の中にある間違った信念の原理と一緒に流入し、また人間の許の同様な者達を扇動する。しかしそれらは再生される人間の許では試練であり、再生されない人間の許で荒廃である。

706. 一節、「そして、エホバはノアに言われた。あなたとあなたの家の凡ての者は箱舟に入りなさい。それというのは、私はあなたをこの世代の中で私の目の前で正しい者と認めたからである。」

「エホバはノアに言われたこと」は、そのように為されたことを意味している。今は仁愛が取扱われているので「エホバ」と言われている。「あなたとあなたの家の凡ての者は箱舟に入りなさい」は、意志のものを意味し、それは「家」である。「箱舟に入ること」は、準備されることであり、「それというのは、私はあなたをこの世代の中で正しい者と認めたからである」は、善を持つことを意味し、それによって彼が再生されることが出来ることを意味する。

707. この章の5節までは、前の章において言われたことと殆んど同じであり、多少変えられただけのものである。また後に続く箇所においても似ている。聖言の内意を知らない者は、単に同様の事柄の要点の繰り返しであるこ

とを除いて、決して異なって考えることは出来ない。聖言において他の箇所で同様に現れており、特に預言者達のもとに現れている。そこで同じ事柄が他の事柄で、また他の言葉で表現されている。そして更に時折、再び取り上げられ、またもう一度記述されている。しかし、このことは前に言われたように、人間の許に相互に最も区別された理解と意志の二つの能力があり、また聖言においてもそれらの両方について区別して述べられていることが理由である。このことが繰り返しの理由であり、ここの章でも同様である。このことは後に続く箇所から知られよう。

708.「エホバはノアに言われた」ことが、そのように為されたことを意味することは、エホバの許には神の存在（注：Esse これは動詞 sum ある、存在する、の不定法であって、あること、存在すること、の意であって、存在の本質の神の愛を意味する。神の愛と知恵14番参照）を除いて存在しないことから知られよう。「エホバが言うこと」はそれが為される、また為されたものである。なお加えて、前章13節、また他の箇所に同様にある。そこで「エホバが言うこと」は、為されること、また為されたものである。

709.今は仁愛について取扱われているので「エホバ」と言われている。前章の9節から終わりまではエホバは言われておらず、神と言われている。その理由は、そこではノアの準備、即ちノアと呼ばれる教会の人間の信仰の理解に関する準備について取り扱われているからである。これに対してここでは愛の意志に関する準備について取り扱われているからである。理解のものについて、即ち信仰の真理について取り扱われる時、「神」が言われ、意志のものについて、即ち愛の善について取り扱われる時、「エホバ」が言われる。というのは、理解のもの、即ち信仰のものは教会を構成しておらず、意志のものである愛のものが構成しているからである。エホバは愛と仁愛の中に居られるが、これに反し、信仰の中には、愛、即ち仁愛の信仰の中以外には居られない。それ故更に、聖言においても信仰は夜に例えられるが、しかし愛は昼に例えられる。例えば創世記第1章において、そこで大きな光源体について述べられた。「大きな光源体、即ち太陽」は愛を意味し昼を支配する。また「小さい光源体、即ち月」

創世記　第七章　一節　　**(705)**　*397*

は信仰を意味し夜を支配する。創世記、1.14,16、同様に預言者達の許に、エレミヤ書、31.35、38.20、詩篇、136.8,9、更に黙示録、8.12、

710. それ故、「あなたとあなたの家の凡ての者は箱舟に入れ」は、意志のものを意味することが知られよう。

　前章においては、理解のものについて、異なって記述されていた。即ち「あなたはあなたとあなたの息子達、またあなたの妻とあなたの息子達の妻達と一緒に箱舟に入らなければならない。」第6章28節、

　「家」が意志を意味し、また意志のものを意味することは、聖言の至る所から知られよう。例えば、エレミヤ書において、

　「彼らの家は、畑と妻達と一緒に他の者達に引き渡されるであろう。」6.12、ここでは、「家」も「畑」もまた「妻達」も意志のものに関係する。同書において、

　「あなた達は家を建てて住め、また庭園に植えてその実を食べよ、」29.5,28、ここで「家を建てることと住むこと」は、意志のものであり、「庭園に植えること」は理解のものである。他の箇所も同様である。また「エホバの家」は、たびたび教会として記述され、そこで最も重要なものは愛である。「ユダの家」は天的な教会として、「イスラエルの家」は霊的な教会として、記述されている。なぜなら、「家」は教会であるからである。それ故、教会の人間の心の中に意志のものと理解のもの、即ち仁愛と信仰のものがあり、それが「家」である。

711. 「箱舟に入ること」が準備されることであることは、第6章18節で言われたが、そこでの意味は信仰の真理である理解のものに関して準備されたことである。ここでは救われるための仁愛の善である意志のものに関しての準備である。人間は準備されたもの、即ち真理と善からよく教えられたものがなければ、決して再生されることは出来ない。まして試練に耐えることは出来ない。なぜならその時、悪の霊達が彼の許にその間違った信念と悪を引き起こすからである。もし、真理と善がそこにあって、主によりそれらへ転じられ、またそれらによって追い散らされるのでなければ、彼は試練に屈する。真理と善は残りのものであり、それ

らはこのような用のために主により保管されている。

712.「それというのは、私はあなたをこの世代の中で正しい者と認めたからである」は、善を持つことを意味し、それによって彼が再生することが出来たことは、前の第6章9節に言われ、また示された。そこで「正しい者」は仁愛の善を意味し、また「健全な者」は仁愛の真理を意味する。そこでは理解のものについて述べられているので「世代（複数形）」で記述されているが、ここでは意志のものについて述べられているので「世代（単数形）」で記述されている。というのは、意志は理解のものを本来包含するが、理解は意志のものを包含しないからである。

713. 二節、「凡ての清い獣について、男（夫）とその妻を七つずつ七つずつ、また清くない獣を男（夫）とその妻を二つずつ、あなたに迎え入れなさい。」
「凡ての清い獣」によって善い情愛が意味され、「七つずつ」によって神聖なものであることが意味され、「男（夫）と妻」によって善に結合された真理が意味され、「清くない獣」によって悪い情愛が意味され、「二つずつ」によってそれぞれに世俗的なものが意味され、「男（夫）と妻」によって悪に結合された間違った信念が意味される。

714.「凡ての清い獣」によって善い情愛が意味されることは、前に獣について言われ、また示されたことから知られよう。45,46,142,143,246番、情愛がそのように意味されたことは、人間は本質的に、また人間自身の固有性から見られたなら獣以外のものではないからである。獣と同様な感覚、同様な欲望、同様な欲念、更にどのような情愛も同様にある。人間の善いものへの愛と最良のものへの愛もまた同様である。例えば、自分と同種の仲間への愛、子供達への愛と妻への愛。このように、確かに何も全く異なっていない。しかし、彼が人間であり、また獣より上の人間であることは、人間が内的な生命を持つからである。その内的な生命は獣には決して存在しない、即ち獣の許に決して存在可能なものではない。その生命は主からの信仰と愛の生命である。もしその生命が獣と共通に持つ個々の生命に内在していなければ、獣の生命と決して異なった

創世記　第七章　二節　　　（710）　*399*

ものではないであろう。もし、例とするならば仲間達への愛がある。例え、自分自身のためだけに仲間達を愛したとしても、その愛よりも天的な、或いは神的な愛が内在しないならその愛は何か、このことからは彼が人間と言われることは出来ない。なぜなら、獣達の許に同様な愛があるからである。他の凡ての愛において同様である。それ故にもし、彼の意志に主からの愛の生命が内在しなければ、また彼の理解に主からの信仰の生命が内在しなければ、彼は決して人間でない。彼が主からの生命を持つことによって彼は死後生きる。なぜなら、主は彼を御自身につなぐからであり、またそのように主御自身の天界において天使達と一緒に居ることが出来るからであり、そして永遠に生きることが出来るからである。また例え、人間が野獣の如く生きて、自分自身と自分自身に関係する者を除いて他の者を誰も愛さなくても、それでも主の慈悲は神的で無限なものであるので、彼を見捨てないで絶えず御自身の生命を天使達を通して彼に吹き込む。主の慈悲はこれほど大きい。例え、彼がそれを他の条件では受け入れなくても、それでもなお、主は彼が善か、或いは悪か、道徳的なものか、社会的なものか、世俗的なものか、形体的なものか、それ故、真理か、或いは間違った信念かどうか考えること、考慮すること、理解することが出来ることをもたらしておられる。

715. 最古代人達は自分自身の卑下の状態の中に居た時、彼らが獣と野獣以外でなかったことをよく知っており、また認めていたので、しかもなお、彼らが人間であったことは、これを主からだけ持ったことを知っており、また認めていたので、それ故に、何であろうと彼らの許にあったものを、獣と鳥になぞらえただけでなく、更にそのように呼んだ。彼らは意志のものを獣になぞらえ、またそのように呼び、また理解のものを鳥になぞらえ、またそのように呼んだ。しかし、善い情愛と悪い情愛の間で区別した。彼らは善い情愛を子羊、羊、小山羊、雌山羊、雌山羊の雄山羊、雄羊、若い雄牛、牛になぞらえた。なぜなら、それらのものは善良でおとなしく、更に生活に役立ち、食べられることが出来、またそれらの毛皮と羊毛で着せられることが出来たという理由のためである。これらのものは、ことのほか清い獣であるが、これに対して、悪い獰猛な獣は、

そのようにまた生活に有害であり清くない獣である。

716. [1]「七つずつ」によって神聖なものが意味されることは、前に第七の日、即ち安息日について言われたことから知られよう。84-87番、即ち主が第七日であることから、また凡ての天的な教会、即ち天的な人間も主から第七日である。それどころか天的なものそのものである。なぜなら、主のものだけが最も神聖なものであるからである。それ故、聖言において「七」は神聖なものを意味する。その上、聖言の内意においては、ここの章のように全く数からの意味は何もない。なぜなら、天使達と天使的な霊達のように内意の中に居る者達は、数が何か、従って七が何かを決して知らないからである。それ故にここでは、七つのつがいの清い凡ての獣について、それらが箱舟に迎え入れられたことを、決して意味しない。即ち七つのつがいと比較して二つのつがいを持ったことを、善の獣が悪の獣と比較して相対的にそれほど多かったことを意味しない。しかし、この教会に居た人間が意志の神聖な善によく教えられたことを意味する。前に言われたように、それらによって彼が再生されることが出来た。

[2]「七」が神聖な者、或いは神聖なものを意味することは、表象の教会の儀式から知られることが出来よう。そこで七からなるものがあれほど頻繁に用いられた。例えば、レビ記におけるように「血と油をもって七度振りかけたこと」が記述されている。

「モーセは聖別の油を取り、そして幕屋とその中の凡てのものに注ぎ、それらを聖別した。また幕屋において祭壇の上に七度振りかけ、そして祭壇とその用具を聖別するために注いだ。」8.10,11、ここで「七度」は、もし神聖なものがそのように表象されるのでなければ、全く何も意味あるものではなかった。ここで「油」は愛の神聖なものを意味する。他の箇所に、

「アロンが聖所に入る時は、若い雄牛の血から取らなければならない。そしてそれを自分の指で東に向けられた贖罪所のおもての上に振りかけなければならない。また贖罪所のおもてに自分の指の血により七度振りかけなければならない。」レビ記、16.14、祭壇についても同様である。

「自分の指の血により七度その祭壇の上に振りかけなければならない。そしてそれを清め、また聖別しなければならない。」レビ記、16.19、ここでは、全体的なものも個別的なものも主御自身を意味する。それ故に、愛の神聖なものを意味する。確かに、「血」「贖罪所」、そのようにまた「祭壇」、更に「東に向けられたそれに血が振りかけられた」ことも、それ故に、「七」もまた主御自身を意味し、それ故に、愛の神聖なものを意味する。[3] 生け贄においても同様である。それらについてレビ記において、

「もし、人の霊魂が間違って罪を犯したなら、…またもし、油を注がれた祭司が民の罪のために罪を犯したなら、…エホバの目の前で若い雄牛を殺さなければならない。…そして祭司は自分の指を血の中につけなければならない。そしてエホバの目の前で神聖な幕に向けて、血をもって七度振りかけなければなない。」4.2,3,4,6、ここでも同様に「七」は神聖なものを意味する。なぜなら、主のものだけである贖罪について、従って主について述べられているからである。

同じく、らい病の清めに関して同様なことが制定された。そのことについてレビ記において、

「鳥の血、杉の木と緋色の糸とヒソプにより、祭司はらい病から清められるべき者の上へ七度振りかけなければならない。そして彼を清めなければならない。…同様に、エホバの目の前で、彼の左の手のひらの上にある油をもって七度振りかけなければならない。同様に、家の中のらい病に杉の木とヒソプと緋色の糸と鳥の血により七度振りかけなければならない。」14.6,7,27,51、ここでは、杉の木、緋色の糸、ヒソプ、油、鳥の血の中に、従って「七」に、もしそれらによって表象された神聖なものがなければ、全く何も意味がないことを誰でも認めることが出来よう。

もしあなたが、これらのものから神聖なものを離すなら、生命のない何かが残るであろう。即ち、世俗的な偶像崇拝的なものが残るであろう。しかし、神聖なものが意味される時、その時そこでの礼拝は神的なものであり、それは内なるものである。そして、それが外なるものによって表象されているだけである。

ユダヤ人達はそれらが何を意味したか全く知ることが出来なかったのであり、そのように今日の誰も杉の木が何か、ヒソプが何か、緋色の糸が何か、

鳥が何か全く知ることが出来ない。それでもなお、彼らが知らない神聖なものをそれらが含んでいることを考えることを欲したなら、またそのように主を尊んだなら、即ち来られるべきメシアを尊んだなら、その方は彼らの「らい病」を治したであろう、即ち神聖なものの冒涜から彼らは救われることが出来たであろう。なぜなら、このように考え、また信じる者達は他生において、表象された全体的なものと個別的なものが何かを、もし知ることを願うなら直ちに教えられるからである。

[4] 同様に、「赤い雌牛」について、

「祭司は彼が取った自分の指の血をもって、集会の天幕のおもてに向けて七度その血を振りかけた。」民数記、19.4、「第七日」、即ち「安息日」は主を意味し、また主御自身からの天的な人間を意味し、また天界そのものを意味した。第七日はユダヤ教会において凡ての儀式よりも最も神聖なものであった。それ故、「第七年に安息の年の安息日があった」レビ記、25.4、更に「七つの安息の年の後、即ち七度の七年の後、ヨベルの年（ユダヤ民族がカナンへ入ってから50年ごとの年）が布告された。」レビ記、25.8,9、

「七」は最高の意味で主を意味し、またそれ故、愛の神聖なものを意味することは、金の燭台からもまた、そしてそれらの七つの灯火からも知られることが出来よう。それらについて、出埃及記、25.31 - 33,37、37.17 - 19,23、民数記、8.2,3、ゼカリヤ書、4.2、それらについてヨハネの書において次のように、

「七つの金の燭台があった。七つの燭台の間に人間の神の子に似た者が居た。」黙示録、1,12,13、ここで「七つの灯火の燭台」が主を意味し、また「灯火」が愛の神聖なもの、即ち天的なものを意味することは、明瞭に知られよう。それ故に、七もまた神聖なものであった。

[5] 同書において、

「それらが王座から出て行った。... 王座の前に七つの火で燃えている灯があった。それらは神の七つの霊である。」黙示録、4.5、ここの「主の王座から出て行った七つの灯」は、七つの灯火である。

預言者達の許に七からなる数が同様にその意味を持つ。例えばイザヤ書において、

「月の光は太陽の光の如く、また太陽の光は七倍に、七つの日の光の如くなるであろう。その日、エホバは御自身の民の破れを繕うであろう。」30.26、ここで「七倍の光は、七つの日の光の如くなるであろう。」は、決して七倍の光を意味しないが、しかし「太陽」によって愛の神聖なものが意味された。

更に、前に言われ、また示された七からなる数についても、同様に認められよう。第4章15節、これらから、前にもまた示されたように、聖言の中の「数」は何であれ、決して数を意味していないことが明瞭に知られよう。第6章3節、

717. これらからもまた、ここでは人間の意志について、即ち人間の意志について属性付けられる善と神聖なものについて述べられていることが知られよう。というのは、ここで「清い獣について七つずつ迎え入れた」ことが言われ、また後に続く節においても、同様に鳥について言われているからである。これに対して、前の19,20節においては、七つずつと言われないで、「二つずつ」、即ち一対が言われている。なぜなら、そこでは理解のことについて取り扱われているからであり、それらは本質的に神聖なものではなく、意志の愛から神聖なものであるからである。

718. 「男（夫）と妻」によって真理が善に結合されたことを意味することは、「男（夫）」の意味が理解の真理であることから、また「妻」の意味が意志の善であることから知られよう。これらについては前に言われた。またそれ故に、理解と意志の何らかの結合がなければ、人間の許に少なくとも最小の思考も決して存在せず、最小の情愛と行動もない。ある種の結婚なしに、決して何かが存在するようにならない、即ち生み出さない。人間の生命体そのものの中の統合されたものと単純なもの、というよりは、最も単一なものも、受動的なものと活動的なものも、もし夫と妻に似た結婚のような結合されたものがなかったなら、少しもそこに存在することが出来なかったであろう。まして何かを生み出すことは出来なかったであろう。凡ての自然において同様であり、永続するこの結合はその起源と始まりを天界の結婚から引き出す。また自然の中の各々の事柄もまた、

404　　天界の秘義　第一巻

生きているものも生きていないものも主の王国のこの原型を刻み付けられている。

719. 「清くない獣」によって悪い情愛が意味されることは、前に清い獣について言われ、また示されたことから知られよう。おとなしく、善良で、また役立つので「清い」と言われた。「清くない」は、その反対で、獰猛で、悪辣で、また役に立たないことである。清くない獣にもそれらの類型と種類がある。聖言においてもまた、それらのものは「狼、熊、狐、豚」また更に多くのものによって表現されている。そしてそれらのものによって様々な欲望と悪意が意味される。

　ここで、「清くない獣」、即ち悪い情愛もまた箱舟に持ち込まれたことが言われていることは、そのように、その教会の人間がどのような者であったかが、「箱舟」によって、また箱舟の中に持ち込まれたものによって、即ち再生される前の人間の許にあったものが、ここで述べられているからである。そのようにその事柄をその教会の人間は持った。またその教会の人間の許に真理と善があり、それらは再生される前に主により備えられ、与えられたものである。なぜなら、真理と善なしに誰も、決して再生されることは出来ないからである。

　ここではその教会の人間の許の悪が述べられており、そしてそれらが「清くない獣」によって意味されている。人間が再生される時、善によって悪が追い散らされなければならない、即ち無効にされ、また鎮められなければならない。というのは、人間の許の何かの実際の悪と遺伝の悪は、破棄されるように追い散らされることは、決して出来ないからである。そればかりか、定着されて保たれており、単に主からの善によって害さないように、また現れないように無効にされ、鎮められているだけである。このことは、今なお知られていない秘義である。無効にされ、また鎮められる悪は実際の悪であり、従って遺伝の悪ではない。このこともまた、知られていない事柄である。

720. 「二つずつ」によって相対的に世俗的なものを意味していることは、それらの数の意味から知られることが出来よう。

「二つずつ、或いは二つ」は結婚を意味するだけではなく（天界の結婚を意味する時は、神聖な数である。）、六と同じこともまた意味する。即ち労苦の六日が第七の休息、或いは神聖に至るまでの状態である如く、二つは三に至るまでの状態である。それ故に、聖言における「第三日」は「第七日」として理解され、また主の三日目の復活の故により、殆んど同様な意味を含む。それ故、主の清いものと栄光への降臨、更に主の凡ての降臨が「第七日」の如く、「第三日」によってもまた記述されている。それ故、ホセア書におけるように、先行する「二日」は、神聖なものではなく、相対的に世俗的なものである。

　「それ故に、また私達はエホバに向かって帰ろう。なぜなら、エホバは私達を傷つけたが、しかるに癒されるであろうから、私達を激しく打ったが、しかるに包帯されるであろうからである。エホバは二日後に私達を活気付け、三日目に私達を立ち上がらせ、そしてエホバ御自身の目の前で私達は生きるであろう。」6.1,2、また、ゼカリヤ書において、

　「それが凡ての地においてあるであろう。エホバは言われる。凡ての地において二つの地域が切り離され消滅するであろう。またその中の第三の地域は残されるであろう。また第三の地域を火によって私は導こう。そして銀を溶かすことと同様に彼らを溶かすであろう。」13.8,9、また、

　「七回清められた時、最も純粋な銀になった」こと、詩篇、12.6、これらから「七つずつ」によって七つずつが意味されたのではなく、神聖なものが意味されたことが明らかである。そのように「二つずつ」によって二つずつが意味されたのでもなく、相対的に世俗的なものが意味されたことが明らかである。従って、清くない獣、即ち彼らの悪い情愛が、清い獣、即ち良い情愛と比較して相対的にこれほど僅かであったこと、即ち七に比較して二のようにこれほど僅かであったことでは決してない。この場合、人間の許に諸々の善に対して無数の諸々の悪がある

721.「男（夫）と妻」によって、悪に結合された間違った信念が意味されることは、直ぐ前に言われたことから知られよう。というのは、ここでの「男（夫）と妻」は清くない獣について言われているからである。直ぐ前には清い獣について言われ、それによってそこで、善に結合された真理を意

味した。ここでは悪に結合された間違った信念が意味されている。主題の性質があるように属性の割り当てがある。

722. 三節、「更に、諸天の鳥に関して、雄と雌を七つずつ、七つずつ全地のおもての上に種を生かすためにあなたに迎え入れなさい。」
　「諸天の鳥」によって理解のものが意味され、「七つずつ」によって神聖なものが意味され、「雄と雌」によって真理と善が意味され、「全地のおもてに種を生かすことのために」は信仰の真理を意味する。

723.「諸天の鳥」によって理解のものが意味されることは、前に示された。それ故に、それらにかかずらうべきではない。

724. 同様に、「七つずつ」は神聖なものを意味するが、しかしここでは、善から由来する神聖なものからの神聖な真理を意味している。何かの真理は、もし善から由来するのでなければ、決して神聖なものではない。人間は聖言から、また記憶から多くの真理を話すことが出来るが、しかしもし、愛、即ち仁愛から真理を引き出すのでなければ、それらの真理は、決して神聖なものと言われることは出来ない。もし、真理に愛と仁愛があるなら、その時、人間は心から真理を承認し、また信じる。なお加えて、信仰も同様に承認し、また信じる。信仰に関して信仰のみが救うことを、かなり多くの者達が話すが、もし信仰に愛があるのでなければ、即ちもし、仁愛があるのでなければ、そしてそれから、信仰があるのでなければ、決して信仰はない。愛と仁愛は信仰を聖別するものであり、主は愛と仁愛の中に居られるが、これに反し、愛と仁愛から分離された信仰の中には居られない。分離された信仰の中には人間自身が居り、その人間の中には不潔なもの以外何もない。なぜなら、信仰が愛から分離された時、自分自身の称賛か、自分自身の利得のための目的があり、それが心の中にあって話すからである。このことは誰でも自分の経験から知ることが出来よう。誰かに彼を愛すること、他の者より評価すること、他の者達と比較して最高の者として認めること、また同様なことを言うが、しかるにそれにもかかわらず、心で異なって考える者は、これを口で言い、

創世記　第七章　三節　　**（720）**　*407*

そして心で否定する者である。時折、彼はその者達をあざけりさえする。このようにこのことを信仰もまた一緒に持つことは、多くの観察によって私に最もよく知られたものに為された。身体の生命の中で主と信仰を、傍聴者が驚くようなスピーチと同時に敬虔から為された説教をした者達が、心からではなく彼らの口から為した者達は、他生において主に最大の憎しみを持ち、また主の信徒達を攻撃する。

725.「雄と雌」によって真理と善が意味されることは、前に「男（夫）と雄」が真理を意味し、「妻と雌」が善を意味することが言われ、また示されたことから知られることが出来よう。しかし「雄と雌」は理解のものに関して言われるが、これに対して「男（夫）と妻」は意志のものに関して言われる。その理由は男（夫）と妻によって結婚が表象されるが、雄と雌によってはそれほど結婚は表象されないからである。というのは、真理はそれ自身により善との結合を結ぶことは出来ないからであるが、しかし善はそれ自身から真理との結合を結ぶことが出来るからである。なぜなら、善から生み出され、また善と結合されない何かの真理は、決して存在しないからである。もしあなたが、真理から善を離すなら、言葉以外に何も残らない。

726.「全地のおもての上に種を生かすために」が、信仰の真理を意味することは、この教会によって種が生かされたことから知られよう。「種」によって信仰が意味される。最古代教会の残りの子孫達は自分達の許の不潔な欲望と恐るべき信念によって天的な種と霊的な種を滅ぼした。しかし、天的な種が滅びないように、ノアと呼ばれる者達が、実際に霊的な種によって再生され、このことがここで意味されている。

　主の生命を受け入れる者達は「生かされること」が言われる。なぜなら、主のものの中にのみ生命があるからである。確かにこのことは誰でも、永遠の生命があるのでなければ、決して彼らの中に何かの生命はないことから、知られることが出来よう。永遠でない生命は生命ではなく、時の範囲の間で死ぬ。

　存在することを終えるものに関して神の存在が言われることは出来ない。

しかし存在することを決して終えないものに関しては神の存在が言われることが出来る。このように永遠に生きることと神の存在がそれらに内在するものだけが主のもの、即ちエホバのものである。なぜなら、凡ての神の存在と永遠に生きることは主御自身のものであるからである。永遠の生命によって永遠の幸福が意味されることについては290番に言われ、また示されたことから認められよう。

727. 四節、「なぜなら、これから七日後に、私は地の上に四十日、四十夜雨が降ることを為し、大地のおもての上から私が造った凡てのものを滅ぼさなければならないからである。」

「七日後に」によって試練の開始が意味され、「雨が降ること」によって試練が意味され、「40日と40夜」によって試練の継続期間が意味され、「大地のおもての上から私が造った凡てのものを滅ぼすこと」によって、再生される時に滅ぼされるような人間固有のものが意味される。同じ「大地のおもての上から私が造った凡てのものを滅ぼすこと」によって最古代教会で自分達自身を滅ぼした者達の滅亡もまた意味される。

728. 「七日後に」が、ここで試練の開始を意味することは、この節において「ノア」と呼ばれる人間の試練について述べられている凡ての内意から知られよう。ここで一般的には、ノアの試練についても、最古代教会で居た者達とそのように自分達自身を滅ぼした者達の凡ての荒廃についても述べられている。それ故に、「七日後に」は、試練の開始が意味されるだけではなく、荒廃の終結もまた意味される。「七日後に」が、それらのものを意味する理由は、前にこの章の2節と第4章15,24節、また84-87番で言われ示されたように、「7」が神聖な数であるからである。「七日後に」は、この世への主の降臨を意味し、更に主御自身の栄光への降臨を意味し、凡ての個々の者の中での主御自身の降臨を意味する。凡ての主御自身の降臨は再生される者達に始まりであり、また荒廃される者達の終わりである。このように主御自身の降臨は、この教会の人間の試練の開始であった。なぜなら、人間が試みられる時、やがて新しい者に為されることと再生されることを始めるからである。そしてこれは、同時に最古代教

創世記　第七章　四節　　（724）　409

会で滅びること以外出来なく為された者達の終結でもあった。丁度、主がこの世へ来られた時、その時教会は最後の荒廃の中にあり、またその時、新しい教会が造られたようにある。「七日後に」が、それらを意味することは、ダニエル書において知られよう。

「過失を完了することについて、また罪を封印することについて、また咎を贖うことについて、また幾世代の正義をもたらすことについて、また幻と預言者を封印することについて、また至聖所に油を注ぐことについて、七十週があなたの民とあなたの神聖な町の上に定められた。そしてあなたはエルサレムを元へ戻すことについて、また建てることについての神の命令が出てから君主メシアに至るまでの七週を知り、また理解しなければならない。」9.24,25、ここで「七十週」と「七週」、なお加えて「七日」は同様なことを意味する。即ち主の降臨を意味する。しかしここには明瞭な預言があるので、期間が明記されており、その上更に「7」から成る数によって更に神聖なものと更に確定されたものが明記されている。それ故、「7」がこのように期間に付けられたものは主の降臨だけを意味するのではなく、その時、「至聖所に油が注がれる」ことと「エルサレムが元に戻されることと建てられること」によって新しい教会の始まりもまた意味することが知られよう。更に、「過失を完了することについて、また罪を封印することについて神聖な町の上に定められた週」の言葉によって最後の荒廃も一緒に意味する。聖言における他の箇所においても同様である。例えば、エゼキエル書において、そこでそれについて、

「私はテルアビブ（バビロニアの地でケバル川付近、ユダヤ捕囚民の居住地）のケバル川の岸に座っている捕囚民のそばに行った。そしてそこで私は七日座った。彼らの間に驚いている者が居た。また七日の終わりにおいて私にエホバの言葉があった。」3.15,16、ここでもまた「七日」は神的なものの訪れの始まりとして記述されている。なぜなら、捕囚民の中に彼が座った時、七日後、彼にエホバの言葉が語られたからである。同書において、

「彼らはゴグを葬るであろう。それ故に、七ヶ月地を清めること、…七ヶ月の終わりから彼らはくまなく捜すであろう。」39.12,14、ここでも同様に「7」は荒廃の最後の終結として、また神的なものの訪れの始めとし

て記述されている。ダニエル書において、

「ネブカドネザルの心は人間から変えられ、同時に獣の心が与えられるであろう。…そして彼の上に七つの期間が過ぎ去るであろう。」4.16,25,32、ここでも同様に荒廃の終わりとして、また新しい人間の始まりとして記述されている。バビロニア捕囚の七十年も同様のことを表象した。数字が「70」にせよ、或いは「7」にせよ同じことを含む、例えば、例え七日か七年か、或いは七十年を造る七代でも、荒廃がバビロニア捕囚の年々によって表象され、新しい教会の始まりが自由と神殿の再建によって表象された。ラバンの許のヤコブの服従によってもまた、同様なことが表象された。そこで次のように記述されている。

「ラケルのために私はあなたに七年仕えるであろう。…そして彼は七年仕えた。…ラバンは言った。次の週（七年）を満たせ、また私達はあなたが更に次の七年を私に仕える服従のために、彼女をあなたに与えるであろう。彼はヤコブにこのように言った。そして彼は次の週（七年）を満たした。」創世記、29.18,20,27,28、ここで「七年の服従は同様なものを含み、更に七年の日々の後の結婚と自由も同様なものを含む。これらの七年の期間は週と呼ばれ、ダニエル書においてもまた同様に呼ばれている。

　同様なことが、「エリコの町を七度回る」ように命令されたこともまた表象した。そして城壁が倒れた。またそれは、

「第七日に彼らは夜明け頃出かけいつものやり方に従って七度町を回った。…そして七度目に七人の祭司達が七つの角笛を吹いた。それと同時に城壁が倒れた。」ヨシュア記、6.10-20、と言われている。これらのことがもし、前述のようなことを意味したのでなければ、七度回ること、また七人の祭司達と七つの角笛があったことは、決して命令されなかったであろう。

　これらから、また他の多くの箇所から、例えばヨブ記、2.13、黙示録、15.1,6,7、11.9、において、「七日後に」は、新しい教会の始まりと古い教会の終わりが意味されていることが知られることが出来よう。ここではノアと呼ばれた教会の人間について、またその試練について述べられており、同様に、自分達自身を滅ぼした最古代教会の最後の子孫について述べられている。「七日後から」によってノアの試練の始まりと最古代教会の最後の荒廃の終わりと死を除いて他のものは意味されることが出

創世記　第七章　四節　　　（728）　411

来ない。

729.「雨が降ること」によって試練が意味されることは、この章の序文に言われ、また示されたことから知られよう。即ち水の洪水と氾濫が、ここでは雨が降ることであり、それは試練だけを意味するのではなく、荒廃もまた意味する。このことは、更に後に続く箇所において洪水について言われなければならないことから明らかになるであろう。

730.「四十日と四十夜」によって試練の継続期間が意味されることは、主の聖言から明瞭に知られよう。「40」が試練の継続期間を意味することは、主御自身が四十日を通して試みられることを受けられたことから由来する。例えば、マタイ伝、4.1,2、ルカ伝、4.2、マルコ伝、1.13、において知られよう。そして主の降臨前のユダヤ教会と他の表象の諸教会の教えは主御自身の象徴であったので、そのように「四十日と四十夜」もまた一般的には凡ての試練を、特にどんな試練でもその継続期間を表象し、また意味した。そして人間が試練の中に居る時、自分の固有のものと形体的なものの凡ての荒廃の中に居るので、勿論、自分の固有のものと形体的なものは消滅しなければならないので、実際、人間が新しく生まれ変わる前に、即ち霊的な者と天的な者に為される前に、戦いと試練によって人間の固有のものと形体的なものは消滅するので、それ故に、「四十日と四十夜」によって荒廃の継続期間もまた意味される。ここでも、ノアと言われた教会の人間の試練についても、洪水前の者達の荒廃についても同様に述べられている。「40」が、試練の継続期間も荒廃の継続期間も意味し、長い継続期間も、短い継続期間も意味することは、エゼキエル書において知られよう。

「あなたは右の脇腹を下に横たわらなければならない。そしてユダの家の咎を四十日負わなければならない。それぞれの年々の代わりにそれぞれの日々を私はあなたに与えた。」4.6、ここで「40」はユダヤ教会の荒廃の継続期間として、更に主の試練の表象として記述されている。なぜなら、ユダの家の咎を負ったことが言われているからである。同書において、

「私はエジプトの地に荒廃、荒地の荒廃をもたらすであろう。人間の足はその地を経て通り過ぎないであろう。また獣の足もその地を経て通り過ぎないであろう。そして、その地は四十年住まわれないであろう。また私はエジプトの地に荒れ果てた地の真ん中に荒地をもたらすであろう。荒らされた大きな町の真ん中でエジプトの大きな町々は四十年さびれるであろう。」29.10-12、ここでもまた、「40」は荒廃と荒地の継続期間として記述されているが、ここの内意においては、決して四十年が意味されていない。しかし期間が短い間にせよ長い間にせよ一般的には信仰の荒れ果てた状態を意味している。ヨハネの書において、

「神殿の外の前庭をあなたは測らないようにせよ。なぜなら、それは諸民族に与えられたからであり、彼らは神聖な都を四十二ヶ月踏み付けるであろうからである。」黙示録、11.2、また同書において、

「獣に高慢なことと不敬虔なことを語る口が与えられ、また彼にそれらを四十二ヶ月の間語ることの権限が与えられた。」13.5、ここで四十二ヶ月は荒廃の継続期間として記述されている。というのは、誰でも知ることが出来るように、四十二ヶ月の期間は、決して意味されていないからである。しかしここで言われる「42」は「40」と同じ意味であり、その起源をそこから得る。なぜなら、「七日」は荒廃の終結と新しい教会の始まりを意味するからであり、これに反し「6」は六日の労働、即ち戦いから労苦を意味するからである。それ故に、「7」は「6」により増やされ、そこから荒廃の継続期間と試練、即ち再生されなければならない人間の労苦と戦いの継続期間を意味している「42」の数が生じる。その数の中に神聖なものが含まれている。しかし、前述の黙示録の箇所から知られるように、端数のない「40」の数が端数のある「42」の数として導入されたのである。

イスラエルの民がカナンの地に導き入れられる前に、砂漠の中を四十年連れまわされたことによって、同様に試練の継続期間、更に荒廃の継続期間も表象し、また意味した。試練の継続期間は、その後、神聖な地へ導き入れられたことによって意味され、また荒廃の継続期間は、エジプトを出た二十歳以上の凡ての者達が、ヨシュアとカレブを除いて見捨てられ死んだことによって意味さた。試練は、彼らがあれほど頻繁に何で

も逆らって不平を言ったことによって意味され、また荒廃は、彼らにあれほど頻繁に災難と破滅があったことによって意味された。これらが試練と荒廃を意味することは、その箇所で、主の神的な慈悲により示されよう。これらについてモーセの書において次のように、

「凡ての道を思い出せ、同様に神エホバがこの四十年砂漠において、あなたを苦しめるために、なお加えてあなたを試みるために言われた凡てのことを思い出せ、あなたの心の中がどんなか、エホバ御自身の教え（戒め）を守るかどうか、守らないかどうか知るためであった。」申命記、8.2,3,16、

「モーセが四十日と四十夜シナイ山に居た」が、同様に試練の継続期間、即ち主の試練を意味することは、その箇所において知られよう。

「モーセはシナイ山において、四十日と四十夜パンを食べず、水も飲まず民のために民が滅ぼされないように嘆願していた。」申命記、9.11,18,25から終わりまで、10.10、民数記、14.33,34,35、32.8 - 14、

「四十日」によって試練の継続期間が意味される理由は、言われたように、主は御自身を悪魔から四十日試みられることを受けられたからである。それ故に、凡てのものが主の表象のものであるために、天使達の許に試練の考えがあった時、その考えが霊達の世界においては、その世界にあるようなものによって表象されたものになる。もし、天使的な凡ての考えが霊達の世界へ降るなら、同様に為され表象のもので見せられる。主が四十日試みられたので、「40」によってこのような意味がある。主の許に、またそれ故、天使的な天界において来るべきことも、更にまた現在のことも同じことであり、来るべきことは現在のことである。即ち行われるべきことは行なわれたことである。それ故、試練の表象、そのようにまた荒廃の表象も表象の教会においては、「40」によって意味された。しかし、これらのことは、まだ十分に理解されることが出来ないであろう。なぜなら、天使的な天界の霊達の世界への流入が知られていないからであり、またこのようなことは知られていないからである（注：主が悪魔の試みを受けられたのは、約二千年前であり、出エジプトは三千数百年前であるので、主の試みの表象が出エジプトの時にされることは、まだ起こっていない未来のことが過去において表象されることであり人間的には不可解であ

るが、主は時間によらずに凡ての時間に存在されるので、主の許には時間に関係なく表象される。）。

731.「大地のおもての上から私が造った凡てのものを滅ぼすこと」によって人間の固有性が意味され、それが活気付けられる時、人間は滅ぼされることは、前に人間の固有性について言われたことから知られよう。人間の固有性は悪と間違った信念の凡てのものである。これを持つ間、人間は生命のないものであるが、しかし試練を受ける時、やがてそれは主からの真理と善によって追い散らされる。即ち無力にされ、また和らげられ、そのようにまた、人間は生かされる。そして人間の固有性がないかの如く見える。それが見えなくなり、もはや害を与えないことが、「滅ぼされること」によって意味されるが、それでも決して滅ぼされないで保っている。人間の固有性はそれを殆んど黒色と白色の如く持ち、もし光源の輻射によって様々に和らげられるなら、美しい色に変えられる。例えば、青色、黄色、紫色に変えられる。それらの色のによって、またそれらの配列に従って美しい色に変えられ、花のように美しく、また快い色が見せられる。それでもなお、根元からは、また根本的に持っているものは黒と白である。

　しかし、ここでは最古代教会から居た者達の最後の荒廃について一緒に述べられているので、更に「大地のおもての上から私が造った凡てのものを滅ぼすこと」によって、後に続く23節と同じように滅びた者達が意味されるので、また「私が造った凡てのもの」は、その凡てのもの、即ち天的な種のあった凡ての人間、即ち最古代教会から居た者達が意味されるので、それ故に、ここの節においても、また後に続く23節においてもまた、「大地」と言われる善と真理を植え付けられた教会の人間が滅ぼされたことも意味する。言われたように、ノアと呼ばれる者達の許に継続的に悪と間違った信念がふるいにかけられ追い散らされた。しかし、洪水前に滅びた者達においては、毒麦によって滅ぼされた。

732.五節、「そして、ノアは、エホバが彼に命じられた凡てのことに従って行なった。」は、前のようにそのように行なわれたことを意味する。

創世記　第七章　五節　　（730）　　415

前章の22節には、そこで「ノアが行なった」ことが二度言われているが、ここでは一度だけ言われており、またそこで「神」が言われ、それに反しここでは「エホバ」が言われている。

　その理由は、そこでは理解のものについて述べられ、ここでは意志のものについて述べられているからである。理解のものは意志のものを別のもの、またそれ自身から分離されたものの如く見る。しかし意志のものは理解のものをそれ自身に結合されたものの如く、即ち一つのものの如く見る。なぜなら、理解は意志からあるからである。このことがそこで二度「行なうこと」が言われ、ここで一度だけ言われている理由である。更にそこで神が言われ、それに反しここでエホバが言われている理由である。

733. 六節、「そしてノアは600歳の息子であった。その時、地の上に水の洪水が起された。」

　「ノアは600歳の息子であった」によって彼の試練の最初の状態が意味され、「地の上に水の洪水」によって試練の始まりが意味される。

734. 前章の13節から終わりまでにおいて、理解の真理について述べられた。それらにノアと言われた教会の人間が再生される前に主により備えられたのであった。続いて、この章の1節から5節までにおいて、意志の善について述べられた。それらもまた主により与えられた。ここでは両方について述べられているので、要点の繰り返しの如く見える。これに反し、今は彼の試練について述べられており、実際に、6節から11節まで試練の始まりについて述べられており、またここでは試練の最初の状態について述べられている。そして、誰でも認めることが出来ることだが、再び、要点の繰り返しが用いられている。なぜなら、この節において、地の上に洪水が起こった時、「ノアは600歳の息子であった」ことが言われているが、しかし11節においては「彼の生涯の600番目の年の2番目の月の17番目の日」と言われているからであり、同様に次の7節で「ノアは息子達と妻達と一緒に箱舟に入ったことが言われ、後に続く13節でも同様に言われているからである。更に、8,9節で「獣達はノアと一緒に箱舟に入った」ことが言われ、14-16節でもまた同様に言われているからである。

これらからここでも前と同様に要点の繰り返しがあることが知られよう。文字通りの意味だけに固執する者は、ある種の歴史的なことのような繰り返しを除いて異なって知ることが出来ない。しかしここでも、他の箇所の如く主の聖言であるので、余分な、また無駄な何かの言葉は決してないのである。それ故に、何かの繰り返しではなく、他のことを意味する。実際、ここの場合も前の如く、彼の理解のものに関する最初の試練があること、また続いて彼の意志のものに関する試練があることが記述されている。これらの試練は再生されるべき者の許に次々と生じる。なぜなら、理解のものに関して試みられることと意志のものに関して試みられることは全く異なったものであるからである。理解のものに関する試練は軽微なものであるが、これに対して、意志に関する試練は厳しいものである。

735.理解のものに関する試練、即ち人間の許の間違った信念に関する試練が、軽微なものである理由は、人間は感覚の間違った信念の中に居るからであり、また感覚の間違った信念はそれを取得しないことが出来ないようなものであるからである。それ故にまた、人間の理解に従って、あたかも人間の感覚の間違った信念に従って語っている聖言の文字通りの意味に固執する者達の如く間違った信念は容易に追い払われる。聖言の文字通りの意味が主の聖言であるので、それらから率直に信仰を持つなら、例え間違った信念の中に居たとしても、それでもなお容易に教えられることを受ける。例えば例として、主は怒り、罰し不敬虔な者達に悪を為すことを信じる者は、文字通りの意味からこのことを持つので、何らかの方法で彼が持つそれらの事柄を容易に正しく教えられることが出来る。同様に例え、彼が自分自身から善を行なうことが出来ることを信じても、またもし自分自身から善を行なうなら他生で報酬を受け取ることを信じても、彼もまた容易に善を行なうことは主からあること、また主は慈悲により快く報酬を与えられることを正しく教えられることが出来る。それ故にもし、理解のものに関する、即ちこのような間違った信念に関する試練の中へ行くなら、穏やかに試みられる。そしてこれが最初の試練であり、また殆んど試練として見えない。この試練について今述べられている。

しかし、率直な心で聖言を信じないで、彼らの強い欲望を支持する理由

により、またこの理由により彼ら自身から、また彼ら自身の科学的な（事実に基づく）ものから多くのものを寄せ集め誤った推論を促し、また間違った信念と間違った原理の中にそれらを確信し、またその後、同様に聖言によって確信し、またそのように自分達自身に刻印し、そして間違った信念を真理であると説得する者達は異なっている。

736. ノア、即ちこの新しい教会については、その教会の者達は最古代教会から保ち、エノクと言われた者達により、或る種の教義の形の中に集められ、また得られた教義の事柄を率直に信じたような者達であった。またこの教会の者達は、洪水前に信仰の教義の事柄を自分達自身の不潔な欲望に沈め、またそのように恐るべき信念を身に付け、滅びたネフィリムと言われた者達に対し全く異なった性質の者達であった。ネフィリムと言われた者達はどれほど教えられたにせよ、また間違った信念が間違っていると示されても、それらから離れることを欲しなかった。今日もまた、この二種類の性格、即ち性質の人間達が居る。しかしかの教義の事柄を率直に信じた者達は容易に再生されることが出来るが、これに反しこの教義の事柄を欲望に沈めた者達が再生されることは困難である。

737. 「ノアは600歳の息子であった」によって、彼の試練の最初の状態が意味されることは、ここから第11章のエベルに至るまでは、第5章における凡てのものの年齢と名前と同様に、数によって、年々の年齢によって、名前によって事柄を除いて他のものは何も意味されないことから知られよう。

　ここで「600歳」が試練の最初の状態を意味することは、ここで支配する数から知られることが出来よう。それらは「10」と「6」であり、それらはそれら自身において二度掛けられたものである。大きい数と小さい数は同じことを意味し、何も変わらない。「10」については前に、第6章3節で「残りのもの」を意味することが示された。またここで「6」が労苦と戦いを意味することは、聖言の至る所から知られよう。なぜなら、先行している箇所において、試練のためのその準備について、即ち主により理解の真理に、また意志の善に準備されたことが述べられたように、それらの事柄を持つからである。これらの真理と善が残りのものであり、

418　　　天界の秘義　第一巻

それらは人間が再生されるより前に認められるようには引き出されない。試練によって再生される者達の許では、人間の許の残りのものは、彼の許に居る天使達のためにある。天使達は残りのものから真理と善を取り出し、彼の許に間違った信念を扇動し、またそのように攻撃する悪の霊達に対して人間を保護する。なぜなら、残りのものは「10」によって意味され、また戦いは「6」によって意味されるからである。それ故、600歳が言われることは、それらの中で「10」と「6」が支配することが言われ、そしてそれらは試練の状態を意味する。特に「6」については、戦いを意味することは、創世記、第1章から知られよう。そこに六日があり、それらに再生された人間が天的な者に為される前に居た。それらの日々の間に絶え間のない戦いがあったが、しかし七日目に休息があった。それ故、六日は労苦であり、また七日目は休息を意味する安息日である。それ故、同様に、

　「ヘブル人の奴隷は六年仕えて、七年目には自由であった。」出埃及記、21.2、申命記、15.12、エレミヤ書、34.14、

　このことはつまり、「六年間地に種を蒔いて、また収穫を集めたが、しかし七年目にそれを中断したことである。」出埃及記、23.10-12、

　葡萄畑も同様に、また

　「七年目に地の安息の安息年があり、エホバの安息年であった。」レビ記、25.3,4、

　「6」は労苦と戦いを意味するので、間違った信念を追い散らすこともまた意味する。エゼキエル書において、

　「見よ、六人の男が北の方に面している上の門の道から来ている。そして各々の者はその手に自分自身の分割の道具を持っていた。」9.2、また、ゴグ、（マゴグの王）に対して、

　「また、私はあなたを帰らせよう、またあなたを六つに分けるであろう。またあなたを北のかたわらから上らせよう。」39.2、ここで「六と六つの部分に分けること」は離散として、「北」は間違った信念として、「ゴグ」は外なるものから教義の事柄を認め、そのことから内なる礼拝を損なう者達として記述されている。ヨブ記において、

　「六つの災難の中で彼はあなたを救い出すであろう。また七番目の災難

創世記　第七章　六節　　（735）　419

において悪はあなたを打たないであろう。」5.19、ここでは試練の戦いとして記述されている。

　それとは別に聖言において「6」が用いられている。そこで「6」は労苦、戦い、即ち間違った信念の消散を意味しないで、信仰の神聖なものを意味している。なぜなら、「6」は「12」に関係があるからである。それらは信仰と信仰の一つの複合体の中の凡てのものを意味する。また「6」は「3」に関係があり、それらは神聖なものを意味し、そこから数の「6」の正しい語源がある。例えば、エゼキエル書第40章5節において、そこで男達が六キュービット（約2.7ｍ）の葦でイスラエルの都を測った。また他の箇所に、そこに「6」の語源があることの理由は、試練の戦いの中に信仰の聖なるものがあり、更に労苦と戦いの六日が七日目の神聖なものを目指すからである。

738. 前に示されたように、「息子」は理解の真理を意味するので、ここで「600歳の息子」と呼ばれている。これに反し、後に続く11節では「息子」と呼ばれていない。なぜなら、そこでは意志のものに関する彼の試練が述べられているからである。

739.「水の洪水」によって試練の始まりが意味されることは、ここでは理解のものに関する試練について述べられていることから知られよう。それらは言われたように、先行する試練であり、また軽微な試練である。それ故に、「水の洪水」と呼ばれ、後に続く17節のように単純に洪水と呼ばれていない。というのは、「水」は、特に人間の霊的な信仰の理解のものを意味するからであり、更にそれらに反対のもの、即ち間違った信念を意味するからである。このことは聖言からの非常に多くのもので確認されることが出来る。洪水、即ち氾濫は試練を意味することは、この章の前置きとして言われたことから知られよう。更にエゼキエル書においてもまた、

　「主エホバはこのように言われた。不用なもので覆われた壁を私が損なうことを完了するまで、私の怒りの中で嵐の風を吹かそう。また私の憤りの中で氾濫している豪雨を降らそう。また激情の中で雹の石を降らそ

420　　　天界の秘義　第一巻

う。」13.11，

13,14，ここで「激情の風と氾濫している豪雨」は間違った信念の荒れ果てた状態として、「不用のもので覆われた壁」は真理の如く見せ掛けた作り物として記述されている。イザヤ書において、

「神エホバは氾濫からの防御、暑さからの日陰である。なぜなら、乱暴な者達の息は壁を打つ氾濫の如くあるからである。」25.4、ここで「氾濫」は理解のものに関する試練として、またそれは意志のものに関する試練から区別される。意志のものに関する試練は「暑さ」と呼ばれている。同書において、

「見よ、雹の氾濫、破壊の嵐の如く、漲る力強い水の氾濫の如く力強く、堅固なものが主にある。」28.2、ここでは試練の程度が記述されている。同書において、

「あなたが水を越えて渡る時、私はあなたと一緒に渡るであろう。また川を越える時、川はあなたに氾濫しないであろう。あなたが火を越えて行く時、あなたを焼かず、また炎はあなたを焼き尽くさないであろう。」43.2、ここで「水と川」は、間違った信念と幻想として、また「火と炎」は悪と欲望として記述されている。ダビデの書において、

「このために、凡ての神聖な者はあなたに出会った時から祈る。そしてそのために、多くの水の氾濫の中で、それは彼に及ばない。あなたは私にとって隠れ場であり、あなたは私を災難から救われるであろう。」32.6,7、ここで「水の氾濫」は試練として記述されており、それは更に、洪水とも呼ばれる。同書において、

「エホバは洪水の近くに居られ、永遠に王として留まられる。」詩篇、29.10、

これらから、またこの章に先立って前置きとして言われたことから「水の洪水、或いは氾濫」は、例え最古代教会の習慣に従って歴史的に記述されたものであっても、試練と荒廃を除いて他のものは何も意味されないことが明らかである。

740. 七節、「ノアとその息子達、また彼の妻と彼の息子達の妻達は、洪水の水の目前で彼と一緒に箱舟に入った。」

創世記　第七章　七節　　（737）　*421*

「ノアは洪水の水の目前で箱舟に入ったこと」は、試練において守られたことを意味し、「息子達」によって前に言われたように真理が意味され、「妻」によって善が意味され、「息子達の妻達」によって善に結合され真理が意味される。

741.「ノアは洪水の水の目前で箱舟に入ったこと」は、守られたことを意味することは誰でも知ることが出来よう。

試練は人間の許の天使達と悪の霊達の戦い以外の他のものではない。悪の霊達は人間が幼児期から行い、また考え身に着けた人間の凡ての不正なことを引き起こす。そのように悪も、間違った信念も引き起こし、そして人間を地獄へ落とす。悪の霊達にとってそれより楽しいことは何もないのである。そもそも彼らの生命はその快いことの中に成り立っている。だが聞きたまえ、主は天使達によって人間を守り、また悪の霊達と悪鬼達が限度を越えて、また人間が耐えることが出来るよりもそれ以上に動き回らないように、また氾濫しないように抑制されている。

742.「息子達」によって真理が意味され、「妻」によって善が意味され、「息子達の妻達」によって善に結合された真理が意味されることは、前に第6章18節で同様の言葉が言われている。真理と善に関して、例えここで「息子達と妻達」と呼ばれていても、それらはノアと言われた人間の許にあったものであり、それらによって彼らは守られたのである。このようなものが最古代の聖言の文体であり、歴史的に関連付けられたものに、天界の秘義を含んでいる。

743.八、九節、「清い獣に関して、また清くない獣に関して、また鳥に関して、また地面の上に這う凡てのものに関して、それらは二つずつ二つずつ雄と雌が、神がノアに命じたようにノアと一緒に箱舟に入った。」

「清い獣」によって前に言われたように善い情愛が意味され、「清くない獣」によって欲望が意味され、「鳥」によって一般的に考えられたことが意味され、「地面の上に這う凡てのもの」によって感覚的なものと、何であれ快いものが意味され、「二つずつ、二つずつ」は相応を意味する。「彼らが箱舟

422　　天界の秘義　第一巻

に入ったこと」は、守られたことを意味し、「雄と雌」は前に言われたように、真理と善を意味し、「神がノアに命じられたように」は、そのように行なわれたことを意味する。

744.「清い獣」によって善い情愛が意味されることは、前にこの章の2節で言われ、また示された。それ故に、これらにかかずらわされるべきではない。そこで「清くない獣」によって欲望、即ち悪い情愛が意味されることも同様に示された。

745. 鳥によって一般的に考えられたことが意味されることは、前に鳥について理解のもの、即ち理性的なものを意味することが至る所で言われたことから知られよう。しかし前にはそこで「諸天の鳥」が言われたが、それに対し、ここでは「鳥」だけが言われている。それ故に、一般的に考えられたことが意味される。というのは、鳥には清いものも清くないものも多くの種類があるからであり、それらは後に続く14節において「鳥」、「鳥類」、「翼のあるもの」に区別されている。清い鳥は真理の思考であり、清くない鳥は間違った思考である。これらについて主の神的な慈悲により後に続く箇所において述べよう。

746.「地面の上に這う凡てのもの」によって感覚的なものと何でも快いものが意味されることは、前にもまた言われ、また示された。

　最古代人達は人間の感覚的なものとその楽しいものを這うものと這っているものに例え、またなぞらえた。そしてそのようにまた呼んだ。なぜなら、それらは人間の最外部のものであり、また同様に人間の表面を這うからである。またそれらはそれらを高く上げることは許されるべきではないからである。

747.「二つずつ、二つずつ」が相応を意味することは、それらは一対であることから誰でも知られることが出来よう。それ自身に相応するのでなければ一対があることは出来ない。例えば、真理と善がそれら自身に相応していなければ、また悪と間違った信念がそれら自身に相応していな

創世記　第七章　八節　　（740）　*423*

ければ一対であることが出来ない。というのは、凡てのものに結婚の形、即ち結合があるからである。例えば、真理の善との、また悪の間違った信念との結合がある。なぜなら、結婚は理解の意志との、即ち理解のものの意志のものとの結合であるからである。実際に各々の事柄にその結婚、即ち結合があり、それなしには決して存続しない。

748.「箱舟に入った」ことは、彼らが守られたことを意味することは、前の7節で言われたのである。そこでノアについて、また彼の息子達、また妻達について言われた。

749.「雄と雌」が真理と善を意味することは、前の第6章19節から知られよう。そこで「雄と雌」が鳥について言われ、そればかりか「男（夫）と妻」が獣についても言われ、その理由もまたそこで言われた。即ち意志のものの理解のものとに結合があるが、そのように理解のものの意志のものとに本来関係されたものはない。意志のものの理解のものとの結合は、男（夫）と妻のようにそれらの結合を持つが、しかし理解のものの意志のものとの結合は、雄と雌のようにそれらの結合を持つ。そしてここでは言われたように、先ず理解のものに関する人間の前述した試練が述べられているので、雄と雌が言われている。またそれは理解のものに関する戦い、即ち試練が意味される。

750.「神が命じられたように」が、そのように行われたことを意味することは、前の第6章22節、更にここの第7章5節に示された。

751.ここではノアと言われた新しい教会の人間の試練について述べられているので、また僅かな者しか試練を知らないので、また例え、誰かにそれらの試練をどのように持つかよく知られても、今日は僅かな者しかこのような試練を受けないので、また試練を受ける者達も自身の中にある生得的な何かのものを単に受けることを除いて異なって知らないので、それ故に、この事柄を簡潔に説明することが許されている。悪の霊達が居り、その者達が居る時、言われたように人間の間違った信念と悪を扇

動し、その上、人間が幼児期から考え、また罪を犯した記憶から何であろうと引き出す。これを悪の霊達は述べられることが出来ないほど、巧みに、また悪意を持って行なうことが出来る。しかし、人間の許の天使達は人間の善と真理を引き出し、またそのように人間を保護する。この戦いは人間の許に感じられ、また認められる。そして良心の痛みと苦痛を引き起こす。

　試練は二種類あり、一つは理解のものに関し、もう一つは意志のものに関してある。人間が理解のものに関して試みられる時、やがて悪の霊達は、ここで「清くない獣」によって意味される人間が犯した悪をその行なわれたものだけを呼び起こし、そして非難し地獄へ断罪する。このほかに無論、ここでもまた「清い獣」によって意味され、人間によって行なわれたその善も呼び起こすが、しかしそれらを無数の方法で歪める。更に、ここでもまた「鳥」によって意味されている人間の考えたこともまた一緒に呼び起こす。加えて、ここで「地面の上に這うもの」によって意味されているそれらもまた呼び起こすが、しかしそれは軽微な試練である。そしてこのようなものの反復によって記憶の中に、またそこから何らかの不安によってのみ認められる。

　これに反し、人間が意志のものに関して試みられる場合は、その時それほど考えられたことと行なわれたことは呼び起こされない。しかし悪鬼達が居る時、この種類の悪の霊達はこのように呼ばれることが出来る。この者達は人間をその欲望とそれらに浸された不潔な愛を掻き立てる。そしてそのように人間の欲望そのものによって戦い、またそれが、悪鬼達から由来することを、決して信じられることが出来ないほど悪意をもって、また密かに行なう。というのは、彼らは瞬間的に自分達を人間の欲望の生命に注ぎ込み、そこで殆んど瞬間に善と真理への情愛を悪と間違った信念への情愛に転じ、また変えるからである。その結果として、人間は自分自身により、また自発的に行い、そのように変化することを除いて、決して異なって知ることが出来ない。この試練は最も厳しく、内なる苦痛として、また火の拷問に掛けられているように認められる。

　このようにこの事柄を引き起こすことを、私に様々な観察により認識することと、更に、悪の霊達、即ち悪鬼達がいつ？　どこから？　一体誰が？

創世記　第七章　八節　　（747）　425

またどのようにして？ 流入し、また群がったかを知ることが与えられた。これらの観察については、主の神的な慈悲により個別に述べられるであろう。

752.　十節、「そして、七日まで数えたその時、洪水の水が地の上にあった。」
　これらによって、前に言われたように試練の開始が意味される。

753.　「七日」によって試練の開始が意味されることは上の4節において示された。そして先行している試練、即ち人間の理解のものの試練であった試練の始め、即ち最初の試練に関係があり、そしてその結末がこのように述べられている。またこれは理解のものに関する最初の試練であったので、上の7節の如く「洪水の水」によって、また6節では「水の洪水」によって述べられている。このことは厳密にはそこで示されたような試練を意味する。

754.　十一節、「ノアの生涯の600番目の年の2番目の月の17番目の日において、この日、大いなる深淵の凡ての水源が張り裂けた。そして天の水門が開かれた。」
　「600年目の2番目の月の17番目の日」によって試練のもう一つの状態が意味され、「大いなる深淵の凡ての水源が張り裂けたこと」は、意志のものに関する試練の最後のものを意味し、「天の水門が開かれたこと」は、理解のものに関する試練の最後のものを意味する。

755.　「600年目、2番目の月、および17番目の日」によって、もう一つの試練の状態が意味されることは、これまで言われたことから帰結する。なぜなら、6節からこの11節までは人間の理解のものに関する試練の最初の状態について述べられたが、これに反し今は、もう一つの試練の状態、即ち意志のものに関する試練の状態について述べられているからである。その理由は、彼の年齢が再び言われているからである。前には「600歳の息子であった」ことが言われ、またここでは「彼の生涯の600番目の年の2番目の月の17番目の日」に洪水が為されたことが言われているからである。ノアの年齢の年々が、そこで年々と月々と日々が明記されているこ

とによって、意志のものに関する試練の状態が意味されることを、決して誰も考えることは出来ない。しかし、最古代人達の話すことと書くことの流儀はこのようなものであって、またその中に時代と名前を秩序立てることが出来ることと、そこから歴史的なもの、とは言え似ている歴史的なものを整えることを特に喜んだ。その中に彼らの知恵が知られた。

これに反し、「600歳」は最初の試練の状態を除いて他のものを意味しないことは、上の6節に示された。ここでも同様に「600年」が記述されているが、しかし試練のもう一つの状態が意味されることは、月々と日々、その上2月、即ち「2番目の月において」が加えられており、それらが戦いそのものを意味することは、前にこの章の2節において言われたように、「2」の数の意味から知られることが出来よう。即ち、「2」が「6」と同じものを意味すること、即ち労苦と戦い、更に離散（分割）を意味することは、そこで示されたものが認められよう。

これに反し、「17」の数は、「7」と「10」の数から組み合わされているという理由から、試練の開始も試練の終結も意味する。その数が試練の開始を意味する場合は、その時、七日目までの日々を含む。即ち七日の日々の一週間を含む。このことが試練の開始を意味することは、前にこの章の4節において示された。これに対して、試練の終結が意味される場合は、その時、後に続く第8章4節のように「7」は神聖な数であり、それに残りのものを意味する「10」が付け加えられた。なぜなら、残りのものなしに人間は再生されることが出来ないからである。「17」の数が試練の開始を意味することは、エレミヤ書において知られる。

「彼（エレミヤ）に自分の父方のおじの息子のハナメル（エレミヤの従兄弟）からアナトテ（ベニヤミンの地、エレミヤの出身地）に畑を買うことを命令された。そして彼は銀7シケル（ユダヤの銀貨）と銀の10シケルを彼に支払った。」32・9、ここの「17」の数は、彼らのバビロニア捕囚もまた意味し、それによって誠実な者達の試練と不誠実な者達の荒廃が表象され、その上、試練の開始と同時に試練の終結、即ち解放も意味していることは、エレミヤ書のこの章の後に続く箇所から知られることが出来よう。第32章36節においてそこで捕囚が言われ、37節から後に続く箇所で解放が言われている。このような数は他の凡ての数と同様に、もし秘義を含んで

創世記　第七章　十節　　（752）　*427*

いなければ、決して現れなかったであろう。

「17」が試練の開始を意味することは、ヨセフの年齢からもまた知られることが出来よう。ヨセフが兄弟達へ送られ、またエジプトへ売られた時、17歳の息子であった。創世記、37.2、「ヨセフがエジプトへ売られたこと」も同様に試練の開始を表象することは、そこの箇所を解説する時、主の神的な慈悲により示されるであろう。そこでのヨセフの記事は歴史的な表象のものであり、それらは記述されている如くそのようにそれらを行なった。これに反し、ここでは歴史的な意味のものに作られたものであり、それらは文字通りの意味において記述されている如く、そのようにはそれらを行なわれなかった。しかしそれでもなお、それらのものは天界の秘義を含み、その上、ヨセフの記事の如く、各々の言葉が天界の秘義を含む。このように各々の言葉が天界の秘義を持つことは奇妙に見えることだろう。なぜなら、そこに歴史的な真実、即ち歴史的に行なわれたものが現れ、心が文字通りの意味の中に引き留められ、それから自分自身の心を引き離すことが出来ないからである。それ故、別のものを何も意味しない、また表象しないことを信じる。しかし何かの内意があり、その中に聖言の生命があること、これに反し、文字通りの意味の中には生命がなく、それらは内意なしには死んだものであることは、誰でも知性のある者に知られることが出来よう。聖言に内意がなければ、世俗的な著述家の許の歴史的な著作と比べてどんな違いがあるのか？ もし、聖言が天界の秘義を含むものでなければ、洪水が為された時のノアの歳と月と日を知ることにどんな有用性があったのか？「大いなる深淵の凡ての水源が張り裂けた。そして天の水門が開かれた」が、預言的な話し方であることを誰が認めることが出来ないであろうか？ 更に他のものも同様である。

756.「大いなる深淵の凡ての水源が張り裂けた」が、意志のものに関する試練の終わりを意味することは、すぐ前に一つは理解のものに関する、もう一つは意志のものに関する二種類の試練があることについて言われたことから、また意志のものに関する試練は、理解のものに関する試練に比較して厳しいものであることを言われたことから、更に、理解のものに関する試練についてここまで述べられたことから知られることが出

来よう。同様に、前の18番のように「深淵」の意味が欲望とそこからの間違った信念であることからも、更に聖言の中の下記のものから知られよう。エゼキエル書において、

「主エホビはこのように言われた、私があなたの荒らされた町を誰も住まない町々の如く為す時、私があなたの上に深淵が昇ることを為す時、多くの水があなたを覆うであろう。」26.19、ここで「深淵と多くの水」は試練の終わりとして記述されている。ヨナ書において、

「水が私の霊魂に至るまで取り囲んだ、深淵が私を取り囲んだ。」2.5、ここで「水と深淵」は、同様に試練の終わりとして記述されている。ダビデの書において、

「あなたの水路の水の音に向かって、深淵が深淵に叫んでいる。あなたの凡ての砕け波が、またあなたの凡ての波が私の上に臨む。」42.7、ここでも深淵は明瞭に試練の終わりとして記述されている。同書において、

「彼がスフ（紅海）の海を叱責すると、同時にそれは干された。そして彼らを砂漠の中の如く深淵を通って歩いて行くことをさせ、また彼らを憎む者達の手から守り、そして敵の手から彼らを贖った。そして彼らの敵を水が覆った。」詩篇、106.9-11、ここで「深淵」は砂漠の中の試練として記述されている。

　古代では「深淵」によって地獄が意味され、また幻想と間違った原理の信念が水と川に例えられ、更にそこからの蒸気に例えられた。このように或る種の地獄もまた見える。即ち深淵の如く、また海の如く見える。このことについては主の神的な慈悲により後に続く箇所において述べよう。それらの地獄から悪の霊達は人間を荒らし、更に試み、また彼らの幻想を注ぎ、また彼らの欲望は人間を燃え上がらせる。これらのものはそれらの地獄からの洪水と蒸気の如くある。なぜなら、言われたように人間は悪の霊達によって地獄に結合され、また天使達によって天界に結合されているからである。それ故に、「深淵の凡ての水源」が張り裂けたと言われる時、このような洪水と蒸気があることを意味する。地獄が深淵と呼ばれ、またそこからの不潔なものが川と呼ばれることはエゼキエル書において明らかである。

「このように主エホビは言われた。その日、彼が地獄へ降ることを私は

創世記　第七章　十一節　　（755）　　429

嘆き、彼の上に深淵が覆われることを為し、またその川の流れを引き止め、そして大いなる水が止められた。」31.15、地獄はヨハネの書においてもまた「深淵」と呼ばれている。黙示録、9.1,2,11、11.7、17.8、20.1,3、

757.「天の水門が開かれた」が、理解のものに関する試練の終わりを意味することも、同じく前述の箇所から知られよう。意志のものに関する試練、即ち欲望に関する試練は、理解のものに関する試練から決して分離されることが出来ない。もし分離されるなら、何も試練はなかったであろう。しかし、欲望の火の中で生きる者達の許にあるような氾濫があっただろう。彼らは地獄の霊達の如くそれらの中でその生命の楽しいものを感じる（注：理解の試練によって間違った信念が除かれ真理が与えられなければ、意志の悪が除かれる試練は受けることが出来ない。なぜなら、理解の間違った信念により意志の悪が善であることを信じるからである。）。

間違った信念、即ち誤った推論から「天の水門」と言われる。それらについてもまたイザヤ書において、

「恐怖の声のために逃げている者は抗の中へ落ち、また抗の中央から上っている者は罠に捕えられるであろう。なぜなら、高い所から水門が開かれ、そして地の土台が激しく動かされたからである。」24.18、

758. 十二節、「そして、地の上に40日と40夜豪雨があった。」は、この試練が継続したことを意味し、「豪雨」は、試練であり、「40日と40夜」は、継続期間である。

759. ここの「豪雨」が試練であることは、洪水と氾濫について前に言われ、また示されたことから知られることが出来よう。更に「深淵の水源が張り裂けた」ことと「天の水門が開かれた」ことが試練であることからも知られることが出来よう。

760.「40日と40夜」は、試練の継続期間を意味することは上の4節に示された。

「40」によって言われたように長いにせよ、短いにせよ試練の凡ての継

続期間が意味され、その上、意志の厳しい試練が意味される。人間は継続する快楽とこの世への愛と自己への愛によって、従ってそれらの愛の継続する欲望によって自分自身に野蛮な生命を獲得した。それ故その結果として、人間の生命はこのような野蛮な生命を除いて他のものは何もなくなったのである。その生命は天的な生命と決して調和することが出来ない。なぜなら、世俗的なものを愛することと一緒に、天的なものを愛することは誰も出来ないからである。世俗的なものを愛することは下向きに目を向けることであり、天的なものを愛することは上へ向かって目を向けることである。誰も自分自身を愛することと一緒に隣人を愛することは出来ず、なお更、主を愛することは出来ない。自分自身を愛する者は、自分自身に仕えない凡ての者達を憎む。従って自分自身を愛する者は、自分自身よりも多く隣人を愛し、また主を凡てのものの上に愛する天的な愛と仁愛から最も遠く離れている。これらから人間の生命は天的な生命からどれほどかけ離れているか知られよう。それ故に、試練によって主により再生され、天的な生命に絶えず調和するように変えられる。これがこの試練が厳しいことの理由である。というのは、人間の生命そのものに作用し、襲い、損ない、および変えるからである。それ故更に、それらが「深淵の水門が破裂された」ことと「天の水門が開かれた」ことによって記述されている。

761. 人間の許の霊的な試練は、人間の許の天使達と悪の霊達との戦いであり、また前に言われたように、その戦いは通例彼の良心の中に感じられる。その戦いにおいて、天使達は人間を絶えず保護し、また人間に注ぐ悪の霊達の悪をそらすこと、更に人間の許にある間違った信念と悪を防ぐことも、更に知られなければならない。なぜなら、天使達は人間にどこから間違った信念と悪があるか、即ち悪の霊達と悪鬼達からあることを、最もよく知るからである。人間は自分自身から何かの間違った信念と悪を、決して生み出さないが、しかし彼の許の悪の霊達が生み出し、また同時に人間に自分自身から生み出すことを信じさせる。彼らの悪意はこのようなものであり、また、彼らが注ぎ込み、また行なう時もっと更に、瞬間に信じることをさせ、同時に、非難し、また地獄へと断罪する。私は

創世記　第七章　十二節　　　（756）　*431*

このことを多くの観察から確証することが出来る。

　主への信仰を持たない人間は、自分自身から悪があることを信じないように明るくされることが出来ない。それ故に、自分自身に悪を占有し、また彼の許の悪の霊達に等しい者達にもまた為される。このようにこの事柄が人間に結果として伴う、このことを天使達は知っているので、更に再生の試練において人間の間違った信念と悪を防ぐ。そうでなければ、人間はその試練において屈する。なぜなら、人間の許には悪と、そこからの間違った信念を除いて何もないからであり、そのように人間は、悪とそこからの間違った信念の単なる堆積と合成であるからである。

762. しかし今日、霊的な試練は殆んど知られておらず、昔のようには許されていない。なぜなら、人間は信仰の真理の中に居ないからであり、そして実際全く人間は試練に屈するからである。これらの試練に代わって他のものがある。例えば、不幸、悲しみ、不安、これらのものは自然的なものと形体的なものの原因から生じ、身体の病気と欠点と同じく、それらは彼の快楽と欲望の生命を多少抑え、また砕き、そして思考を内的なものと敬虔なものへ向け、また高める。しかし、これらのものは霊的な試練ではない。霊的な試練は、主から真理と善の良心を受け入れた者達の許、以外に与えられない。良心そのものが試練の舞台であり、試練はその中へ働く。

763. ここまで試練について述べられた。今や続いて、試練の終結について述べられる。それは何か新しい教会が生じることである。

764. 十三節、「丁度、この日にノアとノアの息子達のセム、ハム、およびヤペテとノアの妻、また彼の三人の息子達の妻達は彼らと一緒に箱舟に入った。」

　「箱舟に入ったこと」によって、前のようにここでも守られたことが意味され、「ノア」によって教会のものがあったことが意味され、「セム、ハム、およびヤペテ」によってそこからの諸教会のものがあったことが意味される。「ノアの息子達」によって教義の事柄が意味され、「ノアの妻」によって

教会そのものが意味され、「彼の息子達の三人の妻達は彼らと一緒に」に
よってそこからの諸教会そのものが意味される。

765. ここまで、ノアと言われた教会の人間の試練について述べられた。その上、信仰の真理である理解のものに関する最初の彼の試練について述べられた。6節から10節まで、また次いで、仁愛の善に関する意志のものに関する彼の試練について述べられた。11,12節、

　試練の目的は、滅びている最古代教会から教会の人間、即ち新しい教会が再び起こるためであった。前に言われたようにこの新しい教会は最古代教会に対して異なった性質の教会であった。即ち霊的な教会であった。この教会は信仰の教義の事柄によって再び生まれるようなものである。それらの教義の事柄が植え付けられた時、真理と善に反して行なわないように、やがて人間に良心が吹き込まれる。そしてそのように仁愛が与えられる。その仁愛は人間の良心を支配し、人間はその良心により行動することを始める。これらから霊的な人間がどのようなものか知られることが出来よう。霊的な人間は仁愛なしの信仰が救うことを信じないが、しかし仁愛を信仰の本質的なものと為し、そしてそこから行なう。このような人間、即ちこのような教会が生じることが目的であった。それ故に今、この教会そのものについて述べられている。今この教会について述べられていることは、更に殆んど同様な事柄の繰り返しからも知られることが出来よう。というのは、ここでは、「丁度、この日にノアとノアの息子達のセム、ハム、およびヤペテとノアの妻、また彼の三人の息子達の妻達は彼らと一緒に箱舟に入った。」と言われ、上の7節でも似ているが、しかしそこでの表現は「ノアとその息子達、また彼の妻と彼の息子達の妻達は彼と一緒に箱舟に入った。」である。しかし、今は教会について述べられているので、セム、ハム、およびヤペテと息子達が呼ばれ、彼らが呼ばれる時、教会の人間を意味する。これに対して、名前なしで息子達が呼ばれる時、信仰の真理を意味する。更に、前の8,9節で言われた獣と鳥について、14-16節で箱舟に入ったことが再び繰り返されている。しかしここでは教会に一致しているものと適用出来るものの相違と一緒に述べられている。

創世記　第七章　十三節　　（761）　433

766.（原典にない）

767.「箱舟に入った」ことは、彼らが救われたことを意味する。即ちノアと呼ばれた教会の人間とその教会から由来し、また派生されたその他の諸教会の救われたことを意味する。ここの言葉がそれらのことについて言われていることは、前に箱舟について言われたことから知られることが出来よう。

768.［1］「ノア」によって教会のものがあったことを意味し、また「セム、ハム、およびヤペテ」によってその教会からの諸教会のものがあったことを意味することは、ここでは前の7節のように「彼の息子達」ではなく、名前そのものが言われていることから知られよう。このように名前が呼ばれる時、教会の人間を意味する。教会の人間は教会そのものだけでなく教会の凡てのものを意味する。丁度、前に最古代教会についてそれは人間であったと言われたように、同様にその他の教会についても名前で呼ばれたように、名前は全般的な言葉であり、教会のものを何であれ含んでいる。このように「ノア」によって、また「セム、ハム、およびヤペテ」によって教会のもの、またその教会からの諸教会のものが何であれ意味され、一つの複合体の中のものを意味する。
［2］聖言において話すことの文体と様式はこのようなものであり、丁度、聖言で「ユダ」が呼ばれるその箇所で、極めて多くの預言者達の許で天的な教会、即ち教会のものが何であろうと意味され、「イスラエル」が呼ばれるその箇所で極めて多くの預言者達の許で霊的な教会、即ちその教会のものが何であろうと意味される。「ヤコブ」が呼ばれるその箇所で外なる教会が意味される。なぜなら、教会の各々の人間の許に教会の内なるものと外なるものが存在するからである。内なるものが人間の許で真実の教会であり、外なるものは内なるものからあるということである。それが「ヤコブ」である。しかし、名前が呼ばれない時は異なっている。
［3］このようにあることの理由は、主の王国に関係する時は、表象のものがあるということである。主は唯一の神的人間で在られ、また主御自身の王国の凡てのもので在られ、また教会は地上における主の王国である

ので、主のみが教会の凡てのものである。教会の凡てのものは愛、即ち仁愛であり、それ故に「人間」、即ち同じことであるが、名前で呼ばれた者は愛、即ち仁愛を意味する。即ち教会の凡てのものを意味し、またその時、「妻」は率直にそこからの教会を意味し、ここの節でも同じように意味する。しかし、「セム、ハム、およびヤペテ」によってどのような諸教会が意味されるかは、主の神的な慈悲により後に続く箇所において述べられよう。

769.「ノアの息子達」によって教義の事柄が意味されることは、前に言われた「息子達」の意味から知られよう。というのは、教会は教義の事柄なしに存在されることが出来ないからである。それ故にやはり名前が呼ばれるだけでなく、更に「彼の息子達」と付言されている。

770.「ノアの妻」によって教会そのものが意味されること、また「彼の息子達の三人の妻達は彼らと一緒に」によってその教会からの諸教会そのものが意味されることも、言われたことから、即ち教会の人間が呼ばれる時、教会の凡てのものが意味されること、即ち教会の頭として呼ばれることから知られよう。またその時、前の252,253番に示されたように「妻」は教会である。聖言において異なって言われる時は、男（夫）と妻、即ち雄と雌と言われる。その時、「男（夫）と雄」によって理解のもの、即ち信仰の真理が意味され、また「妻と雌」によって意志のもの、即ち信仰の善が意味される。

771.聖言における各々の言葉は主からあるので、従ってまた、聖言の各々の言葉に主が内在されることが知られよう。何かを意味しない、また何かを含まない聖言の何かの言葉は決してなく、一点ですらない。このようにここに言われている「三人の妻達」、更に「彼の息子達の妻達」、そのようにまた「彼と一緒に」の言葉もまた同じである。聖言の個々の言葉が何を含むか説明することはとめどなくなるであろう。最も全般的なものの同様な全般的なものを説明するだけで十分である。

772.十四、十五節、「彼らと、凡ての野獣がその種類に従って、また凡て

の獣がその種類に従って、また地の上に這っている凡ての這うものがその種類に従って、また凡ての鳥、鳥類、翼のあるものがその種類に従って、また、その中に生命の息のある凡ての肉に関して、二つずつ二つずつノアと一緒に箱舟に入った。」

「彼ら」は、によって一般的に教会の人間が意味され、「凡ての野獣がその種類に従って」によって霊的な凡ての善が意味され、「獣がその種類に従って」によって自然的な善が意味され、「地の上に這っている凡ての這うものがその種類に従って」によって感覚的なものと形体的なものの凡ての善が意味され、「鳥がその種類に従って」によって凡ての霊的な真理が意味され、「鳥類」によって自然的な真理が意味され、「翼のあるもの」によって感覚的な真理が意味され、「ノアと一緒に箱舟に入ったこと」によって前のように救われたことが意味され、「二つずつ二つずつ」は、前のように一対のものを意味し、「その中に生命の息のある凡ての肉に関して」は、新しい生き物、即ち主から新しい生命を受け入れたことを意味する。

773. 「彼ら」によって一般的に教会の人間、即ちこの教会のものであった凡てのものが意味されることは、直ぐ前にノアと一緒に呼ばれたセム、ハム、およびヤペテと関係があったことから知られよう。その者達は、例え四人でも、それでもなお一緒に一つのものを構成する。ノアにおいてその者によって一般的に古代教会が意味され、その古代教会から派生した教会に先祖、或いは種の如く含まれている。それ故に、「彼ら」によって古代教会が意味され、それらの凡ての諸教会がセム、ハム、およびヤペテと言われ、古代教会と呼ばれる教会を一緒に構成する。

774. 前に言われ、また示されたように、「野獣がその種類に従って」によって霊的な凡ての善が意味され、また「獣がその種類に従って」によって自然的な凡ての善が意味され、また「地の上に這っている這うもの」によって感覚的なものと形体的なものの凡ての善が意味される。45,46,143,246番、だが聞きたまえ、「野獣」が霊的な善を意味することは、一見全くそのようにない如く思うことであろう。しかし、この野獣の言葉はヘブル語においてその中で霊魂が生きている生命のあるものもまた

意味し、その理由から、先ず「彼ら」、即ち教会の人間が言われ、次いで「野獣」、更に「獣」、最後に「這うもの」が言われており、それ故に、「野獣」は「獣」よりも幾らか価値があり、また優ったものであることが、これらのもののひと続きから知られることが出来よう。このようにここでもまた野獣は野獣を意味しておらず、その中に霊魂が生きている生命のあるものを意味している。なぜなら、それは同様な言葉であるからである。

　生命のあるもの、獣、および地の上に這っている這うものによって意志のものが意味されることは、前に言われ、また示された。そして更に後に続くそれらの箇所において鳥について示されるであろう。

775. [1] 凡てのものの類型と種類が存在するので、即ち霊的な善も自然的な善も、更にそこからの感覚的な、また形体的な善も類型と種類が存在するので、それ故、ここで各々のものについて「その種類に従って」と言われている。決して列挙されることが出来ないほど多くの霊的な善の類型が存在し、同様に決して列挙されることが出来ないほど多くの霊的な真理の類型も存在する。ましてなお更、類型の種類は決して列挙されることが出来ないほど多くある。天界において、凡ての天的な、また霊的な善と真理は、その類型の中で、また類型は、それらの種類に完全に区別されていないものは何もないように区別されたものである。またそれらの特定の相違が無限と言われることが出来るほど無数にある。これらから人間の知恵は何と乏しく、また殆んど何もなく、霊的な善と真理があることを殆んど知らず、ましてそれが何かはなお更知らないことが知られることが出来よう。

[2] 天的な、また霊的な善とそこからの真理から自然的な善と真理が降り、また存在するようになる。なぜなら、霊的な善から生じない何かの自然的な善と真理は、決して存在しないからである。また霊的な善は天的なものから生じ、また同じ天的なものから存続する。もし自然的なものから霊的なものが離れたなら自然的なものは存在しない。凡ての事柄の起源はそれらをこのように持ち、全体的なものも個別的なものも主から存在する。主御自身から天的なものがあり、主御自身からの天的なものによって霊的なものが生じ、霊的なものによって自然的なものが生じ、自

創世記　第七章　十四節　　（772）　437

然的なものによって形体的なものと感覚的なものが生じる。またこのように、それは主から存在するようになり、更に存続するようになる。なぜなら、熟知されているように、実在は絶え間ない存在であるからである。存在と存在の起源の事柄をこれと異なって理解する者達は、自然を崇め尊び、また自然から物事の起源を引き出す者達のように、森の野獣の幻想の方が遥かに正常なものと呼ばれることが出来るほど致命的な原理の中に居るのである。極めて多くの者達がこのような者達であり、この者達は知恵が自分自身に他の者達に勝ることを認める。

776. [1]「鳥はその種類に従って」によって凡ての霊的な真理が意味され、「鳥類」によって自然的な真理が意味され、「翼のあるもの」によって感覚的な真理が意味されることは、前に鳥について言われ、また示されたことから知られよう。40番、

　最古代人達は人間の考えたことを鳥になぞらえた。なぜなら、意志のものと比べて比較すれば、それをそのように持つからである。ここでは鳥が呼ばれ、また鳥類と翼のあるものものが後に続き、人間の中の理解のもの、理性的なもの、および感覚的なものの如くある。鳥、鳥類、および翼のあるものが理解のもの、理性的なもの、および感覚的なものを意味することを誰も疑わないように、更に聖言から幾つか確認する箇所を提示することを許されている。それらにより更に「獣」が、言われたように霊的な善を意味することが明らかとなるであろう。

[2] ダビデの書において、

　「あなたは彼にあなた達の手の働きの上で支配することをさせる。あなたは凡てのものを、凡ての羊の群と凡ての牛の群、そしてまた、野の獣、諸天の鳥、また海の魚を彼の足の支配の下に置かれた。」詩篇、8.6-8、ここでは、主について、その方の人間の上への支配について、また人間のものの上への支配についてこのように記述されている。さもなくば、獣と鳥の上への支配とは何であろうか？ 同書において、

　「果樹と凡てのヒマラヤ杉、野獣と凡ての獣、這っている物、また翼の鳥は、…エホバの名を賛美した。」詩篇、148.9,10,13、ここの節の如く「果樹」は天的な人間であり、「ヒマラヤ杉」は霊的な人間であり、「野獣

と獣と這うもの」は彼らの善であり、「翼の鳥」は彼らの真理であり、それらにより主の名を賛美することが出来る。野獣、獣、這うもの、鳥類は、決してエホバの名を賛美出来ない。世俗的な文書においてこのように誇張して言われることが出来るが、しかし主の聖言においては、決して誇張したものはない。しかし意味のあるものと表象するものがある。

［3］エゼキエル書において、

「海の魚と、諸天の鳥と、野の野獣と、大地の上に這っている凡ての這うものと、大地のおもての上の凡ての人間は、私の目の前でおののくであろう。」38.20、ここの「獣」と「鳥」がこのようなことを意味することは、明瞭に知られよう。なぜなら、もし魚、鳥、獣がおののくなら、エホバの栄光とは何か、もしこれらのものが神聖なものを含まないなら、誰がこのように話すことを信じることが出来ようか。エレミヤ書において、

「私は見た、ところがしかし、人間は居らず、諸天の凡ての鳥達は逃げ去った。」4.25、これは凡ての善と真理として記述されている。ここの「人間」も同様に愛の善として記述されている。同書において、

「それらは通り過ぎる人が居ないために、また羊の群れの声を聞かないために荒らされた。諸天の鳥から獣に至るまでさまよって立ち去った。」9.10、同様に、凡ての善と真理の去ったことが記述されている。

［4］同書において、

「いつまで地は嘆き、また野の草はひからびる（枯れている）のか？ そこに住んでいる者達の悪徳のために獣と鳥が死んだ。なぜなら、彼らは神は私達の最近を見ないであろうと言ったからである。」12.4、ここの「獣」は、滅びた善として、また「鳥」は、滅びた真理として記述されている。ゼパニヤ書において、

「私は人間と獣を滅ぼそう。諸天の鳥と海の魚を滅ぼそう。また不敬虔な者達と一緒に躓きの石を滅ぼそう。また大地のおもてから人間を滅ぼそう。」1.3、ここで「人間と獣」は愛のものとそこからの善のものとして、「諸天の鳥と海の魚」は理解のものとして、従って真理のものとして記述されている。それらは躓きの石と呼ばれる。なぜなら、不敬虔な者達に善と真理は躓きの石であるからである。獣と鳥は躓きの石ではなく、人間のものであることが、更に明瞭に言われている。ダビデの書において、

創世記　第七章　十四節　　（775）　439

「エホバの樹木は潤わされ、また彼が植えたの杉に鳥類が巣を作る。」104.16,17、ここの「エホバの樹木と杉」は霊的な人間として、「鳥類」は、その理性的な真理、或いは自然的な真理として記述されている。それらは言わば「巣」である。更に、「鳥が枝に巣を作った」ことは、記述して言うことの普通の決まり文句であり、何でも真理が意味される。

[5] 例えば、エゼキエル書において、

「私はイスラエルの高い山にそれを植えるであろう。かくて枝を際立たせ、また実を結び、また立派な杉になるであろう。そして凡ての鳥の凡ての翼がその下に住み、その枝の陰に住むであろう。」17.23、ここの「立派な杉」は、霊的な諸民族の教会として、「凡ての鳥の翼」は、凡ての種類の真理として記述されている。同書において、

「諸天の凡ての鳥がその枝に巣を作り、また野の凡ての野獣はその枝の下に子を産んだ。なお加えて、その枝の陰に偉大な凡ての民族が住むであろう。」31.6、ここは霊的な教会であるアシュルについて記述されており、その真理として「杉」、「諸天の鳥」が呼ばれ、「獣（野獣）」は善として記述されている。

[6] ダニエル書において、

「その枝は美しく、またその実は多く、そしてその中で凡ての者達に食物があり、その影の下に野の獣が住み、また枝の中に天の鳥類が住んだ。」4.12,21、ここで「獣」は善として、「諸天の鳥類」は真理として記述されていることは、各々の者に知られることが出来よう。なぜなら、そうでないならそこに鳥と獣が住んだことが何か意味があっただろうか？　主も同様に

「神の王国は辛子種と同様である。人間がそれを受け取って自分の庭に蒔くと成長して大きな木になり、天の鳥がその枝の中に住んだこと」を話された。ルカ伝、13.19、マタイ伝、13.31,32、マルコ伝、4.31,32、

777. それ故、「鳥」が霊的な真理を意味し、「鳥類」が自然的な真理を意味し、「翼のあるもの」が感覚的な真理を意味することが知られよう。このように真理もまた区別されたものであることが知られよう。「翼のあるもの」が感覚的な真理と言われるのは、それらは見られたものと聞かれたもの

であるからである。なぜなら、最外部のものであるからである。他のものに付けられた「翼」の意味も同じような意味である。

778. このような事情の下に「諸天の鳥」は、理解の真理を意味するので、そのように思考も意味する。更にそれは反対のものも意味する。例えば、幻想、即ち間違った信念も意味する。なぜなら、それらは人間の思考のものであり、鳥ともまた呼ばれるからである。丁度、「不敬虔な者達は天の鳥に、また野獣に食物として与えられること」が、幻想と欲望としてのように記述されている。イザヤ書、18.6、エレミヤ書、7.33、16.4、19.7、34.20、エゼキエル書、29.5、39.4、主御自身もまた幻想と間違った原理の信念を鳥に例えられた。そこで、
　「堅い道の上に落ちた種は踏み付けられ、また天の鳥がそれを食べた。」マタイ伝、13.4、ルカ伝、8.5、マルコ伝、4.4,15、と言われた。ここで「天の鳥」は間違った信念以外のものではない。

779. 「彼らがノアと一緒に箱舟に入った」は、彼らが救われたことを意味することは、前に言われた。「二つずつと二つずつ」は、一対を意味し、それらが何であるかは、前の第6章19節に認められよう。

780. 「その中に息のある凡ての肉に関して」は、新しい生き物、即ち主から受け入れた新しい生命を意味することは、「肉」の意味から知られることが出来よう。前に言われ、また示されたようにそれは一般的には凡ての人間であり、また特に、形体的な人間である。それ故、「その中に生命の息のある肉」は、再生された者を意味する。なぜなら、彼の固有性の中に主の生命があるからであり、それは仁愛と信仰の生命である。凡ての人間は肉以外のものではないが、しかし主から人間に仁愛と信仰の生命が吹き込まれる時、その時、肉は生かされ、また霊的なものと天的なものに為される。そして新しい者に創造されたことにより新しい生きものと呼ばれる。マルコ伝、16.15、

781. 十六節、「また、箱舟に入っている者達は、神が彼に命じたように、

創世記　第七章　十六節　　（776）　*441*

凡ての肉に関して雄と雌が入った。そしてエホバは彼の後ろで戸を閉ざされた。」

「箱舟に入っている者達」は、教会の人間と共にあるものを意味し、「凡ての肉に関して雄と雌が入った」は、彼の許にあった凡ての種類の真理と善を意味し、「神が彼に命じたように」は、それらと一緒に受け入れられなければならないものが準備されたことを意味し、「そしてエホバは彼の後ろで戸を閉ざされた」は、確かに天的な教会の人間が持っていた天界と人間との連絡を、この後、持たないことを意味する。

782. 11節までは、ノアと言われた者達の中に保たれた教会について述べられた。続いて、この章の最初に説明された如く、今や教会の状態が述べられる。それでこの教会の状態がどのようなものであったかが述べられる。各々の節、それどころか各々の言葉も、この教会の特殊な状態を含み、また今や教会の状態について述べられるので、直ぐ前の節に述べられたことが、実際に二度繰り返されている。即ち「そして、箱舟に入っている者達は、凡ての肉に関して雄と雌が入った」ことがこの節で記述され、直ぐ前の節においては次のように「そして、凡ての肉に関して、二つずつ二つずつノアと一緒に箱舟に入った」ことが記述されている。聖言における繰り返しは別の状態について述べられていることを意味する。そうでなければ誰でも認めることが出来るように全く無意味な繰り返しである。

783. それ故、「箱舟に入っている者達」は、教会の人間と共にあるものを意味することが知られよう。更に、「凡ての肉に関して雄と雌が入った」は、彼の許にあった凡ての種類の真理と善を意味する。それ故に、これが後に続いて来る。なぜなら、前に何度か言われ、また示されたように「雄と雌」は真理と善を意味するからである。

「神が命じたように」は、それらと一緒に受け入れられなければならないものが、前述のようなもので準備されたことを意味することについてもまた前に言われた。主において「命じること」は、先に準備することと行なうことである。

784. [1]「エホバは彼の後ろで戸を閉ざされた」は、天的な教会の人間が持っていたような天界と人間との連絡を、この後、持たないことを意味することは、次のようにその事柄を持つ。

最古代教会は天界と内なる連絡を持ち、そのように天界を通して主と連絡を持つ状態があった。彼らは主への愛の中に居た。主への愛の中に居た者達は身体をまとっていることだけの相違を持って天使達の如くあった。彼らの内的なものは主により絶えず開かれ、また明らかであったが、これに対して、この新しい教会は異なっていた。この教会は主への愛の中に居たのではなく、信仰の中で、また信仰によって隣人に対する仁愛の中に居た。彼らは最古代人達の如く内なる連絡を持つことが出来なかったが、しかし外なる連絡は持つことが出来た。しかし、外なる連絡と内なる連絡がどのようなものであるかが言われることはとめどもなくなる。各々の人間、更に不敬虔な者達も彼らの許の天使達を通して天界と連絡を持つが、しかし連絡の程度に関して近いか、或いは遠いかの相違を持って持つ。そうでなければ、人間は存在することができない。連絡の程度には無限の相違がある。主は愛の中に居られるが、そのようには信仰の中に居られないことの理由により、霊的な人間は天的な人間が持つような連絡を持つことが、決して出来ない。このような事情の下に、これが「エホバが彼の後ろで戸を閉ざされた」ことを意味する。

[2] それらの時代の後、どのような事情の下でも、人間に最古代教会の如く天界は開かれなかった。その後、確かに多くの者達が、モーセ、アロン、また他の者達の如く霊達、および天使達と話したが、しかし全く異なった方法で話したのである。このことについては主の神的な慈悲により後に続く箇所において述べよう。

天界が閉ざされたこと、更に今日、人間は人間の許に霊達が居ること、まして天使達が居ることを、決して知らないほど天界が閉ざされていること、そしてこの世において仲間なしに居る時、また自分自身で考える時、自分を全く一人で居ることを信じることの原因は最も隠されている。それにもかかわらず、人間は絶えず霊達の仲間の中に居り、霊達と天使達は人間が何を考えるか、また何を意図し、また考案するかを正しく気付き、また認める。この世において凡ての者達の目の前で明らかになる如く、

創世記　第七章　十六節　　（781）　*443*

それほど正しく、公然と認めている。人間はこのことを全く知らないほど、人間に天界が閉ざされた。その時それでも、これは最も真実なことである。その原因は、人間が何も信仰の中に居ない時、まして信仰の真理の中に居ない時、またなお更、仁愛の中に居ない時、もし天界が閉ざされたのでなければ、それは人間に最も危険なことであったからである。

　このことは、更に「神エホバは人間をエデンの庭園から追い出した。そしてケルビムとそれ自身回転している剣の炎を生命の樹木の道を守ることのために東からエデンの庭園に置いた。」によって意味される。前の第3章24節、またこのことは301-303番にもまた認められよう。

785. 十七、十八節、「そして、地の上に40日洪水があって、同時に水が増し、また箱舟を持ち上げ、同時に地の上から上げられた。

　また、水は地の上で強くされ、そして著しく増加した。また箱舟は水面の上で漂った。」

　「40日」によってノアと呼ばれた教会の継続期間が意味され、「洪水」によって間違った信念が意味され、更にそれらが氾濫したことが意味される。「水が増し、また箱舟を持ち上げ、同時に地の上から上げられた」ことは、そのように彼に動揺があったことを意味し、「水は地の上で強くされ、そして著しく増加した。また箱舟は水面の上で漂った」は、そのように彼の動揺が激しくなったことを意味する。

786. 「40日」によってノアと呼ばれる教会の継続期間が意味されることは、上の4節において示された。ここでは「40日」であるが、4節では「40日と40夜」であった。なぜなら、そこでは試練の継続期間が意味され、その中で「夜」は不安であるからである。

787. 「洪水」によって間違った信念が意味されることは、それが更に氾濫したことがそこから続いて来るからである。なぜなら、洪水、即ち氾濫は間違った信念以外のものではないからである。前の6節で「水の洪水」は、そこで示されたように試練を意味した。その氾濫もまた間違った信念であり、それは悪の霊達が、その時人間の許で引き起こす。ここでも同様であるが、

しかし試練なしにある。それ故に、ここでは単純に「洪水」と言われ、「水の洪水」とは言われていない。

788. [1]「水が増し、また箱舟を持ち上げ、同時に地の上から上げられた」ことは、そのように彼の動揺があったことを意味し、また「水は地の上で強くされ、そして著しく増加した。また箱舟は水面の上で漂った」ことは、そのように彼の動揺が激しくなったことを意味することは、もし前以って、ノアと呼ばれたこの教会の状態がどのようなものであったかが、言われなければ知られることが出来ない。「ノア」は古代教会そのものではなく、前に言われたように古代教会の源、或いは種の如くあった。しかし、「セム、ハム、およびヤペテ」が古代教会を構成し、それらが最古代教会から直接引き続いて起こった。ノアと言われた教会の人間は最古代教会の子孫からあった。それ故に、最古代教会の滅びた子孫の如く遺伝の悪に関して、殆んど同様な状態の中に居り、また彼らと同様な状態の中に居る者達は、そのような遺伝から獲得しない者達のようには、再生されることと、霊的な者に為されることが出来なかった。彼らがどのような遺伝のものを持ったかは、前に言われたのである。310番、このことが明瞭に知られるために、人間がそれをどのように持つか述べよう。

[2] ユダヤ人のようにヤコブの子孫である者達は、異邦人のようには同様に再生されることが出来ない。

ユダヤ人は、子供の頃から獲得された原理と、その後、確信された原理からの信仰に相反するものだけに固執したのでなく、更に遺伝からもまた固執した。遺伝からもまた固執したことは、彼らが異なった性格であること、というよりは異なった習慣、そのようにまた異なった容貌、その他から幾分知られることが出来よう。これらから彼らが区別されること出来、それらのものは遺伝からある。このように内的なものに関しても同様である。なぜなら、習慣と容貌は内的なものの型であるからである。それ故に、改心されたユダヤ人達は、最古代人達の家系と子孫からのノアと呼ばれた、この教会の最初の人間達と同様に、他の者達よりも真理と間違った信念の間で動揺する。これらのことがここに記述され、また後に続く箇所において記述される動揺である。

創世記　第七章　十七節　　（784）　445

「ノアは農夫であって葡萄の木を植えた。そして葡萄酒を飲んで酔わされ天幕の中で裸で横たわった。」9.20,21、ような者であった。彼らが僅かな人数であったことは、霊達の世界において、その教会の人間が背の高い、また痩せた人の如く表象され、鍵のついた狭い場所に居ることから私に知られることが出来た。しかしそれでもなお、彼らは信仰の教義の事柄を保持し、また自分達の許に保った。

789. この教会の人間の動揺が「始めに水が増した」こと、即ち間違った信念が増したこと、その上「箱舟が持ち上がった」こと、更に「地の上から上げられた」こと、次いで「水は地の上で強くされ、そして著しく増加した」こと、最後に「箱舟が水面の上で漂った」ことによって記述されている。しかし、動揺の個別的な程度について記述することは、同時にあまりにとめどなくなり、また不要である。ここに記述されていることが知られることで十分である。ただ「箱舟が地の上から上げられたことと水面の上で漂った」ことが何を意味するかを述べよう。このことはもし、人間がどのようにして悪と間違った信念から、保たれるかが教えられなければ、誰にも知られることが出来ない。これは秘義であるので簡潔に述べられなければならない。一般的な凡ての人間、更に再生された者もまた、主がもし、人間を悪と間違った信念から保持しなければ、自分自身を真っ逆様に地獄へ投げ込み、また保持されなくなった瞬間、真っ逆様に地獄へ突進するような者である。このことは私に観察によって熟知されたものに為され、また馬によってもまた表象された。このことについては187,188番に認められよう。悪と間違った信念から抑制されている状態は、「上がること」と同様に人間は、それを見なし異なって見なさない。そのように悪と間違った信念を下部から認め、またそれらの上部で認める。この上がることについては主の神的な慈悲により後に続く箇所において述べよう。この上がることは「箱舟が地の上から上げられたこと」、また「水面の上で漂った」ことによって意味される。

790. [1]「水」が、ここの節と次の節において間違った信念を意味することは、この章の前置きとして言われ、またこの章の6節に述べられた聖言から知

られることが出来よう。そこで水の洪水、即ち氾濫について述べられた。そこで「水の氾濫」は荒廃と試練を意味し、それらは間違った信念と同じものを含むことが示された。なぜなら、荒廃と試練は、悪の霊達からの激しい間違った信念の氾濫以外ではないからである。このように水が間違った信念を意味することは、聖言において一般的に「水」が霊的なもの、即ち、理解のもの、理性的なもの、科学的な（事実に基づく）ものを意味するので、それ故である。なぜなら、また理解のもの、理性的なもの、科学的な（事実に基づく）ものは、反対のものもまた意味するからである。というのは、凡ての間違った信念はある種の科学的な（事実に基づく）ものであり、また理性的なものと理解のものの如く見えるからである。なぜなら、それは思考のものであるからである。

[2]「水」が霊的なものを意味することは、聖言において極めて多くの箇所から知られよう。これに対して、「水」が間違った信念もまた意味することは、前に提示されたものを除いて、後に続く箇所で確認出来よう。イザヤ書において、

「この民は静かに流れているシロの水を捨てた。…それ故に見よ、主は激しい、また多量の川の水が彼らを越えて達することを為す。…またそれが彼の凡ての派生物を越えて達し、またその凡ての岸を越えてそこまで達する。」8.6,7、ここで「静かに流れている水」は、霊的な真理として、「激しい、また多量の水」は、間違った信念として記述されている。同書において、

「災いなるかな、クシュ（＝ Cush：エチオピア）の川の向こう側に翼で影を投げかけている地よ、使者達を海に派遣している者よ、また水面の上でい草の舟で派遣している者よ、素早い使者達よ行け、…しるしを付けられ、また虐げられた民族に向かって行け、その民族の地を略奪された川が流れる。」18.1,2、ここの「翼で影を投げかけている地」は間違った信念として記述されている。

[3] 同書において、

「あなたが水を越えて渡る時、私はあなたと一緒に渡るであろう。また川を越える時、川はあなたを沈めないであろう。」43.2、ここの「水と川」は、困難として、更に間違った信念として記述されている。エレミヤ書において、

創世記　第七章　十七節　　（788）　447

「何があなたにナイル川の水を飲むためにエジプトの道に行かせるのか？また何があなたにユーフラテス川の水を飲むためにアシュルの道に行かせるのか？」2.18、ここの「水は、誤った推論からの間違った信念として記述されている。同書において、

「ここで増水する川の如く、その水がかき乱される川の如く誰が居るだろうか？ エジプトは増水する川の如く、また水がかき乱される川の如くある。そして彼は言った。私は増水して地を覆い隠して大きな町を滅ぼすであろう。またその中に住んでいる者達を滅ぼすであろう。」46.7,8、ここの「水」は、誤った推論からの間違った信念として記述されている。

[4] エゼキエル書において、

「主エホビはこのように言われた、私があなたの荒らされた町を誰も住まない町々の如く為す時、私があなたの上に深淵が昇ることを為す時、多くの水があなたを覆うであろう。また私はあなたを落とし穴へ落ちている者達と一緒に落とすであろう。」26.19、ここの「水」は、悪と、そこからの間違った信念として記述されている。ハバクク書において、

「あなたはあなたの騎兵達で海を踏み付け、多くの水のぬかるみを踏み付けられた。」3.15、ここの「水」は間違った信念として記述されている。ヨハネの書において、

「竜は女の後ろで自分の口から川の如く水を吐き出し、彼女を流れに呑み込ませようとした。」黙示録、7.15,16、ここで「水」は間違った信念と虚言として記述されている。ダビデの書において、

「高き所からあなたの手を差し向けて、私を多くの水から、またよそ者の息子達の手から救い、また解放し給え。彼らの口は虚言を語り、彼らの右手は虚偽の右手です。」詩篇、144.7,8、ここで「多くの水」は、明瞭に間違った信念として記述され、「よそ者の息子達」もまた間違った信念を意味する。

791. ここで今まで、ノアについて、即ちノアと呼ばれた再生された者達について述べられた。続いて今からは、水の下に、即ち水に沈められた最古代教会の子孫達について述べられる。

792. 十九、二十節、「水は地の上に大いに著しく強くされ、また凡ての天の下にあった高い凡ての山々が覆われた。水は高所から15キュービット越え、そして山々を覆った。」

「水は地の上に大いに著しく強くされた」は、間違った信念の確信がそれほど増加したことを意味し、「また凡ての天の下にあった高い凡ての山々が覆われた」は、仁愛の凡ての善が絶滅されたことを意味し、「水は高所から15キュービット越え、そして山々を覆ったこと」は、仁愛について残されたものが何もないことを意味し、「15」は、殆んど何もないような僅かなものを意味する。

793. 今ここで、この章の終わりまで述べられる個々の記述から、洪水前に滅びた者達について知られることが出来よう。聖言の内意の中に居る者達は、実際に一つの言葉から述べられている事柄について、更に言葉の関連により多くの事柄について、直ちに知ることが出来る。他の事柄が述べられる時は、直ちに別の言葉に変わるか、或いは同じ言葉が異なった関連になる。その理由は、霊的な事柄として特有の言葉があり、また天的な事柄として特有の言葉があるからである。即ち同じことであるが、理解のものとして特有の言葉があり、また意志のものとして特有の言葉があるからである。例えば例として、「荒廃（desolatio）」は霊的な（事柄で）あり、「浄化（vastatio）」は天的な事柄であり、「大きな町」は霊的な事柄であり、「山」は天的な事柄である。その他。言葉の結合においても同様であり、また誰でも驚かないわけにはいかないが、ヘブル語においては頻繁に語調で区別される。霊的な種類に関わる言葉は、最初の三つの母音が優勢であることが常であり、天的な種類に関わる言葉に関しては、最後の二つの母音が優勢である。それ故、今はここで他の事柄について述べられていることもまた知られよう。更に、繰り返しから、即ち前に言われたことについての繰り返しからも知られよう。「また水は地の上に大いに著しく強くされた」このことは、先行している18節においてもまた言われた。更に続く凡ての箇所からも知られよう。

794. [1]「また水は地の上に大いに著しく強くされた」は、間違った信念

の確信がそのように増大したことを意味することは、直ぐ前に水について言われ、また示されたことから知られよう。即ち「水の洪水、即ち氾濫している」は、間違った信念を意味することから知られよう。ここでは、更に一層、間違った信念、即ち間違った原理の信念が増大したので、「水が大いに著しく強くされた」ことが言われており、原語では最上級である。間違った信念は間違った原理の要素であり、また間違った原理の信念である。それらが洪水前の者達の許に計り知れないほど増大したことは、前に言われたことから知られよう。

　真理を欲望に注ぎ込む時、即ち自己への愛とこの世への愛のために賛同して行なう時、信念が計り知れないほど増す。というのはその時、真理を歪め、同時に、それらを無数の方法で欲望との一致へ強制するからである。というのは、間違った信念の原理を取り入れる者、即ち自分自身で捏造する者は、それを彼の許の多くの科学的な（事実に基づく）ものから、それどころか聖言からもまた強固にしない者が誰か居るだろうか？ 如何なる異端もそのように適合して強固にしていないだろうか？ またそれらを合致させないだろうか？ それでもなお推断しないだろうか？ なお加えて、様々に説明しないだろうか？ また食い違わないように歪めないだろうか？

[2] 同様に、善の仁愛なしに信仰のみが救うことの原理を受け入れる者は、聖言からの教義の組み合わせを自由にしないか？ しかもなお自由に繋ぐことをしないか？ またそれにもかかわらず、主が言われたこと、

　「木は実から知られる、…そして良い実を産出しない木は切り倒されて火に捨てられる。」マタイ伝、7.16-20、12.33、を少しも気に掛けず、決して注意せず、それどころか見ない。

　肉欲に従って生きること、またそれでも真理が何かを知るだけで、全く善の行いなしでも救われることよりも、何が更に喝采されるだろうか？ 人間が支持する凡ての欲望は、人間の意志の生命を作り、また人間が支持する凡ての原理、即ち間違った原理の信念は、人間の理解の生命を作る。これらの二つの生命は、真理、即ち信仰の教義の事柄を欲望に沈める時、一つのものを作る。各々の人間は、実際このように自分自身に霊魂を形作り、死後その生命がそのようなものに為される。それ故に、人間に真

理が何かを知ることよりも重要なことは何もない。人間が真理が何かを知る時、その上、曲解しないように出来る時は、それほど、真理が欲望に注ぎ込まれることが出来ない。また致命的なものに為すことも出来ない。人間の心に永遠に至るまでの彼の生命よりも、更に義務を負うことが何かあるのか？　もし、身体の生命の中でその霊魂を滅ぼすなら、永遠にそれを滅ぼすのではないか？

795. [1]「凡ての天の下にあった高い凡ての山々が覆われた」が、仁愛の凡ての善が滅ぼされたことを意味することは、最古代人達の許の「山々」の意味から知られよう。

彼らの許に「山々」は主を意味した。なぜなら、山々は地の最も高い所であったという理由から、彼らは山々の上で主御自身への礼拝を持ったからである。それ故、「山々」は天的なものを意味し、更に「最も高いもの」と呼んだ。従って愛と仁愛を意味し、そのように天的なものである愛と仁愛の善を意味した。反対の意味においてもまた、聖言において高慢な心、従って自己愛そのものが「山々」と呼ばれている。山々は地の上に上げられ、また天により近いとの理由で物事の起源として、聖言において「山々」によって最古代教会もまた意味される。

[2]「山々」が主と、そこからの凡ての天的なもの、即ち愛と仁愛の善を意味することは、直ぐ後に続く聖言の箇所から知られよう。それらの箇所により、特に山々が何を意味するか明らかとなるであろう。なぜなら、凡ての聖言は主とそこからの天的なものを持つからであり、また聖言は全体的にも個別的にも、主とそこからの天的なものについて、実際にそれを以って当てはめているからである。ダビデの書において、

「山々は人々に平和をもたらし、また丘々は人々を正義の中に導くであろう。」詩篇、72.3、ここで「山々」は、最古代教会の許にあったような主への愛として、「丘々」は隣人への愛として記述されている。それ故に、最古代教会もまた山々と丘々によって記述されている。なぜなら、聖言においてそのように意味されるからである。エゼキエル書において、

「私の神聖な山において、イスラエルの高き山において、主エホビは言われた。地においてイスラエルの凡ての家、それらの凡てのものがそこ

で私に仕えるであろう。」20.40、ここで「神聖な山」は主への愛として、「イスラエルの高き山」は隣人への仁愛として記述されている。イザヤ書において、

「それが日々の後の世代にあるであろう。山々の頂において、主の山の家は不動のものになるであろう。また丘々よりも持ち上げられるであろう。」2.2、ここの「山々」は主として、またそこからの凡ての天的なものとして記述されている。

[3] 同書において、

「万軍のエホバはこの山で、凡ての民に脂肪の多いもの（肥えたもの）の宴会を行なうであろう。... またこの山において覆いの見せかけを吸い取るであろう。」25.6,7、ここで「山」は主として、そこからの凡ての天的なものとして記述されている。同書において、

「凡ての高い山の上に、また凡ての高い丘の上に、水の引かれた川があるであろう。」30.25、ここで「山々」は愛の善として、「丘々」は仁愛の善として、それらから信仰の真理があり、それらが「水の引かれた川」である。同書において、

「夜に祭礼が崇められる如く、彼はあなた達に歌われるであろう。また笛と一緒にエホバの山へ、イスラエルの岩へ行くために進んでいる者の如く心の楽しさが歌われるであろう。」30.29、「エホバの山」は愛の善に関する主として、「イスラエルの岩」は仁愛の善に関する主として記述されている。同書において、

「万軍のエホバはシオンの山の上で、またその丘の上で戦うために降りて来られるであろう。」31.4、「シオンの山」は、ここと他の箇所でたびたび主として、またそこからの凡ての天的なものとして記述されており、これは愛である。「シオンの丘」は、更に低い天的なものとして記述されており、これは仁愛である。

[4] 同書のおいて、

「シオンに良い知らせを告げる者よ、あなたは高い山の上に登れ、エルサレムに良い知らせを告げる者よ、あなたの声を力強く上げよ、」40.9、「高い山に登ることと良い知らせを告げること」は主を愛と仁愛により尊重することであり、これらのものが最内部のものである。それ故に、最も

高いものともまた呼ばれる。最内部、これが最も高いと呼ばれる。同書において、

「険しい岩山の住民達よ歌え、山々の頂上から叫べ、」42.11、「険しい岩山の住民達」は、仁愛の中に居る者達として、「山々の頂上から叫ぶこと」は、主を愛により尊重することである。同書において、

「山々の上で良き知らせを告げている者の足は、何と楽しいことか、平和を語っている者の足音を聞くこと、救いを語っている者の足音を聞くことは、何と楽しいことか、」52.7、「山々の上で良い知らせを告げること」は、主を愛と仁愛の教義により礼拝すること、またそれらにより尊ぶこととして記述されている。同書において、

「山々と丘々はあなた達の歌に向かい合って反響するであろう。また凡ての野の木々は一緒に手のひらで拍手するであろう。」55.12、「山々」と「丘々」は愛と仁愛から主を尊ぶこととして、また「野の木々」は、愛と仁愛からの信仰により主を尊ぶこととして記述されている。同書において、

「私は私の凡ての山々を道によって定めよう。また私の小道は上げられるであろう。」49.11、「山々」は愛と仁愛として、「道と小道」は愛と仁愛からの信仰の真理として記述されている。それらが愛と仁愛からある時、それらは上げられることが言われ、それらは最内部のものである。同書において、

「私に信頼している者は相続によって地を所有するであろう。また私の神聖な山を相続するであろう。」57.13、ここの地と山は主の王国として記述されている。そこでは、愛と仁愛以外何もない。同書において、

「私はヤコブから子孫を生み出そう。またユダから私の山々の相続人を生み出そう。また私の選んだ者達がそれを所有するであろう。」65.9、「山々」は主の王国として、また天的な善として記述されている。「ユダ」は仁愛の教会として記述されている。同書において、

「高く、また卓越した永遠に存在されている方、また御自身の神聖な御名が永遠に存在されている方が、このように言われた。私は高いものと神聖なものに存在する。」57.15、ここで「高い」は神聖なものとして記述されている。それ故、「山々」は地の上に高所であることから主を意味し、また主御自身の天的な神聖なものを意味した。更にそのために主はシナ

創世記　第七章　十九節　　（795）　453

イ山から律法を布告された。更に主により「山々」によって愛と仁愛が
意味される。世代の完了について主が語られた箇所で、
　「その時、ユダヤ人の地に居る者達は山々へ逃げなければならない。」マ
タイ伝、14.16、ルカ伝、21.21、マルコ伝、13.14、ここで「ユダヤ人の地」
は荒らされた教会として記述されている。

796. 最古代教会は神聖な礼拝を山々の上で保ったので、それ故に古代教会
もまた同様に保った。それ故また、その時代の凡ての表象の教会も同様
に保った。それどころか、そこから諸民族に山々の上で生け贄を捧げる
ことの儀式が保たれ、また高きものを造ることの慣わしが保たれた。
　このことはアブラムについての記述から知られよう。創世記、12.8、
22.2、また神殿が建てられる前のユダヤ人達についての記述から知られよう。
申命記、27.4 - 7、ヨシュア記、8.30、サムエル記Ⅰ、9.12 - 14,19、10.5、
列王記Ⅰ、3.2 - 4、また諸民族についての記述から知られよう。申命記、
12.2、列王記Ⅱ、17.9 - 11、またユダヤ人達の偶像崇拝についての記述か
ら知られよう。イザヤ書、57.7、列王記Ⅰ、11.7、14.23、22.43、列王記Ⅱ、
12.3、14.4、15.3,4,34,35、16.4、17.9 - 11、21.5、23.5,8,9,13,15、

797. これらの凡てのものから、今や「山々が覆われた水」によって何が意
味されるか知られよう。即ち凡ての仁愛の善を消した間違った原理の確
信が意味される。

798.「水は高所から15キュービット越え、そして山々を覆った」が、仁
愛について残されたものが何もないことを意味し、「15」は、殆んど何も
ないような僅かなものを意味することは、「5」の数の意味から知られる
ことが出来よう。このことについて前の第6章15節で、聖言の文体におい
て、即ち内意において「5」が僅かなものを意味することが示された。ま
た「15」の数が僅かなものを意味する「5」から、また「残りのもの」を
意味する「10」から組み立てられたので、前の第6章3節に示されたように、
この数は残りのものに関係し、残りのものが彼らの許に殆んど何もなか
ったことを意味する。なぜなら、凡ての善を消すほど間違った原理の確

454　　　天界の秘義　第一巻

信があったからである。

　前に言われたように、人間の許の残りのものがこの状況を有する時、この洪水前の者達の許にあったような間違った信念の原理、また更に一層、間違った原理の確信が残りのものを引き出されることが出来ないように閉じ込め、また引き離す。例え残りのものが引き出されたとしても、直ちに曲解する。というのは、確信の生命は凡ての真理をはねつけるだけでなく、凡ての間違った信念を吸い込むようなものであるからであり、そればかりか更に、近付く真理をひっくり返すようなものであるからである。

799. 二十一、二十二節、「そして、地の上で這っている凡ての肉が、鳥に関して、また獣に関して、また野獣に関して、また地の上に這っている凡ての這うものに関して、また凡ての人間に関して死んだ。

　乾いた土地でその鼻に生命の息の呼吸があった凡てのものは死んだ。」

　「地の上で這っている凡ての肉が死んだ」は、最古代教会の最後の子孫について、その者達が絶滅されたことを意味し、「鳥に関して、また獣に関して、また野獣に関して、また地の上に這っている凡ての這うものに関して」は、彼らの信念を意味し、それらの中の「鳥」は、間違った信念への情愛を意味し、「獣」は、欲望を意味し、「野獣」は、快楽を意味し、「這うもの」は、形体的なものと現世のものを意味する。これらのものは一つの全体として「凡ての人間」と呼ばれ、「その鼻に生命の息の呼吸があった凡てのもの」は、最古代教会から居た者達を意味し、その者達の「鼻に生命の息の呼吸があった」。即ち愛とそこからの信仰があった。「乾いた土地に居た凡てのものにより」、その者達の中にもはや生命が何もないような者達を意味し、「彼らが死んだ」ことは、消滅したことを意味する。

800. 「地の上で這っている凡ての肉が死んだ」が、最古代教会の最後の子孫について、その者達が絶滅されたことを意味することは、後に続く箇所から知られよう。そこで信念と欲望に関して述べられる。ここの節で、先ず「地の上で這っている肉」が言われている理由は、彼らが全く感覚的な者達と形体的な者達に為されたからである。前に言われたように、

創世記　第七章　二十一節　　（795）　　455

最古代人達により感覚的なものと形体的なものは「這うもの」に例えられた。それ故に「地の上で這っている肉」が言われる時、全く感覚的な者と形体的な者に為されたような人間が意味される。前に言われ、また示されたように一般的に「肉」は、凡ての人間を意味し、特に形体的な人間を意味する。

801. ［1］これらの洪水前の者達の記述から、最古代人達の文体がどのようなものであったか知られることが出来よう。またそこから預言的な文体がどのようなものか知られることが出来よう。それらのものがここにこの章の終わりに至るまで記述されており、この節においては信念に関して、続く23節においては欲望に関して記述されている。即ち彼らの理解のものの状態に関して、その後、彼らの意志のものの状態に関して記述されている。またそれでも、彼らの許に理解のものは何もなく、意志のものも何もないが、やはり間違った原理の確信の如く、そのように相反して言われなければならないのである。それらのものは理解のものでなくはない。なぜなら、思考と推論のものであるからである。同じく欲望も意志のものでなくはないのである。これらのことがこの21節において、また後に続く23節において、しかし異なった順序で、先ず、間違った原理の確信に関して、次いで欲望に関して記述され繰り返して言われる原因である。

［2］このような文体もまた預言的な文体である。その理由は、人間の許に一つは理解の生命、もう一つは意志の生命の二つの生命があるからである。それらは相互に最も区別されたものである。人間はそれらの両方のものから構成されており、また例え今日の人間の許に分離されたとしても、しかしそれでもなお、一つのものが他のものへ流入し、またそれら自身の大半のものが結合するようになる。それら自身を結合すること、またどのようにそれら自身を結合するかは、多くのものから知られること、また説明されることが出来よう。そしてそのように人間が、それら二つの理解と意志がもたらされたものから構成される時、また一つのものが他のものに流入する時、聖言において人間が述べられる時、一つのものがもたらされたものに関して、またもう一つのものがもたらされたもの

に関して区別して述べられる。これが聖言の繰り返しの理由である。他の方法で述べられるなら欠陥のあるものになるであろう。

　この繰り返しは凡ての対象も一緒にこのことを持つ。というのは対象は主体の如くそのことを持つからである。なぜなら、それらは主体であるからである。なぜなら、それらは主体から生じるからである。対象がその主体から分離されたなら、即ちその本質から分離されたなら、それらは決して対象ではない。同様に、このことが聖言において理解と意志の両方がもたらすものが記述されている原因である。従って、聖言では各々の事柄の完全な記述がある。

802. この節では信念（確信）について述べられており、また23節においては欲望について述べられていることは、この節においては、先ず鳥が述べられ、次いで獣が述べられていることから知られよう。というのは、「鳥」は理解のもの、即ち理性的なものを意味するからであり、これに反し、「獣」は意志のものを意味するからである。しかし、後に続く23節におけるように欲望が記述される場合は、その時、先ず獣が記述され、次いで鳥が記述されている。そして、言われたように一つのものはもう一つのものへ相互に流入するので、この理由でまた、それら理解のものと意志のものの記述が完全になるのである。

803. [1]「鳥に関して、また獣に関して、また野獣に関して、また地の上に這っている凡ての這うものに関して」が、彼らの信念を意味すること、また彼らに「鳥」が、間違った信念への情愛を意味し、「獣」が、欲望を意味し、「野獣」が、快楽を意味し、「這っている這うもの」が、形体的なものと現世的なものを意味することは、前に鳥と獣について示されたことから知られることが出来よう。鳥については40番と、この章の14,15節に示された。獣についてもまたそこで示され、更に45,46,142,143,246番に示された。

　「鳥」は理解のもの、理性的なもの、および科学的な（事実に基づく）ものを意味するので、歪められた理性的なもの、間違った信念のような反対のものもまた意味する。

創世記　第七章　二十一節　　（800）　457

洪水前の者達の信念（確信）が、ここの節に十分記述されている。即ち、彼らの中の間違った原理への情愛、欲望、快楽、形体的なものと現世的なものが十分記述されている。これらの凡てのものは信念（確信）に内在するが、人間は知らない。間違った信念の原理を信じている者、即ち間違った信念の確信が、単にある種の単一なものであることを信じている者、或いは間違った信念の確信がある種の一つの全般的なものであることを信じている者は、やはり多くの点で欺かれており、そのことを全く異なって知っている。人間の各々の情愛は、その存在と本質を彼の理解のものと一緒に彼の意志のものから得る。凡ての人間は、その凡ての理解のものと、その凡ての意志のものに関してこのように得る。というよりは、彼の情愛の中の最も個別のもの、即ち最小のものもそのように得る。

[2]　このことは私に多くの観察から明瞭に知られることが出来た。その一つを述べよう。他生の霊は、単にただ一つのその思考の原型から、その霊がどのような者であるか知られることが出来るのである。それどころか、主により天使達は、誰かを見入るだけで彼がどのような者であるか直ちに知り、何も間違わない。それ故、人間の各々の考え、また各々の情愛、それどころか人間の情愛の各々の最小のものは、人間の像と似姿であることが知られよう。即ちそれらに人間の凡ての理解のものと人間の凡ての意志のものが近くても遠くても何でも内在することが知られよう。

　今、このように洪水前の者達の恐るべき信念である、彼らの中の間違った原理への情愛、更に悪い情愛、即ち欲望、そのようにまた快楽、最後に形体的なものと現世的なものが記述された。このような信念にこれらの凡てのものが内在し、また全般的な信念だけでなく、最も個別の信念、即ち最小の信念にも内在する。それらの中で形体的なものと現世的なものが支配する。もし人間が、一つの間違った信念の原理、また一つの間違った原理の信念にどれほど多くのものが内在するか知ったなら身震いするであろう。それは或る種の地獄の像であるが、しかしもし、無垢、即ち未熟による間違った信念であるなら、その時は容易に追い払われる。

804. 「凡ての人間」も加えて言われており、これによってそれらのものがそ

の人間の中にあったことが意味される。この言葉は普通の結びの言葉であり、それが先行しているものを含む。このような結びの言葉はしばしば付け加えられる。

805. [1]「その鼻に生命の息の呼吸があった凡てのもの」が、最古代教会から居た者達を意味し、その者達の「鼻に生命の息の呼吸があった」、即ち愛とそこからの信仰の生命があったことは、前の96,97番に言われたことから知られよう。

　生命は、最古代人達により「鼻の中の息」によって意味された。即ち身体の生命である心臓の運動が天的なものに相応する如く、身体の生命の呼吸によって霊的なものに相応するものが意味された。ここでは、先祖達からの天的な種があったが、しかし絶滅された、即ち窒息させられた洪水前の者達について述べられているので、ここで「その鼻に生命の息の呼吸があった凡てのもの」が言われている。

[2] これらの言葉の中にもまた、より深い深遠な何かが隠れている。このことについては、前の97番に、即ち最古代教会の人間は内なる呼吸を持ったことが示された。このように天使達の呼吸と一致し、また同様な呼吸を持った。このことについては、主の神的な慈悲により後に続く箇所において述べよう。この呼吸は人間の内なる凡ての状態に従って種々のものがあったが、しかし時代の推移と共に、この節の冒頭の子孫に至るまでの子孫達の中で変えられ、この節の冒頭の子孫において天使的な凡ての呼吸が滅びた。その時もはや、彼らは天使的な天界と共に呼吸することが出来なくなった。これが彼らの絶滅の本来の原因であり、このことから今、「彼らが死んだ」ことが言われ、また「鼻に生命の息の呼吸があった者達は死んだ」ことが言われる。

　これらの時代の後に内なる呼吸が終わり、またそれと一緒に天界との連絡も終わった。従って天的な認識も終わり、また引き続いて外なる呼吸が続いた。そしてこのように天界との連絡が止まったので、古代の人間達、即ち新しい教会の人間達は、この後、最古代人達の如く天的な人間達であることが出来なかった。しかし霊的な人間に為された。彼らについては主の神的な慈悲により後に続く箇所において述べよう。

創世記　第七章　二十一節　　（803）　459

806.「乾いた土地に居た凡てのものにより」が、その者達の中にもはや生命が何もないような者達を意味すること、また「彼らが死んだ」が、彼らが消滅したことを意味することは、すぐに続く箇所から知られよう。また凡ての愛と信仰の生命が絶滅されたので、ここに「乾いた土地」が言われている。

　乾いた土地は、そこに水がない場所である。即ちそこにもはや霊的なもの、まして天的なものがない場所である。間違った原理の信念（確信）は、凡ての霊的なものと天的なものを絶滅し、また言わば窒息させる。誰でももし、注意するなら多くの観察から知ることが出来るように、一度、何かの信念を会得した者達は、例えそれが最も間違った信念であっても、それに反対する何かの意見を聞くことを決して欲しないほど、それに頑強に固執する。このように例え、彼らの目の前に真理が置かれたとしても、決して教えられることを許さない。その後、もし間違った信念の見解を或る種の神聖さから尊ぶならもっと頑強に固執する。このような者達は、凡ての真理を退け、そして彼らが聞き入れるものは曲解し、またそのように幻想に注ぎ込む。この者達はその上に水も草もない「乾いた土地」によって意味される。例えば、エゼキエル書において、

　「私は川を乾いたものに為そう。また地を悪い者達の手に売り、そして地とそこに満ちているものを見捨てるであろう。」30.12、「川を乾いたものに為すこと」は、もはや霊的なものが何もないこととして記述されている。エレミヤ書において、

　「あなた達の地は乾いたものに為された。」44.22、「乾いたもの」は、もはや真理と善の何もない見捨てられ、また荒された地として記述されている。

807.二十三節、「そして、エホバは大地のおもての上の凡てのものを滅ぼされた。人間から獣に至るまで、這うものに至るまで、また諸天の鳥に至るまで滅ぼされた。そして彼らは地上から滅ぼされたが、しかるに、ただノアと一緒に箱舟の中に居たものだけが残された。」

　「エホバは凡てのものを滅ぼされた」は、自己愛の欲望を滅ぼされたことを意味し、「大地のおもての上のもの」は最古代教会の子孫を意味し、「人間から獣に至るまで、這うものに至るまで、また諸天の鳥に至るまで滅

ぼされた」は、彼らの悪の性質を意味し、「人間」は、彼らの悪の性質そのものを意味し、「獣」は、彼らの欲望を意味し、「這うもの」は、彼らの快楽を意味し、「鳥」は、そこからの彼らの間違った信念を意味し、「そして彼らは地上から滅ぼされた」は、最古代教会の終結を意味し、「ただノアと一緒に箱舟の中に居たものだけが残された」は、新しい教会を構成した者達が保護されたことを意味し、「彼と一緒に箱舟の中に居たもの」は、新しい教会の凡ての者を意味する。

808.「エホバは凡てのものを滅ぼされた」が、自己愛の欲望を滅ぼされたことを意味することは後に続く箇所から知られよう。そこで表象のものによって記述されている。「もの」は意志のものについて属性付けられる。なぜなら、人間の許に生じる凡てのもの、即ち存在するようになるものと存続するものは意志から生じるからである。洪水前の者達の欲望は自己愛であった。欲望の種類の最も全般的なものが二つあり、一つは自己愛であり、もう一つは世俗愛である。人間は彼が愛するものを除いて他のものを何も欲しない故に、欲望は愛のものである。この洪水前の者達の許に自己愛が支配した。それ故にその自己愛の欲望が支配した。というのは、彼らは自分達自身を神々であることを信じたほど彼ら自身を愛したからであり、彼ら自身の上に何かの神を認めていなかったからである。このことに関して彼ら自身に確信した。

809.「大地のおもての上のもの」が、最古代教会の子孫を意味することは、「大地」の意味から知られよう。このことについて、それは教会であること、またそれ故に教会の者達であることが前に言われた。ここで「大地のおもての上のものが滅ぼされた」と言われているので、それは最古代教会からの者達であり、またそのような者達であった。ここの節では「大地」が言われ、前の21節では「地」が言われている。その理由は、教会は決して理解のものから述べられないで、意志のものから述べられるからである。信仰の科学的な（事実に基づく）ものと理性的なものは、決して教会を構成しない。即ち教会の人間を構成しないが、しかし意志の仁愛が構成する。教会の本質的な凡ての部分は意志から生じる故に、もし教義の事

柄が一般的に、また特に仁愛を目指さないなら、教義の事柄は教会を造らない。仁愛が目的に為される時、目的からどのような教義か知られる。教会の教義であるか、或いはないかが知られる。主の教会は天界の主の王国の如く、もし愛のものと仁愛のものでなければ存在しない。

810.「人間から獣に至るまで、這うものに至るまで、また諸天の鳥に至るまで」は、彼らの悪の性質を意味し、「人間」は彼らの悪の性質そのものを意味し、「獣」は、欲望を意味し、「這うもの」は、快楽を意味し、「諸天の鳥」は、間違った信念を意味することは、それらの凡ての意味から知られよう。そのことについては、前に述べられた。それ故に、それらにかかずらわされるべきでない。

811.「彼らが地上から滅ぼされた」ことは終結であり、最古代教会が消滅したことである。また「ただノアと一緒に箱舟の中に居たものだけが残された」ことは、新しい教会を構成した者達が保護されたことを意味し、また「彼と一緒に箱舟の中に居たもの」は、新しい教会の凡ての者を意味する。これらのことの説明は、更にこれ以上必要でない。なぜなら、それら自身から明らかであるからである。

812.二十四節、「また、諸々の水は地の上で150日強くされた。」は、最古代教会の最後の荒廃の終結を意味し、「150日」は最古代教会の最後の荒廃の終結と古代教会の最初の試練の終結である。

813.ここの節が最古代教会の終結を意味し、また「150」が最古代教会の最後の荒廃の終結と古代教会の最初の試練の終結を意味することは、聖言によりしばしば出て来た単純な数のようには確認されることが出来ない。しかしそれでも、「15」の数から知られよう、それについては上の20節に述べられた。それは殆んど何もないような小量のものを意味する。従って「150」の数は、更にもっと少量のものを意味する。この「150」の数は、「15」の数と残りのものを意味する10の間の掛け算によって組み合わされた数である。二分の一、四分の一、或いは十分の一の掛け算でもたらさ

462   天界の秘義　第一巻

れた数の如く、小数の乗法は、更に少ない数になることを為し、このように最後には、殆んど何もないように為される。それ故、終わり、即ち最後の終結である。次の第8章3節において「150日の終わりから水が退いた」ことが、同じ数で出ておりそれも同様なことを意味する。

聖言の中の数字は文字通りの意味に、全く関係なく理解されなければならないのである。前に言われ、また示されたように、聖言の中の数字は文字通りの意味の中の歴史的な連鎖を整えるためにだけ挿入されたものである。例えば、聖言の中で「7」が出て来る時は、神聖なものを意味し、全く時間と寸法に関係なく接合されることが常である。というのは、天使達は聖言の内意を認識するからであり、時間と寸法は何も知らないからであり、なお更、表示された数字が何かは全く知らないからある。またそれでもなお、人間により聖言が読まれる時、完全に聖言を理解する。それ故に、どこでも数字が出て来る時は、決して何かの数字の考えを持つことが出来ないが、数字によって意味された事柄の考えを持つ。このようにここの節のこの数字によって、最古代教会の最後の荒廃の終結と次の第8章3節における古代教会、即ち新しい教会の最初の試練の終結を理解する。

▍続、地獄について、ここでは憎しみ、復讐、および残酷の中で人生を過ぎ去った者達の諸々の地獄について

814. 致命的な憎しみを持ち、またそれ故、復讐をたぎらせ、他の者の殺害以外ねらわず、殺害する前に休むことをしないような者達は、死体からのようなひどい悪臭のある最も深い屍のような地獄に引き止められる。また異様なことに、そこでのその悪臭を最も快い匂いとして称賛するほどの楽しみを与えられる。彼らの恐るべき性質とそこからの幻想はこのようなものであり、実際に、その地獄からそのような悪臭が発散する。

稀に、また少しの間だけこの地獄が開かれる時、近辺の霊達が留まることが出来ないほどの悪臭がそこから出て来る。彼らがどのような者達であるかを私が知るために、悪霊よりは、むしろ悪鬼の誰かがそこから出された。彼らは、私の近くに居た霊達が留まることが出来ないような、

創世記　第七章　二十四節　　(809)　463

有毒で有害なスフェアの息で感染させた。また同時に、それは私が吐き出すような働きを胃に対して引き起こした。

彼らは彼ら自身を隠した短剣と一緒に顔の美しくなくはない子供によって現した。彼らは私に向かって手に壺を持っている者を送って来た。このことから、彼らに見せかけの無邪気さの下に短剣か毒で殺すことの意図があることを知ることが出来た。だが聞きたまえ、彼ら自身は最も黒い裸の身体であったのだが、すぐ彼らの屍のような地獄へ投げ返された。その時、彼らがどのようにして落とされるか観察することが与えられた。

彼らは側頭部の左の水平な面を左へ進み、その上、下ることなしに多くの距離を進んだ。その後、落ちて、先ず炎の中にその者達が見え、更に、炉のような火の煙の中に見え、やがてその炉の下の奥深い所へ吹き飛ばされた。そこに非常に暗い多くの洞窟があり、その中を下向きに進んで行った。その途中で彼らは諸々の悪に思いを巡らし、またそれらを意図した。その上特に、無垢な者達に対して理由なしに悪を思いを巡らし、また意図した。彼らが火によって倒れた時、彼らは激しく嘆いた。

彼らが地獄から送り出される時、どこから来たか、またどのような者かが見分けられるために、彼らは青銅のような刺を付けられた或る種の輪を持ち、それらを手に包んでまわす。彼らの目印はこのようなものであり、またこのようなものが結び付けられている。

815. 憎しみとそこからの復讐に楽しみを与えられるような者達は、身体を殺すことに満足しないだけでなく、更に主が贖われた霊魂であってもそれを殺すことを欲する。彼らは憎しみとそこからの復讐の程度に従って深く、地の最下部に向かう最も暗い隙間を通って下向きに降ろされる。そしてその時、彼らに激しい恐れと身震いすることが吹き込まれ、また同時に、復讐の欲望の中に束縛される。それが大きくされるほど、更なる深みに降ろされる。その後、彼らはゲヘナ（地獄の一つ）の下の場所へ投げ落とされ、そこで大きな腹の恐るべき蛇が現れ、その上、それらの蛇は生きているものと比較して同様に、全く同様に居る。それらの蛇に噛まれた者達がひどく苦しめられていた。それらに噛まれることもまた、はっきりと感じられ、このような苦痛も霊達により正確に感じられ

る。丁度、身体の中に居る者達に地的なものが感じられるように、霊達の生命が反応する。またその間、恐るべき幻想の中で幾世代を貫いて生き、もはや人間であったことを知らないまでもそこで生きる。このような憎しみと復讐から得た彼らの生命は他の方法で消されることが出来ない。（注：ここに述べられている蛇は、人間の復讐心が相応によって投影された外観であるので、決して荒唐無稽な話しではない。誰でも夜る眠っている時、夢を見るがその夢は潜在意識の投影であって、実際のものではないが、夢を見ている本人にとっては現実そのものである。そのように死後、投影される外観も実際のものではないが、それを見る本人は現実のものとして見る。）

816. 憎しみと復讐の類型は無数のものがあり、またそれらの種類は更に無数にある。そして一つの地獄の類型は、もう一つの地獄の類型と比べて等しい類型の地獄を持たない。それ故にまた、地獄を個々の順序で列挙することは不可能であり、それらが見られたことだけを述べることが許されている。

　一人の者が私に向かって来た。彼は高貴な者の如く見られた（私に彼らが明るい昼間に、また更に明るい中で見られた。しかし内なる視覚の前で見られた。なぜなら、主の神的な慈悲により私に霊達の間に居ることが与えられたからである。）。彼は最初の接近において、身振りによってうまく取り入るふりをして、私と一緒に話し合うことを欲して多くの言葉を掛けて来た。彼は私が基督教徒であるかどうか尋ね、私はその者にそうであることを答え、彼自身も同様であることを言った。彼はその何か語ることを他の者達が聞かないように私とだけ一緒に居ることを求めた。しかし、私は他生においては、地上において一人で居ることを信じる人間の如く、ただ一人居ることは出来ず、多くの霊達が一緒に居ることを答えた。しかし、彼は更に私の近くに近付き、背中に加えて後頭部までも襲った。その時、私は彼が暗殺者であることに気付いた。そして彼がそこに居る時、私は心臓を貫いて打たれたように感じ、すぐに脳の中でも打たれたことを感じた。このように打つことで人間はたやすく死ぬであろう。しかし、私は主により危害から守られたので、何も恐れなかった。

創世記　第七章　　　（814）　465

私は彼がどのような方法を使ったか知らない。彼は私が死んだと思って、他の者達に、今しがた人間を襲ったこと、そのようにその者を殺したことを言った。その上、彼が熟練している方法で、人間が死んで倒れる前に気付かないように背後からの或る種の致命的なものによって殺したことを言っていた。そして、彼は自分が無罪（潔白）であることを除いて異なって信じられないことを言った。このことから、彼が少し前に自然的な世界の生命から死去したことを知ることが与えられた。そこで彼はこのような悪行を犯した。

　このような者達の刑罰は恐ろしいものである。彼らは幾世代もの間、地獄の激しい苦痛をこうむった後で、最後に忌まわしい、また最も奇怪な顔に為される。そのように顔でないように為されるが、しかし言わば薄黄色の麻くずのように為される。このように彼らは人間的な凡てのものを剥ぎ取る。その時、誰でも彼らを見て身震いする。そのために、彼らは野獣の如く薄暗い場所をさまよう。

817. 或る者が地獄の領域から私の左横へ来て、そして私と一緒に話した。私に彼が邪悪な者達に属することを認めることが与えられ、彼がこの世において犯罪を犯したことが、次のように明かされた。

　彼は、更に低い地の方へ正面のほんの僅か左側において、かなり深く降ろされた。そしてそこで、彼は埋葬されなければならない死者達のために、墓を掘る者達のように墓穴を掘り出し始めた。このことから、身体の生命の中で何かの致命的な罪を犯したことの疑いが生じられた。その時、黒い布で周りを覆われた死者の棺が見えた。すぐに棺から一人の者が起き上がって私に向かって来て、彼が死んだことを敬虔に話した。そして彼がかの人により毒薬で殺されたことを死の近くの時に考えたこと、しかし疑いがあったことを話した。邪悪な霊がそれを聞いた時、彼がそのような罪を犯したことを告白し、告白後、刑罰が続いて起こった。彼は彼が掘った真っ黒い墓穴に二度転がされ、そしてエジプトのミイラの如く顔も身体も黒く為され、またこうして霊達と天使達の目の前で高い所へ持ち上げられ回され、そして「何という悪魔だ」と呼ばれた。そして行動もまた冷たい者に為され、そのように地獄の冷たい者達の間へ、要

するに地獄へ落とされた。

818. 尻の下に恐ろしい地獄があり、そこでそこの者達はナイフで自分達自身を突き刺すことが見られ、残酷な女達の如く他の者達の胸にナイフを向けている。しかし彼らにナイフは刺すことの攻撃の中で常に取り上げられる。彼らは他の者達を残酷に殺すことに燃えたほど大きな憎しみを持った者達である。またそれ故、彼らはこれほど恐るべき性質を獲得した。この地獄が私に開かれたが、しかし私が彼らの恐るべき残酷の報いとして、致命的な憎しみがどのようなものであるかを見るために僅かに開かれただけであった。

819. 身体の更に下の平地の左側に幅に比べて長さが大きい、或る広い池がある。その正面の岸の周りに居る者達に、あちこちの沼に居るような怪異な蛇が有毒な蒸気と一緒に現れる。そこから遠く離れた左側の岸に、人間の肉体を食い尽くす者達が現れる。そして彼ら自身お互いに他の者達の肩に歯でくっついている。そこから左側の更に広い所に、奇怪な鯨の如き大きな魚が現れ、それらが人間を飲み込み、また吐き出す。最も遠くに、即ち向かいの岸には記述されることが出来ないほどの非常に醜い、特に老婆の顔が現れて、錯乱した如く駆け回っている。右側の岸には、残酷な道具で自分達自身をお互いに殺すことを試みる者達がおり、心の恐るべき性質に従って様々な道具を所有する。池の真ん中はどこであろうとよどむような黒いものがある。

　私は数回、この池に連れて来られた者達を見て驚いたが、しかし、その池から来た若干の者達から、その池には隣人に対してはらわたの煮え繰り返る憎しみを心に抱いた者達が居たこと、またその憎しみは何度でも機会を与えられるとぶちまけたことを聞いた。彼らはそのことの中に最も自分自身の喜びを認めているのである。隣人を審判のために呼び出すこと、また隣人に罪をおわせるように為すこと、また法律の罰が引き止めなければ殺すことよりも、更に彼らを喜ばせることはない。

　人間の憎しみと残酷は、身体の死後このようなものに変えられる。このことから彼らの幻想が、完全に生き生きとしたものの如く彼らに現れた。

創世記　第七章　　　（816）　467

820.身体の生命の中で強盗と海賊行為を行なった者達は、嫌悪すべき、ま
た悪臭を発する尿を他の凡ての液体よりも好み、彼ら自身に同様なもの
の中に住むこと、更に嫌悪すべき悪臭を放つ沼の中に住むことが認めら
れる。

　ある泥棒が歯ぎしりしながら私に近付いて来て、歯ぎしりの音が人間
の声の如くそれほど明瞭に聞かれた。驚くべきことにそれでも彼らに歯
がなかった。彼は澄んだ水の中よりも不潔な尿で一杯の中で生きること
を断然欲すること、また尿の悪臭によって楽しみを与えられることを告
白した。彼は他のどこよりも尿で一杯の大樽の中に自分自身留まること、
またそこに住処を持つことを欲すると言った。

821.外面上は、誰も立派であることよりも異なって憶測することが出来
ないようなほど、立派な顔と暮らしぶりを持つ者達が居る。彼らは、名
誉の中へ上がることと名声の奪われることなしに利得を得ることのため
に、このように見えることの凡ての方法を熱心に求めている者達である。
それ故に、彼らは公然と行なわないが、しかし他の者達を通して行なう。
彼らは狡猾な技巧で他の者達を通して他の者達の財産を奪い、例え彼ら
が奪ったそれらの一家が飢えで死んだとしても何も気に掛けない。もし
この世の前で明らかにならないなら、彼らは良心なしに自らの活動で行
なっただろう。それでもなお、彼らは、あたかも自らの活動で行なった
ような者達と同じである。彼らは密かな盗人であり、また彼らの憎しみ
の種類は高慢、利得への強欲、冷酷と欺くことと一緒に結ばれたもので
ある。

　このような者達は、他生において潔白な者達であることを欲し、自分達
の悪の行いが暴かれなかったので、何も悪を行なったことがないと言っ
ている。そして、自分達を非難されるところのない者達として示し、衣
服を脱ぎ、裸の自分達を見せ、こうして潔白を証言している。もし、彼
らが個々の言葉と個々の思考の考えに従って検査されるなら、彼らがど
のような者達であるか、彼らの知らないことも完全に認められる。

　このような者達は、他生において彼らが出くわす仲間達を誰でも良心な
しに殺すことを欲する。また自分達の手に斧と槌を持ち、そして自分達

の許に他の霊の居ることが見られると、その者が目をそらせると激しく叩く。しかし彼らは死を恐れているので血までは流すことをしない。彼らの狂暴な性質が霊達と天使達の目の前で現れたために、彼らはこのような道具が見られないように、最大の努力を試みるが、それらの道具を手から捨てることが出来ない。彼らは正面に向かって足の下で遠く離れた中央に居る。

822. 隣人に対して誰にでも不正を行ない、苦しめることで楽しみを与えられるという憎しみの種類があり、また隣人に多くの危害をもたらすことが出来れば出来るほど、益々自分自身を多く喜ばせる憎しみの種類がある。このような者達は、最も卑しい民衆に非常に多く居る。また庶民からでない者達も居り、その者達も同様な性質であるが、しかし公民的な生活により外見上、品行方正な者達である。彼らはそれを徹底的に教えられたために、また法律の罰のために外見上、品行方正な者達である。彼らは、死後、身体の上部に関して裸で、また乱れた頭髪で現れる。そして一人の者が他の者の肩を手のひらで掴んで襲いかかり、そのように他の者の頭の上に飛び跳ねて打ちかかり、束の間の後、戻ると繰り返して、また拳骨で激しく打ちかかる。また品行方正であった者達も、同様に行なうことが言われたが、しかし彼らは前以て挨拶をしてから、歩いて背後に回り、同様に拳骨で打ちかかる。しかし彼らを顔で見る時は、挨拶をして、またもう一度、歩いて背後へ回り、そして拳骨で激しく打つ。彼らはこのような見かけを保つ。彼らは多少隔てて左側の中間の深さに現れている。

823. 何であろうと人間が身体の生命の中で行なったことは、他生において引き続いて帰る、それどころか、何であろうと人間が身体の生命の中で考えたことが引き続いて帰ってくる。敵愾心、憎しみ、策略、更にその者達に対して憎しみを持った個人、また密かにたくらんだことが帰る時、現実に見える形で示され、その上、瞬間に見せられる。他生においてこのようにこの事柄を持つ。このことについて現実のものであることは、主の神的な慈悲により後に続く箇所において述べよう。また他の者達に対して持った思考も明瞭に明らかになる。なぜなら、他生において

創世記 第七章 (820) 469

は、凡ての者達の思考を知覚する能力が与えられるからである。それ故、嘆かわしい状態があり、そこで隠された憎しみがあからさまに露呈する。悪い者達は、彼らの凡ての悪行と思考がこのように生き生きとしたものによって帰る。これに対して、善い者達は、このようにはなく、彼らの善の凡ての状態は最高の快いことと幸福と一緒に友情と愛のものが生き生きとしたものによって帰る。

Matthaeus vi 33

"QUAERITE PRIMO REGNUM DEI, ET JUSTITIAM EJUS,
ET OMNIA ADJICIENTUR VOBIS. "

「先ず、神の王国とその義を求めよ、
その時には、凡てのものがあなた達に添えられるであろう。」
マタイ伝、6.33、（著者が「天界の秘義」に記した聖言）

ARCANA CAELESTIA
天界の秘義

第一巻
創世記　第一章から第七章の内意
エマヌエル・スヴェーデンボリ　著

2017 年　初版発行

訳　者　長 尾 安 博
　　　　訳者のブログ〈http://blogs.yahoo.co.jp/sinjerusalem〉
　　　　で、本書の原文と単語の意味を見ることが出来ます。）

発行所　イー・ピックス
　　　　http://www.epix.co.jp
　　　　岩手県大船渡市大船渡町字山馬越 44-1　〒 022-0002
　　　　電話 0192-26-3334

装　丁　及川デザイン室　及川利春

印　刷　（株）平河工業社

---

printed in Japan　ISBN 978-4-901602-63-1